國家社會科學基金重大招標項目
國家社會科學基金冷門絕學研究專項

湖北省公益学术著作
Hubei Special Funds 出版专项资金
for Academic and Public-interest
Publications

U0679497

魯小俊 主編

代書院
藝選刊

浙東課士録

[清] 薛福成 選編 趙宇傑 整理

南菁講舍文集

[清] 黄以周 繆荃孫 選編 趙宇傑 整理

長江出版傳媒 崇文書局

總目録

南菁講舍文集

光緒己丑十月開雕

前　言

　　《南菁講舍文集》爲晚清江陰南菁講舍亦即南菁書院的課業文集，由黃以周、繆荃孫輯，題"光緒己丑（1889）十月開雕"。南菁書院由時任江蘇學政黃體芳提議建立，取朱熹《子游祠堂記》中"南方之學得其菁華"句，命名"南菁"。南菁書院仿詁經精舍規制，始建於光緒十年（1884），"專課經學、古學"以"補時藝之偏"。院内開設書局，在黃體芳之後繼任江蘇學政的王先謙等人的主持下刊刻《皇清經解續編》一千四百三十卷、《南菁書院叢書》百四十四卷等。南菁書院於光緒二十四年（1898）改爲南菁高等學堂，光緒二十七年（1901）改爲江蘇全省高等學堂。南菁書院作爲與浙江詁經書院并稱的蘇浙兩省人才的淵藪，張文虎、黃以周、繆荃孫、林頤山等著名學者先後掌教於此。儘管最終未能如黃體芳的設想一樣，培養出曾、左一類的人物，却也爲晚清江南地區貢獻了衆多學者。因而南菁書院也是清代學術和傳統書院的最後的輝煌。本次點校整理以北京大學圖書館藏本爲主。《南菁講舍文集》共計六卷，分四册，每頁十一行，行二十一字，單魚黑口，左右雙邊。首都圖書館、北京大學圖書館、新疆大學圖書館等均有收藏。

　　黃以周（1828—1899），本名元同，後改今名，以元同爲字。号儆季，又号哉生，浙江寧波府定海廳紫微鄉（今屬浙江省舟山市定海區）人。《清史稿》卷四百八十二有載父子二人行狀。黃以周係"同治九年優貢，旋舉於鄉，大挑以教職用，補分水縣訓導。以學臣奏加中書銜，以教授升用，旋選處州府教授，而年已七十，遂不就"。

3

儘管黃以周一生并未擔任要職，但是在學術上多有建樹，章太炎就曾在《黃先生傳》中説："余少時從本師德清俞君游，亦數謁先生。先師任自然，而先生嚴重經術，亦各從其性也。"黃以周篤守家學，尤精於三禮，并延續了顧炎武"經學即是理學"的學術傳統，唐文治在《茹經先生自訂年譜》中也回憶黃曾言："顧亭林先生有言，經學即理學，理學即經學，不可歧而爲二。"《清史稿》記黃"上追孔、孟之遺言，於《易》《詩》《春秋》皆有著述，而三禮尤爲宗主。所著《禮書通故》百卷，列五十目，古先王禮制備焉。又以孟子學孔子，由博反約，而未嘗親炙孔聖。其間有子思子，綜七十子之前聞，承孔聖以啓孟子，乃著《子思子輯解》七卷。而舉子思所述夫子之教，必始於《詩》《書》，而終於《禮》《樂》，及所明仁義爲利之説，謂其傳授之大恉，是深信博文約禮之經學，爲行義之正軌，而求孟子學孔聖之師承，以子思爲樞軸"。晚年的黃以周病痛纏身，曾説："加我數年，《子思子輯解》成，斯無憾。"後竟書成而病愈，於是更號哉生。此時時任江蘇學政黃體芳在江陰建立南菁書院，於是延請黃爲主講十五年，後宗源瀚建辨志精舍於寧波，請黃以周定其名義規制，而專課經學，著録弟子千餘人，彼時江南不少學者皆出自其門下。黃以周著述頗豐，有《禮書通故》百卷、《子思子輯解》七卷、《軍礼司馬法》兩卷、《經訓比義》三卷等。其中由於《禮書通故》百卷提出并解釋了三千餘個疑難問題，自問世以來，在晚清學術界一直享有盛譽。俞樾就曾在《〈禮學通故〉序》中贊嘆此書"洵足究天人之奧，通古今之宜，視秦氏《五禮通考》，博或不及，精則過之。向使文正得見此書，必大嗟嘆，謂秦氏之後又有此作，可益《三通》而五矣"。梁啓超在《清代學術概論》中亦指出此書："可謂爲集清代禮學之大成""黃以周《禮書通故》最博贍精審，蓋清代禮學之后勁矣"。至於黃以周著三卷本《經訓比義》，劉師培在《〈理學字義通釋〉序》中言："儀徵阮先生病宋儒高談性命，作《性命古訓》，并作《〈論語〉〈孟子〉

論仁》,皆折衷故訓,不雜兩宋之書。及定海黄先生作《經訓比義》,雖師淑阮氏之學,然立説多調停漢宋,與戴、阮之排斥宋學者不同。"從這裏我們也可以管窺黄氏治學時也發揚了浙東學派漢宋兼采的傳統。黄以周父式三(1789—1862),字薇香,號儆居,歲貢生。黄式三侍親至孝,曾在鄉試途中聽聞母親暴卒疾於家,於是"馳歸慟絶";侍奉卧病多年的父親亦"衣食饋洗,必躬親之"。在父母去世後,黄式三發誓再不應鄉試,并開啓了自己的治經生涯。黄式三於學并不立門户,博綜群經,治《易》治《春秋》,而尤長三禮。著有《論語後案》二十卷、《書啓㸊》四卷、《詩叢説》一卷、《詩序説通》二卷、《詩傳箋考》二卷、《春秋釋》二卷、《周季編略》九卷、《儆居集經説》四卷、《史説》四卷。章太炎曾在《清儒》一文中指出自黄氏父子出後,"浙江上下諸學説,亦至是完集"。

繆荃孫(1844—1919),字炎之,一字筱珊,亦作小山、筱山,晚號藝風老人,江蘇江陰申港鎮繆家村人。繆荃孫出身官宦世家,幼承家學,五歲時已"識字數千,并誦唐人小詩"。十七歲時因避戰亂,與繼母至淮安,於麗正書院肄業,習文字學、音韻學、訓詁學。繆荃孫於光緒二年(1876)考中丙子科進士,選翰林院庶吉士,授翰林院編修。光緒十四年(1888)出任江陰南菁書院山長,三年後主講山東濼源書院,後任南京鍾山書院主講,兼領常州龍城書院。光緒二十八年(1902)鍾山書院改爲江南高等學堂,繆荃孫任學堂監督。癸卯學制改革後,負責籌建三江師範學堂,與柳詒徵、徐乃昌等七人遠赴東洋考察學務,遂仿東京大學,於南京國子監舊址建校。光緒三十二年(1906)在繆荃孫等人周旋下,丁氏八千卷樓藏書未被轉賣至日本静嘉堂文庫。翌年,受聘籌備江南圖書館,任總辦,後受聘創辦北京京師圖書館(今中國國家圖書館),任正監督。1914年任《清史稿》總纂。1919年12月逝於上海寓所。

《南菁講舍文集》共計六卷百三十四篇,卷首有編者黄以周序,無跋。從篇幅的布局上即可見黃以周任山長時期對於傳統學術的重視：卷一至卷五多以經解、考證、論説、雜文爲主，題如《一君二民説》《讀〈湯誓〉》《寡兄寡妻解》《釋秀》《〈漢·五行志〉書後》《讀〈墨子〉》等；卷六則詩賦、算學，題如《七洲洋賦》《賦賦》《擬王漁洋〈三國小樂府〉》《金陵懷古》《今有雞翁一直錢九，雞母一直錢七，大雞雛一直錢三，中雞雛三直錢一，小雞雛四直錢一，凡百錢買雞百隻。問雞翁雞母及大中小雞雛各幾何》等。黃氏在《序》裏指出：“別築講舍，選高才生充其中，專肄經史辭賦，一洗舊習。”可見對於黃氏來説，傳統學術的重要性遠勝於詩賦與其他學科。《南菁講舍文集》課藝的内容特徵可概括如下：

一、經史并治。江陰南菁書院延續了以黃式三、黃以周父子爲代表的浙東學派注重經學與史學，有别於其他區域學派的研究傳統，這種研究方法不僅可以更好地對部分傳統經典中關於經、史一體的問題以專書研究解決，更可以表現在對於以經證史與以史證經的互用上。黃以周在《序》中即明確自己在選擇“深訓詁、精攷據、明義理之作”中的要求之一就是“文之不關經傳子史者，黜不庸”“有乖經史本文事實者，黜不庸”。從所選文本中可見南菁書院日課涉及《三禮》《孟子》《墨子》《漢書》等古代經典中的字、詞、句乃至於氣候、文化等問題，重點在闡釋經典文本的含義，如《月令習五戎解》《車上建旗説》《孟子游齊梁先後考》《遷書傳儒林不傳文苑説》《鄭康成不入〈儒林傳〉説》《讀〈史通·編次篇〉》《讀陸象山先立乎其大説》《二十四向原始》等。

二、經世致用。黃氏對南菁書院的學風影響深遠，而黃式三、黃以周父子本身即以研究《三禮》而著稱，且多以“經世”爲出發點的考禮之學。黃式三就曾在《復禮説》云：“復禮者，爲仁之實功也，盡性之實功也。”從南菁書院的選文來看，學生日課也很重視關於典章制度的研究，如《夏五服周九服異同考》《洛邑成周王城分合考》《禮不下庶人說》《方領曲領解》《韠同裳色說》《見君無不執笏其義何據》等。除此之外，漢宋兼采也是《南菁講舍文集》值得注意的一大特色，如《〈漢藝文志序〉六藝九種家數篇數異同考》《鄭康成不入〈儒林傳〉說》《讀陳同甫〈與朱子論漢唐書〉》《讀陸象山先立乎其大說》等文章皆與漢、宋之學相關。黃以周在《序》中即寫道："南宋諸大儒思矯其弊，於是刱精盧以講學，聚徒傳授，箸籍多至千百人，而書院遂盛。"其實自明末清初以來，有關漢、宋之學的論爭不斷，譬如錢穆曾沿用黃宗羲開創的學案體體式，在《中國近三百年學術史》一書中花費大半篇幅，所敘者即清儒的漢學與宋學的爭論。錢穆提出："不知宋學，則亦不能知漢學，更無以平漢、宋之是非。"從這一角度來說，黃在教學與治學時有關漢、宋并舉的態度是一貫的。

《南菁講舍文集》是一本瞭解晚清有關區域學術流派發展、地方讀書人思想與地方文化的重要文獻材料，可以讓更多的人對晚清知識分子有"同情之理解"的態度，認識到他們對於中國古代傳統經典的熱忱與謹嚴的學術研究，也認識到他們所處時代的局限性。由於整理者學識水平有限，疏漏或錯謬難免，敬請方家指正。

目　録

9

文　五

文　六

序

　　古者王子、卿大夫、士之子及國中俊秀之士，無不受養於學。學校一正，士習自端，而風會藉以主持。自唐代崇尚詩賦，學校失教，華士日興，樸學日替。南宋諸大儒思矯其弊，於是剏精盧以講學，聚徒傳授，箸籍多至千百人，而書院遂盛。有明以來，專尚制藝，主講師長復以四書文、八韻詩爲圭臬，并宋人建書院意而失之。近時賢大夫之崇古學者，又思矯其失而習非成，是積重難返，不得已別築講舍，選高才生充其中，專肄經史辭賦，一洗舊習。若吾浙江之詁經精舍，廣東之學海堂，其較箸者也。

　　江蘇之書院甲天下，若鍾山，若尊經，若紫陽，其課士悉以詩文正誼。近改經古、惜陰，又坿於鍾山、尊經，以經古爲小課，非所重也。瑞安黃漱蘭侍郎督學蘇省，仿詁經精舍之課程，剏建南菁，力扶實學，一如阮文達之造吾浙士。嗣是任者，長沙王益吾祭酒續編學海堂經解鋟版庋閣，茂名楊蓉圃太常又復增廣學舍。一時好學之士，濟濟前來。以周主講此席於今。六年前我主講者，有張廣文歔山，已作古人；同我主講者，有繆太史小山。相約選刻文集，因香輯課作簡，其深訓詁、精攷據、明義理之作，得若干篇，詩賦襍作，繆太史鑒定之。凡文之不關經傳子史者，黜不庸；論之不關世道人心者，黜不庸；好以新奇之說、苛刻之見自炫，而有乖經史本文事實者，黜不庸。在昔宋儒剏書院以挽學校之衰，暨今鉅公又建講舍，以補書院之闕，其所以扶樸學而抑華士者，意深且厚。今選刻是編，約之又約，不敢濫取，蘄與詁經、學海諸文集竝傳於世，且望後之學者無爽剏建深意云爾。光緒十五年冬日至，定海黃以周。

文 一

拔茅茹以其彙解

錢承煕　金匱

泰否初九、初六：拔茅茹，以其彙。舊讀彙字絶句，不是。郭璞《洞林》始而訓之者，往往歧其説。鄭氏曰：茹，根相牽引也。彙，類也。茅，喻君有絜白之德，臣下引其類而仕之。但茅之爲物薄，《離騷》云蘭荃化而爲茅，似不得以茅喻君。至虞翻説巽爲茅，茹爲茅根，然《説文》以茢爲茅根，菣亦曰茅根，而於茹無茅根之説。或以爲草名，《詩·東門》篇"茹藘在阪"，《釋草》及毛傳云：茅蒐也。茅蒐，其生蔓延，即所謂以其彙。顧據此説，必以茅茹二字連讀，而傳曰拔茅征吉，不曰拔茅茹征吉，則茹以其彙，明是別成一句矣。竊謂巽爲茅，虞氏説是；茹爲牽引，鄭氏説是。泰之初變爲巽，即爲茅；否之初巽體，亦爲茅。而茅叢生草，其下相附麗。泰五互震動爲拔，否四互艮手亦爲拔，拔則茅之坿麗者遂相牽引，此茹之説也。泰初與上二陽連類而進，否初與上二陰連類而進，一如茅之牽引其類，此以其彙之説也。合讀兩卦之辭，拔茅茹以其彙，只取陰陽各以類升之象，故泰否兩辭從同。下文泰幸之曰征吉，否勉之曰貞亨，乃明陽君子陰小人之有別。自宋後注家言義不言象，於拔茅以彙，即以君子小人分説，則否之貞吉亨語不可通。説者乃謂泰之君子以類進，否之君子以類退，同文異解，不足爲訓，此又俗説之不待詳辨者。

雖不當位未大失也解

章際治　江陰

一書有一書之例，不通其例，皆郢書燕説也。《易》言位不當者十七，或以六居三而位不當履、否、豫、臨、噬嗑、睽、震、兌、中孚、未濟，或以九居四而位不當晉、夬、萃、豐、小過，或以六居五而位不當大壯，或二至五四爻失位而位不當歸妹，皆謂陰陽處非其位也。言雖不當位者四需、噬嗑、困、未濟，未濟六爻皆不當位而剛柔應，噬嗑三爻不當位而利用獄，困九四不當位而有與，故皆言雖不當位，獨需上六一爻，以陰柔之才，居陰柔之位，謂之當位可也，而曰不當位，朱子以爲未詳，誠有疑於其義也。不知此承上不速之客三人來爲文，《易》例在内曰來，三人謂下乾三爻，位指二爻言，非指上爻言。需下卦三陽，惟九二以陽居陰爲不當位，異於初九、九三之以陽居陽位也，特雖以陽居陰位，而剛而得中，不失陽剛之道，故曰：未大失。吳氏《周易纂言》云：大謂陽剛也，未大失者，於陽剛之道未爲失也。是也。泰卦乾下坤上而曰小往大來，否卦坤下乾上而曰大往小來，皆以陽爲大，陰爲小。《繫辭傳》：齊小大者存乎卦。焦氏《易通釋》云：陽剛爲大，陰柔爲小，一陰一陽，所謂齊也。是《易》通例大小皆指陰陽言，非空言事之大小也。王注以不當位爲處无位之地，孔疏以大失與小失對言，失之矣。

一君二民説

華世芳　金匱

《易繫辭》：一君二民。鄭韓異説。鄭注見《王制》。《正義》所引，以黃帝、堯、舜及三代之末，土地廣陜，開方計里解之，疑與卦之德行無關，故《正義》謂其假之以地之廣陜爲優劣。近張皋文氏著《周易鄭氏義》，不加辨正，而反爲之曲説，則尊鄭之過也。韓注云：陽爻畫一以明君道必一，陰爻畫兩以明臣體必二。韓以陰陽爻畫解一二字，其義視鄭爲確，第亦言之不詳。今試宗其緒而推闡之，則又有可説者。上文陽卦奇，陰卦耦，注：少者多之所宗，一者眾之所歸。陽卦二陰，故奇爲之君；陰卦二陽，故耦爲之主。《後漢書·仲長統傳》，《昌言·損益篇》，亦引此經而斷之曰：寡者爲人上者也，眾者爲人下者也。據此二説，則陽卦一陽二陰，以一陽爲主；陰卦一陰二陽，即以一陰爲主。經文之一字即陽爻用九之一，上文所謂奇，韓注所謂畫一是也；二字即陰爻用六之一，上文所謂耦，韓注所謂畫兩是也。陽卦二君，謂以陽爻之一爲之君；二民，謂以陰爻之一爲之民。耦承奇，陰陽得正，此即韓注所謂以一爲君君之德也，故曰君子之道。陰卦二君，謂以陰爻之一爲之君；一民，謂以陽爻之一爲之民。奇承耦，陰陽失行，此即韓注所謂二居君位，非其道也，故曰小人之道。後儒不察，以一二爲君民之數目字，而又以二君謂二陽，一民爲一陰，遂有二民共事一君，一民兼事二君之説。殊不知天生民而立之君，天子曰兆，諸侯曰萬，其數固不可以更僕計，何有於二？一君而僅二民，豈遂足爲君子之道？此固不待辨而知其非矣。且以二陽爲二君，與以多宗少眾爲人下之義，尤屬不合也。焦里堂氏《易章句》又以下文日月寒暑迭相往來之例推之，謂一君二民失道而害，宜益之以陽，二君一民當位而盈，宜益之以陰。然此章與下文各自爲義，絶不相蒙，未可牽連及之。穿鑿害義，殊乖經恉。民，別本或作臣，説詳焦氏《補疏》。

賁无色也解

顧錫祥　如皋

雜卦：賁，无色也。諸家之説，以白爲无色，均拘於上九一爻，不足以概全卦。嘗讀《家語》云：孔子嘗自筮而卦，得賁，愀然有不平之狀。子張進曰：賁是吉卦，夫子有不平，何也？孔子曰：山下有火，賁非正色也。則是无色也者，謂无正色也。《太元經》曰：黃不純。范望注云：火色黃白，故不純。引此經云：山下有火，黃白色也。黃白不純，故云无正色。《吕氏春秋》亦引孔子自筮得賁，而曰：白而白，黑而黑。夫賁又何好乎？高誘注：賁，色不純也。物相雜謂之文。京房《易傳》云：五色不成謂之賁，文采雜也。然則賁无色者，文采相雜，无一定之色也。《詩·白駒》章鄭箋亦引《易》云：賁，黃白色。《説苑》亦引賁非正色。觀此，可無疑於《釋文》所引賁字衆説，而序卦傳所云賁，飾也之意，可以互相發明矣。學者不得其説，乃以无色爲火色，或又以无通于元，爲无色即元色，支離穿鑿，較舊解更甚，殊無取焉。

食哉解

吳肇嘉　如皋

《舜典》：咨十有二牧，曰食哉。桉：曰者，十二牧述堯德之辭也；食哉，述堯德以勖舜之辭也。《堯典》多稱帝曰，下文奮庸之上，始特書舜曰以別之，是知咨十有二牧之下，曰字必非舜語，而食哉語意乃可由此推也。舜即位，文祖詢四岳，開明堂，通天下之耳目，復咨詢十二牧俾論堯德本選書《五帝本紀》。於是十二牧進言曰食哉，猶云懋哉懋哉也。食，方言勸也。《廣雅》同。勸有勉意，十二牧以懋勉之辭勖舜，故下文舜即詢以奮庸熙帝之事，奮字正與食字相對，食之為勸勉，益可無疑。食哉句，惟時屬下為句，正與"欽哉，惟時亮天功"句法同。孫氏季述言：食，偽也。偽通為，雖見《淮南子》高注、《魏志》、《史記索隱》諸書，而以食哉謂為哉，語氣究不合。王氏又曰：勸使有為。合勸為兩字解一食字，轉覺牽強，不若一以勸字解之為允。孔氏不得其句讀，因以食為飲食之食，胡氏、林氏、薛氏、朱氏竝緟其謬，更不足辨。

食哉解

劉翰　武進

《史記》載舜命十二牧論帝德行，此蓋十二牧贊堯之辭也。自來說者多承偽孔之誤，以食哉惟時為句，謂與"直哉惟清"同一句法，解為王政以食為首，而農事以時為先，說似平妥，義實未洽。何則？哉者，贊歎之辭。若以食為民食，下綴哉字，語氣未合，不得以哉、惟二字偶連，遂謂句法相同也。近儒孫氏以食哉絕句，固已得之。至其訓食字，引方言食閻為勸，及《爾雅》食偽之訓，因解食哉為勸之為，轉之又轉，立解亦曲。今試取食字本義引申之。《說文》：食，從人，集也；從皂，穀之馨香也。《周書》曰：明德惟馨。又曰：罔有馨香，德則不特。穀言馨香，即德亦言馨香。皂之引申，實有善義，食從人皂，言其無善之不集也。《洛誥》兩言惟洛食，謂惟洛為至善也。俗解以食墨為訓，固謬；舊解以惟洛為可食之地，亦非。《史記·五帝本紀》引述此文云：咨詢十二牧，俾論堯德。論釋曰字，堯德釋食哉，則食哉云者，乃十二牧極意形容之辭，贊堯之無善不集也。孫氏知僞傳非古訓，而訓食爲僞通僞爲爲至爲字，而仍須牽强傅合，以成其説，終不敢從。

讀《湯誓》

唐文治　太倉

《易傳》言湯、武革命，順乎天而應乎人。而孟子亦言湯始征，天下信之，東面而征西夷怨，南面而征北狄怨，曰：奚爲後我？乃今讀《商書·湯誓》一篇，復釋先儒舊説，以爲百姓怨湯不恤穡事，故憚征惡役。湯乃勞其曉諭，斷以必往，誘以大賚，懼以孥戮。若是者，豈所謂順乎天而應乎人耶？是以《唐書》載高定七歲讀《湯誓》，問其父郢曰：奈何以臣伐君？郢曰：應天順人，何云伐耶？對曰：不從誓言，孥戮罔赦，是順人乎？郢大奇之，而不能答。此可見湯之伐桀，雖七歲小兒尚疑之，而先儒竟無有爲湯剖其冤者。近讀黃徵居先生《尚書啟蒙》，乃恍然於湯之伐桀，本因乎眾心。此篇正是仁人之言，先儒解之者，均失其意也。試暢言之。本紀言夏桀爲虐政淫荒，而諸侯昆吾氏爲亂。是當斯時，有乘桀暴而作亂者矣。《湯誓》所云今爾有眾，汝曰我后不恤我眾，舍我穡事而割正者，我后謂湯以下別稱夏玉，故知非桀，不恤我眾者，怨其不正夏以救民也；舍我穡事而割正者，不堪桀之暴，將舍穡事而作亂也。舍穡事謂自舍之，非謂湯舍之。湯惟聞眾言，然後決知夏氏之有罪，又懼眾民爲亂，故不敢不正之。然猶未知夏罪之何以干眾怒也，乃復命。眾申言之曰：夏罪其奈何《書》言如台者四，《史記》均作奈何？其如台者，正湯詢眾之辭。先儒有解如台爲亳眾詢湯之辭，又有謂桀其如我何者，可謂謬之又謬。夫以桀之淫荒而傷百姓，詎有湯既知之而亳眾反不知之理乎？夏臺已囚聖主，詎有亳眾反不懼之理乎？夏王率遏眾力云云,乃眾民述夏之罪,湯知夏德若茲,故許以必往也。至後之示以大賚,懼以孥戮者,蓋致天罰而伸公義,是爲有功。舍稽事而私自倡亂,乃蒙大僇。後之不從誓言句,與上之舍我穡事句,本相承應,是可見湯實懼民之作亂,非脅民以必從也。觀《史記》以予惟聞汝眾言至今夏多罪二十二字易於天命殛之之上,益以見湯之因聞眾言而興師矣,又烏得有憚征惡役之事耶?

讀《湯誓》

章際治　江陰

古者興師,恆有誓辭。夏之《甘誓》,周之《泰誓》《牧誓》,皆告其所統率之眾庶而勉勵之也。《湯誓》何獨不然?近之爲《尚書》學者,於今爾有眾,汝曰我后不恤我眾,舍我穡事而割正夏節,據孔氏奪民農功而爲割剝之政,注見《史記集解》以爲民指桀之辭。際治嘗讀而疑之。爲此說者,或謂《史記》無夏字,僞孔傳亦不解夏字,不當據俗本作伐夏解。或謂割正即下文率割下邑之謂,我后當指夏王說。蒙案:據《史記》謂夏字爲衍文則可,謂我后指桀言則不可。雖安國注意云然,而要未敢深信也。篇首王曰:格爾眾庶,悉聽朕言。是湯告亳眾之辭也。下云:今爾有眾,予惟聞汝眾言。曰爾眾,曰汝眾,則亦指亳眾可知。今以此節爲斥桀之辭,則必指桀民而後可。湯誓師伐桀,何爲而與桀民言乎?且前以爾眾指亳民,後以爾眾、汝眾指桀民,一篇之中,不宜同辭異旨若此。其可疑者一。《孟子》引《書》曰:徯我后,后來其蘇。又曰:徯我后,后來其無罰。兩言我后,皆指湯言。《湯誓》我后,當與同旨。今乃曰我后謂桀也,豈桀民謂湯爲我后,湯民亦謂桀爲我后乎?其可疑者二。篇中指斥桀者,如有夏、夏氏、夏王、夏邑、夏德,皆以夏字別異之。至於民之稱桀，則曰予及汝偕亡，予與汝乃平等之稱，是桀民不復以爲君也。今忽尊之曰后，親之曰我后，語氣輕重失論。其可疑者三。朱氏《經傳攷證》云：割讀如曷，與下率割之割不同。正之爲言征也，若曰舍我穡事，而何爲征夏乎？觀不敢不正今朕必往之言，則民情可見矣。今案朱説是也，惟并夏字釋之，則不免仍據誤本耳。攷《大誥》天降割於我家，釋文云：馬本作害，是割害古通也。時日曷喪，《孟子》引作時日害喪，是害曷同義也。亳衆葢謂我君不憂恤我衆，舍我稼穡之事而何所征乎？故湯告之曰：予畏上帝，不敢不正也。揆諸語氣，較舊説爲長，何必泥孔注而强爲之説乎？至時日曷喪二句，當從《孟子》，予則孥戮汝句，當從《周禮》司厲職，先鄭注、江艮庭《集注音疏》已明著之，不復贅云。

夏五服周九服異同考

沙從心　江陰

　　周之幅員不廣於夏，而周服之名幾倍於夏服，是古今一大疑義。爲之詳稽里數，知其名雖異，而其實則同。禹因高山大川之形勢，別爲九州，初不計幅員之廣陜、道路之迂直。及水土既平，則規方五千里之地，以爲五服之制。雖有絕長補短之處，而大概整齊，與堯之五服從同。其荒服之外尚有餘地，所謂外薄四海，咸建五長者，則東漸於海，直抵嵎夷，西被流沙，屆於黑水，計延袤當不下萬里。此夏五服之制也。若周職方氏辨九服之邦國，方千里曰王畿，其外方五百里曰侯服。由侯至藩，其數凡九。大司馬謂之九畿，而王畿曰國畿。葢周析夏、殷之五服以爲九服之制如此。或謂九服之數倍於五服，似未必然。如夏之甸服，得方五百里者四，明明相距千里，即周王畿千里之地，而《禹貢》乃曰五百里甸服，是舉由中達外之一面言之也。周之王畿，即夏五百里甸服之地，而《周官》乃謂方千里曰王畿，是合由中達外之兩面言之也。凡《禹貢》所謂五百里者，合兩面言之，皆當曰千里。凡《周官》所謂外方五百里者，舉一面言之，實祇二百五十里。故統五服之數計之，舉甸、侯、綏、要、荒之一面爲二千五百里，合兩面則相距五千里也。統周九服之數計之，舉侯、甸、男、采、衞、蠻、夷、鎭、藩之一面爲二千二百五十里，合兩面爲四千五百里，幷王畿千里，通爲五千五百里。以王畿當夏之甸，以侯甸當夏之侯，以男采當夏之綏，以衞蠻當夏之要，以夷鎭當夏之荒。《書》所謂弼成五服，至於五千，其境蓋止於此。增於夏者，爲五百里之藩服，故彼此不無小異。然禹外薄四海，咸建五長，即成周藩服之域，其名雖增，而其地未嘗增也。鄭君彌縫經傳，以爲五服是堯之舊制，及禹弼之，每服之間更增五百里，相距爲方萬里。然則益稷何以不云弼成五服，至於萬里耶？《詩·商頌·殷武》孔疏云：凡言至於者，皆從此到彼之辭。至於五千，乃自京師至於四境爲五千里耳。以此證禹服之相距萬里，其說似矣。然《禹貢》之言五服，何以不云千里甸服，千里侯服，而祇云五百里？即謂五服之外，各有五弼相閒，每服除弼五百里，故甸、侯諸服，均不言千里。然五服五弼，同此王朝之版宇也。而甸服之內，有納總納銍云云，侯、綏、要、荒諸服之內，亦各有曰采、曰男邦、曰蠻、曰流云云，何以五弼之內，乃竟絶無偶説？或又謂納總納銍至曰蠻、曰流諸小數，即指五弼而言，乃各在五服之外，其說又近似矣。然五弼之內如此瑣屑詳盡，何以五服之內而又絶無偶説，祇以甸侯等一字括之？將謂五弼禹所新立，不厭其詳，五服堯之舊章，姑從其略乎？則亦宜有遵舊明文，使讀者可通曉，豈當蓄此隱謎，以滋天下萬世之惑？竊嘗三復《書》辭，而知弼成五服，相距實是五千，非萬里也。司馬遷謂諸小數皆五百里，服之別名，大界與堯不殊，蓋得之矣。若王肅駁鄭，而謂禹無拓境之事，則又不然。禹之拓境，非如後世開邊必用征伐也。洪水滔天之時，烝民不粒，土地既削，國數亦減。至地平天成，災害既除，大制疆域，固當復其故地。但其境有餘，儘可餘於荒服之外，正不必大增弼數，使盡入於五服之中耳。蕭又駁鄭塗山萬國盡在服中之説，而謂天地之勢，平原甚少，山川不啻居半，豈以不食之地亦封建國？又謂王圻千里，封五十里之國四百，則圻内盡以封人，王城宮室無建立之處，理固然矣。然必云萬國僅舉盈數，非言其數滿萬，則亦膠滯實甚。夫禹荒服之外，漸被何窮？塗山之會，何必盡在中國？更何必盡在服中？合禹之聲教所暨而言，即有餘於萬國，亦所能容，何必謂非數滿萬乎？蕭又謂甸服之外，不應皆入禾藁，説亦未是。夫先王定法，隨時制宜，甸服之外，去京未遠，使入禾藁，庸何傷？但必以是爲甸外之弼，則未知甸服内所納之賦又是何物耳。賈逵、馬融亦以百里納總爲甸服外地，而百里采以下仍爲侯服。夫一經之文，乃如此自亂其例，其謬尤爲顯然。或謂古人之言里數，有據虛空之鳥路者，有據著地之人跡者。若據鳥飛直路，則周之九服亦止五千；若隨人跡屈曲，則夏之五服亦將萬里。然夏、周里數，皆以開方言之，無計人跡屈曲之理。或謂古尺有長短，步有大小，故夏服與周服不同。然謂古里寬於今里，亦不應相去一倍之遠；謂今里寬於古里，更不應禹五千里，周反倍之。二説皆未可通。蔡傳悉排羣説，而自爲之解曰：禹聲教所及，地盡四海，而其疆理則止以五服爲制。至荒服之外，又別爲區畫，如所謂咸建五長是已。若周則盡其地之所至而經畫之也。此解亦頗近是。然禹之五服，以開方計之，爲方千里者二十五。從蔡説，則周之衞、蠻、夷、鎮、藩，皆夏五服以外之地，爲方千里者七十五，竟大於夏服四分之三，大小豈應如此懸殊？蓋五服、九服雖同言五百里，而《禹貢》言面，《周官》言方。言面則面各五百里，言方則外各二百五十里，合兩面方成五百里也。夏與周改其法不改其地，雖王畿藩服小有區分，何嘗大相懸絕哉？

洛邑成周王城分合考

章際治　江陰

洛邑成周，見於《書序》。王城之名，始見春秋。周初無所謂王城也，均名之曰洛邑成周而已。《洛誥》云：我乃卜澗水東、瀍水西，惟洛食。我又卜瀍水東，亦惟洛食。《召誥序》云：成王在豐，欲宅洛邑，使召公先相宅。《洛誥序》云：召公既相宅，周公往營成周。經兩言惟洛，是均謂之洛邑也。序第言往營成周，是均謂之成周也。攷《逸周書》作洛解云：乃作大邑成周於土中。《漢書》婁敬云：周公營成周，以此爲天下之中。《呂氏春秋》南宮括云：成王定成周，其辭曰：惟余一人營居於成周，有善易得而見也，有不善易得而誅也。《説苑》南宮邊子曰：昔周成王之卜居成周也，其命龜曰：予一人兼有天下，辟就百姓，敢無中土乎？是皆指春秋王城言之也。《君陳序》云：命君陳分正東郊成周。《畢命序》云：康王命作册畢，分居里成周郊。此則專指瀍水東之成周言之，故或曰東郊，或曰郊，正以別於中土之成周也。周公攝政七年，天下太平，周道至此而成，故所營之邑名曰成周。至平王東遷，居於東都，天下因王都於此，改名曰王城。此《黍離》以下諸詩所以謂之王，而王城之名所以始見於春秋也。既以平王所都者謂之王城，因以成周之名專屬下都。鄭氏《詩譜》曰：成王欲宅洛邑，使召公先相宅，既成，謂之王城，是爲東都，今河南是也。召公既相宅，周公往營成周，今洛陽是也。此亦據春秋時言之，其實周初無王城之名也。《春秋》昭二十六年經：王猛入于王城。杜注：王城郟鄏，即今河南縣。二十六年經：天王入于成周。杜氏於傳中注云：成周，今洛陽。班《志》河南郡洛陽縣注：周公遷殷民，是爲成周。河南縣注：故郟鄏地，周公營以爲都，是爲王城。彪《志》：洛陽，周時號成周。河南，周公時所城洛邑也，春秋時謂之王城。由是成周、王城之名，分屬兩地，一成而不可易。敬王四年，避子朝之黨，遷都成周。考王元年，以王城故地封其弟揭，故又名東、西周。《公羊傳》云：王城者何？西周也。成周者何？東周也。何氏《解詁》：是時王猛自號爲西周，天下因謂成周爲東周。此正見地名隨時變遷，古今世殊，即古今異名也。外傳鄭語當成周者，韋氏注云：成周，洛邑。陳氏奐譏之，以爲成周即上文東土。不知下文南有荊蠻，北有衞、燕，西有虞、虢，東有齊、魯云云，明總指東都，非單指下都也。史伯之語在幽王時，可證斯時王城尚名成周，至平王時而始名王城也。周初之名與春秋時異，後人比而同之，烏能通哉？

書皇帝解

章際治　江陰

嬴秦以前無以皇帝爲人君稱者，而《呂刑》獨兩言皇帝。鄭注以皇帝哀矜云云爲指顓頊，皇帝清問云云爲指帝堯，僞傳則以兩皇帝爲皆指帝堯。近之爲《尚書》學者，皆申鄭駁孔，自謂力申古誼矣。殊不知僞傳固非，鄭注亦非也。康成生長漢季，習聞皇帝爲人君之常稱，因據《國語》觀射父之言，以兩皇帝分屬顓頊與堯。然《國語》明云：少昊之衰，九黎亂德。又云：其後三苗復九黎之德。則九黎三苗，斷非一物。鄭以遏絕苗民爲顓頊誅九黎，義殊未安。僞傳易鄭，謂均指帝堯言，於苗民合矣，於乃命重黎句又不合。《國語》明云：顓頊受之，乃命南正重司天以屬神，命火正黎司地以屬民。又云：堯復育重黎之後不忘舊者，使復典之。則命重黎者乃顓頊，非帝堯；堯所命者乃重黎之後羲氏和氏，非即重黎。僞傳合而

29

爲一，亦殊未允。然則經言皇帝者何也？曰：皇帝猶言皇天，上帝稱天之辭也。古人誥辭，多假天以立説。即如《吕刑》一篇有云：方告無辜于上帝王充《論衡》引作庶僇旁告无辜于天帝。江氏《音疏》謂上帝當兩讀，重文摩滅兩是也。今從之。上帝監民、上帝不蠲、天齊于民、爾尚敬逆天命、具嚴天威、今天相民、非天不中、天罰不極諸文，皆假天以立説也。皇帝二字，亦同斯旨。然則有證乎？曰：安得無證？《論語·堯曰篇》引《湯誓》云：敢昭告于皇皇后帝。孔注：皇，大。后，君。大，大君。帝，謂天帝也。《詩·閟宫篇》亦云：皇皇后帝。鄭箋：皇皇后帝，謂天也。葢累言之則曰皇皇后帝，簡言之則曰皇帝，皇帝猶言大帝爾。他如《詩·正月篇》有皇上帝，《皇矣篇》皇矣上帝，《書·召詔篇》皇天上帝，皆用皇帝二字於一句中，則亦累言之辭也。諸儒於累言者知爲天稱，於簡言者不知爲天稱，則蔽於耳目之所習而不加察也。説者或以既稱上帝，復稱皇帝爲疑。然如《康王之誥篇》：用端命于上帝，皇天用訓厥道。上下兩句中尚不妨異稱，而謂一篇中反不可異稱，有是理乎？且何以解於篇中之或稱天或稱上帝乎？其證一也。趙氏《孟子》盡信書章注引《康誥》曰：冒聞于上帝。《甫刑》曰：帝清問下民。而斷之曰人不能聞天，天不能問民。邠卿雖從今文家説，引書無皇字，而以帝清問下民作天問下民解，必先師相傳舊説如此，故與冒聞於上帝句竝引而毅然駁之也。焦氏《正義》謂趙讀帝清二字相連，單言帝不必是天，稱帝清則必非天子，故以帝清問下民爲天問下民也。案單稱帝爲天者，如饗帝、郊帝之類，不勝枚舉。趙必習聞《吕刑》之帝稱天，故以天解帝，非如焦氏所云也。其證二也。《史記·始皇本紀》：丞相綰等曰：古有天皇，有地皇，有泰皇，泰皇最貴。臣等昧死上尊號，號王爲泰皇。王曰：去泰著皇，采上古帝位號，號曰皇帝。此皇帝爲人君稱之始。如古人早有是稱，則不煩丞相綰等議之，始皇復定之矣。焚《詩》《書》在始皇三十四年，議尊號在二十六年，此時百篇之《書》固在也。其證三也。有此三證，尚何疑皇帝之爲天稱乎？然則經兩言乃命，果誰命之與？曰：經言乃命重黎、乃命三后者，皆託言上帝命之，猶《詩》言維嶽降神，生甫及申耳。《楚語》謂顓頊命重黎，因對昭王之問，而實指人事以告之。必謂皇帝非指人君，言與《國語》之文不合固矣。蓋經言皇帝哀矜庶戮之不辜，報虐以威，遏絕苗民，無世在下者，猶言上帝不蠲，降咎于苗，苗民無辭于罰，乃絕厥世也。言皇帝清問下民者，猶言上帝監民，今天相民也。皇帝爲稱天之辭，不信然與不然。前後兩皇帝異解，不加訓詁，安知所指爲何人？豈古人立言之體耶？況經中四言苗民，一言有苗。有辭于苗，《墨子·尚賢篇》引作有辭有苗，江氏《音疏》謂今本僞孔所改，今從江氏説。一言于苗，當均指三苗説，若以上兩苗民指九黎，後四苗字指三苗，不幾自亂其例耶？鄭君注經，每借漢制以相況，此以皇帝爲人君之稱，則不免爲漢制所誤耳。世之墨守鄭學者不足責，獨怪江艮庭輩實事求是，擇善而從，而亦未能斜正也。是不可以無辨。

寡兄寡妻解

劉翰　武進

《書》之寡兄，孔傳訓爲寡有之兄，與《康王之誥》寡命爲寡有之命同解。《詩》之寡妻，毛傳云適妻，鄭箋亦訓寡有之妻。宋之蘇氏蔡氏云：寡兄，寡德之兄；寡妻，寡德之妻。又以爲謙辭。三説備，而寡字更無餘義可搜，擇其長者從之，則毛爲最優也。孔鄭之所謂寡有者，言其賢也；蔡蘇之所謂寡德者，代之謙也。其實《書》言武王，《詩》美文王，既無代爲謙辭之理，即以寡爲寡有之賢，則《書》上文顯考文王止一丕字，《詩》上文太任止一齊字。按以本文，轉覺寡兄寡妻之贊辭，勝於父母，理既未安，揆之語氣，且嫌其拙，蓋有不可從者矣。毛傳寡妻適妻，申其説者曰：適妻惟一，主一無敵，未關

31

合寡字之義，故適字之旨亦未暢。按《説文》：寡，少也，从宀，从頒。頒，分也。《頁部》頒本訓大頭。《詩傳》有頒其首、頒大首兒。葢惟其大而後可分，此頒所以訓大，亦訓分也；惟其分而後至少，此寡所以从頒，而訓少也。然寡故从頒也，頒故訓大也。寡从頒，則必有大之義在焉。有大之義而訓爲少者，亦猶擾之訓馴，亂之訓治，循環引信之例也。是則《書》之寡兄，大兄也，大兄者，適兄也；《詩》之寡妻，大妻也，大妻者，適妻也。毛以適訓寡，不亦宜乎！推之《康王之誥》毋壞我高祖，寡命爲大命，亦其宜也。世人習知寡訓少，泥於寡有寡德之説，而寡字从頒之義失矣。

《白虎通義》云：王者自謂一人者，謙也。欲言己材能當一人耳。故《論語》曰：百姓有過，在予一人。臣下謂之一人何？亦所以尊王也。以天下之大，四海之內，所共尊者一人耳。故《尚書》曰：不施予一人。諸侯之稱寡人爲謙辭，寡兄、寡妻、寡命又爲尊辭，與予一人之有謙尊，兩義同例。鄭箋寡有之説，於義自通。文申毛傳，寡字从頒，有大義，足備一解。元評。

重較解

陳慶年　丹徒

《衞風·淇澳》之重較，毛傳但謂卿士之車，而未詳其�。戴東原謂車左右有兩較，故曰重較。然《詩》言倚依《曲禮》孔疏、《鄉黨》皇疏、《荀子·非相篇》楊注、《文選·西京賦》李注引皆作倚正重較兮，倚即輢，車亦左右兩輢，不言重倚而獨言重較，似非即指左右兩較爲言。陳碩甫據《續漢書·輿服志》金薄繆龍爲輿倚較，謂重較爲金有重飾。然云爲輿倚較，則兩旁之輢與輢上之較皆以黃金飾矣。如果據重飾爲誼，則《詩》宜曰重倚較兮，何以言較而遺倚？攷較之制，舊説皆以爲直輢，輢上左右各一直木縱置之，謂之較。阮芸臺以爲輢上反出謂之軧，立木達軧謂之較，説亦未覈。《説文》：輢，車旁也。軧，車兩輢也。耴，耳下垂也。䡇，車耳反出也。葢車兩旁謂之輢，輢上橫木謂之較，較有反出之耳謂之䡇，於車耳反出之䡇上又重起如角謂之重較，古今注所謂車較，重耳也，重起如兩角然是也。《説文》：較較之本字，車上曲鉤也从段氏訂。此正得周制。段氏謂曲鉤爲漢制，非是。曰曲，知較必非直木；曰曲鉤，知較必上曲如鉤格矣。《方言》：鉤，或謂之鉤格。格之言角也。《廣雅·釋言》：觡，角也。形如鉤格，曲而上起，故古人謂之重較。《釋名》以較爲羣較，因較乃羣推尊卑，故云。然江氏慎修、戴氏東原於較制已沿舊説，又謂車制尊卑皆左右兩較，而議毛傳爲非，近之言車制者皆能正之。

溥彼韓城燕師所完解

章際治　江陰

經學之不明，皆好奇而輕駁古注者爲之也。如《詩·韓奕》卒章：溥彼韓城，燕師所完。毛傳云：師，眾也。鄭箋云：溥，大；燕，安也。大矣彼韓國之城，乃古平安時眾民之所築完。《釋文》云：燕，於見反。注同。徐云：鄭於顯反。王肅、孫毓並烏賢反，云：北燕國。是以燕爲國名，實始於子雍。漢王符《潛夫論》已有此説，疑爲肅所竄入，辨見下。近人每宗王而棄鄭，際治竊以爲不然。駁鄭箋者，或謂燕師訓安師不詞；或謂韓國有二，不當誤合爲一；或謂貊爲東北夷，不在鎬京之北。之數説者，請得條列而駁正之。考古者宴安字皆通作燕，《禮記·樂記》有燕女，《學記》有燕朋是也。《毛詩》宴安字亦皆作燕，《新臺》燕婉之求，《鹿鳴》以燕樂嘉賓之心，《北山》或燕燕居息，《文王有聲》以燕翼子，《雖》燕及皇天，傳皆訓燕爲安。惟

《谷風》宴爾新昏作宴，《釋文》云：本作燕。是燕皆宴之假字也。燕師之燕，何獨不然？且毛傳於國名、邑名例出訓詁，如此詩出宿于屠，傳云：屠，地名；其追其貊，傳云：追、貊，戎狄國是也。而此燕字獨無傳，顯與《新臺》等傳燕安從同。又考本詩燕胥燕譽，毛亦無傳，《釋文》於燕譽下云：燕，於遍反，又於顯反，安也。燕師之燕無釋音，義當與之同，是毛本不以燕爲國名也。鄭知燕師二字見於《左傳》，恐人誤指爲国名，故著燕安之訓以申明之，此正鄭之善於述毛也。況首章奕奕梁山，傳云：奕奕，大也，甸治也。禹治梁山，除水災。此正指《禹貢》治梁及岐之梁，不得以他處名梁之山當之。顧氏炎武云：《水經注》漯水又東南逕良鄉縣北界，歷梁山南，高梁水出焉。是所謂奕奕梁山者矣。江氏永云：鮑邱水過潞縣西，高梁水注之，東逕梁山。是燕地亦有梁山也。案《爾雅·釋地》，梁山有二，一爲晉望，一爲衡山之別名。是天下山名梁者正多，經明云惟禹甸之，安得舍《禹貢》梁山而別有所指乎？鄭氏序箋云：梁於韓國之山最高大，爲國之鎮，祈望祀焉，在今左馮翊夏陽西北。其說正與毛同。《左傳》：梁山崩，晉侯以傳召伯宗。《爾雅》：梁山，晉望也。皆指晉滅韓後言之，郑則據韓未滅言之也。《詩》詠韓侯受命，而首詠梁山，必梁山在韓國境内，如《秦風》之詠終南，《魯頌》之詠兒釋也。陳氏奐云：梁山爲韓侯歸國之所經，故尹吉甫以禹治梁山除水災，比況宣山平大難命諸侯。案《詩》詠梁山，即繼之曰：有倬其道，韓侯受命。是梁山因韓侯而詠，非比況宣王也。況以韓國爲近北燕，則韓侯歸途之所經，奚止一梁山，何獨以梁爲比況乎？班書《地理志》云：左馮翊夏陽，故少梁。《禹貢》：梁山在西北。是鄭箋之所本。梁山既定，韓城可知。韓城既定，則與北燕相去二千餘里，與南燕相去亦七百里左右，以燕眾築韓城，必非人情。朱子云：韓初封時，召公爲司空，王命以其眾爲築韓城，若召伯營謝、山甫城齊之類。呂氏祖謙云：春秋時城邢、城楚邱、城緣陵、城杞之類，皆合諸侯爲之。霸令尚如此，則周之盛時，命燕城韓，固常政也。案朱子之説，嘗自疑之。《集傳》本非定論，東萊以霸令況王政，尤非。何得以燕師爲燕眾乎？此疑燕師二字不詞者，非也。《左傳》富辰曰:邗、晉、應、韓,武之穆也。又叔侯曰:霍、楊、韓、魏,皆姬姓也。説者據以爲周初二韓之證,不知富辰因溯原一本而言,故以韓爲武穆,叔侯因晉滅同姓而言,故以韓爲姬姓,言各有當也。毛傳云:韓之先祖,武王之子也。鄭箋云:韓,姬姓之國也,後爲晉所滅,故大夫韓氏以爲邑名焉。又引《國語》以爲證,是鄭不謂有二韓也。韋氏《國語注》云:近宣王時,命韓侯爲侯伯,其後爲晉所滅,以爲邑,以賜桓叔之子萬,是爲韓萬。杜氏注《左傳》,於富辰、叔侯之言韓均無注,於僖十年敝於韓句注云:晉地。亦以韓原爲即韓國地也。且後漢古文家傳《周禮》、《春秋》傳者,類傳《毛詩》,今《春秋》內外傳韋、杜二家注既不言有二韓,即賈、馬、服逸注中亦絶不之見,而謂周初有二韓,可乎?王符《潛夫論·志氏姓篇》云:昔宣王亦有韓侯,其國近燕。《五德志篇》云:韓,武之穆也。韓,姬姓也。《水經注》云:聖水又東南逕韓侯城。近人顧氏炎武、江氏永、陳氏奐等均據此以爲韓奕之韓,在今順天府固安縣界。案范史《王符傳》言少與馬融等友善,陳志《王朗傳》言肅善賈、馬之學,不好鄭氏。葢肅忌鄭高明,説經恆與爲難。王符既與馬融友善,當亦爲肅所好,又與肅同姓,其書或爲肅所竄改,如偽撰《家語》之故智,亦未可知。況節信難言,韓國近燕,亦不能實指其處,詎得謂之定論乎?據此以疑毛、鄭,未爲得也。至《水經注》聖水下又引王肅云:今涿郡方城縣有韓侯城,世謂之寒號城,非也。則明明爲肅説所誤矣。或又謂《括地志》同州韓城縣南十八里爲古韓國,在今陝西同州府地,本秦、漢之夏陽縣,至隋始析置韓城縣。《漢志》夏陽本少梁,梁山在西北,是在河西韓萬所封之韓原。據《左傳》涉河侯車敗及寇深矣之文,當在河東,在今山西平陽府,二地亦難合於一處。不知鄭以韓爲韓氏之邑,自在河東,在今平陽府河津、萬泉二縣之間。梁山《漢志》明云在夏陽西北,在今同州府韓城縣境,僅隔一河。隋置縣名曰韓城,《括地志》謂縣南即古韓國,是亦梁山在古韓地之明證。今雖分隸二省,而古實一國也。若近燕之韓,經傳無徵,未可憑信。此疑鄭誤合二韓爲一者,非也。毛傳:追、貊,戎狄國也。《禮・王制》：西方曰戎，北方曰狄。鎬京於中國偏西，故其西北之國可兼謂之戎。鄭箋云：其州界外接蠻服。又云：賜之蠻服追、貊之戎狄，令撫柔其所受王畿北面之國。其後追也、貊也，爲獫狁所逼，稍稍東遷。蓋鄭因漢時濊貊皆在東北，故於《周禮》貉隸注以爲東北夷，亦據漢時言之耳。其實貉本北狄，《職方氏》鄭司農注與《王制》同。況此經明云奄受北國，則追、貊實在鎬京北也。箋末二語，正以明周時與漢異耳。顧氏炎武以爲康成不自安而遷就其說，殆未之深思耳。《説文》貊字注云：北方豸種。又貔字注云：豹屬，出貉國。即引此詩曰：獻其貔皮。則許亦以追、貊爲王畿北面之國也。此疑貊爲東北夷者，非也。至近人兩俞氏俞氏燮《癸巳類稿》，俞氏樾《羣經平議》又因詩中韓姞之姞與南燕之姓同，疑蹶父即南燕之君，燕師爲南燕之眾。不知下經明云以先祖受命是城，韓乃成王時事，非宣王時事也。説雖新奇，義究無取。然則鄭箋之説，誠不可易也。茲特申明之，以告世之好王而疑鄭者。

南海解

陶承潞　吳縣

古謂蠻、夷、戎、狄爲四海。《爾雅・釋地》云：九夷、八狄、七戎、六蠻，謂之四海。孫炎云：海之言晦也。晦，闇於禮義也。是四海以地言，非以水言。《江漢》詩云：于疆于理，至于南海。《左傳》楚屈完言於齊桓公曰：君處北海，寡人處南海。又子囊述共王之德曰：撫有蠻夷，奄征南海。凡所謂南海者，猶言南蠻耳，非真海也，曷徵之？周時中國南境以江、漢爲限，江、漢以南，若楚若吳，已爲蠻域，其他可知。召公所平爲淮南之夷，其地爲今江南之盧州、鳳陽、安慶諸府屬，南距海且數千里，中又隔羣蠻百越，召公雖仗天子威靈，亦豈能深入窮討，踰五嶺之險，盡濱海之國，而一一爲之疆理哉？以此知《詩》之南海，特指南蠻言之，即《釋地》以蠻、夷、戎、狄爲四海之意也。《爾雅》本爲釋《詩》而作，觀于雅訓，可以知《詩》誼已。春秋之楚地雖廣，其南境實不出今湖廣省，距南海尚遠。而屈完、子囊云然者，胡胐明云：《左傳》僖四年：君處北海，寡人處南海。注：楚界猶未至南海，因齊處北海，遂稱所近，蓋夸大之詞。襄十三年：撫有蠻夷，奄征南海。征與處不同，蓋楚至悼王時，吳起爲楚南收揚、越地，始踰嶺而瀕南海，共王則征之而已，此卻非夸大之詞。案：胡說似是而實非也。傳兩言南海，其意並與《詩》同，非真指海言之。屈完云君處北海，寡人處南海者，極言齊與楚南北隔絕，無故不得相侵。若以地理言之，楚之南境固不至海，即齊在東海，亦非處北海也。襄二十九年《傳》：吳季札聞歌《齊風》曰：表東海者，其大公乎！是齊在東海也。子囊云撫有蠻夷，奄征南海者，南海即謂上蠻夷，言撫有此蠻夷而征之，故《國語》作撫征南海。訓及諸夏並爲一句，而與諸夏對文，以南海對諸夏，其爲南方蠻越之屬甚明。韋昭云：南海，羣蠻也。其說最爲精塙。知子囊所言之南海爲羣蠻，則知屈完所言之南海亦猶是已。其不直言南蠻者，齊在中夏，不得言狄，楚亦不甘爲蠻夷，故變文言海。準以《釋地》九夷、八狄、七戎、六蠻謂之四海之例，則北海、南海實北狄、南蠻之變，文義固得以相通也。《史記・張儀傳》言利盡西海，西海不知所極，西域諸國尚在其內，秦安得盡有其利？其曰西海者，謂諸戎也。故張守節《正義》本孫炎《爾雅注》訓海爲晦，不以爲西方之海。西海爲諸戎，又何疑於南海之爲羣蠻乎？

申《詩譜》天子諸侯燕羣臣
皆歌《鹿鳴》合鄉樂義

錢榮國　江陰

　　鄭氏《毛詩譜》謂天子諸侯燕羣臣，皆歌《鹿鳴》，合鄉樂。阮氏《揅經室集》非之，以爲天子卿大夫爵與諸侯同，當用《頌》與《大雅》。近時金誠齊、陳碩甫俱從其説。不知鄭《譜》於本句之上，先言饗或上取，燕或下就。或之云者，明此饗燕之禮，用樂不拘一格也。若必以等差之異，爲一定之程，則據阮氏之見天子饗諸侯，與兩君相見同，皆入門而奏《肆夏》矣。而燕禮爲諸侯之禮，既云大夫爲賓，又云以樂納賓，則賓及庭奏《肆夏》，果何故而通用之乎？則不從鄭氏上取之説不得也。且《小雅》爲天子詩，《鹿鳴》本爲天子燕羣臣而作。據阮説，天子饗諸侯，奏《肆夏》，歌《清廟》，合《文王》《大明》《緜》，是饗諸侯不用《小雅》矣。燕羣臣而又不及，將置此詩於無用之地，果何時何禮而可歌《鹿鳴》乎？則不從鄭氏下就之説不得也。況《詩》不云乎，以雅以南，先雅後南，升歌先於合樂也。阮氏亦知此意，力破傳箋，不以雅南爲樂舞，但《鼓鐘》乃幽王之詩，而斷此句爲諸侯燕大夫之禮，又不知其何所本矣。

讀陳氏《毛詩傳疏》

金文樑　元和

　　漢初《詩》有齊、魯、韓三家，毛傳晚出最古，而獨傳後漢。鄭康成出而箋之，其申明毛義者固多，而參以己意，襍以魯、韓，與毛異義者亦復不少。唐孔沖遠等作《正義》，傳、箋竝疏，由是毛、鄭二家之説合爲一書，相沿至今，鮮有專習毛傳者。近儒金壇段氏玉裁所訂《毛詩故訓傳》，正譌補奪，毛傳始有完書。長洲陳碩甫先生奐爲若膺先生高弟，本師説以作疏，疏通證明，遂爲《毛詩》大觀。予讀其書，如每詩章句移在篇前，而各國及《雅》《頌》每什都數又列其前，皆本段氏小箋。小箋者，即所訂《毛詩故訓傳》也。然亦有與其師説異者，如《碩人》頎頎傳，段依《玉篇》作頎頎長貌，陳則仍孔疏本作頎長貌，而《玉篇》所引，於疏詳之，是其於段本亦不必盡從也。又疏中多引胡氏承珙《毛詩後箋》之説，如《小雅·白駒》爾公爾侯傳，爾公邪今本無此邪字，爾侯邪，疏既據段説於公下增一邪字，又引後箋云李氏《集解》引毛傳正作爾公邪，爾侯邪，與段説合，是也。亦有不引《後箋》而實本諸《後箋》者，如《大雅·行葦》授几有緝御，胡謂緝與輯、戢皆通，陳則云：緝讀爲戢。胡引《論語》踧踖如也，馬注謂恭敬貌，《廣雅》踧踖，畏敬也，以證傳緝御，踧踖之容也之訓，陳亦引之，謂踧與踧同，蓋本《後箋》而小變其説也。它若《鄘風·定之方中》匪直也人，傳非徒庸君，《正義》以爲庸庸之人，陳疏則以庸君爲庸國之君，謂文公也。此足正孔疏之誤。《小雅·大田》興雨祁祁，疏云：祁祁，宋本作祈祈，誤。與阮氏校勘記之説正合。此足明宋本之非。又興雨之雨當作雲，詳之於疏；爾公邪之邪，補之於傳。《大雅·崧高》往辺王舅之辺。今注疏本經、傳皆作近。正之於經。此皆足訂今本之譌。惟《周頌·思文》無此疆爾界，釋文本作介，云：音界，大也。訓大乃鄭義，作介乃毛本。《毛詩》多古文，故借介爲界。陳疏以介爲古界字，是也。而經仍作界，則不如段氏依《釋文》作介爲當。至若《豳風》於天文未詳，則今香濤張公嘗言之，即先生亦自知之矣。昔年先生文孫秉彝孝廉持此書呈諸張公，閱三日而畢，謂之曰：疏皆精當，惟《豳風》天文尚有未詳耳。孝廉嘆爲卓識。蓋先生彌留時，嘗以《豳風》不及改爲憾云。

文　二

禮不下庶人説

章際治　江陰

　　《曲禮》云：禮不下庶人，刑不上大夫。鄭注云：爲其遽於事，且不能備物。孔疏云：庶人不暇燕飲，故此禮不下與庶人行也。又云：禮爲酬酢之禮，不及庶人，勉民使至於士也。又引張逸云：非是都不行禮也，但以其遽務不能備，有事則假士禮行之。蒙案：鄭君之意，謂冠、昏、喪、祭、卿相見，其禮均止於士，不下及庶人。其云遽於事，且不能備物，是統六禮言之。孔疏專指燕飲酬酢之禮，失其旨矣。攷《士昏禮》納徵用玄纁束帛儷皮，《周禮》媒氏掌萬民之判，凡嫁子娶妻，入幣純帛，無過五兩，《雜記》曰納幣一束，束五兩，是五兩即一束。特此禁其無過，而不禁其不及，知亦有不及五兩者矣。且有束帛無儷皮，可見昏禮止於士，不下及於庶人也。禮，士有廟，祭以羊豕；庶人無廟，春薦韭，韭以卵；夏薦麥，麥以魚；秋薦黍，黍以豚；冬薦稻，稻以雁。是祭禮止於士，不下及於庶人也，而冠與喪可知。至《士相見禮》云庶人見于君，不爲容進退走，與執贄至下容彌蹙者迥別，孔疏亦已引之，可見相見禮止於士，不下及於庶人也，而鄉射、鄉飲酒更可知。故《儀禮》十七篇至士而止，無庶人禮也。且此句與下刑不上大夫對文，鄭《駁五經異義》云：凡有爵者與王同族，大夫以上適甸師氏，令人不見。是以云刑不上大夫，是大夫未嘗不罹刑，特制刑不上及大夫，猶庶人未嘗不行禮，特制禮不下及庶人耳。

樂無大夫士制說

唐文治　太倉

《曲禮》疏引熊氏云：案春秋說題辭，樂無大夫士制。鄭氏箋膏肓從題辭之義。蒙謂題辭所據，蓋指諸侯之大夫士言也。《周禮》小胥職：大夫判縣，士特縣。漢賈誼曰：大夫直縣，士有琴瑟。小胥所言，自指天子之大夫士也。《禮·射義》：卿大夫以采蘋爲節，士以采蘩爲節。合之《周禮·射人》所言，亦指天子之大夫士也。然則《儀禮》鄉飲酒、燕禮與鄉射禮所用之樂，非指諸侯之大夫士與？曰：此所謂鄉樂，諸侯以優大夫士，非大夫士所得私而有也。《燕禮》記云：若以樂納賓，則賓及庭奏《肆夏》，賓拜酒，主人答拜而樂闋。此與《仲尼燕居》所謂兩君相見，入門金作，升堂樂闋，《郊特牲》所謂賓入門而奏《肆夏》，卒爵而樂闋者，其制何異？此在上取誠有之，又可據此以《肆夏》爲大夫之樂制乎？若因上取有樂，而僭以自用，此趙文子之所以見譏於後世也。《詩·唐風·山有樞》刺晉昭公，而曰子有鐘鼓，明諸侯乃得有鐘鼓也。程繁曰：諸侯倦於聽治，息於鐘鼓之樂；士大夫士倦於聽治，息於竽琴之樂。是則非諸侯蓋無鐘鼓可知矣。抑又徵之《儀禮》，若《士冠》《士昏》《士相見》《少牢饋食》《特牲饋食》諸禮記，其俯仰揖讓，纖悉詳備，而絕不著用樂之文者，豈非以大夫本無可用之樂乎？《魯詩》傳曰：天子食，日舉樂，諸侯不釋縣，大夫日琴瑟。《白虎通》曰：大夫、士，北面之臣，非專事子民者，故但琴瑟而已。此皆古經師精覈之論，特申其大旨，以傅題之辭之義。

《月令》習五戎解

唐文治　太倉

《月令》季秋習五戎，鄭氏曰：五戎，謂五兵：弓矢、殳矛、戈戟。孫氏《集解》引《司馬法》以伸其説。蒙謂此五戎當从《周官·車僕》注作戎車解。案：車僕掌戎路之萃、廣車之萃、闕車之萃、苹車之萃、輕車之萃。注云：萃，猶副也。此五者皆兵車，所謂五戎也。戎路，王在軍所乘也。廣車，橫陣之車也。闕車，所用補闕之車也。苹，猶屏也，所用對敵自蔽隱之車也。杜子春云：苹，當爲軿。《蒼頡篇》曰：軿車，衣車也。輕車，所用馳敵致師之車也。《續漢書》曰：輕車，古之戰車，洞朱輪輿，不巾不蓋，䈚矛戟幢麾。䈚，謂建之。有蔽者爲苹，無蔽者爲輕。疏云：鄭《月令》注以五戎爲弓矢、殳矛、戈戟，不爲五兵車解之，則未知此所謂五戎者所謂何文。不知《月令》注語當是鄭君未定之説，故特於《周官》注正之耳。大司馬中冬教大閲，陳車徒，羣吏聽誓於陳前，注亦引《月令》之習五戎訓之，可知季秋之習五戎即《周官》中冬之簡車徒。孔氏《正義》乃謂車不須更習，可謂紕繆無稽。至於下文七騶咸駕，授車以級，即習戎車之事，《正義》乃以下文言七騶而斷五戎爲非戎車，何其望文生義也。《詩·秦風》小戎俴收，《小雅》元戎十乘，戎車既駕，此皆以戎當兵車之證。《左氏傳》云：公喪戎路，傳乘而歸。又曰：其君之戎，分爲二廣。此即諸侯之戎路廣車也。又師旂闕四十乘，孫子八陳有苹車之陳，可知戎路、廣闕、苹輕，萃必从乎其元，而簡閲之制固未嘗不有其定時矣。

桃曰膽之解

雷補同　松江

《禮·内則》:桃曰膽之。鄭注謂治擇之名。孔氏云:去毛拭治,令色青滑如膽。夫如膽之訓,殊屬附會,而拭治之義,自無可易,惜疏家不能申明之。竊謂膽之取義於拭者,膽即幨之假借。《説文》:幨,拭也,從巾,韱聲。巾所以拭物,故幨字從巾。今蘇俗刷塵之帚曰擔帚,音轉如膽,其實即幨也。幨與膽音相近,故知膽之之膽,亦必假借爲幨,而後其義可通。孔氏既知訓膽爲拭,而不明夫假借之例,遂附會以成文,泥矣。至《爾雅》舊注謂擇取其美者,説無可通,故不若訓膽爲拭,與假借之例相發明。或曰膽之謂去其苦如膽者,其説尤誣,孔氏亦奚取乎爾?

方領曲領解

孫同康　昭文

深衣曲袼如矩以應方,鄭注:袼,交領也。古者方領。《玉藻》袷二寸,鄭注:袷,曲領也。又《曲禮》天子視不上于袷,《玉藻》視帶以及袷,鄭注竝云:袷,交領。合此數注以觀,則袷爲交領,交領即方領,方領即曲領,同物而異名者也。然名必有所由起,不知其名,則不能詳其物。請即其命名之義而考之。《儀禮·士相見禮》疏:袷謂朝祭服之曲領也。玫古者朝祭之服必有襟,襟有内外之別,又有左右之分。右襟在外,左襟在内,左右内外相交,此交領之名所由來也。襟既相交,則其領必有句曲之形。曲字篆文作🐰,正與交

領相似，故又名曰曲領。凡物之曲者，正視之，其形皆方。説文匸、
𠃊二部相次。匸爲受物之器，其字象形，讀若方。𠃊之爲字，亦象曲
受物之形。匸之籀文爲𠤎，側視之即𠃊字。故古之交領，側視之則
爲曲領，正視之則爲方領，而方領之名可無疑矣。自漢世行直領，
而方領、曲領之制，幾無有知之者。直領見《鹽鐵論》云：及其後絲表枲裏，
直領無褘。甚至如《後漢書・儒林傳》注以方領爲直領，舛謬莫此爲
甚。不知方領形方，直領形長，而直本判然不同，未可併爲一談也。
若《急就篇》及《釋名》所言，曲領皆在中衣之外，所以禁中衣之領。
語本《急就篇》顔師古注。《隋書・輿服志》云：方心曲領。是其遺制，要
非鄭注之曲領也。近世説經之儒，好爲求異，强分方領、曲領爲二，
曷見其有當哉！

韍同裳色説

李安　静海

《説文》：韍，韐也。所以蔽前，以韋爲之。下廣二尺，上廣一
尺，其頸五寸。一命緼韍，再命赤韍。又曰：市，韠也。古者衣蔽前
而已，市以象之。天子朱，諸侯赤，大夫葱衡。从巾，象其連帶之
形。今《毛詩》字皆作芾，惟素冠作韠。鄭注：冕服謂之芾，他服謂
之韠。蒙桉：芾、韠之制各不同，其象裳色盍同。《士冠禮》朝服緇
帶素韠，注以爲素裳。疏曰：經雖不言裳，裳與韠同色，盍裳、韠相
同。禮家師説相傳如此。近儒金氏輔之力駁其説，云：以經、記校
之，冕服、爵弁服皆纁裳，皮弁服、朝服皆素裳，元端服皆元裳、黄
裳、襍裳。《玉藻》一命緼韍，再命、三命赤韍，是冕弁纁裳同，而韍
之爲緼、爲赤不同。《士冠禮》朝服素韠，特牲緇韠，是朝服素裳同，
而韠之爲素、爲緇不同。《玉藻》元端韠，君朱，大夫素，士爵韋，是元端、元裳、黃裳、襍裳同，而韠之爲朱、爲素、爲爵不同。金氏此説可謂辨矣。竊謂《玉藻》君韠朱，鄭注以爲元端服，而《士冠禮》元端、元裳、黃裳、襍裳可也。韠有朱素而無朱裳、素裳，裳有元黃而無元韠、黃韠，是裳與韠不同色者，元端服也。《説文》袷賤，不得與裳同，據士而言也。士賤，故纁裳而緼韍，素裳而緇韠。元端爲服之下，故韠亦異色。若冕弁纁裳，纁赤色，故大夫以上皆赤紱；朝服素裳，故大夫以上皆素韠，自是通例。然則韠象裳色之説，注疏家蓋舉其多者而言，非故與經文相迕也。

問：古書曰搢笏，曰服笏，曰不説笏，一義也。《玉藻》孔疏臣見君無不執笏，其義何據

章際治　江陰

古無所謂執笏也，佩之而已。《禮·內則》曰搢笏，《大戴禮·虞戴德》曰服笏，《禮·玉藻》曰不説笏，皆佩之紳閒之謂。惟《玉藻》孔疏曰：臣見君無不執笏。際治嘗讀而疑之，遍攷古書，竝無執笏之説。惟《管子》天子執玉笏以朝日，執笏二字，此爲最古。然攷《周禮》朝日之制，王搢大圭，執鎮圭。《攷工記》云：大圭長三尺，杼上終葵首，天子服之。荀卿云：天子御斑。大圭即斑，斑即笏。服者搢之也，御者進之也。然則笏乃天子所搢，不聞天子執之也。《管子》之文，與《周禮》不合，未可以爲據也。又《虞夏書》在治忽，鄭注：曶者，臣見君所秉書思對命者也。見《史記·夏本紀》裴駰《集解》。然案《玉藻》書思對命，鄭注云：思，所思念將以告君者也。對，所以對君者也。命，所受君命者也。書之於笏，爲失忘也。蓋書思對命

之時，笏必秉之於手。鄭君引禮以注書，殆指書笏時言之，非謂見君必秉笏也，亦未可以爲據也。又《左傳》桓二年疏引徐廣《車服儀制》云：古者貴賤皆執笏，即今手版也。《晉書·輿服志》亦云：古者貴賤皆執笏，有事則揢之於腰帶。然攷廣生東晉末造，去古已遠，其言未必真合三代遺制。《晉書》修自唐初，又在其後，要皆後世臆度之詞，均未可以爲據也。然則笏果執於何時？曰：漢初始執笏，《輿服雜事》引應仲遠云：昔荆軻逐秦王，其後謁者持匕首擬宫掖，以備不虞，從此侍官皆帶刀劍。漢高祖偃武修文，始制以手版代焉。《初學記》云：笏，手版也。《廣韻》云：笏，一名手版。是手版即笏，執之實始於漢。《陳志·朱治傳》：權歷位上將，及爲吳王，治每進見，權常親迎，執版交拜。吳承漢後，當用漢制，權執版以迎治，治亦執版以朝權，故得執版交拜也。此亦可爲漢始執笏之證。至《北史·周本紀》：保定四年，初令百官執笏。乃周制之初，非前此不執，至周始執之也。王應麟云：古者笏揢之以記事，不執之以爲儀，宇文周百官始執笏。以執笏爲始於宇文周，則又攷之未詳，而不知漢初已有之耳。若孔疏之説，不免即《漢志》以解經，其實漢以前無執笏之制也。

下管《象》《武》《夏》篇序興解

張錫恭　婁縣

《仲尼燕居》：下管《象》《武》，《夏》籥序興。注：下，堂下也。《象》《武》，《武》舞也。《夏》篇，文舞也。序，更也。堂下吹管，舞文武之樂。更，起也。近世李安溪讀下管象爲句，《武》《夏》籥序興爲句，證以下文下而管象，示事也，則李讀爲是。蒙案：《文王世子》下管《象》，《明堂位》下而管《象》，《祭統》下而管《象》，皆不以《象》

《武》連文。而《文王世子》所謂舞《大武》者，即此所謂《武》者也。《明堂位》又云：朱干玉戚，冕而舞《大武》。皮弁素積，裼而舞《大夏》。《祭統》亦云：朱干玉戚以舞《大武》，八佾以舞《大夏》。即此所謂《武》《夏》篇序興者也。且下文有云：升歌清廟，示德也。則此上當有升歌清廟，故大饗有四焉。註云：四者，謂金再作，升歌清廟，下管《象》也。此亦合於《文王世子》《明堂位》《祭統》之文。以彼證此，而句讀之當從李氏明矣。然《詩序》：維清，奏《象》舞也。《武》，奏大舞也。《象》與《武》各奏以舞，而此獨用《象》以節管者，何也？蓋古人作樂，聲容兼備，播之於管者，聲也；動之爲舞者，容也。則《象》舞之詩，何不可以管播之乎？鄭注《文王世子》下管《象》，舞《大武》，云：《象》，武王伐紂之樂，以管播其聲，又爲之舞。是《象》詩可舞可管之證也。曰下管《象》，猶言下管新宮也。曰《武》《夏》篇序興，《夏》言《篇》者，明文舞也。《武》不言干戚者，《武》之爲武舞，固可知也。自鄭注誤合《象》於《大武》，其説本《墨子·三辨篇》，而實不可從。其後箋《詩》，自知其失，故於《維清序》箋云：《象》舞，象用兵時刺伐之舞，武王制焉。《正義》云：文王時有擊刺之法，武王作樂，象而爲舞。則鄭亦以《象》爲《維清》之詩也。又《武序》箋云：大武，周公作樂所爲舞也。不復引及《象》《武》。是鄭君箋《詩》時，知《象》與《武》各一詩，不以《象》《武》爲大武矣。自《正義》引《禮》注疏、《詩》箋，而《詩》箋之意不明，遂使康成晚年之定論，因未定之論而反晦。而陳用之禮書率意譏鄭，則未嘗參以《詩》箋而繹其意，均不得爲善讀鄭氏書者已。

釋入門揖入揖先入例

王虎卿　高郵

《禮經》主賓入門，或言揖入，或言揖先入。説者謂凡入門，經皆書主人在先，實在後，是知皆主人先入也。經或云先入，或但云入，文不具也。蒙按：揖先入爲入而待賓之義，揖入爲導賓隨入之義。經於迎賓大門外皆云先入，如《冠禮》《鄉飲酒禮》《鄉射禮》《聘禮》之郊勞是也。故鄭注《鄉飲酒》云：揖，揖賓也。先入門而西面。賈疏：揖而先入門，至内霤，西向待賓也。鄭注《鄉射禮》云：先入門右，西面。賈疏：以其賓入東面，故西面待之。知所謂先入者，别乎後而言。主人禮，賓先入而待之，其賓後入。玩鄭、賈之説，而其例明矣。其曰揖入者，賓隨主人而入，入而即行，故凡言揖入者，率在三揖至階。如《士冠禮》：揖入，三揖至階。《士昏禮》：至廟門，揖入，三揖至階。《公食大夫禮》：及廟門，公揖入，三揖至階。又《士相見禮》：主人揖入門右，賓奉摯入門左。即《曲禮》所云主人肅客而入，主人入門而右，客入門而左，主人就東階，客就西階是也。何以知賓隨主人而入也？曰：昏禮親迎，主人揖入，賓執雁從。從，隨也。聘禮迎賓，公揖入，每門每曲揖。鄭注云：凡君與賓入門，賓必後君，介及擯者隨之，竝而雁行。《公食大夫禮》：公揖入，賓從。及廟門，公揖入，賓入。《特牲饋食禮》：主人揖入，兄弟從，賓及衆賓從。此皆相隨而入，即揖入爲道賓入之明證也。此其例之正者。惟聘禮命介，使者受書，公揖入，迎賓後，及廟門，公揖入，立于中庭，賓問卿，及廟門，大夫揖入，不在此例耳。觀鄭注使者受書授上介公揖入，云：揖禮羣臣。賈疏云：禮畢，故入寢也。經下云：官載其幣，舍于朝，上介視載者所受書以行。則知禮畢公自入寢，使者不復入，此揖入固不與他處同。至公揖入，立中庭以俟賓，經下云：賓接立西塾。鄭注已與主君交禮，將有出命，俟之於此。觀以下擯者請命，賈人啟櫝取圭授上介，上介授賓，賓執圭，擯者入告辭，玉納賓，賓乃入門，禮繁而時甚久，非若一先一後，相去無幾也。故於揖入之下，特曰立于中庭，以明此揖入即揖先入耳。若賓問卿，大夫迎于門外，揖大夫先入，及廟門，大夫揖入，此揖入仍爲先入。經下云：擯者請命，庭實設四皮，賓奉束帛入，賓俟禮備而後入。則大夫揖入亦爲先入而俟賓，與公揖入立中庭例同，何以不言先入？曰：上文既言先入，則此從省經文之變也。此皆揖入而與先入同者也。抑又有揖先入而實與揖入同者。《聘禮》：賓擯勞者，賓揖入，勞者從之。經上云：出迎勞者，勞者禮辭。則此從之猶是禮辭之意，相隨而入，不敢當盛禮也。此又與先入例別者也。蓋讀書必釋其全文，而義例乃見。其揖入、揖先入同者，經上下文自班班可考。若上下文義有專屬，而強而同之，謬矣。彼謂揖入爲文不具，而與揖先入一例解之，且僅以入門右、入門左釋之，以爲於例可通，正恐終不可通也。

釋升階讓登先登例

馮誠中　嘉定

《曲禮》：主人就東階，客就西階，主人與客讓登，主人先登，客從之。注：讓登，欲客先入也。客不敢當，故主人先而客繼之。案：此釋賓主敵體之例。其曰欲客先入者，明主人尊客，不欲以賓爲敵也。其曰客不敢當者，明與主爲敵，不敢當主之尊也。賈氏公彦據《士冠禮》《士昏禮》，謂禮之通例，賓主敵者，賓主俱升。又據《鄉射禮》《鄉飲酒禮》，謂主尊賓卑，主人升一等，賓乃從。竊以爲賈氏釋主尊賓卑者，主人先讓而先登。如《鄉射禮》：及階，三讓，主人升一等，賓升。《鄉飲酒禮》：至于階，三讓，主人升，賓升。主人、大夫、賓、士。注：三讓而主人先升者，是主人先讓于賓。不俱升者，賓客之道進，宜難也。參以《聘禮》受玉，公升二等，賓升，知主人尊者，主人先登也。至釋賓主敵體者，賓主俱升，恐非確論。攷《聘禮》賓儐卿時，賓升一等，大夫升。問卿，大夫儐賓時，大夫升一等，賓從之。明明賓主敵者也，而主先登矣。即《士冠禮》主人升，《士昏禮》主人以賓升，元敖君善亦謂主人先升而賓從之。惟鄭氏康成獨於《冠禮》釋主人賓俱升，賈氏本之，遂疑先登者惟主人尊則然耳，主賓敵者不先登。凌氏廷堪《禮經釋例》又因鄭、賈説，釋凡升階皆讓，賓主敵者俱升，不敵者不俱升，而先登之禮不明。今試列證以明之。康成於《士冠禮》但曰主人賓俱升，未嘗言賓主敵者俱升，不敵者不俱升。於《士昏禮》亦未釋，於《聘禮》授老幣，賓升一等大夫從，是時賓爲主，主爲賓，釋曰賓先升，敵也。知康成亦以爲賓主敵者主先登也。賈氏泥於《冠禮》注，未達鄭意，凌氏又據賈疏以爲例，真一誤再誤之謂矣。總之，賓主敵者三讓，主人先升道賓，常例也，若主人尊，亦如之。《韓詩外傳》晏子曰：夫上堂之禮，君行一，臣行二。鄭康成即於《聘禮》受玉，公升二等，釋曰先賓升二等，亦欲君行一，臣行二，言君先升二等，然後臣始升一等。據此，知禮升階卑者，當後尊者一等。《左》襄七年傳：孫文子來聘，公登亦登，叔孫穆子譏之曰：子不後寡君一等。此正是反證。至賓尊，則賓先讓而先登，如《聘禮》主君使卿歸饔餼，至階讓，大夫先升一等。敖氏曰：大夫三讓而賓三辭，大夫先讓者，以奉君命尊也。此又一例也。賓尊而不讓先升者，惟天子之使，如《覲禮》王使人勞侯氏，使者不讓先升，侯氏升聽命。鄭氏曰：不讓先升，奉王命尊也。此又一例也。

徹廣六尺解

丁國鈞　常熟

《攷工記》車人爲車，徹廣六尺，二鄭俱無注。賈疏云：徹廣六尺者，不與四馬車八尺者同徹。四馬車爲乘車，徹爲車軌之迹。匠人營國，經涂九軌。後鄭云：軌謂徹廣。乘車六尺六寸，旁加七寸，凡八尺，是謂徹廣九軌。一徹，故車皆八尺，《禮記·中庸》所謂今天下車同軌是也。若徹廣六尺，何以行八尺之車？程氏瑤田疑其說不可通，謂徹或爲車之譌。匠人營軌不及車，車人亦不應及轍。又謂車制廣狹有三等，九軌之廣狹應亦有三等。所疑極是，惜其說無所證據。蒙以爲車人爲車，於行山澤車制之下，即言柏車、大車、羊車，疑此六尺之徹，專言山澤之徹，爲此三等車所行之迹。羊車，宮内所用之車，《論語注》謂之小車。柏車崇二柯，大車崇三柯，輪雖挍高於羊車，而其輪之廣則皆同六尺。上云凡爲輈，疏釋之曰：言凡語廣，則柏車、羊車、大車皆在其中。此云徹廣六尺，自爲此三等之車。言此三等車行山、行澤、行乎内宫門，故輪狹于乘車，以山澤内門不能如九軌應門之廣也。下又云鬲長六尺，疏釋四馬車鬲六尺六寸，則此六尺之徹，必非是乘車可知。且經但言輪之崇，而不及輪之廣，此言徹之廣，即以明輪之廣，更以明山澤及内門之軌也。其但言徹不言軌者，又以別於九軌之外也。程氏疑而辨之，卒無所證明。不揣檮昧，爰就鄭、賈說通疏之。

車上建旗説

章際治　江陰

《周禮》司常、典命、大行人等職，其言旗制詳矣，然皆詳於貴賤之等，而長短之度略焉。案：《禮緯稽命徵》云：天子杠高九仞，諸侯七仞，卿大夫五仞，士三仞。張揖《廣雅》與之同。鄭氏《鄉射禮記》注云：杠，橦也。七尺曰仞。杠長即旗長，天子以下隆殺皆以二仞，則其數可核而知矣。旗既有長短，而建旗更有高下。《廣雅·釋天》云：天子十二斿，至地；諸侯九斿，至軫；卿大夫七斿，至軹；士三斿，至肩。是也。又《禮緯含文嘉》云：禮，天子旗九刃，曳地；諸侯七刃，齊軫；大夫五刃，齊較；士三刃，齊首。某刃云者，旗高之度；至某云者，旗下之度。特其言大夫、士之制，不及《廣雅》之確。劉向《新序·義勇篇》云：國君之旗齊于軫，大夫之旗齊于軾。鄭氏《輿人》注云：兵車之式，高三尺三寸。又云：軹，轊之植者橫者也，與轂末同名。是出軾者爲較，與軾齊者爲軹，非崇三尺有三寸之軹也。《新序》言軾，猶《廣雅》言軹，皆高於軫而下於較者也。《左氏傳》云：公卜王黑以靈姑銔率，吉，請斷三尺焉而用之。齊用諸侯禮，必高七仞，下齊軫。王黑用大夫禮，故斷三尺。鄭氏《輿人》注云：自較而下凡五尺五寸。可見軫上至較有五尺五寸之高。靈姑銔斷，去僅三尺，當至軹，不得至較也。以《新序》《左傳》證《廣雅》，而《禮緯》之誤自見。然則天子之旗自地以上高九仞，諸侯自軫以上高七仞，卿大夫自軹以上高五仞，士自肩以上高三仞也。至建旗之處，經注無明文。《左氏傳》：楚人惎之脱扃，又惎之拔旆投衡，乃出。服注云：扃，橫木校輪間。《釋文》所引如是，《正義》所引謁脱不可讀。一曰車前橫木也。服氏以車前橫木爲別一義，其意以扃在校輪間爲正。肩爲止旗之物,《西京賦》旗不脱肩,薛注云:肩,所以止旗。是也。肩在校輪間,則旗亦必在校輪間可知。鄭氏珍《輪輿私箋》攷此已詳,但所以關戶者曰肩,所以關鼎者亦曰肩,車上有肩,亦以關旗,使止而不動,初非所以建旗也。鄭氏珍以爲旆即插肩上,亦誤矣。又攷車之兩旁皆有校輪,第曰在校輪間,或左或右,仍未明言。據《史記・項羽紀》乘黄屋車,傅左纛,李斐謂在乘輿車衡左方上注之。《商君傳》左建外易,姚氏鼐謂左建即左纛。是秦漢遺制,旗皆建左。且車右持矛,主擊刺,戈殳戟矛皆建車右,右實左虛,必無是理,則旗當建於左矣。朱子《干旄》詩傳以爲建之車後,誤也。

讀胡氏《儀禮正義》一

張錫恭　婁縣

績溪胡竹邨先生承其祖樸齋先生學,又師凌次仲先生樸齊,精研《儀禮》,箸有釋官,而凌氏《釋例》一書,尤稱禮經中傑構,故其於禮經之學,自少專精。而其所交若胡墨莊、洪筠軒諸先生,亦皆習於禮經洪氏箸有《禮經宫室答問》,胡氏箸有《儀禮古今文疏義》,其主吾郡雲間講院時,與朱虞欽學博往復論難,學博亦究心禮經者也,故其箸此書,學之博而辨之明。稱其所長,約有四端:一曰搜羅富。賈氏作疏,《喪服》經傳而外,所據者僅黄、李二家。國朝盛庸三氏撰集編袞,合古今説禮者一百九十七家。胡氏自樸齋、純軒先生從叔祖名匡憲而後,積書既多,先生生禮學昌明之時,交遊廣而借鈔易,今覈其書,增多盛氏集編者,又幾及二百家。採擇既多,折衷斯當,此搜羅爲不可及也。一曰校訂精。近儒校勘禮經者,如盧抱經之詳校,金璞園之正譌,浦聲之之正字,而阮文達公校勘記尤詳,此書既備録之。而阮氏作校勘記,未見嚴本。宋嚴州單注本原書,僅據顧千里校録於鍾本明鍾人傑單注本簡端者採入此書，則以黃蕘圃重刊嚴本一一核之。而阮氏所未見者，若汪容甫之經注校本，黃蕘圃之校議，亦皆採録。此校訂爲不可及也。一曰存祕逸。吳東壁《儀禮疑義》，據《愛日精廬藏書志》，僅有鈔本。江震蒼《讀儀禮私記》，據先生研六室文鈔，亦僅有稿本。此書録其說甚詳。朱虞欽《鄉大夫辨》，見所箸經義中。近歲張孟彪師始爲梓行之，先生時猶未梓也。朱氏所箸經說，今猶未梓，時時見於此書。其他所採録，多有書目不甚顯者，并有姓字不甚彰者，則遺說之藉以流傳不少矣。一曰除門户。漢學家詆宋學，叫嚻殊甚。敖君善之《集說》，斥爲似是而非。郝仲輿之《節解》，詆爲邪說。而凌次仲於方氏《析疑》，至詶爲喪心病狂。皆門户之習也。先生學漢學者，而此書平心持擇，未嘗黨同伐異，則門户之見泯矣。惟其訂注義諸條，時或義短於鄭，欲爲高密諍友，而不免蠹生於木，還食其木之譏。此固其一短，要不能盡掩其長也。惜書未及成而卒。其門人楊君大塴所補者，率以《集編》爲藍本，而稍埘益之。張孟彪師病楊君爲續貂，而深望後人之更作，其有以也夫。

讀胡氏《儀禮正義》二

張錫恭　婁縣

胡氏之箸此書，先爲喪禮，故《喪服》一篇尤爲精審。特其於爲人後者爲其本宗服，本敖君善以立說，惟爲其父母昆弟姊妹由本服而降，餘悉以所後之親疏爲斷，則不免屈經以從己。蒙所謂訂鄭而義短於鄭，後學不能不更爲訂也。《喪服記》：爲人後者於兄弟降一等，報。案傳曰：小功者，兄弟之服也。又曰：小功以下爲兄弟。則兄弟者，小功之族親也。他經昆弟亦稱兄弟，惟禮經必別而言之。

記言於兄弟降一等,言爲小功者降服緦麻,推此而大功以上之皆降
一等可知也,舉輕以概重爾。且記者,記經所未備也,經止言父母
昆弟姊妹,故記此以補之。胡氏謂此兄弟即昆弟,則經所已言矣,
何補之有?胡氏又從段若膺説,經未言報,故記言報以補之。桉不
杖期章爲人後者爲其父母報,則其昆弟姊妹皆報,可以互明,記無
須補言報也。胡氏雖以段氏破字爲臆斷,而實陰祖其説,此斷以
記,而《正義》之説爲不可從也。《喪服》小功章,爲人後者爲其姊妹
適人者,注不言姑者,舉其親者,而恩輕者降可知。賈疏於爲人後
者爲其昆弟下云:本宗餘親,皆降一等。由此注推之也。《開元禮》
有爲人後者,爲其姑在室大功,出嫁小功,中殤下殤緦麻,爲其從父
昆弟之長殤緦麻。《政和禮》有爲人後者,爲其從父兄弟小功,女適
人者,爲其姪之爲人後者小功。皆本鄭氏此注以推之也。鄭義固
得乎人心之同爾。胡氏力宗敖説,而轉斥注義爲非,此其昧於所蔽
甚矣。且胡氏之言曰:爲後有受重之義,抑其本宗之親,使厚於所
厚之親,孟子云天之生物,使之一本是也。若於本宗之親,悉以本
服推之,一一爲降等之服,非二本而何?是亦未思之故也。夫以服
其本宗爲二本乎?則爲其父母,爲其昆弟姊妹,何以不爲二本也?
如謂降其本服,即不爲二本,則於餘親之服,鄭、賈亦云降一等,非
如馬氏融不降之説也。且一本之義,於父母爲尤切,服父母不爲二
本,服餘親乃反爲二本乎?智者千慮,必有一失,不必爲胡氏掩也。
抑嘗攷之,爲人後者爲本宗餘親服,歷代之禮不盡詳,即今律亦有
疏漏。道光四年,大學士托津等遵旨議奏,備載本宗服制,合之會
典纖悉,始無不具,萬世常遵,無遺憾矣。因訂胡氏之誤,并敬識
之。托津等奏略云:臣等謹案《儀禮》爲人後者爲其本宗之服,惟載父母、昆弟昆弟
之長殤、姊妹之適人者。元儒敖繼公曰:本服止於此親。自此之外,凡小宗之正
親、旁親,皆以所後之親疏爲服。《欽定儀禮義疏》不主其説,而謂賈疏本生餘親悉
降一等,足以補禮經之所未備。臣等請據悉降一等之義,準之古禮,參之今律,而推

廣之。除降服之已載會典者毋庸議外，爲祖父母、伯叔父母、兄弟之子原服期年者，降爲大功。爲從父兄弟原服大功者，爲曾祖父母原服齊衰三月、今爲五月者，皆降爲小功。爲從祖祖父母、從祖父母、從祖兄弟、從父兄弟之子、兄弟之孫原服小功者，高祖父母古無明文、今爲齊衰三月者，降爲緦麻。其餘親屬，悉照此例。若同高、曾祖者，則自有高、曾祖之本服在，毋庸議降。再報服之隆，禮不容缺。《儀禮》本生父母爲子報，其餘諸親當無不報者，應逐條編入《通禮》，以示周詳。

論程徵君記車制得失

馮銘　江陰

程氏所記車制，載《考工創物小記》之中，辨論極絃，惜皆鮮當。原其所自，皆由不能善體《記》文，精研鄭注所致也。愚今得比而論之。其記圍防、捎藪也，以爲藪當指輻鑿，防當訓十分之一，謂鑿深三寸，防用成數也。案《說文》樔下云：車轂中空也。从木，臯聲，讀苦藪。然則藪本作樔，讀爲藪也。《急就篇》樔作鞣，阮氏云：藪、樔、鞣一聲之轉也。皆與鄭氏訓藪爲轂空壺中同。今何得獨訓藪爲輻鑿？至其防用成數之說，尤爲未當。轂圍三尺二寸，據程氏訓防爲十分之一分，每分亦當得三寸二分，乃又訓防爲餘，謂當除去轂圍二寸之餘數，而以轂圍三尺之成數。十分之說殊穿鑿。此其說之不合者一也。其記輻廣也，以爲輪無大小，輻廣不得過三寸，亦不得不及三寸，據《車人》大車輻廣三寸言之。今考《輪人》云：六尺有六寸之輪，綆三分寸之二。《車人》云：大車崇三柯，綆寸。然則綆既有彼此之殊，輻豈無廣狹之判？此其說之不合者二也。其記賢、軹也，以爲當指飾轂言，謂五分轂長，截去一分以賢之，截去三分以軹之，中留一分不賢不軹以置輻。今據程氏言，輻廣三寸，轂長三尺二寸五分零，五分其轂長，一分得六寸五分零。其三寸爲置輻處，尚餘三寸五分零，既不知爲何物，轂近輻處，又何爲獨不飾？況

《記》用去字，皆以所去之餘數爲用，未有以其所去之數而爲用之之數者也。此其說之不合者三也。其記牙圍也，以爲凡物圜者皆圍三徑一，方者皆圍四徑一。牙圍一尺一寸，與軫圍同度，準之以爲徑，亦當與軫徑同，蓋二寸七分半矣。程氏既謂鑿深三寸，則蚤長三寸可知，蚤長三寸亦可知，此阮氏所謂記不言蚤長，蚤長約與菑等也。若據程氏之說，則將以三寸之蚤建二寸七分半之牙矣。此其說之不合者四也。其記兔圍也，以爲徑四寸八分，此蓋就兔圍一尺四寸四分之數，以圍三徑一算之，謂兔圍圜也。然何以又曰軹在軓下，與軸半徑和之，得五寸八分乎？豈非以軸徑之半得二寸二分，軹徑得三寸六分，忽以圍四徑一算之，謂兔圍方乎？此其說之不合者五也。其記任木也，以爲任正指軹言，衡任指軸言。然使任正果指軹言，《記》言十分其軹之長，以其一爲之圍足矣，何必複言十分其軹之長，以其一爲之當兔之圍？衡任果指軸言，《記》言五分其長，以其一爲之圍足矣此就程氏軸在輿下爲衡任之數言之，謂截軸中間六尺六寸以爲衡任之圍起度也。若援十分軹長之例言之，則當五分其軸之通長，以其一爲之圍，而程氏之說愈不可通矣，何必複言五分其軫間，以其一爲之圍？正不得強爲說辭，謂任正、衡任，車之最重，故《記》必申言之也。此其說之不合者六也。其記軫軹也，以爲其高其七寸，軫圍一尺一寸，以圍四徑一算之，軫徑當得二寸七分半，軹及軸徑之半當得四寸二分半，減軸徑之半二寸二分，軹高於軸當得二寸零半分，以是爲轂不能入輿下之據。然考當兔之圍實一尺四寸四分，徑即四寸八分。據程說軹高於軸之數，則轂既不能入輿下，而軹愈不能入輿下與軸之間可知。轂不入輿下猶之可也，豈有軹亦可以不入輿下者？此其說之不合者七也。其記徹廣也，以爲六尺、八尺本無定數，皆當闕疑。且謂據徹廣一語，則車人之事斷不能與輿人相通。不知匠人言應門二徹三個，又言經涂九軌，《中庸》言車同軌，古又有閉門造車出而合徹之語，皆指徹有定數言之。歷觀古今，更無異説，豈有徹廣可不盡一之理？至於車人之事，本不盡與輿人相通，故輿人言輪崇、車廣如一，車人言大車崇三柯，崇長六尺。崇長六尺者，即車廣六尺也。乃大車輪崇之數與其車廣之數，《記》既俱有明文，程氏偏執輿人參稱之説，强爲通之，謂大車輪崇九尺，車廣亦當九尺，以是爲徹無定數之據，豈非顯與記文相背？此其説之不合者八也。此皆車制之犖犖大者，而程氏之失已如此，其小者可略而弗論。

論阮宮保攷車制得失

馮銘　江陰

阮氏《車制》一册，有《輪解》《輿解》等六篇，又坿以輪輿諸圖，自謂於牙圍、捎藪、輪綆、車耳、陰軓、輈深、任正、衡軛十餘事，能一一訂正也。然其聞考据不詳，謬戾襍出者，正復不少。今就其不合車制而失之最鉅者論之。其一曰牙圍。《輪人》云：是故六分其輪崇，以其一爲之牙圍，三分其牙圍而漆其二。注云：牙圍尺一寸。又云：不漆其踐地者也。漆者七寸三分寸之一，不漆者三寸三分寸之二，令牙厚一寸三分寸之二，則内外面不漆者各一寸也。此蓋合牙之内外面及上下兩邊計之，與記諸言圍字皆指四面言之者一例。阮氏云：牙圍者，乃輈牙周帀之大圜圍。凡物圜者乃謂之圍，牙圍一尺一寸，即牙大圜面寬一尺一寸也。不知輈牙周帀大圍，即車人所記之渠，竝非牙圍之謂。至云圜者爲圍軹式，諸圍皆方也，更將何説解之？且下文轂、藪、賢、軹皆起度牙圍漆内，牙圍一誤，無往不誤矣。其一曰輈深。《輈人》云：凡揉輈，欲其孫而無弧深。又云：輈深則折，淺則負。輈注則利準，利準則久，和則安。注云：注則利。謂輈之揉者，形如注星則利也。鄭氏之意，蓋從軓前起度，以軓前十尺之輈漸曲向上，至輈頸閒始微曲向下，以爲持衡駕馬之用，此正《記》所謂弧而無折，經而無絶者也。若據阮氏之説以求輈深，則其輈深之極，斷無不折不絶之理，觀其輈圖可知。其一曰任正。《輈人》云：任正者，十分其輈之長，以其一爲之圍。注云：任正者，謂輿下三面材持車正者也。段氏云：輿下三面之材，與後横木而正方，故謂之軫。此即《記》所謂軫方象地也。但渾言之，四面曰軫；析言之，三面材曰軓，又曰任正，輢後曰軫。此蓋以三面之材，輢式所尌，其任較重於車後之軫，故軫圍但起度於六分，車廣而得一尺一寸，任正之圍必起度於十分，輈長而得一尺四寸五分寸之二。阮氏乃以車後横木爲任正，其即以軫當之乎？則軫圍不應有歧出之度矣。其謂軫後别有横木乎？《詩》毛傳云：收軫也。是輿已收於軫矣，亦不應軫後更有横木也。其一曰綆。《輪人》云：六尺有六寸之輪，綆三分寸之二，謂之輪之固。注云：輪箄則車行不掉。參分寸之二者，出於輻股鑿之數也。江氏云輪箄則車行不掉，實有至理。古人深明車掉之病，令牙稍出，不正與輻股鑿相當，使重勢稍偏，遂無傾掉之患，深得鄭意。若阮氏謂輻不滿骹曰綆，且謂所以殺之爲綆者，不過爲深泥之故。此無論不合車制，與《記》文謂之輪之固亦背不溓泥，豈遂能固其輪者？以上皆妄駁鄭注處。其一曰軸。《記》不言軸長，就鄭氏弓長庇軹注兩軹之廣凡丈一尺六寸推之，軸更當出於轂外各二寸，以爲制軎設牽之地，是爲軸長一丈二尺。阮氏以爲依鄭氏溓輪之法，軸長當一丈三尺四寸，應門棖臬之閒不能容，未知何据。其一曰藪。《輪人》云：以其圍之阞捎其藪。先鄭云：藪讀爲蜂藪之藪，謂轂空壺中也。後鄭申之云：壺中，當輻菑者也。蜂藪者，猶言趨也。藪者，衆輻之所趨也。阮氏謂先後鄭氏訓藪爲轂中空，其意則是；又謂一言蜂藪之藪，一言衆輻所趨，似皆主轂外建輻之鑿爲文，此説非也。鄭氏明言當輻菑矣，何得謂爲指鑿言？其一曰兔圍。《輈人》云：十分其輈之長，以其一爲之，當兔之圍。注云：輈當伏兔者也，其圍尺四寸五分寸之二。乃阮氏謂當兔之圍，鄭皆以爲一尺，未免太疏。以上皆誤會鄭注處。其一曰防。鄭氏訓防爲三分之一，以爲捎藪之數，義固未安。阮氏乃改防爲朸，因以木理訓之，尤爲未當。其一曰渠。《車人》云：渠三柯者三。後鄭云：渠二丈七尺，謂罔也。罔亦作輞。凡輪之輞謂之渠，渠非牙。阮氏云大車之牙謂之渠，未免臆斷。其一曰頸。《輈人》云：參分其兔圍，去一以爲頸圍。注云：頸，前持衡者。頸與侯異。大行人立當前侯今作疾，《説文》引作立當前帆，是前侯猶前帆也。阮氏云輈舔帆以上謂之侯，侯謂之頸，未免牽混。以上皆率意穿鑿處。其一曰轛。《輿人》云：參分軹圍，去一以爲轛圍。注云：轛，式之植者衡者也。阮氏云：轛，橫軫也。引《楚辭・九辯》倚結軨兮長太息證之。不知惟其有植者衡者，故曰結。阮氏亦何得據之以證橫軨？其一曰弱。《輪人》云：竑其輻廣以爲之弱。又云：量其鑿深以爲輻廣。可知輻廣與鑿深同度，弱長與輻廣同度。阮氏云輻博二寸，輻博即輻廣也，則弱長亦當二寸。乃又曰弱長三寸，歧矣。以上皆自相矛盾處。他若轂藪賢輒之數之不符，輈兔頸踵之度之不中，更復辨不勝辨。以此見立説之難，而古人之成説未易更也。

踐土解

陳玉樹　鹽城

《左傳》僖二十八年：甲午，至於衡雍，作王宮於踐土。杜氏《左傳注》及《春秋釋例》皆云：踐土，鄭地。《史記・周本紀》注引賈逵曰：踐土，鄭地名，在河內。韋昭《周語》注：衡雍、踐土皆鄭地，在今河內溫。案：鄭在河南，溫在河北，本武王司寇蘇忿生邑。隱十一年，王以與鄭，鄭亦不能逾河而有其地，仍爲蘇子邑。僖十年，狄滅温,温子犨衞。二十五年,襄王以賜晉,晉以狐溱爲温大夫。温非鄭地,彰彰可考。衡雍即垣雍,在卷縣,見《後漢·郡國志》。杜注及《水經注》同。《水經注》:河水又東經卷縣北。卷縣故城今在懷慶府原武縣西北七里大河舊在縣北二十里,今在縣南,是衡雍亦在河南。蓋踐土有二,一在鄭地,一在河內,賈氏、韋氏誤□爲一。元凱知其誤,故止取鄭地之説,不云在河內。《元和郡縣志》:踐土臺,故王宮,滎澤縣西北四十五里。《太平寰宇記》:王宮城在滎澤縣西北四十五里,故城內西北隅有踐土臺,盟諸侯於踐土即此。西北隅,《括地志》《通典》作東北隅,四十五里作十五里,《方輿紀要》與《括地志》《通典》合。諸書雖小有岐異,而在滎澤則同。滎澤今屬開封府,春秋時鄭地,此鄭之踐土在河南者也。《太平寰宇記》:孟州河陽郡,今隸河陽縣,在周爲畿內,蘇忿生之邑,後爲晉邑。踐土城,《冀州圖》云:在縣東七里,洛陽西北四十二里。《方輿紀要》:孟縣東南四十三里有冶版城。《述征記》云:春秋之踐土。郭緣生蓋謂春秋時之踐土,非謂《春秋經》之踐土也。春秋本有二踐土,盟於踐土自在河南,與冶版無涉。酈道元誤會其説,以《述征記》之説爲非。孟縣今屬懷慶府河陽故城河陽縣兩漢及晉皆隸河內,在縣西三十里。踐土今在孟,古在河陽。《穀梁傳》曰:温,河陽也。《水經注》五引服虔曰:河陽,温也。則謂踐土在温亦可。此晉之踐土在河北者也。《晉世家》:文公五年冬,使人言周襄王狩於河陽,王申遂率諸侯朝王於踐土。是年冬,經云:天王狩於河陽,壬申公朝於王所。王所即河陽,而《史記》以踐土當之,此即孟縣之踐土也。《索隱》亦知《史記》踐土有二,而謂河北之踐土在元城西,則大謬矣。作王宮於踐土,當從杜注,斷不在河北。是年四月甲午作王宮,六月壬午濟河,《晉世家》亦言六月壬午晉侯渡河北歸國,相距四十九日,始渡河而北,安得謂踐土在河北乎?《寰宇記》以盟於踐上當河陽之踐土,此沿賈、韋之誤,且亦自相矛盾。踐土之名,疑即晉文所定,天子所踐之土謂之踐土。是年夏天子至鄭地，晉史名所至爲踐土，而《春秋》因之。僖六年伐鄭圍新密，經曰新城，爲齊桓公所加之名，《春秋》因而不改。是年冬天王狩河陽，晉史名所至爲踐土，而《史記》因之。觀於是年夏經以踐土爲王所，而《史記》又以是年冬之王所爲踐土，則踐土爲王所踐之土，復何疑哉！復何疑哉！

皆踞轉而鼓琴解

汪開祉　新陽

　　《左》襄二十四年傳：皆踞轉而鼓琴。其訓有三。杜氏《集解》云：轉，衣裝。傅氏《辨誤》云：轉必軨字之譌。《詩·小戎》俴收，注：收，軨也。謂車前後兩端橫木踞之，可以鼓琴。洪氏《讀書叢録》云：昭三十年傳，趙簡子夢童子臝而轉以歌。《淮南·修務訓》：故秦楚燕魏之謳也，異轉而皆樂。《氾淪訓》：譬猶不知音者之歌也，濁之則鬱而無轉。踞轉而鼓琴，謂箕倨自歌以鼓琴也。案箕倨自歌，則傳當曰踞而轉，文義方順，不得連屬曰踞轉，是洪說非也。杜謂衣裝，古無此訓。阮氏校勘記、焦氏《補疏》雖以轉爲縳之通叚字，引二十五年傳閭邱嬰阮誤以爲申鮮虞以帷縛其妻事證明杜義，然下文皆取冑於櫜，而冑櫜即衣裝。《禮記·檀弓》赴車不載櫜韔，注：甲衣也。《少儀》則韜櫜奉冑，注：鎧衣也。《樂記》名之曰建櫜，注：兵甲之衣曰櫜。皆其證也。下既言櫜，此轉不當爲衣裝，則杜説亦非也。惟傅氏謂轉當爲軨，其識甚卓。顧氏《補正》亦引此説。惠氏《補注》又申之曰：《文選》注引許慎《淮南子》注曰軨轉也，或是古軨字作轉。今案許誼見《七發》注，其文云涯軨分谷，李善注言涯如轉而谷似裂也，下引許慎云云，軨可訓轉，轉故亦可訓軨。軨與轉一聲之轉，《左傳》當本作轉，以惠説推之，不必疑爲譌字，傅氏殆一閒之未達矣。軨爲輿下四面材，故《考工記》曰軫方象地。傅云前後兩端橫木，説亦未是。惠引郭璞《方言注》車後橫木，不知車後橫木之訓，始誤於鄭君《周禮・輿人》注，戴氏《六書》故已辨之，近儒戴東原、程易疇、阮文達竝同其説。但軫爲四面木，而此踞轉之轉，自當以車後橫木爲正。阮氏《車制圖解》、鄭氏《輪輿私箋》均以爲後軫，是也。何者？軫三面不可踞，所踞者必後軫。後軫在車箱外橫拒底板，其面寬四寸一分，故人可踞其上；兩面又空，故以三尺六寸六分之琴《初學記》十六引《琴操》曰琴長三尺六寸六分，《廣雅・釋樂》同，兩人各橫於膝，而琴尾亦不碍。説本《輪輿私箋》。然則踞轉而鼓琴，謂蹲踦車後橫木而彈琴耳。《説文・足部》蹲踞也，《廣雅・釋詁》蹲踦踞也，孔疏謂坐其上，亦謬。

自卿以下外朝内朝考

錢榮國　江陰

《魯語》：公父文伯之母如季氏，康子在其朝，與之言，弗應；從之，及寢門，□應。康子入見，則曰：天子及諸侯合民事於外朝，合神事於内朝；自卿以下合官職於外朝，合家事於内朝。寢門之内，婦人治其業焉。夫外朝子將業君之官職，内朝子將庀季氏之政，皆非吾所敢言也。韋注：卿以下外朝曰君之公朝，内朝曰家朝。見解殊誤。如其説，則當云合官職於公朝，合家事於私朝矣。不知天子諸侯有三朝，外朝、治朝、燕朝是也。治朝亦曰内朝。自卿以下有二朝，外朝、内朝是也。《魯語》言文伯之母如季氏，康子在其朝，與之言曰其朝，則朝爲季氏之家朝可知；與言弗應，及寢門弗應，而曰外朝、内朝，均非吾所敢言。則其所謂外朝者，即指康子在其朝之朝言之；而所謂内朝者，即指寢門之外言之，無疑也。且經文云：天子及諸侯合民事於

外朝,合神事於內朝。明此外朝、內朝,是謂天子諸侯之外朝、內朝
也。又云:自卿以下合官職於外朝,合家事於內朝。明此外朝內朝,
是自卿以下之外朝內朝也。兩兩對舉,語極分曉。乃近人胡氏培翬
力主韋說,引《攷工記》外有九室,九卿朝焉,謂韋氏所言公朝,乃治朝
之兩旁諸臣治事之處,其地在公朝,而實爲私朝。不知《考工》所言,
自指公朝,顧必以諸臣治事之處,爲卿大夫之公朝,則文伯之母如季
氏,何必先至公朝諸臣治事處? 如謂文伯之母原未至此,不過借公朝
以言私朝,則與本文以兩弗應爲內外朝,非敢言,語意尤背。胡氏又
引《玉藻》將適公所,居外寢,及出揖私朝云云,謂大夫家內止有一朝。
不知《玉藻》渾言私朝,猶之《魯語》渾言朝,此定是外朝耳。而所謂外
寢者,安知非即內朝乎?《禮·文王世子》公族朝於內朝,注云:內朝,
路寢庭。路寢爲天子之內朝,則外寢自即卿大夫之內朝矣。總之,自
卿以下有二朝,既明載於《國語》,至爲可信。舍經而從注,吾未見有
當也。

干禄説

汪鳳瀛　元和

《論語》子張學干禄,鄭注:干,求也。禄,禄位也。此循文立訓
之例。邢疏遂謂子張師事孔子,學求禄位之法。朱子承之,因疑子
張爲務外,而以夫子云云爲救其失。後儒駁之者,又據《史記》子張
問干禄之文,謂《論語》學字乃問字之譌,子張特以干禄之義爲問
耳。蒙謂《論語》學字極有分曉,蓋張非求禄於外,乃求禄於學。求
禄於學者,正見禄不可妄求,必其學可以得禄,禄乃可受,有不患無
位,患所以立之意。子曰禄在其中,中即指所學言,所謂學也,禄在
其中是也。此與三年學志於穀者不同,彼志於穀,此志於學也。夫

干禄之文，見於《詩》者有二：《旱麓》之言干禄也，以豈弟；《假樂》之言干禄也，以令德。以豈弟令德干禄，干亦何病？子張之干禄，亦以學爲干焉耳。夫子告以慎言行，寡尤悔，使由是勉焉，以馴致乎豈弟令德，而所以學者在是，即所以得禄者在是，故曰禄在其中也。若因此遂謂子張務外，則太王、成王已先蹈其失，而夫子當日亦宜有微辭，以爲後人戒。且夫子他日所謂學也，禄在其中者，先以禄誘人矣，豈通論乎？

其諸解

劉翰　武進

《公羊傳》言其諸者六。何休注：其諸，詞也。《論語》言其諸者一。《集注》：其諸，語詞。《經傳釋詞》：其諸，擬議之詞也。《讀書叢録》：其諸，齊、魯間語。案：以其諸爲齊、魯間語者，葢以《公羊》《論語》爲齊、魯書，故云爾。其實子貢衛人，陳亢亦衛人。《檀弓》注：陳子車，亢之兄。衛人與衛人語，何必操齊、魯之音乎？此說固未必然矣。其訓詞，訓語詞、訓擬議之詞，亦似是而難信。葢二書其諸下多用與字住句。與者，疑而未定之詞，所謂擬議也。讀書者誤以下句神理認入上句，而其諸之訓失矣。如謂其諸與與義本相蒙，何以《公羊傳》於宣十五年云：其諸則宜於此焉變矣。《史記·弟子列傳》録《論語》作其諸異乎人之求也。其諸之下並用矣、也決詞，則其諸非擬議之詞，斷可識矣。蒙謂其指事之詞，諸從者，亦指事之詞，合而言之，仍各有所指也。今試取言其諸者而釋之。《論語》其諸異乎人之求之與，其指夫子，諸指溫良恭儉讓以得而言，猶語録中之他這箇也。《公羊傳》桓六年其諸以病桓與，其指作經者，諸指經語也，猶曰其言此以病桓與。閔元年其諸吾仲孫與，其指作經者，諸指經文所言之仲孫，猶曰其所言仲孫吾仲孫與。僖二十四年魯子曰,是王也,不能於其母者,其諸此之謂與,猶曰其言天王出居於鄭,即魯子之所謂與,此指魯子,《公羊》引其言爲證也。宣五年其諸爲其雙雙而俱至者與,其諸與桓六年其諸同例。宣十五年上變古易常,應是而有天災,其諸則宜於此焉變矣,其指宣公而言,諸指稅畝而言,猶曰上所行之稅畝,則宜於此焉變矣,此指螽生而言。哀十四年其諸君子樂道堯舜之道與,其指孔子而言,諸指春秋而言,猶曰其所作之《春秋》,君子樂道堯舜之道與。要之,皆實有所指,爲承上文起下文,複述詞之從省者也。相沿爲兩虛字,成一語詞而不察,將不知爲何物語矣。

鞠躬解

劉翰　武進

《論語·鄉黨篇》鞠躬如也,凡三見。《集解》孔曰:斂身。包曰:鞠躬者,敬慎之至。邢昺疏:鞠,斂曲也;躬,身也。皇侃疏同。蒙謂孔、包二說可通,邢、皇二疏非是。案《廣雅》鞠躬,謹敬也,今王氏疏證本改正作䩄䩄,曹憲音作匔匔,《經典釋文》及《羣經音辨》皆作鞠窮。蓋鞠與匔通借,躬與窮䩄䩄通借,而字當以匔匔二字爲正。匔匔雙聲聯文,以儗狀曲身之形,故孔訓爲斂身。邢、皇二疏不明通借及聯文之義,析出躬字,訓之爲身,似與孔訓相近,而實已謬千里。近儒盧氏《龍城札記》論鞠躬、鞠窮、匔匔甚詳,然其泥於舊說,謂鞠躬但可訓敬謹,不可訓曲身,是又不然。案《說文》勹象人曲形,匔匔皆從勹,則曲形之義自存其中。《說文》匔訓曲脊,而無匔字,借使就匔字求訓,其不離乎曲脊之類明甚。盧謂《說文》惟匔訓曲脊,不言匔匔訓曲身,此說無理。夫既言曲脊矣,脊非身外之物,何必復言曲身? 如謂曲脊不得謂之曲身,必非通論矣。原人所以曲其身者，必有敬謹之心，故引信之。翰翰得訓敬謹，如《史記·韓長孺傳贊》斯鞠躬君子也，《太史公自序》務在鞠躬君子長者，《漢書·馮奉世傳贊》鞠躬履方，皆是。然追其所以得訓敬謹之故，未始不由曲身而來。敬謹訓其意，曲身訓其形，二訓皆不可廢，而曲身之訓實居敬謹之先。若但以敬謹訓之，則失翰翰制字之本義，而流爲敬謹畏慎之公共字矣。盧又謂曲身爲實事，下言如也，無此文法。不知如邢、皇二疏訓躬爲身，誠無此理。若合翰翰二字以象曲身之形，則如也二字亦不可少。即如本篇踧踖如也，《廣雅》訓踧踖爲畏敬，《字林》訓踧踖爲不進，推踧踖二字皆从足得訓爲畏謹者，正就足容之恭言之。故《廣韻》言踧踖行而謹敬，則翰翰自以曲身爲本義，不得空訓謹敬。葢踧踖之謹敬在足容，而翰翰之謹敬在曲身，義各有當，不可移易。如若空訓謹敬，則踧踖、翰翰義無分別，豈彼之踧踖亦可言翰翰，而此之入公門翰翰如也如不容，亦可易爲踧踖乎？故後儒泥鞠躬爲謹敬，反不如孔説斂身二字爲得其真。然斂身下尚嫌少一兒字，故語未分曉，而皇、邢之疏遂誤會其説，至析二字而解之爾。

先進野人後進君子解

王尤　通州

《論語》先進後進之説，解者各殊。第包注訓進爲仕進，鄭注訓進爲正學，其意雖異，而解先後爲先後輩則同也。至朱子不顧文義，直云先進後進，猶先輩後輩，一似進可以訓輩。夫所謂訓詁者，古有是言也，故詁字从言从古。徧考經史，古注進無輩義，何得直以先後進爲先後輩？古注確守訓詁，失之拘泥；朱子又杜撰訓詁，失之穿鑿。蒙嘗讀微居先生之後案，而昭然發矇也。後案云：

《書·文侯之命》《詩·雲漢》《禮·緇衣》皆言先正，此先進即先正，指周初也。《孟子·滕文公篇》野人君子以位言，此義亦同。可謂以經證經，渙然冰釋矣。難之者曰：野人君子既以位言，豈周初皆無位，周末盡有位乎？雖曰以經證經，揆諸本文，多未順矣。曰：諸經之言先正，謂先代之能諟正是非者，猶云先哲也。先進即先正，謂先代之明於制作者。後進，謂當代制作之人曰野人也，深嘆當世君子之不用也。周末文勝，有位之君子遵時制，日趨於華靡，而不自知其過。惟無位之野人，則自安於朴素，而猶存古風。故曰禮失而求諸野，非即以野人爲先進也。孔子之從曰從先進，非謂即從野人也。解此章者，多以野人屬先進說，此其所以不可通爾。

文 三

孟子遊齊梁先後考

沙從心　江陰

　　《孟子》本書先記遊梁而後至齊,《史記》謂孟子遊列國,先齊後梁,後人紛紛異説。竊謂欲考孟子遊歷之先後,當先考齊、梁諸王改元即位之異同。按《史記》:梁惠王三十六年,子襄王立。襄王十六年,子哀王立。齊湣王十年,齊人伐燕。又二年,燕人立太子平。《通鑑》:梁惠王三十六年,稱王爲後元年。又十六年卒,子襄王立,而無哀王。齊宣王十九年,齊人伐燕。是年宣王卒,子湣王立。又二年,燕人立太子平。其不同如此。朱子《綱目》一依《通鑑》,而序説、集注則從《史記》,亦有不同。《戰國策》《荀子》《汲冢紀年》《古史》諸書及諸家孟譜、年表又互有紛歧,幾難徵信。今讀傲居遺書之五《周季編略》九卷,詳考諸王年月,知梁惠王實在位五十二年。前三十六年,始於周烈王六年辛亥,終於顯王三十四年丙戌。又改元稱王十七年,即以丙戌爲後元年,終於慎靚王二年壬寅。襄王在位二十三年,始於慎靚王三年癸卯,終於赧王十九年乙丑。昭王在位十九年,始於赧王二十年丙寅,終於赧王三十八年甲申。此梁王之年班班可考也。齊宣王實在位二十九年,始於周顯王二十七年乙卯,終於赧王元年丁未。湣王在位三十年,始於赧王二年戊申,終於赧王三十一年丁丑。此齊王之年班班可考者也。由是謹按《孟子》年月,生於周烈王四年己酉,卒於赧王二十六年壬申,壽八十四。《三遷志》、年表、婁一均《鄒縣志》、金孫弼《孟子墓記》竝同。又孟子四十五代孫孟甯,宋元豐時人,所傳孟子譜載周烈王四年四月二日生,赧王二十六年十一月十五日冬至日卒。明海鹽呂元善《聖門志》、國朝狄子奇《孔孟編年》亦同。以其時考之，於梁則爲魏武侯十五年至昭王七年，其間歷武侯十五、十六、二年_{在周烈王四年、五年}，惠王連後元五十二年_{起周烈王六年，止慎靚王二年}，襄王二十三年_{起慎靚王三年，止赧王十九年}，昭王即位以後七年_{起赧王二十年，止二十六年}，凡八十四年。以其時考之，於齊則爲齊威王七年至湣王二十五年，其間歷威王七年至三十六年，爲三十年_{起周烈王四年，止顯王二十六年}，宣王二十九年_{起顯王二十七年，止赧王元年}，湣王即位以後二十五年_{起赧王二年，止二十六年}，凡八十四年。於此各八十四年之中，合考《孟子》及齊、梁事實，烈、顯之際，均與七篇中事無涉。至慎靚王元年辛丑_{梁惠王後十六年}，魏王因屢受挫敗，大將、愛子爲敵所禽，厚幣聘賢，孟子於是始應聘遊梁，時年五十有三，故王稱之曰叟。惠王改元已久，故孟子稱之曰王。《史記》誤將此事隸於顯王三十三年，則孟子至魏之年止三十七，後人已有不能稱叟之疑矣。顯王三十三年爲梁惠王三十五年，此時尚未稱王，子長遂有君字之誤改矣。不知是年距襄王之立尚隔一十七年，孟子又曾見襄王而返，在梁有如是之久耶？乃子長不此之辨，反以惠王改元之歲誤作襄王，襄王改元之歲誤作哀王，是又失實之甚者也。惠王之子本諡襄哀，僅稱襄王者，亦猶惠王本諡惠成，僅稱惠王也。襄、哀二字相連，豈得分爲兩人耶？時韓惠王之子亦諡襄哀，與梁襄同蘎，豈亦得分爲兩人耶？此皆未可傳信者。今據紀年，惠王三十六年改元，稱一年，十七年蘎。杜預、和嶠皆謂《史記》誤分惠王之世，《史集解》引《世本》亦云惠王子有襄王無哀王，然則孟子之見惠王在後十六年無疑。明年惠王蘎，又明年襄王立，孟子即於是年去梁，微特在梁不久，且未嘗復至梁也。去梁之後即至於齊，時在慎靚王三年癸卯_{齊宣王二十五年}，宣王即問齊桓、晉文之事，孟子以王道對，請制民産，謹庠序之教，申之以孝弟之義。歲饑，言於齊王，發棠邑之倉，且於是年迎養母仉氏於齊。慎靚王四年甲辰_{齊宣王二十六年}，孟

母仉氏卒於齊，孟子奉喪歸葬，居喪於鄒。慎靚王六年丙午齊宣王二
十八年，孟子反齊爲客卿。周赧王元年丁未齊宣王二十九年，遇燕子之
亂，宣王伐之。孟子告以置君去燕，齊王不聽。未幾，燕人逐齊師，
即本書中所謂燕人畔者。是年即致爲臣而歸，時宣王猶未薨也，故
有繼此得見等語。未幾，齊宣王薨，皆丁未一年内事。依《通鑑》
《大事記》，宣王實薨於是年。《史記》減宣王二十九年爲十九年，
《通鑑》增威王十年，以合世家十九年之數，皆不如《大事記》較年
表、世家作二十九年爲不誤也。後人誤據以疑《孟子》，謂宣王當改
湣王，甚至疑傳《孟》者因有所諱，故皆改湣爲宣，殊不知孟子實祇
事齊宣，並未事齊湣也。去齊之歲，孟子年五十九，由遠而論，距武
王伐紂之年七百三十七歲，故曰由周而來七百有餘歲也。據江氏《羣
經補義》，周武王即位辛卯。由近而論，距孔子之卒在周敬王壬戌百六十六
歲，故曰由孔子而來百有餘歲也。歸後二十五年，自赧王二年戊申
至二十六年壬申梁自襄王六年至昭王七年，齊自湣王元年至二十五年，惟與
公孫丑、萬章之徒設難問答，又自撰其法度之言，著爲七篇。首書
見梁惠王，明示以先遊梁也；次書齊宣王問，明示以後遊齊也。今
核諸齊、梁各王年月，無不一一相符，可無疑本書之倒誤已。

口之於味也目之於色也章講義

顧錫祥　如皋

《孟子》此章，性與命相互而爲文，性命之訓，最爲明顯。參以
《尚書》《易傳》，更覺其言有本。《召誥》詳言天其命哲，命吉凶，命
歷年，而迪之以節性，以敬德。又言王其德之用，可祈永命，可作元
命。《易傳》重知命而先之以樂天，重盡性而先之以窮理。蓋人有
味色聲臭安佚之性，所以性必須節，不節則性中之情慾縱矣。亦惟

有仁義禮智聖之命,所以命必須敬德,德即仁義禮智聖也。且智與聖即哲也,天道即吉凶歷年也。性也,有命焉,君子不謂性,謂不藉口于性而節之,《繫辭傳》所謂樂天知命也。命也,有性焉,君子不謂命,謂不藉口于命而其德之用,《説卦傳》所謂窮理盡性也。自古惟知命者能盡性,惟盡性者能祈永命,且可以作元命。後儒言性命者,動以理氣分疏,其實理即賦于氣之中,氣不能外理而獨存,曷若《孟子》之言爲質實周密哉!戴氏東原謂此章之意,荀、揚所未達,而老、莊、告子、釋氏昧焉而妄爲穿鑿者也。旨哉言乎!

讀焦氏《孟子正義》

唐文治　太倉

焦理堂《孟子正義》,攷據詳覈,高出舊疏遠甚。其尤善者,每章末皆標明趙氏章指,以糾舊疏剽竊,使人居然見趙氏原本焉。然蒙於此書,有不能無譏者。夫《孟子》一書,大要在崇仁義,辨心性,別王霸。而仁義、心性、王霸之辨,則莫精於宋儒。自朱子《集注》行,後之潛研理學者,萃諸儒之説,編爲大全,精譚性道,辨析毫芒,此誠趙氏之所不逮。後之學者,或因宋儒之説,而束古注而不讀,固不免有拘墟之譏。然如理堂之專守古注,力掃名理,宋儒之説,雖善而不採,毋夫未能虛心與觀。《正義》於每章之言心、言性、言仁義者,輒引戴東原《字義疏證》爲説。夫東原固好詆宋儒者也,馳聘辨駁,已不免有喧囂之習。理堂數採其説,而間參己意。論性善,則雜飲食男女以爲言;論理義,則合程、朱與老、釋並譏;論盡心知性,則援血氣嗜欲以爲自然之極致。牽引雜糅,豈有得於孟子意耶?蒙嘗謂治他經之學,或可專守漢注,而《論語》及《孟子》兩書,辨別仁義、心性、王霸,文理密察,必屏宋儒而不用。其惑者既失精微，而辟者又隨時抑揚，違離道本。班氏《藝文志》儒家論，實今世之藥石也。夫漢學崇尚家法，墨守一先生之言，不敢有所出入。焦氏《孟子正義》，主張戴東原學，而揚波逐靡，必欲儕孟子於荀卿之流，蒙不知其所謂家法者安在？

申《説文》龍戰于野義

金毅元　鹽城

《説文·戈部》：戰，鬭也。不引《易》龍戰于野。而於《壬部》則曰：壬位北方也，陰極陽生，故《易》曰龍戰于野。戰者，接也。與古今説《易》諸家以戰爲戰鬭者，其説不同。試申言之。龍，陽物，謂乾也。龍戰于野，即《説卦傳》所謂戰乎乾也。《説卦》帝出乎震節，爲上古説《易》之辭。傳釋之曰：戰乎乾，言陰陽相薄也。薄與雷風相薄之薄義同。鄭康成注云：薄，入也。聖傳以薄釋戰，鄭注以入訓薄，則戰乎乾者，入乎乾也。入接一義，與《説文》訓龍戰爲龍接之意正合。律書云：壬之爲言任也，言陽氣任養萬物於下也。《釋名》云：壬，妊也。陰陽交物，裹妊至子而萌也。此與《説文》壬注下承亥壬以子生之敘也之意亦合。然則許君以龍戰爲龍交，以于野爲于壬，其説自古矣。而攷諸漢《易》家，多據亥爲文。《乾鑿度》曰：乾坤氣合戌亥，奄受二子之節，陽生秀白之州。又曰：陽始於亥，乾位在亥。荀爽曰：消息之位，坤在於亥，下有伏乾。蓋坤爲十月之卦，其辟在亥。以卦位言之，乾處西北，亥爲乾之地。侯氏行果曰：坤，十月卦也。乾位西北，又當十月。類皆謂坤上六在亥，而以亥言之。乃許君不繫之於亥，而獨繫之於壬者，豈以壬之文上下二爲陰，中一爲陽，又於中丨相交，有陰陽交接之象歟？不知亥與壬合德，言壬即可以見亥，故許君於亥下曰象裹子咳咳之形，於壬

下曰象人裹妊之形，俱有包孕陽氣之意焉。亥字注云：荄也。十月
微陽起，接盛陰。又荄字注云：根也。蓋言陽氣根於下也。十月於
卦爲坤，微陽從地中起接盛陰，即壬下所云陰極陽生之意。其律中
黃鐘，言萬物應陽而動下藏也。是陰之窮即陽之始，干寶所謂陰陽
合而同功者以此。戰者，陰陽合也，合則相交接可知。此許君所以
於壬部下釋戰爲接也。或者乃據《説文》戰鬬之訓，遂謂龍鬬之事，
古亦有之。如《漢·盧芳傳贊》：天地閉隔，野戰羣龍。又《朱穆
傳》：龍戰于野。言陽道將勝而陰道負。此蓋誤以其血元黃爲受傷
血出也。殊不知此爻明陰陽交接，故以血言卦，无傷象。惠半農
《易説》已詳言之。如解爲戰鬬，而謂陰不可亢，亢則陽必伐之；陰
不可長，長則與陽敵。窮陰薄陽，勢必兩傷，則是相勝而非相生矣，
豈陰極陽生之意乎？況天地之化，陽盛則生陰，陰盛則生陽，故曰
往則月來，月往則日來。若於陰陽交接之會，俱以爲戰而有傷焉，
將水之繼金，亥之承子，亦以爲戰而有傷乎？其義亦不可通矣。然
則許君之釋龍戰，深得陰陽消長之理，不較諸説爲優乎？

申《説文》龍戰于野義

吳肇嘉　如皋

　　《易·坤》上六，龍戰于野，後儒引《漢書·盧芳傳贊》及《朱穆
傳》以鬬釋戰，其謬固不足辨。此爻陰陽相接，卦无傷象，世有能辨之者。
許君不于《戈部》戰字下引《易》，而于壬字下引《易》訓接。或因拘
陰陽交接之説，遂以交混接，不知戰接雙聲，接可訓戰。《吕覽·愛
士》則刃無與接，注戰也，故戰亦可訓接。交雖古通接，《表記》君子
之交如水，注或爲接，義亦可以釋戰。《小爾雅校》戰交也。然此《易》戰
字，但可訓接，不可訓交。交爲陰陽平劑相交午之象，其于易卦當

屬泰。坤之上六，陰極盛，陽始生，是時微陽從地中起，與盛陰相續，故但可言接，不可言交。諸說每以交混接，差毫釐，謬千里矣。或又因諸家解《易》，惟就亥取方位消息荀氏及《乾鑿度》，遂以許君不引《易》於亥字下爲疑。繼因虞氏亥壬兼說，則於壬字下必牽合亥字義，以爲亥壬合德，舉幹即以賅支，以此說許書，反亂許書之例。許君於壬下明繫之曰承亥，亥爲十月，乾於九月爲剝，消入坤，至十一月爲復，至子而萌，亥之下即子，壬承亥，孕子爲乾，就坤之象。壬即妊字，身震動欲生，生則爲子，故曰壬，以子亥荄也。雖有裹子咳咳之象，而亥爲萌芽，陽甚微細，壬者任陰，任陽而體大，其爲義有深淺之別，安得以亥混之？壬從二畫，或謂二象坤，非也。坤畫爲三三，三則爲乾畫，豈得以二指坤？案：陽一陰二，二，地之數也，從耦一，會意。壬字二爲坤，中一爲陰之壯，象儋之，其形能任物，陰任陽，故體大。中貫丨，丨，上下通也，所謂引而上行者，爲陽上徹之象。二爲陰盛，許君所謂陰極者也。丨爲陽上徹之象，陰之窮，即陽之始，機鈕相銜，續有接之義，許君所謂陽生者也。丨即龍，龍屬陽，龍古文作⺄，无作丨者，乾動也直，故從直不從屈形。且《易》以龍況陽，取龍屬陽之義，不取龍字形也。野從土，土象地之下，坤有地道，故二即野。許君引《易》于壬字下，其爲義葢取諸此。後儒不譽斯恉，復以交混接，以亥混壬，許君之意所由晦，而《易》義愈不可明。

申《説文》巂周燕義

趙聖傳　興化

《説文》巂字解云：巂周，燕也。今本篆下脱巂字，巂周連讀。《爾雅》云：巂周，燕燕，㗜。犍爲舍人云：巂周名燕，燕又名㗜。舍人姓郭，係漢武帝時待詔，則前漢時已如此讀矣。孫炎云：別三名，與舍人說同。孫叔然受學康成之門，則漢人應悉如此讀矣。乃郭注分爲二物，於巂周注云：子巂鳥，出蜀中。宋鄭樵注《爾雅》，因云：俗呼子規。則與漢讀不同。考《說文》於燕也下又云：一曰蜀王望帝婬其相妻，慙，亡去，爲子巂鳥。此怪誕之說，蓋用揚雄《蜀本紀》之文，《說文》於字義亦采雄說，於此不著雄姓名，是姑存別一說耳。許固未嘗以之釋《爾雅》，奈何據郭注而廢歷來相承之訓詁乎？王觀察念孫以爲猶言茉苢馬舄，馬舄車前之例，於巂字引《呂氏春秋・本味篇》肉之美者巂周之翠爲證，其說當矣。更考《詩》毛傳云燕燕䴏也者，亦是順經字而加詁訓，其實詩言燕燕，非一燕也。細釋詩人之意，首章言差池其羽，二章言頡之頏之，三章言下上其音，皆興起莊姜與戴嬀有至睦之情，其嫡妾之禮次，又秩然不紊，故覩燕之共飛有序，而痛心於瞻望弗及也。又偕來獨往，正如燕之分飛，所以勞心而泣涕如雨也。如云一燕，大失《詩》之本旨矣。至燕一名乙，一名巂周，本屬方言之別。或據《曲禮》立視五巂注云：巂猶規也，謂輪所過之度以爲巂周者，言如規之一周。夫燕之所以有此名，原不容附會其說，而二文相連爲義，固不得云巂一名周。更按其上下之文，皆加別名以互相釋，亦不得云於此獨空列其名也。然則許氏之說，其信然矣。

釋　秀

沙從心　江陰

《說文・禾部》闕秀字，注曰：上諱避光武諱也。段注曰：秀篆許本無，後人沾之云。補之者不一其說。蒙案《爾雅・釋草》云：不榮而實者謂之秀。陸氏《爾雅釋文》云：不榮而實。眾家本無不字，未足據也。《詩》四月秀葽,實發實秀,毛傳竝主是訓,然秀非已實之謂。《爾雅》之意,亦謂艸苵雖不榮盛如木,而可以成實者謂之秀。《論語》云:苗而不秀,秀而不實。則秀與實固有辨矣。秀與采義相成,采下云禾成秀也,是在既秀之後也。秀下當云禾吐采也,是在未成采之先也。竊嘗目驗禾吐采時,先生秅兩葉,中含鬚蘂數莖,不得以苵名之,故《爾雅》云不榮而實謂之秀也。今人猶偁禾之吐采曰秀,或曰秀穗即采之俗字,是故老相傳之語,正可得古人造字之遺。其從禾從几者當是象形而兼會意,几象其鬚蘂蕤蕤之形,又嫌與曳詞之乃同體篆本作弓,或作几與秀下同,故加禾以定之,猶之果字作〇象果圓形,又於〇中加十象其折紋,然⊕與井田田字方圓雖異,究當別嫌,故又加禾以定之也。父象口上齶之理,嫌與父凌之父無異,故加口作含。几象眉形,嫌與十二篇於小切之几無異。故上加額理下加目字作眉。凡此之類,皆與同例。

秀下之几即禾上之几,既非短羽之几,又非曳詞之几。此本王氏筠説段氏从人,按《玉篇》自有秀,又有禿。禿乃俗字,並非秀字。董彥遠《謝除正字啟》據一莖九穗之説从九,亦屬傅會。朵在上而秀在下者,亦猶朵以〇象梅形而〇在禾上梅,古文作槑,从二呆者,樹果固多,成林尚緜緲而已。説本安邱王氏,杏以〇象杏形而〇在禾下。既非全體象形,固不嫌上下顛倒。杏非在木之根而可作杏,故秀非在禾之根而亦可作秀也。王氏筠謂木高則巫者在上,禾卑則巫者在下,説似未清。或謂几在木上,望而即見,故上几而下禾。秀則鬚蘂初吐,不能驟見,必先見禾而後見几,故上禾而下几。亦甚迂曲。又考石鼓文作秀,國山碑作秀,是皆秀之變體,若象禾鬚蘂外吐之形,當以从几爲正,引伸爲俊秀之秀。《禮·王制》:命鄉論秀士,升之司徒。《呂覽》:懷寵舉其秀士。人之偁秀,亦猶物之吐秀,可以望其成實也云爾。若謂秀字从人,與禿頂之禿同字,夫豈其然?

釋　秀

章際治　江陰

　　《説文》避光武帝諱,於《禾部》闕秀字,注曰上諱補之者,不一其説。蒙謂當云禾吐采也,从禾象形。禾吐采者,秀與采同意而稍別。采下曰禾成秀,則秀下當云禾吐采。蓋禾之已成秀者謂之采,禾之未成采者謂之秀,此義之相成而相足者也。《爾雅·釋草》云不榮而實謂之秀一本無不字。然《詩》四月秀葽,實發實秀,毛傳皆云不榮而實,與郭本、《爾雅》同,説自可據,榮而不實謂之英,英者華雖榮盛而不能成實,如牡丹芍藥之屬;秀者華雖不榮盛而可以成實,如禾黍稷麥之屬。今俗語亦以禾吐采爲秀,故老相傳之語,得古人造字之旨矣。《論語》秀而不實者有以夫,是方秀之時,尚非成實之時,則其爲吐采可知。其爲象形者,上从朵,下从卪,卪非乃篆之了。此與朵篆上从几而非短羽之凡王氏筠説,采篆上从爪而非手爪之爪程氏瑤田説同例。蓋朵从几者象華之開,采从爪者象禾之茂,二篆象形皆在上,而秀之卪獨在下者,采朵皆象其盛大之形,一望即見,故上几而下朵,上爪而下朵。若秀則鬚蕊初吐不能驟覯,必先見禾而後見卪,故上朵而下卪也。王氏謂木高則垂者在,上故朵之几在木上;禾卑則垂者在下,故秀之乃在禾下。然采亦从禾,何以爪獨在上耶?段氏謂采自垂言之,秀自挺言之。然采之爪在上,不得謂之垂;秀之乃在下,不得謂之挺。其説均非。至段氏謂从卪,即人,結於秀内謂之人,取義究曲,且與秃字無别矣。又石鼓文作秀,王氏謂本从乁,寫者左方下垂而作卪,今又斷之而爲卪。然禾、稻、黍、稷、麥、芣之秀,其秀皆二出,則當以从卪爲正。故从秀之莠、誘、拇,从莠之瑂,其篆皆作卪,是其證也。

釋《説文》克字

沙從心　江陰

《説文》克下云：肩也，象屋下刻木之形。上句説義，下句説形，許書本有此例。後人不得肩字之解，遂與刻木之形不相連屬。段氏强爲牽合，固近迂曲；桂氏以聲説形，尤失本旨。段、桂以後，異説沸起，究其通弊，在於逐篆逐注，以就肊見。朱氏《通訓定聲》，謂以肩任物曰克，物高於肩，故古從高省，卪象肩形，古文亭下半作尸，亦象肩形，又古文㤾當爲彔之古文，許所云刻木彔彔也。據此當於許書克下刪去屋下刻木之形句，并將又古文㤾字歸入彔下，逐其篆，又逐其注，訾謷叔重，莫此爲甚。王氏《句讀》謂上句當作刻也，一曰肩也，此又據己見改原文，不逐注而猶之逐注也。又曰古與高高二字上半同，故曰屋卪與厰之古文㤾下半同，㿽即自，自無刻木之義，蓋由㤾字下半與㿽同，遂例推之以得此義，此又牽涉別字之義以求伸其説，不逐篆而猶之逐篆也。曲園俞氏又謂上句説義不誤，惟篆體從卪微誤，當從古從尸，古者高之省也。尸即人也，象舉物高出人上，故其義爲肩。若又重文㤾字，乃壁中古文特製之字，其屋下刻木之説，亦必古文家師説如此，非克之重文，許君誤列克下耳。是二説者，一主説形，一主説義，由王之説，必改注而後可，由俞之説，必改篆而後可，承氏培元謂當以㤾字建首，上從高省，下象刻木，與屋下刻木語始合。案㤾字古文或作㤾，或作㤾，謂之從上從占皆可，豈得謂從高省？今改占爲古，變易本體，微特逐篆逐注，并欲逐改古文，庸非嚮壁虛造乎？蒙案許君原文自有精義，斷無以意增減割裂逐置之理，祇求説義説形互相連屬，即得其旨。諸家皆泥解肩字，是以與下扞格不通。古義之存，還當證以《爾雅·釋詁》云:犯、奢、果、毅、剋、捷、功、肩、堪,勝也。郭注云:皆得勝也。《左傳》曰:殺敵爲果。肩即剋耳。《書》曰:西伯堪黎。則此勝字爲勝負之勝,而肩即剋義,故下文即申言其義云:勝、肩、戡、劉、殺,克也。郭注云:轉相訓耳。《公羊傳》曰:克之者何?殺之也。據《爾雅》所言,勝、肩竝爲克敵之義,而《説文》以肩訓克,即郭注剋即肩耳之義,謂克者肩剋之也,故下繼之曰:象屋下刻木之形。象形之説亦不一,而以段注爲正。上从亭省,故云象屋下。下从ㄗ刻,去木之大半,故云象刻木。克前部首之朩部,遠蒙木片部,亦遠蒙木鼎部,蒙片反片爲爿,《六書》故云唐本有《爿部》克字,蒙鼎,即蒙鼎左半之爿也。今試觀朩蒙木增𠆢,或作冂,所謂芒也,片蒙木去ト,所謂判也。鼎下蒙片增左半之爿,即朩字之中分爲片,爿也。克下蒙鼎作ㄗ,即朩之去其八,爿之去其¦也。嚴氏可均謂刻木去大半,僅存ㄗ形,即是此意,特説焉未詳耳。王氏筠議其説殊纖仄,則自克以上諸部皆破木字之體,瑣瑣爲之,何獨不嫌其纖仄乎?且不但此也,朩字橫截爲屮巾,屮象上出,巾象其根也。增丶爲朩,增丿爲禾,去丨爲𣎴古文櫱从木無頭,反冂去丨爲凵古文柙,去丷爲朩,去八爲丨,其增減之筆,星碎爲已極矣,而皆不嫌其纖仄,何獨於亨之承朩去八而疑之乎?ㄗ从朩省,故曰刻木屋下,刻木豈非勝任之作,故上以肩字貫之,此正與本書幺小也象子初生之形、高崇也象臺觀高之形諸部同例。諸家形義分詮,遂致判成兩橛,敢就許君本意,以明逡篆逡注之誤,而證説形説義之同。

釋《説文》克字

姚彭年　如臯

克,篆文作亨,許書云:肩也,象屋下刻木之形。克,上半从合,與高、亭二字上半同，故曰屋下；下半从卪，與刻木屈曲同，故曰刻木。刻木而曰屋下者，《釋名·釋言語》刻木有定處。是也。許書之例，凡象形之字，上文說字義，下文說字形，其意無不相通。<!--字-->下云：小也，象子初生之形。小義與子初生通。<!--字-->下云：獸也，象頭角四足之形。獸義與頭角四足通。此類皆是據此。則克下肩義與刻木相通可知。段氏深知以刻木之義與肩求合，以符許書之例，惟所據在能事之意與相勝之意，未能自圓其說。今就段氏相勝之意以申之。《禮記·禮器》：我戰則克。注：勝也。《釋詁》云：尅、肩，勝也。郭注：肩即尅耳。古勝任之勝與勝負之勝，本一義之引申。五行相勝謂之相克，克之訓肩，義取勝負之勝，與脅訓脅迫相似。自肩尅之古義失，而與下刻木之言不相貫矣。《詩·雲漢篇》：后稷不克。箋曰：克當作刻。《釋名·釋言語》曰：克，刻也。是則肩即克，克即刻。許君以肩訓克，郭氏以尅訓肩，與鄭箋《釋名》義亦相通。桂氏曰：象屋下刻木之形者，克刻聲相近。朱氏曰：以肩任物曰克，物高於肩，故从高省。下象肩形，王氏曰：克，肩也，當作刻。一曰肩也。俞氏曰：<!--字-->之文，當作<!--字-->，上从<!--字-->者，禽之省。下从卪者，即篆文刀字橫作之。諸家之說，或釋克刻而不能通肩之訓，或釋克肩而不能通刻木之訓，或改許書而參以己見，或改篆文而曲爲之說，是皆多方推測，終無當於許書之例也。

釋湆渟

盧求古　泰州

湆渟二字微異，《禮經》止作湆，其渟字乃後來所作之字。又二字並音去急切，亦當非鄭讀本音。按《士昏禮》大羹湆在爨，注云：大羹湆，煑肉汁也。今文湆皆作汁。是《儀禮》古文經本作湆，以及

《公食大夫》《士虞》《特牲》《少牢》《有司》諸篇，凡涪皆从音。《公食》注云：今文涪爲汁。《特牲》注亦云：今文涪皆爲汁。知古文經涪字今文悉爲汁。《士虞》《少牢》《有司》三篇注文有脱，今文皆當作汁。又《少儀》凡羞有涪者，不以齊字，亦从音。涪字《說文》訓爲幽溼，其本義也。鄭訓爲肉汁，古文假借字也。鄭不從今文作汁，而從古文作涪者，當以汁字雖見《郊特牲》云汁獻況於醆酒，至漢時湯水之字，俗皆用汁，此因近俗之故，故用涪字，期於古雅。證以《說文》潘字解云：汁也。从水，審聲。引《春秋傳》曰：猶拾潘也。《左傳釋文》云：北土呼汁爲潘。《檀弓》爲榆沈，故設撥，注云以水澆榆白皮之汁。是汁亦有沈名。又《方言》云：斟，協汁也。朝鮮洌水之閒曰斟。是汁又有斟名。潘、沈、斟並與音字聲相近，而涪字既从水从音，固非若病爲秉、閾爲躛，必當改從今文之例。故鄭於此定從古文，其意當如此也。顧鄭第用古文，不云讀如某之某，則鄭本不著其音。《釋文》於《士昏禮》引劉昌宗云：范去急反，他皆音泣。考陸氏於三《禮》後列諸家音《禮》者，有鄭及王肅《儀禮》音各一卷，次列李軌、劉昌宗《儀禮》音各一卷，凡四家。劉列李後、徐邈前，知爲東晉人。所引范音，不知范氏何時人，惟云皆音泣，是讀此字者皆讀泣音。然考陸氏於《尚書》音下列孔安國及鄭附案語云：漢人不作音，後人所託。其言甚確，知鄭《儀禮》音係假託。自魏晉以來，始於此涪字音泣，然其字仍作涪，故自唐石經及宋至明各注疏本皆作涪不作涫。又考《說文》大小徐本止有涪無涫，大徐用唐韻音，涪爲去急切，雖混正義借義爲一音，而字仍作涪。更考諸《玉篇》訓涪爲羹汁，亦止係涪字下。又更上考諸《字林》云：涪，羹汁也。見《儀禮》《釋文》，均無涫字。乃自張參《五經文字・水部》下列涫涪二字，於上云：从泣下，月大羹也。於下云：从位下，曰幽深也。又云：今《禮經》大羹相承多作下字，或傳寫久譌，不敢改正。据此知張氏當唐文宗時大羹也之名始別有涫字。不知張氏据何書，而此説殊誤。考《説文》渹字作𤄷，从水音聲，其音字少下橫畫則爲言字，此爲从水从音，並非立日，乃云从泣下日，以例渹字，竟全昧於篆體，其誤實甚，一也。渹之本義爲幽淫，今易其義爲幽深，固與《説文》不合，又以義止屬幽深，益不知古文假借之例，其誤二也。《禮經》羹汁本作渹字，今反以渹字上列，因欲改渹爲渹，其誤三也。原此字作渹者，緣《廣雅》云朘，謂之胈。朘即羹字，胈即渹字，二字過爲鄙俗，張揖之書本正俗兼收，遂有依傍其字增成渹字者，然其字仍作水旁，則爲从水音聲，又云从肉从泣，是同楷書苟且，并乖漢隸字體，其誤四也。有此四誤，而郭忠恕毅然竟别渹爲幽淫，渹爲大羹，宋以後諸韻書悉然，斯爲習非勝是矣。然則祛俗申正，有渹無渹，惟從古文讀如音，則入二十一侵。更按斟亦在侵韻，瀋、沈並在四十七寢，四字既皆有汁訓，而音類又同，斯得鄭氏意旨。又或依今文爲汁，汁叶古通，又讀爲協，庶皆得之。

文 四

遷書傳儒林不傳文苑説

畢光祖　太倉

　　史家體例，代有損益。龍門傳目，但著儒林；范書而下，始傳文苑。自論者謂後人之詳，足以補前人之略，而史公之微意，久没而不章矣。夫古者游、夏之徒，列於文學，而其實皆窮經明理，以傳夫子之道，與後世所謂文學之士，擷取浮藻，流宕忘歸者，不可同日而語。葢三代而上，以道兼藝，儒與文合；三代而下，藝不由道，儒與文分。史公之意，以爲當世之士，苟若游、夏，則入之儒林，何嘗没其文學，不必有文苑也。若其言語侍從之臣，雍容揄揚之輩，靡麗於藻飾，淫泆於詞説，於經爲蕪，於儒爲靡，何必別派分流，高其位置。是以於司馬相如則編之列傳，於東方朔則列之滑稽。不使儒林之外，別有文學，正恐文藝之末，忝負虛聲也。觀其傳儒林諸人，自申公以至胡毋生，皆抱殘守缺，敦學勵行之士，去取之際良有以耳。後之作者，不明史公之旨，妄以儒林、文苑分傳，至《宋史》又分儒林、道學爲二，通人達士，自昔嗤之。於虖！龍門而下，詎復有史才哉！

《漢·五行志》書後

陳慶年　丹徒

　　五行傳自夏侯始昌，至劉氏父子傳之，皆善推戹福，著天人之應。漢儒治經，莫不明象數陰陽，以窮極性命，故《易》有孟、京卦氣之候，《詩》有翼奉五際之要，《春秋》有《公羊》災異之條，《書》有夏侯、劉氏、許商、李尋《洪範》之論。班固本《洪範傳》，攬仲舒，別向、歆，以傅《春秋》，告往知來，王事之表，不可廢也。三代之時，其於天人相與之際，視之若甚近，《詩》《書》所載，皆祈天永命之理。《春秋》記人事，兼記天變，蓋三代記載之古法。戰國紛爭，詐力相尚，至於暴秦，天理幾於絕滅。漢興，董仲舒治《公羊春秋》，始推陰陽，爲儒者宗。宣、元之後，向、歆治《穀梁》《左氏》，數其禍福，傅以《洪範》，有合於召渧知變之旨。夫漢儒通經，以致用爲主，必推六經之旨，以合於世用，故能以《禹貢》治河，以《春秋》決獄，以《洪範》言災異，以《詩》三百篇當諫書。吾觀漢儒之於災異，皆能精微渺以喻其意，通倫類以貫其理，非概以恐懼修省之言惑世也，必也其言有徵焉。昌邑王無道，數出微行，夏侯勝諫曰：久陰不雨，臣下必有謀上者。時霍光與張安世謀廢立，疑安世漏言。安世實未言，乃召問勝。勝對：《洪範·五行傳》云：皇之不極，厥罰常陰。時則有下人謀上者。光、安世大驚。宣帝將祠昭帝廟，旄頭劍落泥中，刃向乘輿。令梁丘賀筮之，云：有兵謀，不吉。上乃還。果有任宣子章匿廟間，欲俟上爲逆。事發，伏誅。京房以易六十四卦更直日用事，以風雨寒溫爲候，各有占驗。每先上疏言其將然，近者或數月，遠或一歲，無不屢中。翼奉以成帝獨親異姓之臣，爲陰氣太盛，極陰生陽，恐反有火災。未幾，孝武園白鶴觀火。漢儒之於災異，不託諸空言如是。然則漢儒通一經而無不得其用，今人通五經而無一得其用，乃欲妄議而廢之，適見其不知矣。吾又觀漢世人主多遇災而懼。如成帝以災異用翟方進言，出寵臣張放於外，賜蕭望之爵，登用周堪爲諫大夫。哀帝亦因災異用鮑宣言，召用彭宣、孔光、何武，而罷孔寵、息夫躬等。其下詔罪己也，又多懼詞焉，故兩。漢之衰，但有庸主而無暴君，漢儒言災異之功不可得而没也。然則漢儒之於災異，有悟主之功焉。夫爲臣者而至於悟主，使其罪己以弭災修德而尚賢，亦可謂藎臣矣。且觀人之言者，苟其意之有關於勸懲也，君子猶略其言之疏失，以過而存之。《五行志》推往占來，後儒所指爲附會牽就者，是誠有之。然其以災異爲陳善閉邪之用，立省災勤德之防，雖聖人無以易之也。董仲舒之言曰：國家將有失道之敗，天乃先出災害以譴告之，以此見天心之仁愛人君，欲止其亂也。其言可謂深切，而其意亦可謂大醇者矣。後儒議其説之鑿，而不思其意之純；詆其學之妖，而不思其功之大。班氏乃能廣記備言，以存其説，閎識博懷，於斯可見。吾於是志而知天之陰陽，國之治亂，吉凶之朕兆，經説之家法，皆於是乎在。默存而心歷之。郁郁之文，其可睹也；淵淵之藏，莫能罄也。如劉知幾、鄭夾漈皆掇其小尤，忘其閎美，慶年不敢附和矣。

《漢·五行志》書後

孫同康　昭文

班固作《漢書·五行志》，先列《尚書·洪範》之文，次列伏生《洪範五行傳》，又次引歐陽、大小夏侯諸説，乃當時列於學官博士所習者，又其次則歷引春秋及漢事以證之，所采多董仲舒、劉向、劉歆之説，而京房《易傳》亦附見焉。夫自開闢以來，妖祥固不絕於天下，各因其氣之所感而證應隨之，《中庸》所謂至誠之道可以前知也。孟堅《五行志》言妖不言祥，馬端臨《文獻通攷敘》譏之，謂天地之間有妖必有祥，豈陰陽五行之氣獨能爲妖而不能爲祥。愚以爲馬氏此説殆未喻孟堅之意。夫孟堅未嘗謂陰陽五行之氣能爲妖不能爲祥也，特以言祥則易動人主之侈心，惟萃古今之妖變災異而詳釋其徵應，且一一稽合乎經訓，一若持之有故、言之成理者，非以驚世駭俗炫其淹博也。將使爲人君者見之而惕然思天人相與之際如是其可畏，陰陽五行之氣其感而成妖孽者如是其多而不爽，則凡所以致妖孽之事自無不奉爲殷鑒而不敢一蹈其覆轍。孟堅之用意蓋若是深且遠也。吾嘗論孟堅之作《漢書》深合史法，非他人所能及，何則？龍門爲史家之祖，而龍門以前之古史必推《魯春秋》，由《春秋》上溯之必推《尚書》。子長作《史記》，凡秦漢以前之事多取材於《春秋》，春秋以前則取材於《尚書》。愚則以爲子長僅能録其事，孟堅獨能仿其體。《尚書》有《禹貢》，則仿之爲《地理志》；《尚書》有《吕刑》，則仿之爲《刑法志》；《尚書》有《洪範》，則仿之爲《五行志》。不僅仿之而已，且列其文而爲之條分節解焉。則孟堅之學，固兼經史而一以貫之矣。《五行志》中，如論春秋文公二年大事於太廟，躋釐公，則引左氏説，謂釐雖爲僖之庶兄，然嘗爲僖臣，臣子一例，不得在僖上。又未二年而吉禘前後，亂賢父聖祖之大禮，内爲貌不恭而狂，外爲言不從而僭，故是歲自十二月不雨，至于秋七月，如是者三，而太室屋壞矣。論昭公十八年雉門及兩觀災，則引董仲舒、劉向説，以爲奢僭過度，天戒若曰去高顯而奢僭者。又引京房《易傳》云：君不思道，厥妖火燒宮。論成公五年秋大水，亦引董仲舒、劉向説，以爲時成幼弱，政在大夫，三家專兵，陰勝陽之象。所言均切中事理，可爲後世炯戒。其他不無穿鑿附會及舛謬複出之處。要之，孟堅之意，固欲使爲人君者見之，知天人相與之際如是其可畏，陰陽五行之氣其感而成妖孽者如是其多而不爽，而非以驚世駭俗炫其淹博也。蒙故爲表而出之，以告後之讀《五行志》者。

漢縣道説

張樹棻　鎮洋

自秦并天下，廢封建爲郡縣，漢時置郡益多。武帝設十三，州目統郡,郡目統縣,縣有邑,有侯國,有道。道之見于班《志》者三十二武都郡之武都,蜀郡之汶江,依《郡國志》爲道,方合此數,多在秦地,其在楚地者僅四,蓋秦制也。《百官表志》曰:有蠻夷曰道。《續百官志》曰:凡縣主蠻夷曰道。蓋秦時西域未闢,凡金城、武威、張掖、酒泉、敦煌地皆屬氐羌,故于其沿邊要害置爲道,以限蠻夷。自馮翊翟道至北地之除道、略畔、義渠道,上郡之雕陰道、安氐,定之月氏道,天水之戎邑、絲諸、略陽、豲道,隴西之狄道、氐道、予道、羌道,迄南至蜀郡之嚴道、湔氐道、汶江道,廣漢之甸氐、剛氐、陰平道,犍爲之㚇道,武都之武都故道、平樂、嘉陵、循成、下辨道,又西南至越嶲之靈關道,南郡之夷道,零陵郡之營道、泠道,長沙之連道,用目隔絶華夷,撫輯諸種,故與内地之縣有別。蓋北邊有長城,而西邊無之,勢居衝要,因設道目通蠻夷也。枚書通道于九夷八蠻,義未嘗不本諸此。漢承秦舊,武帝開通西域,置五屬國府,而當時所謂道者,已在内地。然目其通新闢諸郡,故仍道名。觀張掖、酒泉、武威、敦煌,皆古蠻夷地,而有縣無道,則知道爲秦舊,而漢因之者也。其所目別于縣者,亦猶後世險要之地,或設廳衛,或設土司,與州縣雜治,名雖異而其制無大相遠,故班《書》于郡國下但言縣若干,而不必別白言之也。東漢并省郡縣,《郡國志》惟益州部有道九,凉州部有道六,而夷道、營道、泠道、連道,司馬彪通目爲縣,亦目屬在内地,不與蠻夷接壤,故惟益州、凉州部言縣道,而他州但言縣邑侯國也。然則西漢之道,至東漢而升爲縣者眾矣。

《漢藝文志序》六藝九種家數篇數異同攷

馮銘　江陰

班《志》序六藝爲九種,言凡六藝一百三家,三千一百二十三

篇,與九種總凡數合。惟每種所條家及篇數,與總凡時有差異,有
宜提行而忽合者,有不宜提行而忽分者,有宜載正文而入小注者,
有殘缺不全數大不符者,此師古所謂轉爲脱誤,年代久遠,無以詳
知者歟?然不可知者,理宜蓋闕,其可攷者,亦聽其舛謁,而不爲之
董理,伊於何底?銘不揣檮昧,略尋耑緒,迺知《春秋》一種,數甚違
戾,《詩》少一篇,餘悉符合,爰著于篇,以俟博雅君子重攷訂之。

凡《易》十三家,二百九十四篇。

《易經》十二篇。施、孟、梁邱三家計三十六篇。凡傳經而不參以箸
作者,第計篇數,不列入家數。餘倣此。此外周氏以下六行,行一家,計六
家,十二篇。丁氏一家,八篇。古五子十八篇。未得撰人,不列家數。然
既坿丁氏之後,疑即出于丁氏。淮南一家,二篇。古襍一行,除圖一不
計,共一百二十篇。以未得撰人,亦不列家數。然既坿淮南王後,疑即出自淮
南王。京房一家,八十九篇。《文獻通攷》,晁氏《讀書記》曰:《漢藝文志》,《易》
京房三種,八十九篇。五鹿充宗一家,略説三篇。施、孟、梁邱三家,章
句六篇。凡家數十三,篇數二百九十四,與總凡同。

凡《書》九家,四百一十二篇。

《尚書》古文經四十六卷注五十七篇,然須憑正文卷數核之,方與總凡相
符。大小夏侯經二十九卷,歐陽經二十二卷。此宜作正文,今誤列小注。
此外伏生傳一家四十一篇,歐陽一家章句三十一卷,大小夏侯兩家
章句五十八卷,解故二十九篇。《歐陽説義》蓋歐陽之徒爲之。別
一家二篇。劉向以下四行,行一家,計四家一百二十五篇,凡家數
九,篇數四百一十二,與總凡同。

凡《詩》六家,四百一十六卷。

《詩經》二十八卷。魯、齊、韓三家共計八十四卷。此外,魯一
家故二十五卷,説二十八卷。齊后氏一家故二十卷,傳三十九卷。
齊孫氏一家故二十七卷,傳二十八卷。齊襍記一家十八卷。韓一
家故説七十七卷,内外傳十卷。毛一家詩二十九卷,故訓傳三十

卷。凡家數六,與總凡同;卷數四百一十五,與總凡異,少一篇。

凡《禮》,十三家,五百五十五篇。

《禮》古經五十六卷,經十七篇。今本作七十。《玉海》云:劉淵父言當作十七。班氏亦言古經較多三十九篇,而爲五十六卷,是明與十七相合。今云七十者,顯爲倒誤可知。《記》以下至《中庸説》五家,一百九十六篇。明堂以下八行,行一家,計八家,二百八十五篇。凡家數十三,與總凡同;篇數五百五十四,與總凡異,少一篇。案:《禮記·奔喪》孔疏引《藝文志》,漢興始,于魯淹中得古《禮》五十七篇,其十七篇與今《儀禮》同,其餘四十篇藏在秘府,謂之逸禮。又引《六藝論》云:後孔子壁中得古文《禮》五十七篇。竝較今《漢志》多一篇。據此,與總凡同。

凡《樂》,六家,百六十五篇。

志中所敍六行,行一家,百六十五篇,與總凡同。

凡《春秋》,二十三家,九百四十八篇。

《春秋》古經十二篇,經十一卷。公羊、穀梁二家,計二十二卷。左氏一家,傳三十卷。國語二十一篇。公羊一家,傳十一卷,外傳五十篇,章句三十八篇。穀梁一家,傳十一卷,外傳二十篇,章句三十三篇。鄒氏傳以下六行,行一家,計六家,三十九篇。《公羊褚記》以下四行,行一家,計四家,百四十九篇。《新國語》以下十行,行一家,計十家,四百六十五篇。凡家數二十三,與總凡同;篇數九百一,與總凡異,少四十七篇。案:此種篇數太違,或如《爾雅》卷下宜繫以篇,而此獨遺漏歟?未可知也。

凡《論語》十二家,二百二十九篇。

論語凡十二行,行一家,與總凡同。篇數凡二百三十,較總凡多一篇。案《隋書·經籍志》:張禹從魯論二十篇爲定,號張侯論。則此志云《魯安昌侯説》二十一篇,一字明爲衍文矣。去張禹《説》一篇,與總凡同。

凡《孝經》,十一家,五十九篇。

孔氏古文《孝經》一篇。長孫氏、江氏、后氏、翼氏四家今文《孝經》篇。此外長孫氏《説》以下十一行，行一家，計十一家，五十四篇。案《爾雅》三卷二十篇，既計篇，不計卷。此猶《尚書》古文經，既計卷，不計篇也。凡家數十一，篇數五十九，與總凡同。

凡小學十家，四十五篇。

小學無經。史籀一家，十五篇。八體六技一家。案：六技即該于八體，説見《説文》許敘段注。段氏又云：《漢志》八體不言篇數，今疑八體即八篇。蒼頡以下四行，行一家，計四家四篇。揚雄一家，《訓纂》及《蒼頡訓纂》共兩篇。別字一家，十三篇。蒼頡傳一家，一篇。杜林一家，《蒼頡訓纂》及《蒼頡故》共兩篇。共凡家數十，與總凡同。八體六技不記篇卷，若八體作八篇，共計篇數四十五，與總凡亦同。

鄭康成不入《儒林傳》説

章際治　江陰

史有《儒林》，所以網羅抱殘守闕之士，非謂一代鉅儒必盡列於其中也。班史於爵位較貴、事蹟可傳者，均云某某自有傳。范史《儒林傳序》亦云：其自有列傳者，則不具書。此史家之通例，而無所庸其撝拾者也。康成括囊大典，網羅眾家，刪裁繁誣，刊改漏失，范氏推爲仲尼之門不能過，其有功於經學固不待言，而生平事蹟亦復有可紀者，故別自爲傳。趙氏翼曰：康成一代大儒，屢徵不仕，非如鄭興、賈達仕於朝，有事蹟可紀，乃不入之儒林，而編爲列傳，可乎？王氏鳴盛曰：其次於張純、曹褒後，正是極盡推崇。此外如何休、服虔、許慎，皆但入《儒林》，不升列傳。蒙謂二家之言，雖深淺不同，而皆未深諳乎史法。列傳但敘列其可傳之人，不論爵位。仲尼弟子孟子、魯仲連等，史公盡箸之列傳，何嘗因無位而黜之？必謂終身處士，不當與曾仕於朝者同以列傳紀之，陋矣。至其與張純、曹褒同傳，則又以禮爲類次，推崇之意，具於論贊，不在附張、曹後也。且列傳所以傳其事實，故賢奸並載，美惡同登，非必列傳尊於《儒林》也，安得謂之升乎？然則趙氏之言，固有未當，王氏之言，亦不盡然也。夫孔子刪《詩》《書》，定《禮》《樂》，贊《周易》，修《春秋》，傳經之功，於斯爲大。史遷《儒林傳序》，既以孔子爲稱首，及編輯紀傳，則又列之世家，以箸其事實，未聞有謂宜入《儒林》者也。康成生於漢季，值異學紛起之時，其所注《周易》、《尚書》、《毛詩》、《儀禮》、《周官》本傳無周官二字，今據《儒林傳》補、《禮記》、《論語》、《孝經》等書，均爲後世所推重，而此外無論矣。范氏贊曰：元定義乖，孔書遂明。隱隱以集大成相推許。故《儒林傳》中，於《易》《書》《詩》《禮》下，均載其箋注之功。至其事實可入列傳，則早以列傳紀之，猶前例也。觀《史記》敘孔子於《儒林傳敘》之首，而又別爲《世家》，則知范史敘康成於《儒林》各經之後，而可別爲列傳。傳中如表爲通德門黃巾不敢入縣境，以及誡子之書、冀州之會，均卓卓可傳之事，而與《儒林》無涉。使必入之《儒林》，將削之乎？抑盈篇累牘書之乎？必不可也。然則康成入列傳而不入《儒林》者，宜也。非有他也，世之紛紛聚訟者，均不免失之穿鑿云。

周䶂重一鈞漢斛重二鈞相去甚遠
而聲皆中黃鍾何説

曹學詩　丹徒

自《攷工記》有䶂重一鈞，聲中黃鍾之文，王莽乃使劉歆仿造銅斛，其中二鈞，聲亦中黃鍾。宋沙隨程氏以爲籥管小差，即不得其調。周䶂、漢斛，相去甚遠，乃俱脗合黃鍾，實所未解。此其所疑者,在一鈞、二鈞之輕重耳。蒙以爲此固不必疑者也。何以言之?凡樂器以黃鍾爲本,半黃鍾之積爲清聲,倍黃鍾之積爲緩聲,三分損益黃鍾之積爲相生之聲,十二變而復黃鍾爲聲之總數。第竹音以容積之多少爲倍半,金音則以實體之輕重爲倍半,故律呂自長而短,聲由濁而之清,鍾律自厚而薄,聲由清而之濁。其清濁雖若相反,要之倍、半均應乎本律,一也。按凫氏桌氏皆爲攻金之工,而鍾、鼎同齊,鬴與鼎爲類,亦即與鍾爲類。伏讀《律呂正義》有云:鍾之取聲,不在於鐫紋設枚之外飾,而生於輕重厚薄之實體,無與乎大小形容之別異,而實係乎中空容積之度分。其倍、半清濁之相資,一本之黃鍾律法,與律呂同理。又曰:鍾正體之應黃鍾律者,其倍體亦應黃鍾之律,而爲黃鍾之清。由是觀之,今所謂一鈞、二鈞者,鬴、斛之體也。一鈞爲二鈞之半,二鈞爲一鈞之倍,倍與半相爲清濁,則以鍾律推之於量,其聲之皆中黃鍾,理所可信者也。雖然,蒙亦竊有疑焉。鍾律之實體,倍、半固爲相應,然其中空容積之度分,亦必相與有比例。今攷周鬴方千寸,受粟六斗四升,則一斛之積當爲一千五百六十二寸五百分,漢斛則積一千六百二十寸,兩積相較,漢斛比周量大五十七寸五百分。攷《律呂正義》造編鍾之法,非特其實體取黃鍾之六十四龠也,其中空容積亦取黃鍾之五百一十二倍。今以一千寸與一千六百二十寸求等,得二寸,而二寸固不合於黃鍾之倍數也。然則漢斛既不能與周鬴爲比例,亦烏在其與周鬴同叶中聲乎?夫劉歆銅斛,魏、晉以來特藉以參校尺度而已。歆之算術不精,祖沖之已有所糾正。至宋范鎮始據《隋書》所載羃一百六十二寸者,更造以校律。當時司馬溫公上言,以爲叩鎮所造銅量,其聲不與黃鍾合。我朝亦嘗校驗漢斛,其聲止中太蔟。攷《漢志》,言王莽秉政,欲燿名譽,徵天下通知鍾律者百餘人,使羲和劉歆典領條奏。莽慕古而無實,歆阿莽而不誠,其所謂聲中黃鍾者,殆亦徒飾美名而已。故溫公曰:漢斛者,劉歆爲王莽爲之,就使其器尚存，亦不足法。然則聲律之同，可無疑於輕重，若漢斛則固不能媲美於周鬴也。

問漢藏圖籍秘書有幾處

沙毓瑾　江陰

漢之圖籍秘書，有藏禁中者，有藏外臺者。禁中則典校者爲中書，即漢末所置之秘書監；外臺則太常、太史掌之。劉向所謂三藏本者，此也。禁中所藏有石渠，蕭何造，以藏入關所得秦圖籍，成帝於此藏秘書焉。説詳《三輔黄圖》。師古曰：石渠在未央殿北。則知石渠本在禁中，故甘露中詔五經諸儒論同異於此，孝宣時亦會諸儒於此。有天禄、麒麟閣。按《漢宫闕疏》以爲蕭何造，以藏秘書。又謂漢置未央宫，則有天祥、麒麟二閣，命劉向、楊雄典校，謂之中書。據此，則知二閣在禁中無疑。又有延閣、廣内、温室、蘭臺、東觀等名。按劉歆云：内有延閣、廣内、秘室之府，外有太常、太史、博士之藏。則知延閣、廣内皆禁内藏書之府也。《隋書·經籍志》云：哀帝命劉向子歆嗣父之業，徙温室中書於天禄閣。據此，知宫中温室亦嘗藏書。《漢百官表》云：御史中丞在殿中蘭臺，掌圖籍秘書。據此，則知蘭臺爲殿中藏書之一。薛夏所謂蘭臺爲外臺者，不足據矣。而禁中藏書諸處，則惟東觀之所藏爲最富。漢光武篤好文雅，集新書於此。安帝永初中，詔謁者劉珍及博士議郎詣東觀，校定五經諸子傳記。寶章被薦，黄香受韶，亦得至焉。香本博學，至此又讀未見書，學者遂稱此爲老氏藏室、道家蓬萊山云。而其地之在禁中，則本宋李至之言，其言曰後漢藏之東觀，亦在禁中是也。外此則有石室金匱之藏，即漢書司馬遷爲太史令，紬石室金匱之書者。是石室者，以石爲室，以金爲匱，而藏書於中，爲太史之所掌，則石室爲外府所藏可知。劉歆所謂外有太常、太史、博士之藏,此其一也。又有仁壽、辟雍、宣明、鴻都諸處。按《後漢·儒林傳序》云:董卓移都,吏民擾亂,自東觀、辟雍、蘭臺、石室、宣明、鴻都諸藏典籍文章,競共剖散。鴻都、辟雍二處,劉歆所謂太常博士之藏近是。宣明未詳何地。仁壽□見《馬嚴傳》及《隋書·經籍志》,亦未詳何地。然由可詳者計之,則禁中所藏石渠、天禄、麒麟、温室、蘭臺、延閣、廣内、東觀,共得八處。禁外所藏可詳者,有石室、辟雍、鴻都三處,合未詳其内外之仁壽、宣明二處計之,爲十三處云。

《蜀志》首二牧説

陳汝恭　句容

讀史者不明史家之變例,不足與論史;不知作史者之用心,亦不足與論史。即以陳壽《三國志》論,壽於《魏書》首魏武帝操,《吳書》首孫堅、孫策,皆世系相承,史家恆例。獨《蜀書》不然,首標二牧,次列先主,以繼焉璋。劉氏《史通》甚以違例而非之,於是議者繼起,至謂二牧標首,此失又在斷限,不止後先,失倫甚矣。此不知壽之用心,而并忘其爲變例也。魏、吳二《志》,前有操與堅、策,爲曹丕、孫權述其所自來。曹操、孫堅、孫策三人者,不過陰懷攘竊,未嘗及身即皇帝位,迨丕與權,始儼然帝也,若先主固及身而帝矣。使三《書》一例,從及身爲帝者始,則《魏志》當首曹丕,《吳志》當首孫權,《蜀志》自當首先主。今既不從此例,上述其所自來,則蜀之先陰懷攘竊,未嘗及身即帝位者,二牧也,與曹操、孫堅、孫策等。首二牧之例,與魏、吳一也。然則謂之變例,何哉? 魏、吳之列首者,皆一家父子昆弟之至親切者,承世系而書之,則爲常例。二牧與先主雖皆宗室之親,詳敘宗支,寔從伯叔父昆弟行之疏遠者,然究一姓之宗祀,又爲先主開基於蜀,因而首列之,則爲變例。且壽之用心,并以先主之即帝位,非若魏之篡漢,吳之背漢,先主實取之於二牧,非取之於漢也。二牧當獻帝未崩時,抗據西蜀,與魏幾各有一國之勢,亦當以一代目之,先主繼起,遂成一國矣。明乎此,則二牧不首列,將於何所位置哉? 此蒙所以謂讀史者當知史家之變例,與作史者之用心也。

《蜀志》首二牧説

吳翊寅　陽湖

　　昔龍門載筆,初定史名;蘭臺給札,始興書體。或斷自五帝,或限以一朝,厥制既殊,斯稱亦異。承祚史才最善,敘事尤長,所撰國書,變文曰志。雖統分正閏,例別紀傳,而編次之間,具存微恉。子元激於時論,著爲《史通》,商搉是非,斟量得失。議壽《蜀志》,首列二牧,苟準高、光之紀,誠乖斷限之條。殊不知名義所同,體裁所獨,辭難顯斥,因對鏡而明,誼憚昌言,以錯綜而見。求其端緒,有三説焉。夫紀代之史,起元爲大,《魏志》名稱太祖,謚號武王,九錫雖頒,權歸天子。明以尊王之義,黜其僭帝之謀,筆削攸關,《春秋》是昉。後人譔述,書操自加,智昧挈瓶,禍萌解墮。承祚以監軍出牧,異志早懷,私覬成都,特鍾王氣。州鎮之權始大,國家之祚終亡。同爲漢賊,雖成敗之難儔;匹以曹瞞,並奸雄之竊據。鑒戒因兹而著,褒誅借此而彰。此一説也。纂修之職,起例爲先,既標三國之稱,非繫一王之統。夫孫、吳僭竊,鼎峙荆、揚,乃破虜之傳,書謚典而靡遺;長沙之篇,惜尊崇猶未盡。然則天無二日,民無二王,方貶操而褒堅,豈帝魏而臣蜀。承祚以江左開基,實惟校尉;蜀中建業,始自太常。妄窺神器,固炫惑之已深;追攬霸圖,亦姓名之難没。矧巴、梁作鎮,締構殊艱,父子在州,恩威並著。改漢爲蜀,核實貴乎循名；先焉後璋，才疏嗟其祚短。此又一說也。帝王之起，必有驅除，凡居箸作之林，宜式談、遷之法。重瞳未帝，加本紀之前；夥頤爲王，列世家之上。鄙儒目論，妄以爲嗤。豈知君臣分定，則冠履難淆；始末事明，則本源易覩。承祚以綿江道闢，不因法正之功；劍閣圖陳，非借張松之助。二牧魯恭之後，華胥匪遥，豫州之迎，肺附相託。舉國以讓，曹據諫爭而勿從；開門出降，吏民請戰而不聽。璋雖闇主，材非人雄，漢中之興，實資其業，將憲章乎腐史，豈祖述乎班書。此又一說也。夫膠柱不可鼓瑟，何妄肆其糾彈，編衷不可立言，況徒滋其掊擊，既陳三說，更舉四徵。《史通》謂承祚帝魏，紕謬良多，蜀則抑其長，魏則護其短。然《蜀志》評先主英雄之器，與高祖同符，後主昏闇之規，因武侯已殁。《魏志》武稱明略，文贊博聞，以矯情任算爲操所獨優，以下筆成章爲丕所最擅，猶謂無關諷刺，有類依違，探賾之譚，事同文致。然則蜀首二牧，魏首二帝，功烈雖殊，等倫則一，月表則以楚先漢，人表則以古例今。其徵一矣。《史通》又謂承祚仕蜀，觖望甚深，父則辱被髡薙，己則官遭貶議，有乖直筆，無異謗書。然諸葛之亞，擬以管、蕭；黃忠之倫，目爲滕、灌。至於政刑峻而服其無私，畏愛深而明其無怨。出師未捷，疑天命之有歸；負阻不賓，幸聖朝之無諱。且謂先主入蜀，匪競利於巖疆，聊避害於僻壤。然則志首二牧，明巴郡非取漢家；志終三臣，示益州不遺耆舊。旨微而顯，言約而章。其徵二矣。承祚晉臣，理宜迴護，揆諸時勢，衷有可原。夫金行纂緒，同土德以連鑣；典午膺符，與當塗而共軌。謂魏爲篡，則諱觸抽戈；謂蜀爲雄，則羞蒙遺幅。況先主、後主之篇，即高帝、惠帝之紀，鄧芝之稱主上，彭羕之稱主公，良由委贄炎劉，故不標題蜀漢。若乃志首二牧，言成一家，釋新主之猜嫌，存舊君之名誼，觀於卓冠列傳，懿稱宣王，則吳、蜀二《志》非魏史之世家，操、丕兩朝並《晉書》之載記，刱爲變體，寓以微權。蓋山陽已廢，始改章武之元；正朔相傳，先成炎興之兆。其徵三矣。承祚撰書，皆本舊史，然於魏則表剛勸進，於蜀則文録登壇，嚴甚鈇鉞，榮逾華袞。至乃詳列輔臣之贊，特垂季漢之名，直謂昭烈統接兩京，業光二祖，火井滅而復熾，赤符絶而復興，繫之終篇，昉之敍傳。是則志首二牧，贊首先主，國史之規模略具，私家之譔述非誣。視習氏春秋之論，名字閒稱；梁代通史之編，世家旁録。孰得孰失，必有辨焉。其徵四矣。夫闡幽之意，淺人不能窺也；逞臆之評，後人不能信也。向使子元領東觀之局，修西州之史，彼二牧者，綜其起訖，入漢紀而不倫；覈其興衰，附《魏書》而不類。豈可綴於列傳，在武侯之前；混於中朝，居公路之後？况其時蔚宗不作，彦伯未生，英雄之記，小説等於虞初；世譜之篇，異聞多於王隱。雖謝承、華嶠、司馬彪並有刪定，然未能併据三國，勒成一書，可見承祚之才，獨絶千載。而子元猶掎摭長短，工訶古人，以爲定論，則未必也。讀蕭常所纂帝紀，幾不知益州牧劉璋爲誰何。然則先經立傳，盲左之成規；據事直書，董狐之遺法。承祚《蜀志》，敢輕議哉！彼涑水編年以蜀爲閏位，紫陽《綱目》以蜀爲正統，史例各殊，又非可同日語矣。

問：《三國志》陳勳鑿句容中道，自小其至雲陽西城，通會市。《太平御覽》引《吴志》岑昏鑿丹徒，至雲陽杜野、小辛間，皆嶄絶陵襲。兩書所記互異，其一人誤傳與？抑亦兩人兩事與

陳慶年　丹徒

《三國志·吴主傳》：赤烏八年八月，遣校尉陳勳將屯田及作士

三萬人，鑿句容中道，自小其至雲陽西城，通會市。而《太平御覽》引《吳志》云：岑昏鑿丹徒至雲陽杜野、小辛間，皆嶄絕陵襲。兩書所記文異。竊謂《御覽》所引《吳志》，未必即壽書，即目丹徒之事言之。建安中，吳大帝自吳徙都于京口，十六年遷都秣陵，後于京口置京督目統焉。《御覽》引此爲《後漢書》之語，今范書無此文，蓋後漢別有謝承、華嶠諸家之書爾，所引《吳志》當亦此類，此必非一時之事。陳勳、岑昏名異，猶謂名之音近而誤也。然唐圖經、《建康實錄》皆作陳勳，則陳勳之非名誤可知。兩書文見下。一自句容至雲陽，一自丹徒至雲陽，兩道迥殊，不得以皆至雲陽，遂誤合爲一，更不得以句容與丹徒境連遂不分爲二。吳亏嘉禾三年冬十一月，詔復曲阿爲雲陽，丹徒爲武進，至五年後始改元赤烏，其時已無丹徒之名，則《御覽》所引《吳志》云鑿丹徒至雲陽者，非赤烏八年陳勳所鑿明矣。竊據依古今地志，目證其爲二事。今丹陽爲古雲陽地，縣南三十五里有延陵鎮。《嘉定鎮江志》《興地志》云：雲陽東西城，在今延陵鎮西三十五里，與句容分界之處，東西城相去七里。唐圖經云：西城有水道，至東城而止，竝陳勳所立。又《建康實錄》云：吳大帝赤烏八年，使校尉陳勳作屯田，發兵三萬，鑿句容中道，至雲陽西城。目通吳會船艦，號破岡瀆，上下一十四埭，上七埭入延陵界，下七埭入江甯界。亏是東郡船艦，不復行京江矣。據此諸文，則鑿句容中道，自小其至雲陽西城通會市者，明係陳勳。今自句容至丹陽延陵鎮西三十五里，即其地。《吳志》云通會市，即《建康實錄》所謂通吳會之船艦也。吳自京口遷都秣陵，吳會漕輸，當皆自雲陽西城水道目達句容，遂徑至都下，亦自此可推矣。《至順鎮江志》《興地志》云：吳孫皓求鑿道于杜野、小辛，即厭王气之所。據此，則所謂岑昏鑿丹徒至雲陽、杜野、小辛間者，爲孫皓時事，或其時仍沿丹徒舊偁，抑已復武進爲丹徒，史文闕載，疑未能明。攷《吳錄》云：朱方後名谷陽，秦目其地有王气，始皇遣赭衣徒三千人鑿破長隴，故名丹徒。《太平寰宇記》《輿地志》云：秦有史官奏東南有王氣在雲陽，故鑿北岡，曰厭其气。是厭王气之所，正丹徒至雲陽之地，則《至順志》所謂孫皓事，與《御覽》引《吳志》所謂岑昏事，適相合矣。長隴北岡，即今之夾岡河道，爲丹徒至丹陽運河之路，兩岸勢多高峻，與嶄絶陵襲之言亦合。所云杜野、小辛間者，今丹徒之新豐鎮，亦作辛豐、小辛，或即其地，正運渠所經處。《南畿志》謂丹陽有直瀆今縣東五十里，孫皓所開，知孫皓固嘗經營于丹徒、丹陽間矣。準測地形，攷諳輿志，知《三國志》及《御覽》所引《吳志》，顯然二事，地之相去也如此，世之相去也又如此，知兩書所記皆是也。若必曰壽書不載岑昏事，《御覽》所引《吳志》即壽書之文與陳勳事必有一誤，紛紛爲奪彼曰與此，亏兩是之中，强求一是，則非蒙之所敢知矣。謹曰所知者，理而董之，著之于篇。

問：日必逾五月而再食，《晉書·天文志》泰始二年、九年並再食在四月内，曷故

曹學詩　丹徒

歷法古疏而今密，前史中所載日食，以時憲推之，往往有不合者，由其本法疎也。然亦有不關於歷法之疏密，而本於史氏之差謬者。馬貴與氏所謂掌占候與司紀載者各爲一人，故其疏略如此也。夫日之食也，由於太陰之交，約一百七十三日一交，故未有不逾五月而再食者。乃《晉書·天文志》所載泰始二年七月丙午晦、十月丙午朔、九年四月戊辰朔、七月丁酉朔，並日有食之，再食皆在四月内。按：晉用魏之景初歷，乃楊偉所造，偉術號爲精密，不應誤推。竊嘗綜而觀之，其乖違處猶不止此。如十年正月乙未、三月癸亥並食，以干支推之，其間當有一閏，然亦未逾四月也。又永康元年正

月己卯食，而四月辛卯又食，此則以干支推之，四月朔不應爲辛卯，更其紕謬之顯然者也。攷《宋書·五行志》載晉代日食，如泰始二年止有七月一食，九年止有四月一食，又若十年及永康元年亦皆止載一食，與《晉志》相歧。然宋去晉甚近，宋約所見晉代史録，必有可憑，唐修《晉書》，不知据此，亦其甚疏者也。或曰：宋《五行志》亦載晉義熙十年九月己巳朔日食，七月辛亥晦日食，宋明帝泰始四年八月丙子日食，十月癸酉日食，此非四月內再食之徵乎？曰：不然。稽之《晉志》，義熙十年九月乃丁巳朔，其七月辛亥晦之食，乃十一年也。宋之泰始四年八月既丙子朔，十月即不應癸酉朔，且《宋志》載晉之泰始七年五月庚辰日食，而《晉志》則爲十月丁丑，然則史文之牴牾，莫有甚於日食者矣。今亦不敢臆斷，謹以雍正癸卯元術，推得泰始二年三月、九月入交，十月不入交。按二年春當置一閏，則九月即八月，七月晦與八月朔止差一日，其間尚有求實朔之法，始定真時。又入限之後，仍當再求三差，以定其有無深淺也。九年四月、十月入交，七月不入交，略具歷草於左。

雍正癸卯，上距晉泰始二年丙戌，積一千四百五十八年。實積一千四百五十七年。

中積分五十三萬二千一百五十八日零八一二四九九四。

通積分五十三萬二千一百二十五日九五八七零九九四。

天正冬至日分十四日零四一二九零零六。紀日戊寅。

積日五十三萬二千一百五十八日。

通朔五十三萬二千一百七十三日一二六三三。

積朔一萬八千零二十一。

首朔二日三五四三八八八七。紀日庚辰。

積朔太陰交周四十萬零九千二百三十一秒八五二九一零零四，收爲三宮二十三度四十二分一十二秒。微數三十以上收爲秒，不及三十棄之。餘仿此。

首朔太陰交周二宮二十九度五十四分四十一秒。

三月朔太陰交周六宮一度五十五分二十三秒。<small>入食限。</small>

九月朔太陰交周初宮五度五十六分四十六秒。<small>入食限。按九月即</small>
<small>八月，說具前。下十一月即十月仿此。</small>

十一月朔太陰交周二宮七度一十七分一十四秒。<small>不入食限。</small>

雍正癸卯上距晉泰始九年癸巳積一千四百五十一年。<small>實積一千</small>
<small>四百五十年。</small>

中積分五十二萬九千六百零一日三八四九零九。

通積分五十二萬九千五百六十九日二六二三六九。

天正冬至日分五十日零七三七六三一。<small>紀日甲寅。</small>

積日五十二萬九千六百零二日。

通朔五十二萬九千六百一十七日一二六三三三。

首朔一十五日五一五七六四九八。<small>紀日庚午。</small>

積朔太陰交周一百一十七萬一千三百二十秒四二八八五零六
六，收爲十宮二十五度二十二分零零零秒。

首朔太陰交周七宮二十八度一十四分五十二秒。

四月朔太陰交周初宮初度五十五分四十七秒。<small>入食限。</small>

七月朔太陰交周三宮二度五十六分二十九秒。<small>不入食限。</small>

十月朔太陰交周六宮四度五十七分一十一秒。<small>入食限。</small>

唐節度使建置分并攷

吳翊寅　陽湖

唐之盛也以府兵，其衰也以方鎮。府兵之制，寓兵於農，有事
則命將出征，事解輒罷，兵散於府，將歸於朝，故將帥不久握兵柄，
而朝廷無外重之患。開元閒，府兵之制寖廢，因改爲彍騎。及天寶

以後，彍騎皆不可用，而方鎮之禍，遂與唐相終始。方鎮者，節度使之兵也。《舊地志》稱：高祖受命，沿齊、周、隋舊制，於緣邊及襟帶之地置總管府，以統軍戎。至武德七年，改總管爲都督。貞觀元年，天下分十道。景雲二年，分天下郡縣，置二十四都督府以統之。議者以權重不便，尋罷督府。開元二十一年，分置十五道，置採訪使，如漢刺史。又於邊境置節度使，以扼四夷。凡鎮兵四十九萬人，戎馬八萬匹。曰安西，曰北庭，曰河西，曰朔方，曰河東，曰范陽，曰平盧，曰隴右，曰劍南，曰嶺南，此所謂十節度也。惟嶺南稱五府經略使，餘稱節度。至德之後，中原用兵，要衝大郡，皆有節度使，或改經略，或改觀察，權與節度埒，但異其稱而已。志載至德後，節度使凡三十二，觀察使六，防禦使三，經略使二，經略觀察使一。大中、咸通閒，又析置三節度，共四十七使。乾符以後，天下亂離，節度之名，不可備書矣。《新兵志》稱：永徽以來，都督帶使持節者，始謂之節度使，然猶未有官名。景雲二年，以賀拔嗣爲涼州都督、河西節度使。自此而後，接乎開元，緣邊諸鎮，皆置節度使。肅宗時，李光弼等討安、史，號九節度，由是方鎮相望，兵將俱驕，河朔三鎮始爲朝廷之禍。及昭宗時，三方割據，自國門以外，皆分裂於諸鎮，然則唐之盛由府兵，而亡唐室者實節度使也。案《高祖紀》，隋帝詔關右諸郡兵皆受高祖節度。《太宗紀》，詔蒲、陝、河北諸總管兵皆受節度。其時將帥無節度使之稱。《則天后紀》，垂拱四年，張光輔爲諸軍節度。聖曆元年，婁師德爲隴右諸軍大使。久視元年，唐休璟爲隴右諸軍大使。此即志所謂使持節者，不待景雲二年始有節度之號也。至開元時，節度使遂有專官，與安撫大使、經略大使、防禦大使並稱，其權在諸將之上，有大使，有副大使。其後宰相、諸王有遙領節度者，宰相兼副大使不之鎮。蕭嵩知河西、李林甫兼朔方、隴右、河西，牛仙客兼河東，皆副大使。諸王領大使皆留京師，其持節者爲副大使。見《新書·百官志》。然開元之初，皆大使持節。并州大使薛訥、天兵軍大使張説。見本紀。其諸王領使，自開元十五年始矣。慶王潭兼河西大使，忠王俊朔方大使。見列傳。《新書》方鎮表所列節度使凡四十二，其建置分并皆有時代可攷，惟今本傳寫閒有脱誤，聊就所知，略加釐整，疑者闕焉，編次前後，悉仍其舊。嗚呼！方鎮彊而唐祚以亡，攷節度使之建置分并，不可觀有唐一代兵制之得失，而爲後世之鑒哉！

京　畿

按：錢氏《攷異》云：天寶、乾元之間，各道稱郡不稱州，京畿當領京兆、馮翊、鳳翔、上洛、安康五郡。然攷歐表，不拘此例。

至德元載，置京畿節度使，領京兆、同、岐、金、商五州。是年，分金、商、岐州隸興平、鳳翔，同州隸河中。按：京畿當兼領華州，故曰五州。表疑有脱誤，俟攷。

上元二年，分華州置鎮國節度，亦曰關東節度。據《河中表》，當并領同州。

寶應元年，京畿復并領金、商。是年，廢節度使。

廣德元年，鎮國軍罷。按：《舊本紀》，大曆二年始不除節度，表誤。二年，置京畿觀察使。御史中丞、御史大夫兼領之。

建中四年，置京畿渭南節度，領金、商二州，復兼渭北鄜、坊、丹、延、綏五州。未幾，罷五州及金州爲京畿商州節度。商州置帥在興元元年。

興元元年，罷京畿，置奉誠軍節度領同、晉、慈、隰四州，治同州。是年罷。置潼關節度，治華州。

貞元九年，潼關罷。

乾甯二年，置匡國軍節度，領同州。《通鑑》乾甯元年見。《攷異》云：四年，以鎮國軍兼領之。

光化元年，置鎮國軍節度，領華、同二州。《通鑑》大順元年，韓建已為鎮國節度，表誤。

天祐元年，置佑國軍節度，治京畿，領金、商二州。按：《舊本紀》領金、商在三年。

三年，置義勝軍節度，領耀、鼎二州，罷鎮國軍。表系光化三年，誤。據《舊紀》。

興鳳隴

《舊志》作鳳翔隴，節度治鳳翔，領隴州。表作興鳳隴。按：下元和二年復舊稱鳳翔，疑表本作鳳翔隴也。

上元元年，置節度使。

建中四年，賜號保義軍，尋罷。置奉義軍，領隴州，尋廢。

貞元元年，保義節度增領臨洮軍使。表不言何年復置。按：當在廢奉義節度之後。三年，罷節度，未幾復置，兼神策軍節度，并領隴右諸使。是年，以秦州刺史兼隴右經略，治普潤。據本紀，此貞元十年事。《地理志》，普潤有隴右軍。

元和元年，改隴右經略為保義節度，尋復舊稱鳳翔。是年，并領靈臺、良原、崇信三鎮。二年，罷保義軍。節度使劉灃卒，遂不除帥。表脫。

大中四年，并領秦州。五年，分隴州置防禦使。

咸通五年，分秦州置天雄軍節度。

乾寧元年，并領乾州，尋罷。分乾州置威勝軍節度。表列京畿，誤。

天復元年，升隴州防禦為保勝軍。表列京畿，誤。

涇 原

大曆三年，置節度使，治涇州。《舊志》領涇、原、渭、武四州，治涇。五年，遙領鄭、潁二州。十四年，潁州隸永平節度。

105

建中二年，罷領鄭州，隸永平。

貞元六年，領四鎮北庭行軍節度使。按：大曆五年後已兼領，表脫，是時安西、北庭陷吐蕃。

元和四年，并領渭州。表稱增領行渭州，行字疑衍。

大中五年，并領武州。《舊志》領四州，與表同。

乾寧元年，賜號彰義軍，增領渭、武二州。按：前已增領，此重出，當有脫誤。

邠　甯

乾元二年，置節度使，領州九：邠、甯、慶、涇、原、鄜、坊、丹、延。《舊志》云治邠州。

上元元年，罷領鄜、坊、丹、延，別置節度。表列涇原，誤也。時涇原未置使。

大曆三年，罷節度使。十四年，復置，領邠、甯、慶三州，治邠。

大中三年，徙治甯州，尋復故治。據《通鑑》，復故治在大中九年，表系此年，似略。光啟元年，賜號靜難軍。《通鑑》在中和四年，與表不合。

渭北鄜坊

上元元年，置節度使，治坊州，并領丹、延二州。

永泰元年，罷領丹、延，并領綏州，分丹、延別置都團練。

大曆六年，更名渭北節度，復并領丹、延。十四年，罷節度。

建中四年，復置節度，兼領鄜、坊、丹、延、綏，尋罷。未幾復置，徙治鄜州。後又罷節度，改置觀察防禦使。按：置防禦使，據本紀在貞元二年，表系於此，似略。

貞元三年，復置渭北節度使，分綏州隸銀、夏節度。

元和元年，分丹州置防禦使。七年，丹州仍隸鄜、坊。見舊本紀，表脫。

中和二年，渭北賜號保大軍，并領翟州，分延州置保塞軍節度。

按《通鑑》，乾甯四年已稱甯塞軍節度，表云光化元年改，誤也。又按：《通鑑》，保塞軍中和三年置，與表異。

光化元年，改保塞軍爲甯塞軍，後又號衛國軍，并領丹州。

朔　方

《唐會要》，開元元年，勅朔方行軍大總管準諸道例改節度使。

按本紀，開元二年有并州、磧西兩節度。《會典》説是。

開元九年，置節度使，領單于大都護府，夏、鹽、綏、銀、豐、勝六州，定遠、豐安二軍，東、中、西三受降城。十年，并領魯、麗、契三州。十六年，兼檢校達渾部落使，廢達渾都督府。表檢校下脱達字。二十二年，朔方兼關內道採訪處置使。并領涇、原、甯、慶、隴、鄜、坊、丹、延、會、宥、麟十二州，以匡、長二州隸慶州，安、樂二州隸原州。安樂非二州，表誤。《舊志》，朔方治靈州，表脱。《會要》，開元初，朔方領靈州，不領綏州，與《舊志》合，但綏州亦兼領耳。

天寶元年，并領邠州。八載，兼隴右兵馬使。十三載，以豐州置九原郡。本紀十四載，九原郡太守郭子儀爲朔方節度副大使，是九原爲郡明矣。表言置九原、朔方節度、隴右兵馬使。按：朔方軍領單于都護府，不治豐州，九原置使，殊不可解，俟攷。

至德元載，罷領關內採訪使，別置關內節度，治安化郡。

乾元元年，置振武節度，領鎮北大都護府，麟、勝二州。

上元二年，廢關內節度，罷領單于大都護，分涇、原、邠、甯、慶、鄜、坊、丹、延九州隸邠甯節度。按：表邠、甯節度，乾元二年置，此系上元二年，必有一誤。分麟、勝二州隸振武節度。乾元元年，振武已領麟、勝二州，此重出，疑別有誤。

寶應元年，振武罷領鎮北都護，以鎮北隸朔方。表云增領鎮北都護，誤。

廣德二年，復領單于都護，罷振威節度，以所領州隸朔方。

大曆三年，并領邠、甯、慶三州。十四年，邠、甯、慶復置節度，分綏、銀二州，東、中二受降城，置振武軍。河中隸邠、甯、慶，不別置帥。

罷領鎮北大都護，仍隸振武軍。按：是年，朔方領靈、鹽、夏、豐四州，西受降城，定遠、天德二軍。

貞元三年，分夏州置節度，領綏、鹽二州，後罷領鹽。按：渭北表稱以綏州隸銀、夏，此當兼領銀。十二年，分天德軍置防禦使，領豐、會二州，三受降城。朔方領二州、一軍。

永貞九年，夏州節度并領宥州。

開成三年，夏州并領銀川監牧使。亦稱銀夏節度。

會昌二年，天德軍使賜號歸義軍節度，尋廢。

大中八年，朔方并領威州。

中和二年，夏州賜號定難軍。

東　畿

至德元載，置觀察使，領懷、鄭、汝、陝四州，尋分鄭州隸淮西。

乾元元年，分陝州隸陝虢華節度，分汝州隸豫許汝節度。二年，置陝虢華節度，治陝州。

上元元年，改陝虢華稱陝西。二年，陝西罷領華州。

建中二年，置河陽三城節度，以東都畿觀察兼之，領懷、鄭、汝、陝四州。尋別置使，并領東畿五縣及衞州，亦曰懷衞節度。

興元元年，廢陝西節度。按：陝西之廢，在貞元元年陝虢節度張勸被殺之後，表系此年，誤。

貞元元年，廢東都畿汝州節度。又羅河陽節度。十二年，復置河陽懷節度，治河陽。

永貞九年，河陽并領汝州，徙治汝。十三年，罷河陽。據舊紀，未罷。

會昌三年,復置河陽節度。按:是年徙治孟州,非復置。四年,增領澤州。

中和三年,置陝虢節度。

光啟元年,置東畿觀察。三年,升置佑國軍節度。《通鑑》在文德元年,與表異。

龍紀元年,陝虢賜號保義軍。

光化三年,罷佑國軍,復置觀察。表作置佑國,誤。河陽罷領澤州。

滑　衞

上元二年,置節度使,治滑州,領州六:滑、衞、相、魏、德、貝。尋以德隸淄沂節度,增領博州。

廣德元年,更號滑亳節度,并領亳州,仍增領德州,而分衞州隸澤、潞,分相、貝別置節度,分魏、博別置防禦。

大曆四年,滑、亳并領陳州。七年,賜號永平軍。十一年,永平增領宋、泗二州。十四年,增領汴、潁二州,徙治汴。

建中二年,并領鄭州,分宋、亳、潁別置節度,分泗州隸淮南,分鄭州隸河陽,尋復舊。

興元元年,永平分汴、滑二州隸宣武軍。即宋亳潁節度使號。尋復并領滑州,徙治滑。

貞元元年,永平更號義成軍,并領許州。三年,分許州隸陳許節度。

長慶二年,復并領潁州。

光啟二年,義成改號宣義軍。

河　南

至德元載,置節度使,治汴州,領郡十三。

乾元元年,廢節度,置都防禦,領州十三如故。尋分滑、濮二州隸青、密,亳州隸淮西。按:河南領州,表不載,攷詳下。二年,廢防禦,置汴滑節度,領州五:滑、濮、汴、曹、宋,治滑州。又置河南節度,領州五:徐、泗、海、亳、潁,治徐州。按:此十州,舊皆河南所領也。分濮州隸兗、鄆,分潁、亳隸陳、鄭。是年汴、滑領州四,河南領州三。

上元元年,河南分海州隸青、密。二年,廢汴滑、河南二節度,以徐、泗、汴、曹、宋五州隸淮西,以滑州隸滑、衞。

寶應元年,復置河南節度,領州八:汴、宋、曹、徐、潁、兗、鄆、濮。據此,知河南舊領十二州,滑、濮、汴、曹、宋、徐、泗、海、亳、潁、兗、鄆是也。表言領州十三,疑領郡之誤。

大曆四年,河南并領泗州,分潁州隸澤、潞。十一年,廢節度使,以曹、兗、鄆、濮、徐五州隸淄、青,以宋、潁、泗三州隸永平,以汴州隸淮西。

建中二年,置宋亳潁節度,治宋州,尋號宣武軍。

興元元年,宣武軍徙治汴州。

鄭　陳

乾元二年,置節度使,領鄭、陳、亳、潁四州,治鄭。尋并領申、光、壽三州。未幾,分三州隸淮西。

上元二年,罷節度,以四州并隸淮西。

貞元三年,置陳許節度,治許州。十年,賜號忠武軍。

元和十二年,忠武并領溵州。十三年,并領蔡州。

長慶二年,省溵州。

中元二年,分蔡州別置節度。按:大中二年,忠武軍罷領蔡州,別置防禦使。表不言罷,脫文也。

乾甯元年,忠武軍并領汝州。表作忠義軍,疑誤。據《趙犨傳》,龍紀元年,忠武軍徙治陳州。

光化三年，分汝州隸東郡。錢氏《攷異》云：天復元年，忠武軍節度仍治
許州。

淮南西道

至德元載，置節度使，領五郡，治穎川。

乾元元年，徙治鄭州，并領陳、穎、亳三州，別置豫許汝節度，治
豫州。當在二年。二年，廢淮南西道，以陳、潁、亳隸陳、鄭。是年，復
置淮南西道節度，領申、光、壽、安、沔、蘄、黃七州，治壽州。

上元二年，淮南西道并領陳、鄭、潁、亳、汴、曹、宋、徐、泗，徙治
安州，號淮西十六州節度。尋分亳州隸滑、衛，分徐州隸兗、鄆。

寶應元年，淮西并領許、隋、唐三州，分鄭州隸澤、潞，分潁、汴、
曹、宋隸河南，分泗州隸兗、鄆，分申州隸蔡、汝。按：蔡汝節度即豫許汝
節度。是年，許州改隸淮西，豫州因避代宗諱，故更豫許汝爲蔡汝節度。是年，淮
西領州十。

永泰元年，分沔、蘄、黃三州隸鄂、岳，淮西領州七。

大曆三年，蔡、汝增領仙州。五年，省仙州。八年，廢蔡、汝節
度，以所領州并隸淮西。是年，淮西徙治蔡。十一年，淮西并領汴
州，徙治汴。十四年，復徙治蔡，賜號淮寧軍，尋更號申光蔡節度，
分汝州隸東都畿，分汴州隸永平軍。

興元元年，壽州別置觀察使。

貞元元年，分唐州隸東都畿，分許州隸義成軍。三年，分安州
隸山南東道。十四年，申光蔡節度賜號彰義軍。

元和十一年，彰義并領唐、隋、鄧三州，尋以三州別置節度。十
二年，彰義復爲淮西節度，并領潊州，尋罷。十三年，廢淮西節度。
按：紀、傳，元和閒，淮西皆稱彰義軍，表改淮西，與本書異。

大中二年，蔡州置防禦使。

中和二年，蔡州改置奉國軍節度。按：《趙犨傳》，中和五年，擢章義軍

節度,即奉國軍改,尋復舊。

乾寧四年,奉國軍并領申、和二州。

徐海沂密

建中三年,置都團練觀察使。

興元元年,廢觀察使。以徐、海、沂、密隸淄青平盧節度使。

貞元四年,置徐、泗、濠三州節度使,治徐州。十六年廢。

元和二年,置武寧軍節度,領徐、泗、濠,治徐州。四年,并領宿州。十四年,置沂海兗密觀察使,領州四,治沂州。

長慶元年,置沂海節度使,徙治兗州。表列青、密。

大和八年,廢沂海節度爲觀察使。

大中五年,復置沂海節度使。

咸通三年,罷武寧軍節度,以徐州并隸沂、海。五年,沂、海罷,領徐州。表列青、密。置徐泗觀察,治徐。十年,置徐泗節度。十一年,改置觀察,尋賜號感化軍節度。

乾符二年,感化罷,領泗州。

乾寧四年,沂、海賜號泰寧軍。表列青、密。皆傳寫之誤。據本紀,乾符六年己稱泰寧軍,與表異。

光化元年,感化仍改武寧,未幾復爲感化軍。

天復二年,罷感化軍節度。據舊本紀,移感化軍於華州,仍置武寧軍節度,表有脫誤。

青　密

至德元載,置節度使,領郡四,治北海郡。按:《鄧景山傳》稱青齊節度,即青密。

乾元元年,并領滑、濮二州。二年,并領淄、沂、海三州。尋分滑、海隸汴滑。置鄆齊兗節度,治兗州,并領濮州。尋罷領,以濮隸河南。

上元元年,青密復領海州。二年,置淄沂節度,領淄、沂、滄、德、棣五州,治沂。尋并青密、淄沂爲淄青平盧節度。以節度使侯希逸本領平盧,故有此號。鄆、兗并領徐州,分齊州隸淄青。按:《通鑑》,淄青并鎮在寶應元年。

寶應元年,兗、鄆并領登、萊、沂、海、泗五州。尋廢兗鄆節度,以鄆、兗、徐、濮并隸河南。按:濮始隸河南,表前有誤。以登、萊、沂、海、泗并隸淄青。按:淄青、平盧兼領青密、淄沂、鄆兗三節度地,凡十餘州,侯希逸之橫可見。

廣德元年,分滄、德隸魏博,淄青并領瀛州,尋改隸魏博。

大曆十年,復領德州。十一年,并領兗、鄆、曹、濮、徐五州。

建中三年,廢淄青、平盧節度。

興元元年,復置節度,領青、淄、登、萊、齊、兗、鄆、徐、海、沂、密、曹、濮十三州。

貞元四年,徙治鄆州,分徐州別置徐泗節度。

元和十四年,淄青、平盧復治青州,領青、淄、齊、登、萊;分鄆、曹、濮別置節度,治鄆州;分沂、海、兗、密別置觀察,治沂州。十五年,鄆曹濮節度賜號天平軍。

大和元年,分齊州隸橫海節度。二年,淄青并領棣州。

咸通五年,天平軍增領齊、棣二州。十三年,罷領,仍隸淄青。

乾寧二年,分齊州置武肅軍防禦。據橫海軍,表稱武肅軍節度,此云防禦,疑誤。

天復元年,罷武肅軍。

北 都

按:開元十一年,始以太原爲北都,景雲二年當稱并州。開元二年,本紀并州節度大使薛訥,是開元初無北都名也。

景雲二年,置和戎、大武等諸軍州節度使。大武軍後改大同。

開元五年,領天兵軍大使。八年,置天兵軍節度使。本紀:九年,張說爲天兵軍節度大使。其時北都尚稱并州。十一年,更天兵軍爲太原府以北諸軍州節度,領太原及遼、石、嵐、汾、代、忻、朔、蔚、雲九州,治太原。十七年,分儀、石二州隸潞州都督。按:儀州上未見領,俟攷。十八年,更太原諸軍州節度爲河東節度,并領儀、石二州。興元元年,河東賜號保甯軍。

貞元三年,保甯軍復爲河東節度。

會昌三年,河東罷領雲、朔、蔚三州,別置大同都團練領之。四年,改大同都防禦,治雲州。

乾符五年,置大同節度使。

中和二年,河東增領麟州,分忻、代二州隸大同,更大同爲鴈門節度,徙治代州。三年,賜鴈門節度號代北節度。四年,河東復并領雲、蔚二州。

龍紀元年,河東增領憲州。按:是年,河東領遼、石、嵐、汾、儀、麟、雲、蔚、憲九州,代北領忻、代、朔三州。

河　中

按:至德中,蒲州未有河中之稱,表列河中節度於至德二年,誤也。

至德元載置防禦使。二載,置節度,領蒲、晉、絳、隰、慈、虢、同七州,治蒲州。按:奮本紀,乾元元年,以趙泚爲蒲、同、虢三州節度使,此河中置鎮之始。至上元元年,始并領晉、絳等州,與表不合。

乾元二年,兼河中尹耀德軍使,分虢州隸陝、華。

上元二年,河中并領沁州,尋以沁隸澤、潞,分同州隸鎮國軍節度。

廣德二年,廢節度,置觀察使。

興元元年,置晉慈隰節度,治晉州,尋罷。復置河中節度,領河中府同、絳、虢、陝四州。據本書,是年先置河中節度,後分置晉、慈、隰節度,表先後失序。晉、慈、隰，貞元四年罷。

貞元元年，河中罷，領陝、虢。十五年，罷節度，置觀察使。十六年，復置節度。

元和二年，并領晉、慈、隰三州。十四年，罷河中節度，仍置觀察。十五年，復置節度如前，領五州。按：蒲州亦當仍隸河中爲治所。

長慶二年，分晉、慈置觀察，治晉州。

大和元年，置保義軍節度，領晉、慈二州。是年罷，以二州并隸河中。

會昌四年，分澤州隸河陽。表不言何年領。按：河中不當領澤、潞，此應列澤、潞、沁表內。

光啟元年，賜河中號護國軍。

澤潞沁

至德元載，置節度使，治潞州。紀稱上黨節度。

上元二年，澤潞節度復領沁州。按：河中表，此年增領沁州，尋復隸澤潞。先不言罷領，疑脫。

寶應元年，增領鄭州，又并領陳、邢、洺、趙四州。是年，以趙州隸成德軍。

廣德元年，置衞相節度使，治相州，復并領貝、邢、洺，號洺相節度。分衞州隸澤潞，未幾，復并領，號相衞六州節度。按：相衞所領六州，衞、相、貝、邢、洺、慈也，見魏博、列傳，又見《孟方立傳》。表脫磁州，今補。是年，增領河陽三城，澤潞并領懷、衞二州，尋以衞州還相衞節度。

大曆元年，相衞六州賜號昭義軍。四年，澤潞增領潁州。五年，澤潞分潁、鄭二州隸涇原。十一年，昭義分相、衞、洺、貝四州隸魏博。見魏博表，此脫。又按：表言田承嗣盜取相、衞、洺、貝四州，昭義所存者二州，即指此時二州邢、磁也。是年，昭義軍徙治邢州，表亦未見。

建中元年，昭義并領澤、潞二州，徙治潞。按澤潞節度移鎮鳳翔，故二州改隸昭義。二年,昭義罷領懷、衛二州,河陽三城。據此,知昭義并領懷州。三年,昭義復領洺州。按洺州前隸魏博,今還之,非增領。又按大和三年,置相衛澶三州節度,治相州,尋罷,仍隸魏博。

中和二年,昭義軍分爲二,一治邢州,一治潞州。按《孟方立傳》,方立自裂邢、洺、磁爲鎮,治邢,號昭義軍。朝命李克修領昭義舊軍,治潞州。昭義有兩節度,自此始。表言五州,方立邢、洺、磁,克修領澤、潞。

會昌四年,分澤州隸河陽節度。表列河中,誤。據本紀,澤州舊隸昭義也。

天復元年,昭義軍合爲一,復領澤州。按舊本紀,朱全忠請以邢、洺、磁別爲一鎮,與表不合。

成　德

寶應元年,置節度使,領恒、定、易、趙、深五州,治恆州。

廣德元年,并領冀州。

大曆十年,并領滄州。

建中三年,罷節度使,置恆冀觀察,治恆州;置深趙觀察,治趙州。

興元元年,復合置節度使,領恆、冀、深、趙四州,仍治恆。

貞元元年,并領德、棣二州。

元和四年,分德、棣隸保信軍。五年,德、棣復并隸成德。十三年,復分德、棣隸橫海節度。

長慶元年,分置深冀節度,治深州,尋罷,復以深、冀隸成德軍節度。

天祐二年,成德賜號武順軍。

義　武

按:本書,張孝忠爲易定節度,名其軍曰義武。《攷異》云:領易、定、滄三州,治定州。

建中三年,置義武軍。表不言所領所治,亦無分并廢置,俟攷。《舊地志》

言治定州，領易、祁，蓋成德分置。

幽 州

《唐會要》先天二年，甄道一除幽州節度。按：先天二年，即開元元年，是幽州、并州、朔方、磧西諸節度使皆開元元年置。

開元元年，置防禦大使。二年，置節度，兼管内經略鎮守大使，領幽、易、平、檀、媯、燕六州，治幽州；置營平鎮守，治太平州。五年，營州置平盧軍使。七年，平盧君置節度使，兼領安東都護及營、遼、燕三州。十八年，幽州節度并領薊、滄二州。二十年，幽州并領衞、相、洺、貝、冀、魏、深、趙、恆、定、邢、德、博、棣、營、鄚十六州及安東都護府。二十九年，幽州副使領平盧軍副使，治順化州。

天寶元年，改幽州爲范陽節度，并領歸順、歸德二郡。二年，平盧軍徙治遼西。

上元二年，范陽軍分滄、德、棣三州隸淄、沂，分衞、相、貝、魏、博五州隸滑、衞。

寶應元年，范陽復爲幽州節度，又兼盧龍節度。時平盧已陷，罷節度使，故以幽州兼之。分恆、定、易、趙、深五州隸成德軍，別置節度，分邢州隸澤、潞。

廣德元年，分冀州隸成德軍，罷領順、易、歸順三州。

建中二年，省燕州。三年，并領德、棣，後以二州改隸成德軍。按：隸成德在貞元元年。

長慶元年，幽州罷，領瀛、鄚二州，別置觀察，尋改置節度使。二年，廢瀛、鄚節度，復以二州并隸幽州。

天復元年，分置平、營、瀛、鄚等州觀察。

魏 博

廣德元年，置節度使，領魏、博、貝、瀛、滄五州，治魏州，增領德州，分瀛、滄二州隸淄、青，分貝州隸洺、相，尋并領瀛、滄。

大曆七年，增領澶。十一年，并領相、衞、洺、貝四州。

大和三年，分相、衞、澶，別置節度，治相州，尋罷，復以相、衞、澶并隸魏博。

天祐元年，魏博賜號天雄軍。

橫　海

開元十三年，置橫海軍使，治滄州。按：滄州別隸橫海軍，當廢。

廣德元年，滄州隸魏博。詳見魏博。

大曆十年，滄州隸成德軍。見成德表。按：本軍表言是年瀛州隸幽州盧龍，滄州隸義武軍，德州隸淄青平盧。此當列魏博表，今列橫海，誤也。惟一隸成德，一隸義武，《攷異》以義武爲成德之譌，從之。

貞元三年，置橫海軍節度，領滄、景二州，治滄州。

元和四年，置保信軍節度，領德、棣二州，治德。五年，廢保信軍，以德、棣隸成德軍。十三年，橫海并領德、棣二州。

長慶元年，置德棣觀察，尋罷，仍隸橫海。省景州。二年，橫海復領景州。按：舊本紀，長慶二年，以李全略爲德、棣等州節度。表云元年置德棣觀察，與史不合。

大和元年，橫海并領齊州。三年，罷橫海節度，更置齊德節度使，治德州，尋廢，復置，更號齊滄德節度。四年，省景州。五年，齊滄德節度賜號義昌軍。咸通五年，齊州改隸天平軍，表脫。

景福元年，義昌軍復領景州。

乾甯二年，分齊州隸武肅軍節度。此已列淄青，表重出。

南　陽

至德元載，置節度使，領南陽郡。置興平節度，領上洛、安康、武當、房陵四郡，治上洛。二載，廢南陽節度，置山南東道節度，領襄、鄧、隨、唐、安、均、房、金、商九州，治襄陽。按：來瑱、魯炅列傳皆云領十州。

上元二年，廢興平節度。按：興平所領四郡，即均、房、金、商四州。表於至德二載已隸山南東道，疑有岐誤。

寶應元年，分金、商隸京畿。

貞元元年，分鄧州隸東都畿。三年，山南東道增領復州。十年，分安州隸奉義軍。

元和十年，置隨唐鄧三州節度，治唐州。十一年廢，是年復置，徙治隨州。十二年，廢唐隨鄧節度，以三州仍并隸山南東道。按：十一年，袁滋爲唐隨鄧節度，改稱彰義軍，表以爲廢，似誤。李愬代滋，仍稱唐隨鄧節度，表曰復置，亦誤也。至是始廢。

會昌四年，廢山南東道。是年，復置節度。

光啟元年，置金商節度，兼京畿制置等使。是年罷。按：舊本紀，二年置，三年罷。

文德元年，山南東道賜號忠義軍。

光化元年，置昭信軍節度，治金州。

天祐二年，昭信賜號戎昭軍，并領均、房二州。是年，更號武定軍，徙治均州。表賜字誤作置。三年，忠義軍復爲山南東道節度，廢武定軍，仍以均、房并隸山南東道。

山南西道

廣德元年，置節度使，尋改觀察使，領梁、洋、集、壁、文、通、巴、興、鳳、利、開、渠、蓬十三州，治梁州。

建中元年，仍改節度使。

興元元年，并領果、閬二州。表列荆南，誤。

光啟元年，分洋州置武定軍節度。二年，分興、鳳二州置感義軍節度,治鳳州。舊本紀,武定軍亦於二年置,與表異。

文德元年,分利州隸感義軍。

大順二年,武定軍增領階、扶二州。

景福元年,分果、閬二州隸武定。是年,以閬州改隸龍劍。

乾寧四年,感義軍更號昭武。

光化元年,分蓬、壁二州隸武定軍。

天復二年,昭武軍罷領利州。三年,置利州節度。

天祐二年,分巴、渠、開三州置觀察使。三年,利州節度并領閬、陵、榮、果、蓬、通六州,更號利閬節度,分興、文、集、壁四州置興文節度,治興州。按:山南西道所隸十四州皆罷領,其節度當廢。利、閬、興文節度,皆王建所置。

荆　南

至德二載,置節度使,領荆、澧、朗、郢、復、夔、峽、忠、萬、歸十州,治荆州,亦曰荆澧節度。別置夔峽節度,治夔州,領峽州。

乾元元年,分忠、歸、萬三州隸夔峽。二年,廢夔峽節度,分醴、朗、澂別置都團練,澧州尋廢。

上元元年,荆南復并領澧、朗、忠、峽四州。二年,并領涪、衡、潭、岳、彬、邵、永、道、連九州。

廣德二年,罷領忠、涪,分衡、潭、邵、永、道五州隸湖南觀察,分夔、忠、涪置都防禦,治夔州。

永泰元年,罷領岳州。

大曆元年,復領澧、朗、涪三州。澧、朗何年罷領不見,疑脱。

元和二年,分涪州隸黔中節度。大和六年,廢荆南節度,置觀察使。

開成三年,復置節度。

光化元年，分澧、朗、漵三州置武貞軍節度，治澧州。

天祐三年，分夔、忠、涪三州置鎮江節度。表作夔州涪，疑誤。

安　西

景雲元年，置安西都護，領四鎮經略大使。四鎮：安西、疏勒、于闐、焉耆、安西，治龜玆。

先天元年，北庭都護領伊西節度等使。《會要》，史獻除伊西節度，本紀作磧西。

開元六年，安西都護領四鎮節度等使，副大都護領磧西節度等使，治西州。按：本紀，開元二年，磧西節度使阿史那憲，一稱磧西，一稱伊西，合之皆安西也。十五年，分伊西、北庭置二節度。十九年，合伊西、北庭二節度爲安西四鎮北庭經略節度使。二十九年，復分二節度：曰安西四鎮節度，治安西都護府；曰北庭伊西節度，治北庭都護府。按：本紀，二十七年有磧西節度使，是舊稱未改也。

天寶十三載，安西并領北庭節度。是年，復分置二節度。

至德二載，更安西曰鎮西。

大曆二年，鎮西復爲安西。

貞元六年，涇原節度兼領安西、北庭二節度使。

河　西

今本新方鎮表作河口，誤。

景雲元年，置河西諸軍州節度等使，領涼、甘、肅、伊、瓜、沙、西七州，治涼州。副使治甘州。《唐會要》，河西節度，景雲二年置，與表異。

天寶四載，以張掖太守領副使。

大曆元年，節度徙治沙州。

咸通四年，置涼州節度，領涼、洮、西、鄯、河、臨六州，治涼州。

隴　右

本紀,開元四年有隴右節度使郭知運,是開元四年已置。河
西、隴右二鎮分并不常,且多兼領,《會要》云開元元年置。

開元五年,置節度使,領秦、河、渭、鄯、蘭、臨、武、洮、岷、廓、
疊、宕十二州,治鄯州,亦曰隴西節度。十五年,河西節度兼領隴
右。見本紀,節度使王君㚟。二十七年,河西仍兼隴右。本紀,节度使蕭昺。

天寶十三載,河西節度仍領隴右。本紀,節度使哥舒翰也。

大中五年,置歸義軍節度,領沙、甘、瓜、肅、鄯、伊、西、河、蘭、
岷、廓十一州,治沙州。按:大曆元年,河西節度徙治沙州,表不言何年廢。今
攷歸義軍所領沙、甘、瓜、肅、伊、西六州,皆舊隸河西,鄯、河、蘭、岷、廓五州,舊隸隴
右,是合二鎮,并置此軍。河西節度,是年當廢,咸通五年,別置涼州節度,仍治涼
州,則此軍當列河西。今表列隴右,疑傳寫之誤。是年,隴右罷領鄯、河、蘭、
岷、廓五州。按:鄯州爲隴右節度治所,今并隸歸義,疑隴右節度不久當廢。

咸通四年,罷領臨、洮二州。表脫。河、鄯、臨、洮四州,并改隸
涼州節度。表言河、鄯、西三州,誤,西州本不隸隴右也。五年,置天雄軍節
度,領秦、成二州,治秦州,增領階州。按:表至德元載,秦州別置防禦,以天
水郡太守領之,是隴右罷領秦州久矣。節度之廢,當在置天雄軍之前。

文德元年,天雄軍分成州隸威戎軍節度。表列河西,誤。按:方鎮表
於河西、隴右最多脫略,今就可攷者訂正,疑者仍闕。

劍　南

《會要》:開元五年,始置節度使。與表異。

開元七年,置節度使,領益、彭、蜀、漢、眉、緜、梓、遂、卭、劍、
榮、陵、嘉、普、資、巂、黎、戎、維、茂、簡、龍、雅、瀘,合二十五州,治
益州。二十二年,兼山南西道採訪使,號山劍西道,并領文、扶、姚
三州。二十八年,增領鳳州。

天寶元年，增領霸州。八載，增領保寧都護府。

至德二載，更劍南號西川節度，兼成都尹，增領果州，分梓、遂、
緜、劍、龍、閬、普、陵、瀘、榮、資、簡十二州隸東川。

寶應元年，增領通、巴、蓬、渠四州，尋改隸山南西道，又并領
松、當、悉、柘、翼、恭、靜、環、真九州。

廣德二年，復并領東川十五州。

大曆元年，置卬南節度，治卬州，尋廢，復分十五州還東川節
度。三年，增領乾州。

興元元年，罷領果州，改隸山南西道。

永貞元年，增領古州。元和四年，復并領資、簡二州。

咸通八年，置定邊軍節度，分領巂、眉、蜀、卬、雅、嘉、黎七州，
治卬州。十一年，廢定邊軍，復以七州并隸西川。

中和二年，分眉、緜、漢、彭四州各置防禦。

文德元年，分卬、蜀、黎、雅四州置永平軍節度，分彭、文、成、
龍、茂五州置威戎軍節度。

大順二年，廢永平軍，以四州并隸西川。

景福元年，威戎軍罷領彭州，分隸龍劍節度。

天祐三年，文州隸興文節度。

東　　川

至德二載，置劍南東川節度使，領梓、遂、緜、劍、龍、閬、普、陵、
瀘、榮、資、簡十二州，治梓州。按：皆西川所分，故曰劍南東川節度。

乾元二年，并領昌、渝、合三州。亦西川分隸。

廣德二年，廢東川節度，以所領十五州并隸西川。

大曆元年，復置節度，領州如故。二年，罷節度，置觀察，治遂
州。尋復置節度使，仍治梓州。六年，罷領昌州。十年，復領昌州。

興元元年，分閬州隸山南西道。

元和四年，罷領資、簡二州，并隸西川。

文德元年，分龍州隸威戎軍。

景福元年，置龍劍節度，領龍、劍、利、閬四州。

乾寧四年，置武信軍節度，領遂、合、昌、渝、瀘五州。按：是年，東川領梓、緜、普、陵、榮五州。

天祐三年，龍劍罷領閬州。

淮　南

至德元載，置節度使，領揚、楚、滁、和、壽、盧、舒、光、蘄、安、黃、申、沔十三州，治揚州，尋分光州隸淮西。據表，淮西并領義陽郡，即申州，是分申、光二州隸淮西也。

乾元二年，分沔州隸鄂岳，分壽州隸淮西。

永泰元年，分蘄、黃二州隸鄂岳。

建中二年，并領泗州。四年，壽州置團練使。

興元元年，罷領濠、盧、壽三州，置壽州觀察使領之。表不言濠州何年領。

貞元四年，廢壽州觀察，復以盧、壽并隸淮南。表言并領二州，濠州當別隸。分泗州隸徐泗節度。十六年，置舒、盧、滁、和都團練，隸淮南節度。

元和二年，罷領楚州，尋復領，置壽、泗、楚三州都團練使，尋廢，分泗州隸武甯。十三年，增領光州。前分隸淮西。

長慶元年，并領宿州。七年，分宿州隸武甯軍。

大中十二年，并領申州，尋分申州隸武昌。

咸通四年，并領濠州。十年，分濠州隸武甯。

天祐元年，廢舒、盧、滁、和都團練使。

江　東

至德二載，置江東防禦使，治杭州。據《韋陟傳》，是年授江東節度使，表脱。

乾元元年，置浙江西道節度兼江甯軍使，領昇、潤、宣、歙、饒、江、蘇、杭、常、湖十州，治昇州。尋徙治蘇州。副使兼餘杭軍使，治杭州。是年罷領宣、歙、饒三州。二年，罷節度，置觀察使，更領丹陽軍使，治蘇州。復并領宣、歙、饒三州。舊紀：上元元年，侯令儀除浙西節度。與表不合。

上元二年，徙治宣州，罷領昇州。

大曆元年，罷領宣、歙二州。表不言徙治何所，疑有脱誤。按：仍徙治蘇州。十二年，龍領丹陽軍使。十四年，并領浙江東道諸州。見浙東，凡八州。

建中元年，分浙江東道八州，別置觀察。二年，合浙江東、西二道，并置節度，治潤州。尋賜號鎮海軍。貞元三年罷，表脱。

貞元三年，分浙江東、西二道，復置觀察，領潤、江、常、蘇、杭、湖、睦七州。治蘇州。當治潤。四年，分江州隸江西觀察。

元和二年，復置鎮海節度，領浙江西道諸軍州。四年，復改觀察，領鎮海軍使。六年，罷領鎮海軍。

大和九年，復置鎮海軍節度。是年兩置兩廢。表列淮南，誤。

大中十二年，復置節度。十三年，廢。

咸通三年，復置節度。八年，廢。十一年，復置。按：舊紀，乾符閒始復置。

文德元年，分湖州別置忠國軍節度。

景福二年，置蘇、杭等州觀察使，號武勝軍，尋廢。鎮海軍節度，徙治杭州。表自大和以後，不言鎮海軍治何州，當仍治潤州，如建中時，今始徙杭也。又按：《新書·董昌傳》中和三年，鎮海節度使周寶。《五代史·吳越世家》，光啟三年，潤州牙將劉浩逐其帥周寶。又景福二年，拜錢鏐爲鎮海軍節度使、潤州刺史。此皆鎮海軍仍治潤州之證。後錢鏐兼領鎮東，終唐之世，皆治杭州。

浙　東

乾元元年，置浙江東道節度使，領越、睦、衢、婺、台、明、處、溫八州，治越州。

大曆五年，廢節度，置觀察使，領州如故。十四年，廢觀察，以所領八州并隸浙江西道。

建中元年，復置浙江東道觀察使。二年，仍廢，以所領州并隸鎮海軍。

貞元三年，復置觀察，領州如故。表脫，仍治越州。

中和三年，置義勝軍節度使，領浙江東道，廢觀察。《董昌傳》與表合。

光啟三年，改義勝爲威勝軍。《五代史》，光啟三年，董昌爲越州觀察。是歲，改威勝軍。與表不合。

乾寧三年，改威勝爲鎮東節度。按：乾甯二年，董昌僭號，是鎮東之改，當在錢鏐兼領之時。

福　建

開元二十一年，置經略使，領福、泉、建、漳、潮五州，治福州。二十二年，增領汀州，分潮、漳二州隸嶺南經略。

天寶元年，并領漳、潮。十載，漳、潮分隸嶺南。

乾元元年，改都防禦，兼領甯海軍使。

上元元年，改置節度使。

大曆六年，廢節度使，改置觀察。

乾甯四年，置威武軍節度，廢觀察。

洪　吉

乾元元年，置觀察使，領洪、吉、虔、撫、袁五州，治洪州。別置宣歙饒觀察使，治宣州。二年，廢宣歙饒觀察，以三州仍并隷浙江西道觀察。

上元元年，洪、吉并領信州。

廣德二年，改江南西道觀察使。

大曆元年，復置宣歙池等州觀察兼采石軍使。十四年，廢觀察，改置團練使。

建中四年，置江南西道節度使。舊紀，三年置。

貞元元年，廢節度，復置觀察。四年，并領江州。

咸通六年，改江南西道觀察爲鎮南軍節度。

乾符元年，廢鎮南軍，復置江南西道觀察。

龍紀元年，復置鎮南軍節度。

景福元年，置甯國軍節度，領宣歙。按：當并領池州，治宣州。據《楊行密傳》，大順元年始置。

天復三年，廢甯國軍，改置觀察。

天祐二年，置歙婺衢婺四州觀察使。當即宣歙觀察所改。表不言并領宣州，俟攷。

鄂岳沔

乾元二年，置都團練使，治鄂州，領鄂、岳、沔三州。

上元元年，分岳州隷荆南節度。

永泰元年，置觀察使，并領岳、蘄、黄三州。

大曆十四年，罷觀察使。

建中二年，省沔州。四年，復置觀察使，領沔州。

貞元十五年，別置安黃節度，治安州。十九年，賜號奉義軍節度使。

元和元年，罷奉義軍，置武昌軍節度，領鄂、岳、沔、蘄四州。_{表脫。}并領安、黃二州。五年，罷武昌軍，仍置鄂岳觀察。十三年，增領申州。

寶曆二年，省沔州。

大中元年，復置武昌軍節度。二年罷，四年復置，六年又罷。按：盧商鎮武昌，大中十二年始罷，表與史皆不合。

文德元年，仍置武昌軍。

衡　州

至德二載，置防禦使，領衡、涪、岳、潭、郴、邵、永、道八州，治衡州。

乾元元年，罷領郴州。二年，分涪州隸荊南，分岳州隸鄂岳團練使。

上元二年，廢防禦使。

廣德二年，置湖南觀察使，領衡、潭、邵、永、道五州，治衡州。

大曆四年，徙治潭州。

中和元年，改湖南觀察，置欽化軍節度。

光啟元年，改欽化爲武安軍。《通鑑》在二年，據本紀，乾甯元年始改。

黔　州

開元二十六年，置五溪諸州經略使，治黔州。表不言領州幾。

大曆四年，置辰、溪、巫、錦、業五州觀察使，治辰州。十二年，置黔州觀察使，領黔、施、夷、辰、思、費、溆、播、南、溱、珍、錦十二州，治黔州。

貞元元年,徙治辰州,并領奬、溪二州。按:辰溪觀察,表不言何年廢,有脱誤。二年,復治黔州。

元和三年,并領涪州。

大中二年,分涪州隸荆南,尋復并領。

大順元年,賜號武泰軍,置節度使,仍治黔。《通鑑》云至德元載置,與表不合。

光化元年,分溆州隸武貞軍節度。溆州即巫州。

天復三年,武泰軍徙治涪州。

嶺　南

五府經略討擊使,表不言何年置。《會要》:至德二年,賀蘭進明除嶺南五府經略兼節度使。與表異。

至德元載,改五府經略,置節度使,領廣、韶、循、潮、康、瀧、端、新、封、春、勤、羅、潘、高、思、雷、崖、瓊、震、儋、藤、萬安二十二州,治廣州。

乾元元年,分韶、連、郴三州置都團練,治韶州。按:郴舊隸衡州,連隸桂管。

上元二年,廢韶、連、郴都團練使,以三州并隸嶺南,分羅、潘二州隸邕管觀察。表列衡州,誤。

元和元年,復領潘州,并領辯州。按:辯隸容管。又按邕管表,是年嶺南復領羅州。

咸通三年,分嶺南爲東西道,改嶺南爲嶺南東道節度。

乾甯二年,賜嶺南東道號清海軍節度。

邕　管

天寶十四載,置經略使,領邕、桂、橫、欽、澄、賓、嚴、羅、滔、瀼、山、田、籠十三州,治邕州。羅州,至德元載,改隸嶺南。則羅州是年當罷,表脱。

乾元元年，增領羅州。按：嶺南表，上元二年，以羅、潘二州隸邕管，與此不合，必有一誤，俟更攷正。二年，置邕管節度使。

上元元年，廢節度，置都防禦經略使。

廣德二年，廢都防禦，以所管州并隸桂管經略使。

大曆五年，復置都防禦使。八年，并領桂管所隸諸州。

貞元元年，罷領桂管諸州，并領潯州。

永貞元年，省瀼、田、山三州。

元和元年，增領懷遠軍使，分巖州隸容管，分羅州隸嶺南。十五年，廢邕管經略使。

長慶二年，復置經略。

咸通元年，并領容管十一州，尋皆罷領，仍隸容管。三年，改邕管置嶺南西道節度使，增領蒙州。據《通鑑》、舊紀，是年并領龔、象、藤、巖四州，表有脱誤。

容　管

天寶十四載，置經略使，領容、白、禺、牢、繡、黨、竇、廉、義、湯、巖、辯、平琴、鬱林十四州，治容州。

乾元二年，改都防禦使。

上元元年，改觀察使。

建中元年，并領順、藤二州，省平琴州。

元和元年，分辯州隸嶺南，分巖州隸桂管。按：巖州前隸邕管，是年并領，改隸桂管。省湯州。

咸通元年，廢容管觀察使，以所領十一州并隸邕管。未幾，復置觀察使，領州如故。

乾甯四年，改容管，置甯遠軍節度。

桂 管

開耀元年。表稱開耀後，年不可攷。置經略使，領桂、梧、賀、連、柳、富、昭、蒙、嚴、環、融、古、思唐、龔十四州，治桂州。按：乾元元年，罷領連州，表脱。據《通鑑》，蒙州作象州。

廣德二年，置桂邕都防禦觀察等使，并領邕管諸州。按：邕州舊領十三州，增領羅州、潘州，是十五州也。詳見邕管。

大曆五年，罷領邕管諸州。八年，罷桂管觀察使，以諸州并隸邕管。

貞元元年，復置桂管經略招討使。七年，罷領招討。

元和元年，增領嚴州。

光化三年，改桂管，置静江軍節度使。按：本紀，乾甯三年，桂管已稱静江軍，與表不合。

安 南

天寶十載，置經略使，領交、陸、峯、愛、驪、長、福禄、芝、武峨、演、武安十一州，治交州。《地理志》，天寶中無演州。廣德二年，分驪州，復置。表當云十州。

乾元元年，改經略，置節度使。

廣德二年，改安南節度爲鎮南大都護、都防禦、觀察、經略使。

大曆二年，更鎮南復爲安南。按：至德二載，安南已改鎮南，與表異。大曆三年，復改安南，亦與表不合。

咸通七年，改安南都護，置静海軍節度使。

右攷謹據《新唐書》方鎮表，凡節度使所兼官，無關廢置，並從省略，其諸州分并加詳焉，要以補表之闕云爾。

文　五

讀《墨子》

丁國鈞　常熟

余讀先秦諸子，求其言切實有用而文反覆詳明者，莫如是書。攷《漢志》言墨家者流，其源出於古清廟之官，而莊子言不侈于後世，不靡于萬物，不暉于度數，以繩墨自矯而備世之急，古之道術有在于是者，墨翟、禽滑釐聞其風而說之，則知周時本有此學，墨子始昌而大之，而非其所自創也。墨子與孔子同時，聖人未一言及其學，孟子始辭而闢之，是何故歟？蓋墨子憫時人之戕賊，刱兼愛之說以救其禍，立言之矯枉過正，閒或有之，而不失爲賢智之過。其後諸弟子尊其師說，又從而甚之，說愈岐，道愈違，此亦如後世陸、王之學，本確然有得力處，迨一再傳後，遂猖狂而不可收拾，是皆末流之極弊，其師說尚不至是也。今天下溺於異俗之學，比比然矣，詰其用夷變夏之由，莫不齊口於有實用，而不知彼所謂算學、重學、化學、光學者，胥已包括於是書中。楊氏自牧、顧氏觀光，詳哉言之。至其談兵而及甕聽法，尤爲孫、吳諸家所未備，近世城壘之守，咸利賴也。然則讀是書者，探索而發明之，其裨於實用，豈有既哉！嗟乎！墨與楊同爲孟子所深斥，楊氏之說漸滅無稱道，而墨子則漢儒皆以並孔子。唐韓愈氏最不苟立言矣，亦曰墨必用孔，孔必用墨，豈非實有足以不朽者在乎？惜其書出於門人小子所記錄，駁雜依託之言，往往而有書中多稱子墨子，《耕柱篇》并稱子禽子，則其非翟所親著可知，讀者病焉。余欲仿方氏刪定《荀子》例，悉去《非儒》諸篇及其言之害道者，庶墨子之真見，而後儒亦無疑昔人孔、墨並稱之謬也。

讀《荀子·性惡篇》

尤桐　金匱

　　自孟子言性善，而荀子性惡之説，羣起而譏焉議焉，而不知其說之與孟子相發明也。後人言性，雖依坿孟子，而其病多在虛。吾於荀子之言性，無所取之取諸實也。夫空言一性，杳然無麗，而欲區分善惡，離情言性，善惡於何見哉？孟子曰：口之於味，目之於色，耳之於聲，鼻之於臭，四支之於安佚，性也。未嘗離情言性也。荀子言人之性，飢而欲飽，寒而欲煖，勞而欲休，亦未嘗離情言性也。是荀子言性，固與孟子同，而或曰善或曰惡者，則孟子言其初，而荀子言其弊也。何則？口目耳鼻四支，爲善之具，味色聲臭安佚，亦爲善者所不廢也。然而木任其性而不加繩削，則屈曲離奇，有不中於用；水任其性而不爲坊限，則橫決潰流，有足爲害；人任其性而不約之目禮，則徇於飽煖休息而喪其善，謂非性之惡乎？是故孟子汲汲言仁義，順其善而道之，絕其惡也；荀子汲汲言禮，逆其惡而制之，全其善也。然則善惡之言，同條而共貫，而韓退之三品之分，與謂孟子得上遺下，鈞非碻論矣。古者罕言性，至若召康公兩言性矣。其在《召誥》曰：節性。其在《卷阿》之詩曰：彌爾性。節有減誼，節惡也；彌有滿誼，彌善也。此非古人之先得孟子、荀卿之心者哉？然則其屢引孟子之言而誹之，何也？曰：此亦慮後之人不察孟子之說，依坿景響，遂目純任自然，刱言復性，而卒流而爲惡也。告子曰：生之謂性。食色，性也。其與孟子口目耳鼻四支之言，未始或異。特其言生，未分人物之貴賤；其言食色，又參外内之異説，故孟子闢之耳。後之言性者，於告子之説，則概斥爲異端；於孟子之説，又不求其實際。用是性爲虛器，而所謂善者，究無所著。陽儒而陰釋,荀子所大懼也。言禮目制惡,即目全善,其亦有功聖門者哉!

讀《史通·編次篇》

陳慶年　丹徒

劉子幾著《史通》,作《編次篇》以正史家編次之失。如班史圯向、歆于《楚元王傳》,既封不相襲,又代不相接,子幾謂其宜目類立,論駁最允。至王莽尸攝建年宜革,誼正詞嚴,斯即春秋之法,抑何言中理準犁,然有當于人心也。至謂《龜策傳》爲志體,宜與八書齊列,定目書名,則論殊未審。古書凡記事立論及解經者,皆謂之傳,自史遷始爲專記一人之名,其例定自史遷。如目志體入傳,其不賴,在史遷當自審之,亦何待子幾而始發。攷遷于《龜策傳》云:今上即位,太卜咸集。是原傳必有龜卜之人,如《日者傳》司馬季主之類,故作《龜策》以配日者,惜傳已亡耳。故褚先生謂求《龜策列傳》不可得,可知今所存之遷文,但爲《龜策列傳》之序,其傳已亡之矣。褚先生不能補其傳,第之太卜官問,取龜策卜事編于下方,始爲志體。子幾目褚氏之補亡,概史公之原闕,詆之目怪,是謂厚誣。孔子、老子皆布衣,史公贊孔子爲至聖,而老子則傳之管、晏之次,而窮其弊于申、韓。黃氏東發已辨之,且以班固先黃、老後六經之説爲失之不察,而子幾誤因之。老子清虚,不有其身,故無情則必入于深刻,故使之與韓非同傳。近王鳴盛已言之,且謂《索隱》分老子與尹喜、莊周爲一篇爲強作解事,而子幾誤議之。荀或協規魏氏,目傾漢祚,雖晚節立異,無救運移。裴氏注《志》已有此論。且魏武目或爲子房,而或之説魏武亦曰:今與公爭天下者,唯袁紹耳。此豈純于爲漢者? 近翁元圻已言之。是賈詡、荀或同編,無可疑也。《後漢書·郊祀志》蔡邕表曰：宗廟迭毀，國家大體。班固録《漢書》，乃置《韋賢傳》末。臣以問胡廣，廣曰爲實宜在《郊祀志》中。是廟制枉入韋傳，漢儒已議及之，而子幾則襲之也。

讀陳同甫《與朱子論漢唐書》上

唐文治　太倉

天地之間，道有其極，理有其至。學其極，學其至，則雖不造於極至，而亦不失爲中人。苟自其下焉者求之，以爲能如是，是亦足矣。則雖爲中人且不可得，而況其極至者乎？昔者孟子曰：規矩方員之至，聖人人倫之至。不以舜之所以事堯事君，賊其君者也；不以堯之所以治民治民，賊其民者也。夫世人甯不知堯、舜之不可幾及者，果若孟子之言，豈天下真皆賊其君、賊其民者耶？蓋孟子之意，以爲法堯舜而不得，則猶不失爲湯、武、成、康諸君；苟不法堯、舜，則其志日趨於污下，勢不至爲桀、紂不止。然則宋儒之貶抑漢唐，而以爲舍三代無可學者，其本意亦非謂漢唐之果一無可採也，蓋其説亦猶孟子之意也。自陳同甫不得其意，於是曉曉與朱子辨論，反覆數四，而卒不屈其説。夫吾推朱子之初意，但欲其絀去義利雙行、王霸並用之説，而冀其從事於懲忿窒慾、遷善改過之事，本非欲與辨漢唐也。而同甫乃不顧其心之不純，專爲漢唐分疏，力以明其天地常運、人爲不息，而不可以架漏牽補度時之意。於是其説之支離，至於顯斥儒者，隱尊詭遇。然吾且不於此而責其謬也，但責其不察先儒立言之意爾。夫宋儒之必貶抑漢唐，而自謂得三代不傳之學，其説固不免於過自期許，然其剖析乎義利之界、理欲之微，使後之人主有以内純其心，競競業業，而欿然常有所不足，是真聖賢之教也。今同甫乃必欲推崇漢唐，以爲雖不及三代，而實與三代不異，則是欲使後之人主，不以上焉者爲法，而以下焉者爲法也。夫以下焉者爲法，則且以仁義爲迂闊而無用，以功利爲切要而可圖，日朘月削，浸舉古昔聖王不忍人之心與不忍人之政，蕩滅而無餘，此其弊詎有底耶？且夫乾坤之不息者，由天理之常存也；天理之常存者，由人心之不死也。是則朱子所云千五百年之間，架漏牽補過日者，正欲使人動其戒懼之心，求其不架漏、不牽補，乃僅僅可以架漏牽補也。今若即以架漏爲不架漏，以牽補爲不牽補，則後之繼者，并不能架漏、不能牽補矣，同甫又何弗思耶？是故吾申孟子之義，而以折同甫之説。

讀陳同甫《與朱子論漢唐書》下

唐文治　太倉

或者曰：如子言，則先儒所謂三代專以天理行，漢唐專以人欲行者，其説無可非與？曰：此亦不宜專責漢唐之君，亦當就時勢而言也。粵自太極之元，兩儀始分，浮沈交錯，庶類混成，天下之民，噩噩無爲。當是時也，萬物熙皞，機巧之智未開，而天地之氣，亦渾淪和厚，而毫無所斲喪。而古之聖人，亦遂安坐而理之，以相安於無事。即有戰争誅伐之舉，亦多出於公義，而無有自爲身謀者。是何也？蓋以當世之人不知有利，不知有利，故聖王以義處之而有餘也。當世之人不縱其欲，不縱其欲，故聖王以理服之而有餘也。自周道衰，七國並争，而策士起，於是利欲之機大熾，變詐之術日開。洎乎秦政焚書，禮法埽地，而天地渾厚之氣，於是大夷，而人心亦自此變矣。是故戰國並争之會，正天下義轉爲利、理轉爲欲之一大關鍵也。當是之後，愛惡相攻，利害相劫，順存逆亡，力其先矣，難萃易涣人心靈矣。故即以堯、舜、三代之君處此，雖以道德爲治術先，而亦必以智勇濟之。何者？民心日趨於機巧，若純用忠厚，則且爲其所愚而不自覺。然則漢唐之世，固非無仁愛忠信之主，而其所以不及三代之忠厚者，由時勢爲之也。夫時勢之變，固非謂但宜霸而不宜王，然以中材處之，則恆出於霸。故後世儒者，若不論其時勢之不同，而專責漢唐之君不及三代之君之用心之純，則其論固不免於苛刻。然若即以時勢之故，而以三代之君之用心爲迂闊而不足學，則適足以啟天下淫暴虐戾之主之藉口，而其弊更無所極止。吾獨怪同甫論漢唐諸君之不及三代，不就其世變而言，而反就其心術而言，是其意雖在庇漢唐諸君，而實未得乎漢唐諸君之用心。而反欲駁先儒之説，以爲三代固以天理行，漢唐亦以天理行，特三代做得盡，漢唐做得不盡。嗚呼！是烏知三代之君所以俱以天理行者，乃由乎機巧之未開；漢唐之君所以俱以人欲行者，乃承乎當世之流弊。然而後世人主，苟不就其至者以爲法，則亦終無以進於聖賢之道，而挽世運之變也。

讀陸象山先立乎其大説

唐文治　太倉

陸象山説先立乎其大，散見於文集、語録者，不可殫舉。蒙考其説，蓋有淺有深，各宜區別。其淺焉者，足以制此心嗜欲之動，與孟子袪耳目之欲同。其深焉者，則欲一空其心之所有，并善念而屏絕之，乃與禪家淨智妙圓、體自空寂同，而與孟子思則得之之旨實背。蓋嘗論之，人之五性，皆具於心。然心之爲物，飛揚馳騖，出入無時，一不自持，即逐物欲於軀殼之外，而不在腔子裏。是以孟子言立乎其大，而先之曰：思則得之，不思則不得。夫人心亦豈有不思者哉？彼愚夫愚婦，朝夕憧憧，何嘗不思？特其所思者，皆目耳之欲,故猶之不思耳。夫目耳之欲,無與於心者也,而心反爲之役,則愈思愈昏而反窒。其思曰睿,睿,作聖之天機。陸氏曰:必有大疑大懼,深思痛省,決去世俗之習,如棄穢惡,如避寇讎,乃謂之先立乎其大者。此誠學者入手之要,而治心之先務也。然究其終,乃與孟子異者。孟子言先立其大,欲人決去世俗之習,而用其思於理義之域,以養其心。象山言先立其大,欲人決去世俗之習,而致其心於空蕩之鄉,并絕其思。此其説之歧乎孟子者也。夫孟子之學,得力於養氣,而又歸本於集義。集義者,察識四端之發,窮究事物之宜,即《大學》所謂知止,《中庸》所謂明善,大《易》所謂窮理,而仁者見之謂之仁,智者見之謂之智。蓋吾心之良知,本足以辨善惡之端倪,特不致其體察之功,則不免於認欲作理,而有害於善念。即所念一出於善,而有偏而不中之處,事亦終至於眊而不行。是以察識格致之功,由漸而進,則所謂立乎其大者,乃亦由漸而精。孟子自言不動心,而要之以四十,此非四十以前未能自立其心也,蓋以積累之至者言也。而象山乃謂決去世俗之習,則此心之靈,自有其仁,自有其智,自有其勇,吾不知所謂仁、智、勇者,其能無所過乎?且能無不及乎?又能無雜於氣質之偏乎?此殆因事物之至,而以知覺籠罩之,非所謂仁也,非所謂智與勇也。夫如是,故專認取夫昭昭靈靈者,以爲萬象之主,其視事物之理,一切於吾心無與,而其治心也,乃不惟妄念之足爲累,即善念亦足爲障矣。此豈孟子思則得之之旨耶?案:詹子南之下樓忽覺此心中立,亦象山之先立其大也。楊慈湖之夜坐不寐,忽心中灑然如物脱去,亦象山之先立其大也。故曰:孟子之立乎其大,立此心之義理;象山之立乎其大,立此心之精神知覺。蒙故曰:象山所謂立乎其大,其淺焉者,固足祛人心妄念之動;其深焉者,則一超而頓悟,直禪氏之祕旨耳。嗚呼!學術誠難言矣哉!

地丁原始

章際治　江陰

　　禹平九州，任土作貢，不聞税及户口。《周禮》太宰以九賦斂財賄。鄭注：賦，口率出泉也。今之算泉，民或謂之賦，此其舊名與？此康成以漢制況周制，其實三代無賦民錢之政，其用民力者，則有公旬禮。《王制》：用民之力，歲不過三日。《周禮·均人》：豐年則公旬用三日，中年用二日，無年用一日。孟子所謂力役之征是也。秦廢井田，開阡陌，始舍地而税人。田租口賦，鹽鐵之利，二十倍於古。漢承秦制，高祖四年，初算田賦。《漢儀注》：民年十五以上至六十五，出賦錢，人百二十爲一算。見《高紀》如氏注。又民年七歲至十四，出口賦錢，人二十三。見《昭紀》如氏注。此爲税丁之始。《貢禹》傳謂古民亡賦算口錢，可證三代以前，祇有力役之征，未嘗責民以錢也。責民以錢，始於秦漢。賦算口錢，即後世丁糧之肇起，然尚無地丁之名也。至宋代賦税，有丁口之賦。元太宗倣唐租庸調之制，立取民之法，有丁税，有地税。地丁二字，始見於此。我朝輕徭薄賦，康熙五十一年後滋生人丁，免其增加錢糧。雍正五年，復統計丁糧，按畝均派。由是地丁兩税，合而爲一。近人俞氏理初作《地丁原始》，專以本朝户口爲言，是僅原其合一之始。其實地税丁税，宋元時已有其名，而秦漢之際，實爲分征之始也。爰即俞説所未及者，而原其始如此。

二十四氣原始

楊世沅　句容

步天之法，自黃帝始，□帝德所謂迎日推策者也。其見於《左傳》者，少皞氏以鳥名官，而有司啟、司閉、司分、司至之官。少皞在黃帝後，則分至啟閉之八節，自容成造術以來，固已著矣。迨帝堯命羲和以閏月正四時成歲，則必視每月之中氣在其月與否，是即著目仍略，固已有十二氣之名目矣。然二十四氣則無可考見，《夏小正》一書，未有節氣之名，殷更無聞。惟《逸周書》時，訓解具二十四氣之名，其書或疑後人依託，不足爲據。考鄭注《月令》云：漢始以驚蟄爲正月中，雨水爲二月節。漢始猶云漢初，漢承秦術，則二十四氣之名，秦時已備有明文矣，然而斷不始於秦也。《左傳》云：啟蟄而郊。《攷工記》云：凡冒鼓必於啟蟄之日。此則名之見於《攷工記》及《左氏傳》也。《周官·稻人》云澤草所生，種之芒種，此則名之見於《周官禮》也。《楚語》云處暑之既至，《魯語》云古者大寒降，土蟄發，《管子》亦有清明、大暑、小暑之文，此則名之見於《春秋外傳》及《管子》也。或曰：《左傳》啟蟄而郊，以物記時；龍見而雩，以星記時。如春秋時已有二十四氣之名，既曰啟蟄而郊，曷不曰小滿而雩乎？曰：以龍見對啟蟄，此古人屬文之法也。必以雩不以氣記爲周人無二十四氣之名，則郊不以星記，亦可謂周人無二十八宿之名乎？且古二十四氣之名，未必悉同于後世，其與今名同者，猶可求之於經傳，其與今名異者，後人往往以文義解之，而不知其爲氣名亦多矣。必謂古無二十四氣名，恐非事實也。

二十四向原始

李逢辰　泰興

　　古人定方，惟揆日景，候中星，以正東西南北之位，未有二十四向之説也。《毛詩·篤公劉》：既景迺岡。疏云：民居田畝，或南或東，皆須正其方面，故以日景定之。此度以日景者也。定之方中，注云：度日出入，以知東西南視，定北準極，以正南北。此揆日候星者也。《周禮·考工記·匠人》疏云：前經已正東西南北，恐其不審，更以此二者正其南北。言朝夕即東西也。南北正則東西亦正。《晏子春秋》：古之立國者，南望南斗，北望樞星。是古人惟取其正而已，安有取偏隅之説哉！至漢時乃始有取四隅者，而其初亦但以干支言方位，并未雜以卦名也。《後漢·安帝紀》注：乃更六宗，祠於戌亥之地。《祭祀志》：安帝更立六宗，祀於雒陽西北戌亥之地。又《郎顗傳》注：神在天門。言神在戌亥。東方朔《十洲記》：元洲在北海之中，戌亥之地。言戌亥而不言乾。長洲在南海，辰巳之地。言辰巳而不言巽。生洲在東海，丑寅之間。言丑寅而不言艮。聚窟洲在西海申未之地。言申未而不言坤。此但以支命四維，而未嘗用乾、坤、艮、巽四卦也。又《祭祀志》：青帝位在甲寅之地，赤帝在丙巳，黃帝在丁未，白帝在庚申，黑帝在壬亥。馬融《梁冀西第賦》：西北戌亥，元石承輸，蝦蟇吐瀉，庚辛之域。又《晉書·藝術·韓友傳》：可伐七十束柴，積於庚地。此以干命方者也。惟《續漢書·郡國志·敦煌》注：國當乾位，地列艮墟。此則以乾、坤、艮巽列四維之始。又《水經·穀水》注：合成一水，自乾注巽。《汝水》注：有青坡廟，漢靈帝建寧三年樹碑，碑稱青坡在縣坤地。是則以卦命維，至後漢時而始然也。又攷《淮南子·天文訓》：斗指子則冬至，指癸則小寒等。以十支八干爲斗柄所指之方，而於四維則曰報德之維、常羊之維、背陽之維、號通之維，亦無言卦者。可知卦配支干，西漢所無，至東漢始用之。若如《黃帝宅經》分二十四路，以天門、地户、人門、鬼門配乾、坤、艮、巽四位，此則唐人承東漢之流，依倣而爲之，實非自黃帝始也。

二十四向原始

沙從心　江陰

　　二十四向，即歷家天盤之二十四時，陰陽家名二十四山，《黃帝宅經》名二十四路。《宅經》爲詭託之書，本不足據。陰陽家又謂漢張子房祇用十二支，至唐一行始以八千四卦配之，其説亦盡無徵，要難傳信。嘗考《史記·律書》有十母十二子以應八方之風，言方則向在其中，然無艮巽坤乾四維之説。《漢書·天文志》曰：甲齊，乙東夷，丙楚，丁南夷，戊魏，己韓，庚秦，辛西夷，壬燕趙，癸北夷，子周，丑翟，寅趙，卯鄭，辰邯鄲，巳衞，午秦，未中山，申齊，酉魯，戌吳越，亥燕代，以干支分占輿地之全，而向即寓乎其閒。所謂四維者，亦皆彼此散見。至《淮南子·天文訓》曰：子午卯酉爲二繩，丑寅辰巳未申戌亥爲四鉤，東北爲報德之維，西南爲背陽之維，東南爲常羊之維，西北爲號通之維。斗指子則冬至，指癸則小寒，依次至指亥指壬，凡計八干十二支四維。此即堪輿之法，尤爲二十四向之顯然可據者。王充《論衡》難歲、詰術等篇，亦辯駁綦詳。書皆出自漢人，故原向斷自漢始。許書壬下云：承亥壬以子生之敘也。此雖未及二十四向之全，亦可爲徵信之一端云。

管夷吾平戎于王論

顧錫祥　如皋

　　春秋之時，於齊有管夷吾平戎，於晉有魏絳和戎。然魏絳和戎而晉享戎之利，管夷吾平戎而周不能免戎之患者，何也？蓋和之意出於戎，而和之權操自中國，若是者和可久，而中國可相安於無事。和之意出於中國，則和之權操於戎，若是者和不可久，而戎乃得以售其欺。魏絳之和戎，戎先請和；管夷吾之平戎，未必戎之請平也。何以言之？魏絳之時，戎漸弱之；管夷吾之時，戎方強。弱者可和，強者不可和。春秋二百四十年之間，宣、成以前，戎狄爲中國患；襄、昭而後，戎狄爲中國用。此固霸者之功也，亦在御之得其道耳。夫齊桓非晉悼比也，管夷吾又非魏絳所能及也，然而周不免戎患，晉得享戎利者，則以戎之強弱與和之意所由出，和之權所由操之分也。戎犯王室，天下之大變也。伊雒之地又密邇京師，於理則不當和，於勢則不可和。平戎，下計也，乃管仲之莫氣也。雖然，仲子天下才，其功不可得而没。孔子曰：微管仲，吾其被髮左衽矣。孔子修春秋而不書平戎之事，聖人於此蓋有微意焉。

趙受韓上黨論

孫同康　昭文

　　趙受韓上黨，事在孝成王四年。其後三年，秦王齕攻趙上黨，拔之。白起代將，又大破趙軍，殺趙括，阬降卒四十萬。趙王悔，不聽趙豹計。史遷亦以爲平原君貪馮亭邪説，故至此。長沙周星叔

嘗論此事，以趙王爲巧於謝過，蒙讀之而善焉。既而思之，其説葢
猶有未盡然者。星叔謂趙卒之見阬，罪由趙括，而括之將，王實使
之。故王不此之悔，而悔上黨之受，使平原君爲之分過。其言誠推
見至隱，使孝成王聞之，定當俛首無詞。至其謂韓憤秦之暴，而以
上黨入趙，蘄韓、趙爲一以當秦，爲韓即以爲趙，不得謂馮亭邪説而
疑韓嫁禍，則殊非持平之論。夫當孝成王時，六國之從已散，六國
之從散，而秦之勢日益強，雖有智者，亦不能善其後。而爲六國者，
又復自相蠶食，不知從親，以擯叛秦。魏安釐王十四年，魏與趙伐
韓，韓告急於秦。秦救韓，敗趙、魏之師，阬趙卒二萬人於河。是
韓、趙不可謂無怨。韓、趙有怨，則韓雖憤秦之暴，必不樂以上黨與
趙。且韓即以上黨與趙，而趙亦未必與韓爲一以當秦。在馮亭固
心知之，而無如智窮力竭，不得不歸命於趙，以暫緩秦兵。則馮亭
之以上黨歸趙，特爲緩兵計耳。既爲緩兵計，則趙豹謂爲嫁禍於
趙，亦固其所。當上黨路絶之時，馮亭與其民謀曰：鄭道已絶，不如
歸趙。趙受我，秦必攻之。此亭之本意也。又曰：趙被秦兵，必親
韓。韓趙爲一，則可以當秦。此亭之飾辭也。而星权信之不疑，誤
矣。觀於趙王封亭爲華陽君，亭垂涕不見使者，曰：吾不忍賣主之
地而食之也。使亭之歸命於趙，果欲韓、趙之爲一以當秦，則上黨
之在趙與在韓一耳，亭何必以賣主之地爲罪哉？吾故謂星叔之論，
非持平之論也。或曰：韓之與趙，以上黨誠爲嫁禍矣。然斯時爲趙
王者，果當受乎？抑不當受乎？受之則無以解於貪利之名，不受則
上黨實隱爲韓之屏蔽。上黨入秦，而榆次三十七城皆在秦虎口之
中，於趙又深有不利，此誠兩難之勢也。曰：奚難之有？趙誠見馮
亭來歸，即翻然釋其前嫌，盡發國中之精兵以救韓。白起，小豎子
耳，趙之雄將如廉頗、李牧俱足以敵之。韓與趙同心戮力，不患秦
兵之不破。秦兵破而上黨仍爲韓有，韓藉趙之力以保上黨，則必德
趙、重趙、愛趙、聽趙而不敢反趙。趙不受上黨而受全韓，利孰有大

於此者？此固平原君所不及知，而亦趙豹所未及計者也。趙王不知出此，而昧昧焉受上黨之降，以俟秦兵之至。秦兵既至，又爲應侯所愚，用趙括而易廉頗，以取喪師辱國之咎。雖巧於謝過，於國家之事究何益乎？故星叔之論，罪趙豹而不罪平原。蒙則以爲趙豹勸王勿受，不過畏秦兵之至耳。平原君知勸王受上黨，而不知勸王救韓，是直貪小利而忘大害，反不如不受之爲愈也。然則史遷譏平原之利令智昏，殆不得辭其責矣。

汲黯論

唐文治　太倉

　　王船山論汲黯抵武帝内多欲而外施仁義一語，謂其挾黄、老之道，非侮堯、舜，脅其君以從。已而毀先王之懿典文治，則以爲不然。汲黯者，剛直之士，而其於黄、老之學，則雖有得焉而未精者也。使黯果精於黄、老之學，則反有以餂武帝而使之必用矣。何者？黄、老之學，靜重自持，以與爲取，以柔爲剛，戒輕，戒躁，戒多言，戒上人，逆探天下之情事，而使天下之士咸受我之牢籠而不自知。而汲黯者方恃其戇直之才，倨傲之氣，面折天子而使之不能堪，廷詰大臣而俾之爲我屈，曾是精於黄、老者而如是乎？且吾聞善言黄、老者，必無容心於進退之際，而黯乃一不見用，即褊心怨望，至有用臣如積薪之語。是其坦率之氣質，熱中之心思，□□鋼於中而不能化，又烏得爲深於黄、老之術者歟？然吾□謂黯惟不深於黄、老，故得以見其剛直之本性，忠悃之至情，使君不敢狎而臣不敢慢。然則黯之不深於黄、老，亦正以見黯之可與也。船山以爲黯挾黄、老術，非毀唐、虞，殊不知黯抵武帝云云者，並非槌擲仁義，秕糠堯、舜之旨也。彼蓋實見武帝之多欲，故以爲不足與行唐、虞之治，是正憤激過中之譚，而即其不深於黃、老之驗。他如論匈奴，詆宏、湯，是魏其諸事，俱是直情徑行之爲，無一端與以柔爲剛、以退爲進之旨合。然則後人有謂黯用黃、老術以事君者，謬也。且夫西漢自張良、曹參崇尚黃、老，其後宗風益下，遂有揣摩之士、嗜位進取之徒，隱竊黃、老之餘陋，精其心計，日伺天子之意指以爲嚮背。如公孫宏之緣飾儒術，卜式之先事輸財，並以武帝爲奇貨可居之物，而厚其餌以餂之。夫厚其餌以餂君而使之見信，與夫出其血性以事君而使之見憚，二者心迹之誠僞與否，其辨至易明也。二者之孰爲用黃、老與否，其辨亦至易明也。乃司馬遷稱黯好黃、老之言，治官理民尚清静，後人不察，遂謂黯生平行誼俱得力於黃、老文治。竊有惑焉，爰作論以辨之。

韋元成論

劉翰　武進

有保家之才，有翼世之才，有文學之臣，有匡濟之臣。道既殊能，義非同軌，中人以下，罕克兼兹。故明君量才而任人，人臣陳力而就列，勿使易譏覆餗，詩刺素餐，用能總齊庶尹，光宏帝載。元成折節儒術，世家美才，篤笠盟於車中，蔭暍人於樹下，名譽日廣，羽翼遂成。君子論人，姑從其恕，不必謂蓄志於奪嫡，始矯節而沽名也。立後議起，矯令斯行，父命天倫，兩無可據。瞻顧名義，徘徊朝命。佯狂自廢，對客而遺利；血氣未動，闕地而置冰。準其沖退之辭，執其高讓之迹。將謂子臧之節，不專美於前朝；季札之風，將再見於今日矣。吏議紛拏，詔書敦迫，彊起視事，傴俛就封。三讓之美，隳於一朝，匹夫之志，回於百折。例以孤竹海濱之處，採藥句吳之行，當不如是，庸有憾焉。洎乎屢膺寵命，載涉通顯。簒金之諺，近播枌榆;鳴玉之班,上冠槐棘。内顧世德,仰銜聖恩,賈首碎身,難可言報。乃賦詩志喜,退食自公,七年已遥,一善蓋闕。河内經術,黄閣騰老嫗之嘲;曹風詩人,赤芾疑之子之服。向使挍書天禄,講經石渠,攷訂異同,導揚大雅,顧不美哉!至於燮理之大,非迂僻所能,公輔之隆,非養拙之地。謂元成既自不度德,而元帝亦用違其才可也。然稽之史傳,宰相不愧爲讀書掇其家乘,子孫未墜其先業,賦羔羊則委蛇自得,書馬尾則畏謹有餘,不失爲世禄之盛事,俗人之羨賞焉。

朱博論

金鉽　泰興

夫重載萬石,非斗筲之量能容;遐塗千里,詎駑駘之材可及。以朱博之吏治精能,官聲顯赫,卒之任刺史而優,登宰相而絀者,誠以器固有極,滿焉斯欹;鼎本可虞,覆之則折故也。論者惜之,以爲少負奇節,士夫得任俠之名;壯試吏才,佐史有神明之譽。使朝廷量能授職,因地擇人,不内召爲大官,但外用以長吏,則必治平之績,第於京兆三王;循良之稱,軼於潁川四長。垂諸青史,當無忝一代之名臣;完其素行,奚至墮平生之大節哉!吾謂此説不然,博爲吏固有四不可者在也。昔西曹醉飽,不求從吏之疵;東雒簿書,猶閔郡丞之老。豈必上下聳息,鉅細鉤稽,始足見能吏風規哉!博則斥罷掾史,惶怖功曹,敕王卿而失色,問尚方而服狀,武健自矜,操切已甚。暴公子之冠劍,盛氣横加;趙大尹之鍎箠,嚴威寒慄。有乖寬大之體,甚非忠厚之心。此其不可用者一也。漢自元鼎以來,文網嘗密,郅都負蒼鷹之鷙,甯成挾乳虎之威。延年論囚,十里報流血之慘;温舒決獄,一月起頓足之歎。張、杜之名,聳夫聞聽;馬、班所紀,累夫簡編。博則承其嚴酷,習爲武譎,用爪牙之吏,張網絡之塗,政尚誅殺,治鮮愛利,較之仇香長厚,公庭非枳棘之棲,劉寬溫仁,聽獄以蒲鞭示辱,得失之閒,相去蓋將霄壤焉,此其不可用者二也。夫詡治潁水,稱掾吏爲師,瑨理南陽,謂功曹爲守,誠以指臂可効,菶菲莫遺,藉將折節之恭,因受虛心之益,矧乃《詩》《書》稱説,非小儒之蠡言,經術比傅,固名卿之宏器者與?博則嚴拒諸生,逆折儒吏,罷議曹而不用,挾律令以爲能,鄙棄聖賢,畔離道德,獨不聞子弟學官之教,蜀美文翁,公卿刀筆之譏,廷爭汲黯乎?此其不可用者三也。若夫交游豪傑,結納卿相,矜俠烈以盜名,取恩仇而快意,此乃南陽趙調,盜跖之居民閒,東魯朱家,姦猾之扞官法。博則職任長官,行同俠士,既滿門之致客,復解劍以與人。豈非郡國作姦,鄉曲武斷。類布衣之郭解,報及睚眦;効推轂之鄭莊,無其謹厚。此其不可用者四也。或者謂峭礉爲方,蜀守容非仁政,脂膏不潤,孔君豈愧清修,觀其寢必早興,食無重味,酒色游宴非所好,微賤富貴不爲更,誠可謂廉儉者矣。不知濟南太守,素號公廉,扶風監司,亦云孤立,公孫慚相業而著粟飯之清,王崇墜家聲而表囊衣之潔。天下惟忍人能矯行,僞士好匿情,正未可因一節之長,而掩百行之醜也。或者又謂博伉俠好友,節義著聞,當其閒步去官,變名就獄。三年侍側,視飲食而劬勞;五毒備嘗,爛肌膚而慷慨。雖復索盧請代,陸續引辭,戴就之扞郡守,廉范之充獄卒,何以過之?然而博所友者,陳咸與蕭育也。胡以咸憂可共,育好不終,始同王、貢之彈冠,終等張、陳之隙末?盟渝車笠,見笑於越人;誼重漆膠,負慚於雷義。豈厚薄之有殊與?抑反覆之不常與?口實之貽,肺肝如見矣。總而論之,博爲人蓋性情譎詐,心術險巇,有小人之才,無君子之德。即使郎官就職,牧令終官,亦將如義縱賊深,畿輔受其塗毒;楊興傾巧,朝廷爲所詆娸。矧復重寄,鈞衡浡升台輔。威福因而自作,功名無以善終。遂至誣陷孔光,謟諛傅晏,附定陶后而希寵,奏高武侯而伏罪。計成宵小,遽乘主父之姦;獄搆大臣,乃受息夫之禍。蓋其所由來者漸矣。嗟乎！薛宣良吏，官貴則失令名；黃霸仁人，位高而損風采。自來居鼎司之任，而貽覆餗之羞者，比比然也。以是責朱博，博罪豈盡於是哉？

周孝侯論

顧錫祥　如皋

天有闕蝕，不累於覆；地有崩弛，不累於載。人介乎天地之閒，不能無過，卒不害聖且賢者，善復常也。孔氏之門，七十子之徒，惟仲子勇於義，有過則改，善復常也。西晉之時，有周孝侯者，吾甚重其善復常矣。過之於人，猶疾之在身也。昔疾今愈不爲疾，昔過今改不爲過。孝侯縱情肆欲，爲害鄉曲，一時之疾也。既入吳，尋二陸，勵志好學，疾愈矣，不謂之疾也。射南山之虎，斬長橋之蛟，猶夫人之所能也。以射虎斬蛟之力，爲自治之勇，聖人賢人之事業也。過勿憚改，孝侯有焉。齊萬年之反，使孝侯得都督關中，則萬年必禽；使孟觀以精兵萬人爲前鋒，則孝侯亦不敗。從古大將，未有孤立無援，受制於人而能成功者。然而人臣盡節，不宜辭憚。仲子所謂食焉不辟其難者，孝侯蓋不辟其難矣。

蔣濟論

章際治　江陰

嘗謂千古篡奪之禍，必成於一二大臣之手。大臣苟稍存骨鯁，彼謀爲不軌者，雖陰鷙殘賊，亦必欲抑而不敢肆。惟一二老成碩望，素號爲國家柱石之臣者，亦陰助其所爲，其黨遂昌言無忌，其人亦遂泰然居之而不疑，而國事不可問矣。吾觀王莽之篡漢也，成於劉歆、孔光；曹丕之篡漢也，成於華歆、陳羣。彼四子者，豈不世受漢恩，爲國家柱石之臣哉？而顧陰助丕、莽，以遂其篡奪之志，漢祚之不終，四子之力也。乃吾觀於蔣濟，而歎魏之卒成爲晉者，濟實有力焉。當夫漢圍樊城，于禁戰敗，魏武欲徙都避之，司馬宣王獨以爲不可。濟之説即與宣王同，其黨附司馬已可概見，然猶可曰國之大計宜爾也。至曹爽秉政，濟時貴爲太尉，苟不善爽之所爲，不妨爭之於魏主之前，何乃乘爽他出，隨司馬屯兵洛水以拒之？其黨附司馬之實迹一也。爽雖在外，苟從桓範計，奉車駕幸許昌，招外兵以圖司馬，於事未必無濟。故宣王於桓範之出曰：智囊往矣。濟則曰：駑馬戀豆棧，必不能用。若深幸爽之庸懦者。其黨附司馬之實迹二也。宣王使許允、陳泰解語爽，爽尚未決意罷兵，迫濟爲書達宣王之旨以誑爽，而爽遂夷滅。其黨附司馬之實迹三也。濟辭封邑疏曰：臣忝寵上司，爽敢包藏禍心，此臣之無任也。太傅奮獨斷之策，陛下明其忠節，罪人伏誅，社稷之福也。其黨附司馬之實迹四也。宣王奏爽曰：太尉臣濟、尚書令臣孚等皆以爽爲有無君之心，不宜兄弟典兵宿衛云云。其黨附司馬之實迹五也。夫爽之誅夷，誠不免於自取，然濟四朝元老，何不諫之於前乎？且司馬之誅爽，豈真爲國哉？其心固行路之人皆知之矣，而濟顧黨附之，即謂晉之篡魏，濟實成之，亦奚不可？先是，民有誣告濟爲謀叛主率者，太祖聞之曰：濟如有此，吾爲不知人。嗚呼！濟雖不叛於形迹之間，而實叛於隱微之内，太祖終不免爲皮相也夫！

蔣濟論

劉翰　武進

蔣濟以隨司馬懿誅曹爽功，進封都鄉侯，邑七百户，上表固讓。孫盛曰：蔣濟之辭邑，可謂不負心矣。《晉紀》《世語》皆言濟病失信於爽，發病卒。嗚呼！是皆爲濟所愚也。夫濟才智之士，司馬懿之心，雖曹爽昏瞀，猶能屛之而爲之備，豈有濟不知懿之爲人者？知其爲人而與之共事，以爽庸才無大計，久必自敗，故去爽而自結於懿也。結懿不可無明效，故貽書以誘爽；殺爽必薄於時論，故僞病以明心。陰既立效於懿，又外飾人之耳目，濟之術亦狡已哉！且夫圖厚利者敗名，享大名者遠利，名利之際，不可得兼者也。濟欲得附懿之利，不欲居負爽之名，爵邑則固讓而後受，不幸病將死，又自言失信於爽，若爲之抑鬱而死者。既致爽死以爲己利，又惜爽死以爲己名，名與利皆取於爽之一身，是不特賣爽於生，而且賣爽於死也。懿誅爽爲負約，濟誘爽使受誅，陽爲不忍爽死之言，以愈顯懿之負約，同以誅爽爲利，而懿得惡名，濟得美名，是不特爽爲濟所賣，而懿亦爲濟所賣也。假使魏國再振，懿即伏誅，濟必大用，何也？以爲濟深惜爽死，本非懿黨也。假使懿行篡弒，遂有天下，濟亦必大用，何也？以爲濟代謀爽，本附己者也。嗚呼！人如濟者，可謂舞其才智而甘於負心者矣。劉子陽善持兩端，劉放、孫資顯附司馬臣祚，厠濟於其間，其得春秋微顯旨哉！

陶侃討蘇峻論

陶承潞　吳縣

　　陶侃，忠義之士也，有大功于晉室，而《晉書》本傳及溫嶠、毛寶等傳多誣侃之詞，殆因侃生前輕侮王導、庾亮輩，身没之後，繼起無人，作史者迎合時意，橫加誣蔑，唐初修《晉書》，未及追改耳。他且勿論，即如討蘇峻之役，本傳言京都不守，子瞻爲賊所害，溫嶠要侃同赴朝廷，而侃以不與明帝顧命爲恨，遣督護龔登赴嶠，而又追回，至得嶠書，激怒而後自行。又證以溫嶠、毛寶二傳，則其狥私觀望，無心國家，痕迹昭然，不忠孰甚焉！然迹其生平所爲，與當時士大夫所稱許，有斷然不出於此者。攷《成帝紀》，咸和三年春正月，溫嶠帥師救京師，次於潯陽，侃遣督護龔登受嶠節度，至王師再敗，侃子瞻遇害，庾亮奔潯陽，則皆二月事。至五月，侃與嶠亮舟師四萬，次于蔡州。然則侃之遣將赴嶠，在皇輿未覆以前，而傳載侃遣登，則在京師不守之後，紀傳乖牾，顯係史臣欲以坐視國難誣侃，故倒書其事，以曲成其罪耳。夫當峻初畔之日，雖兵逼京畿，而内有卞壺，外有溫嶠，其才皆足以辦賊。侃鎮荆、襄，荆、襄爲上流重鎮，接壤胡、蜀，設令悉師赴嶠，狡虜聞之，乘虛而入，則荆、襄危，已無荆、襄，是無國家也。故既不自行，竝欲追回龔登，以顧根本。迨乎卞壺既死，石頭不守，溫嶠獨力難支，王導束手無策，侃得嶠一紙書，即戎服登舟，晝夜兼進。蓋京師未失，諸賢並在荆、襄，爲國家重地，自當以荆、襄爲重；京師既失，少帝、太后並見遷逼，爲臣子者星馳赴難，義不容緩，又當以京師爲重。侃之先遲遲而後奮迅者，正其見幾明決，熟籌乎緩急之宜，不敢以輕率而行，重貽國家憂也。乃論者徒拘牽于舊史之詞，不深察古人之心，橫生異議，豈不重誣古人哉！又其時湘州刺史卞敦擁兵不下，唯遣督護荀璲領數百人隨大軍，侃切齒忿之。峻平，奏敦不赴國難，無大臣節，請檻車收付廷尉。使討峻之時，侃果觀望不前，如舊史所云，復有何顏以責敦，即敦亦豈甘受其劾而不一置喙邪！觀于侃之責敦甚嚴，則知平峻之功，嶠雖居多，侃實主之。彼舊史所載，皆誣侃之詞，非實錄已。

宋呂祉論

孫同康　昭文

呂祉，妄人也。史稱其平日語言儇佻，嘗謂若總一軍，只通明堂大禮，便可縛劉豫父子。厥後酈瓊之變，祉及於難，大言不慚之人，可以之爲殷鑒。然吾嘗統觀南宋之事，竊以爲不當罪呂祉，而當罪張浚。何也？激酈瓊之叛者祉也，用祉者浚也。方淮西易將時，參將張守力止浚曰：必欲改易，須得一人能服諸兵官者方可。浚曰：正謂有其人，故欲易之。噫！浚之意，殆真以祉爲能服諸兵官者歟？雖然，浚亦非真知祉之能服諸兵官也，特與岳飛爲難耳。浚嘗與飛論諸將，兼及祉，謂欲以爲督府參謀領淮西軍。飛曰：呂尚書不習軍旅，恐不足服眾。浚艴然曰：固知非太尉不可。悻悻之意，見於詞色。故浚之用祉而不疑，非其能知祉也，欲使僥倖立功，以塞岳飛之口而已。大臣謀國，顧宜如是哉！浚之在江上也，遣祉入奏事，所言誇大，趙鼎每抑之。高宗謂鼎曰：他日浚與卿不和，必呂祉也。既而浚果信祉。讒言與鼎論事輒不合，知臣莫若君，旨哉斯言！蓋祉之爲人，巧言如簧，善於搆釁，而浚又輕銳好名，凡士之有虛聲者，悉欲羅致之，故常墮祉術中而不悟。當是時，浚子栻方以道學馳名江東，父子並爲宗主。諸公要人，非其門生，即其屬吏，從我者謂之君子，違我者謂之小人，標榜之風，靡所底止。五路復

兵三十萬，無一人敢言浚之罪者。至紹興四年，辛炳劾之，亦祗退
居於福州耳。綜其生平，如淮西之役、符離之敗，均於宋之大局有
損。南渡之不能復振，浚殆不得辭其咎矣。吾故統觀南宋之事，不
罪呂祉而罪張浚也。後之有天下者，誠得如呂祉其人，當斥而逐之，
勿使在朝。蓋使之在朝，則彼能為大言以欺世，一旦有事，在上者聞
之，易為所惑，以為此人可定大難而付以重任，卒至喪師辱國，貽敵人
羞。幸能如祉之臨難而死，已稱烈士矣。又其下者，且或忍辱偷生，
罔顧名義，曾不轉瞬，又復奔走形勢，結納權貴，以求宦達，良可恥也。
若得如張浚其人，亦當斥而逐之，勿使在位。蓋使之在位，則彼能以
虛名籠絡天下士，天下有事，則授私人以兵柄，而國家之財力名器，祗
供其一擲。天下無事，則結黨援以盤踞於朝廷，而觚排異己者以為
快。其究也，能使在廷之臣箝口結舌，莫敢議其舉動之非。幸能如浚
之不持和議，已稱賢相矣。又其下者，且或交通蠻夷，把持朝局，假富
國之名以濟肥家之私，聚斂積實，不知紀極。嗚呼，大臣若此，欲求天
下之治，烏可得哉！吾因論呂祉而比類及之，使彼才如呂祉而不能如
祉之臨難而死，位如張浚而不能如浚之不持和議者，知所愧焉。

《宋史·理宗紀論》曰：自帝繼統，首黜
王安石從祀，升濂、洛九儒，表章朱子
四書，後世有以理學復古帝王之治者，
實自帝始。廟號曰理，其殆庶乎！
然理宗知真德秀、魏了翁、吳潛之賢
不能用，知史彌遠、丁大全、賈似道之奸
不能去，依附強元，藉報宿憤。顧乃

會師定約，無異海上之盟，疆圉日蹙，
國隨以亡。然則理學竟無益於人國
乎？抑正心誠意不能治國平天下乎？
史臣著論，抑揚不得其實，豈與道學
立傳皆有私意存其間乎？試詳論之

沙元炳　如皋

托克托撰《宋史》，多出於歐陽圭齋、虞伯生、揭曼碩之徒，其繁
猥既甚，而是非未能盡實。蓋自洛、蜀黨分，門戶之見，迄南渡而不
息。史官意在表章道學，故於比同者皆曲爲迴護，多方諱飾，而寶
慶以後爲尤甚。《理宗紀論》謂後世有以理學復古帝王之治者，實
自帝始，吾竊惑焉。夫理宗因彌遠得位，進不以正，妃侍內釁，奸惡
外顯，惑強元歸地之謀，昧守緒脣齒之喻，天下後世無不知爲庸弱
之主也。徒浮慕道學，虛應故事，錄張、呂之子孫，贈程、朱之爵諡，
而真、魏諸賢方用旋屏，見其書則好之，有其人則棄之，則非有志儒
學者可知也。彌遠得政，祇欲反侂胄之局，故弛僞學之禁，陰以儒
術附和人主，籠絡天下。而慮爲朱學者燭其奸而發其隱也，故外尊
朱學而偏錮真、魏，彼其心非優朱而黜真、魏也。朱學明於理宗，欲
錮真、魏而斥朱，則慮人主之不信，因使其徒李知孝、梁成大等斥
真、魏爲小人，爲背於朱學，於是道學愈崇而真、魏愈罷，此奸回之
黠也。史臣以彌遠推崇道學，遂不列姦臣之傳，於謀廢濟王事并諱
而不書，毋乃溺於所尚而紊其實歟？於彌遠且若此，況理宗歟？竊
謂宋末之講學，猶晉季之談元。談元尚老、莊，以清静放曠爲務，而
晉亡；講學宗孔、孟，以身心性命爲歸，而宋亦亡。非講學禍人家國
也，蔽於所處之勢而騖於名也。講學本正心誠意之旨，治必三王，

術必孔、孟，曠日持久，未必其無效也。宋處偏安甫定之時，當百戰
方張之寇，如以羸頓之軀，患疫癘之疾，藥以瞑眩，猶慮弗瘳，而治
者乃曰吾培其本而舍其標，則其疾有不能待矣。道學之於世，聽其
言則是，而究其實則難行。在上者因表章已往之言，以收崇德美
名，而不與之圖功；慕道學者知名之可以言得也，益肆力於義理之
說，而不計時勢之可否。端平以來，尤尊朱學，士大夫皆援附朱氏
淵源以自重。列傳所書，從朱熹學者實繁有徒，而其間實有得於朱
學以克濟國事者，則寥寥也。理宗不能任賢以圖治，而徒以虛名倡
天下，驅天下有用之材盡出於空虛之途，而國愈不振，則理宗之爲
理，名焉而已矣。元人修史，大概祇就宋舊本稍爲排次，而其書實
出於道學之徒，故特創道學一門，以示褒異。理宗爲倡明朱學之
始，遂推尊不遺餘力。嗚呼！豈非史臣之私哉！

前　題

吳翊寅　陽湖

　　一代開創之君，文武必有所偏重，及積重既久，漸成難返之勢，
故祖宗收其功者，子孫必受其禍。唐之弱也以鎮將，宋之弱也以儒
臣，雖皆非意料所及，然可逆覩於其先也。宋太祖尚儒術，踐祚之
始，臨視太學，繪聖賢像，自爲贊，書孔、顏座端，徵處士王昭素講
《易》。太宗垂意科場，擢邢昺九經及第。其時白鹿洞學徒已數千
人，天子置三館，立崇文院，學者翕然向風，可謂收儒術之效矣。至
哲宗時，濂、洛學盛，其所講習，皆空虛性命之談。南渡而後，紫陽
繼之，道學愈崇，宋祚益以不振。理宗爲史彌遠所援立，材質之闇，
本無足稱，終其身制於權相，溺於寵妃，附元滅金，馴至傾覆。其故
何哉？慕道學之名，忘積弱之禍，勢有偏重，而一時君相無撥亂反

正之具也。故唐以用鎮將敗，宋以用儒臣亡，其致一矣。且夫道學之名，程、朱爲大。程子於元祐朝除崇政殿説書，争坐講、立講之儀，謂可成就君德。及與蘇軾口語參商，其門人賈易、朱光庭等竟騰彈章，劾以訕謗。程子知之，是不恕也；不知，是不明也。發難在洛，則蜀黨轉可從末減，而洛黨職爲厲階，禮讓爲國，程子聞之乎？競心未化，而欲君德之就，難矣。後世斥洛學，飾怪驚，愚不能爲程子辨也。朱子慶元間與趙汝愚同朝，佞胄以謀危社稷傾汝愚，國子祭酒李祥抗疏直言，一時讜正，連章申救，太學生楊宏中等亦皆伏闕上書，以鳴其冤。及汝愚竄永州，朱子草封事數萬言，因子弟之諫，懼以賈禍，緘默焚稿。噫！朱子受帝深知，汝愚之去，安危所關，竟不敢極陳奸邪，以迴上聽。厥後彌遠定策誅佞胄，如摧枯拉朽，然則道學之用，顧遠出權奸下哉！嗚呼！當理宗之時，雖使濂洛諸儒接踵爲相，猶不足救敗，況徒詔從祀，又何益矣！理宗時所推爲道學者，惟真、魏二人。德秀於彌遠廢立之際，身爲宫諫，不能羽翼儲邸，預折邪謀，前媿魏徵，後慙李泌，既已拂衣高蹈，後被召用，顧又進講《大學衍義》，高語聖賢，其爲彌遠所笑，宜也。理宗奪嫡，實賴史、鄭，德秀豈不知之！濟王被害，以言見逐，彌遠既没，復與了翁同徵，出處之際，不已輕乎！了翁對策遭擯，講學鶴山，被詔再起，方見嚮用，然知邊將之不足恃，戚宦之不可近，而不聞推轂奇傑，交驩大臣。其後拜樞密之命，忽遣視師，開府未久，旋又内召，理宗之不能用賢，何足深責！獨怪了翁久負時望，無確乎不拔之節，而亦與時俯仰，受羣小之推排，而於國家無毫髮之益也。嗚呼！理宗空談性命，既不足以致治平，而真、魏又皆儒生，無宰相之器，宋以儒術倡天下，其後君相崇尚道學，卒無補於滅亡。郝經以漢似夏，唐似商，宋似周，謂之後三代。周不禁暴秦之起，宋亦何能禁强元之興哉！斯又非理宗之過，而積重難返，其勢有必然者矣。彼史臣胡足以知之！

《吳都賦》蕉葛升越解

章際治　江陰

左思《吳都賦》：桃笙象簟，韜於筒中。蕉葛升越，弱於羅紈。劉淵林注云：蕉葛，葛之細者。升越，越之細者。近人段玉裁云：升當作竹。蕉葛竹越，畫然四事。原注以蕉葛竹越爲二事，恐非。引《史記·夏本紀》正義云：東南草服葛越蕉竹之屬。謂此句全用《吳都賦》，而作竹不誤，作升又錯互其辭，明竹與越不爲一事也。際治案：升爲竹字之誤，確不可易。分蕉葛竹越爲四事，恐尚未然。此句與桃笙、象簟對文，桃笙、象簟爲二事，蕉葛竹越可分爲四事乎？攷《魏都賦》張注、吳蜀二都賦劉注，本皆太沖自爲，而託名於張。劉果畫分四事，不應錯繆若此。葛本爲絺綌之草，後因名絺綌之屬曰葛，如葛布之屨曰葛屨是也。蕉葛者，以蕉爲之。《藝文類聚》引《廣志》云：芭蕉，其皮中莖解散如絲，績以爲葛，謂之蕉葛。段氏引以爲蕉布之證。愚謂《廣志》明云績以爲葛，謂之蕉葛，乃蕉葛之證，非僅蕉字證也。《漢書·江都易王非傳》：閩侯遺建荃葛。服子慎注云：細葛也。蕉葛亦荃葛之類，故注以葛之細者。下文云弱於羅紈，則非尋常之葛可比，賦意蓋重在蕉也。越本國名，越地所產之布謂之越布，後遂名之爲越。《後漢·馬皇后本紀》白越三千端，李章懷注云：白越，越布是也。竹越者，以竹爲之。王符《潛夫論·浮侈篇》云：葛子竹越，筒中女布。《後漢書》本傳載之今本竹亦皆誤作升，注引沈懷遠南志云：布之品有三：有蕉布，有竹子布，又有葛焉。雖精粗之殊，皆同出而異名也。案沈氏所謂竹子布，當即竹越。本賦桂箭射筒注云：始興以南，又多小桂，夷人績以爲布葛。小桂者，桂竹之小者也，可績爲布如葛，亦竹越之證也。下文云弱於羅紈，則非尋常之越可比，賦意蓋重在竹也。不然，葛越皆恆有之物，何足罕異？惟以蕉爲葛，以竹爲越，斯爲罕異耳。猶笙簟亦恆有之物，惟以桃爲笙，以象爲簟，斯足罕異也。劉注本不誤，段氏譏之，不免似是而實非。至《史記正義》葛越蕉竹云云，當是張氏誤引，不得據爲四事之證。否則如《尚書·禹貢》正義云：葛越，南方布名，用葛爲之。下即引此文爲證，是并誤爲一事也，亦可據爲一事之證乎？段氏之説，蓋攷之未審矣。

讀蔡邕《警枕銘》

姚彭年　如皋

警枕有古今之分，嘗讀蔡邕《警枕銘》云：應龍蟠蟄，潛德保靈，制器象物，示有其形，哲人降鑒，居安慮傾。玩其詞，似與後人所謂圓木小枕絶不相類。意者即今之睡椅，□承首處作枕形，倦則取以假寐，少傾，當自警醒，故有警枕之名與？曹操在軍中常用小木圓枕，錢鏐在軍中未嘗安寢，亦用小木圓枕，熟睡則欹，由是得寤。欹也，寤也，枕之所以爲警也。然此乃後世之警枕襲用古名，非蔡銘之警枕也。蔡銘之警枕，即《禮記·少儀篇》之穎。鄭注云：穎，警枕也。焦氏《禮記補疏》嘗引蔡銘以説曰：《説文》：傾，仄也。穎從頃，與傾同聲。警枕之名傾，猶畚之欹者名傾筐也。文承上枕几而言，臥之所憑爲枕，坐之所憑爲几，坐而欹臥者爲穎。穎之爲器，蓋擁之於後，坐久倦怠，欹倚於上，取義於傾仄，故名穎。穎倚一聲之轉，其背高仰可承首，故有枕名。并使身背有所依，故又謂之倚。倚之字或作椅，亦謂之几，漢晉以來謂之胡牀。《語林》云：憑几之制，狐蟠鶴膝，曲木抱腰。鄒陽《几賦》云：迺成斯几，離奇彷彿，龍盤馬迴，鳳去鸞歸。其語皆與蔡銘應龍蟠蟄相合。《演繁露》謂几即今之胡牀，《稗史類編》又云胡牀今之交椅，然則蔡邕之警枕即古之胡牀。今之交椅，背有曲木，形似龍蟠，與後世圓木小枕迥別矣。

文　六

七洲洋賦有序

楊模　無錫

案：七洲洋在廣東瓊州之西南，交阯之西，爲中西舶道出南洋必經之路。考徐松龕《瀛寰志略》，謂其中浩渺一水，無島嶼可認，偏東則犯萬里長沙、千里石塘，偏西則溜入廣南灣。其地形如半月，海水趨灣，勢甚急，無西風不得出，故紅毛人以望見廣南山爲厲禁。又云：紅毛人最畏越南，其人善泅，能背竹筒，負細縷，没水釘於船底，還登小舟，遠牽曳之，俟擱淺，乃火其舟。又越南人造小舟，名軋船，能攻夾板。然試驗之，皆不確。惟其形勢險阻，實爲兩粵、交阯之屏蔽。然自輪舶東駛以來，昔之天險，皆已化爲夷塗。前歲佛郎搆釁，越裳肇禍，寇氛之惡，駸尋及乎瓊、雷。中朝海函地負，慎惜民命，而夷德無厭，方將負其水草之性，矜其爪牙之利，覷隙乘便，以狙擊我援越之衆。故粵西出師，皆由鎮南關陸路進，屯北甯，而未嘗有縱一卒、發一艇，以涉南海者。夫以南離巨壑重溟，天險乃爲犬羊所窟宅，罔兩之塗徑，拱默抑塞，坐視敵艦之從橫，莫之誰何，此亦卿大夫之恥矣。憶辛巳、壬午歲，模嘗客游粵東，縱觀時局，竊痛越南以積弱之勢，當方張之威，雖以劉團之勇略，滇、桂兩軍之聲援，未嘗不戰勝擒渠，以挫其鋒。然而河内南定，桑台接踵淪陷，未嘗見尺土之復。昔夷使倡畫紅江之議，中朝所未允者，且不能復施於今。恤緯之憂，每至流涕。方今朝廷揚厲武節，疆吏整防固圉，滇、桂督撫各出重兵以鎮藩服。誠於此時肅將天威，破狂虜之膽，伸積年之憤，則七洲洋豈非盪寇之戰場，決勝之樞紐哉！

書生談兵，何裨大局，然不能自默，述勢鳴憤，作是賦云。其詞曰：

繄昔成周之隆，越裳來王。德漸海而遠被，澤跨嶺而遐翔。醲化斠雕題之俗，離照炳明都之光。黿鼉之穴永靖，蛟鱷之波不揚。穿龜長魚不登於俎，象犀璚瑁不升□堂。其雲飛浪泊於南海者，惟有裸國垂繒之民，鮫室負琛之橦。旋螺之船潛伏，捕鯨之網宏張。信乎爲朱維之巨浸，南紀之提綱也。迫夫漢武雄馭，樓船霆走。蠻夷之長崩厥角，方圮之相碎厥首。日南交阯，歸命尉候。自唐宋以迄有明，雖變亂之時有，而其列版圖而奉正朔者，固歷數千載而共戴我后。惜乎銅頭興暴之年，玉斧畫疆而後。而此冠裳禮樂之邦，遂化爲鱗介波濤之藪。原夫七洲洋者，天吳之所宮，祝融之所都。珠崖北峙以武布，廣南西踞而翼舒。有萬里長沙以扼其阻，有千里石塘以縈其樞。漁舟估舶，數更記鼓。負風而爭趨，則有尾箭之鳥，導引行舟，紅昧而綠跌。西則急溜洞漩，半月之灣，不風伯之助順，乃有去而無還。洞天南之雄墊，屹虎豹以當關。況乎海濱之夫，狎水善泅。負竹筒與細縷，出大火以燔舟。亦有舥船，製窄且修。可絕其膋，可衝其喉。故西舶之不幸望見廣南山者，莫不齒擊乎駭浪，膽落乎寒流。然而海有時而爲田，陵有時而化谷。惟彼族之生心，作利器以爭逐。金木相銜，水火相搏。縮萬里於尺咫，渺滄海於一粟。爰有泰西雄國，大秦遺族。地勢利於歐洲，異聞傳之海錄。以干盾爲枕席，以殺戮爲耕作。乃歷太平洋、地中海，數萬里之遙來，踞西貢以託足。既而形勢竊據，陰謀日滋。得寸得尺，無辭有辭。蠶食而傅之國都，鯨吞而撤我藩籬。方且倚魯爲城，闢海爲池。烽火徹於鎮南之關，羽檄達乎瓊崖之陲。蓋其耽耽而虎視者，尚不在乎南服之從違。我皇上於是勃然興師，赫然命將。桂撫駐北甯以當其衝，滇撫軍山西以扼其吭。團軍忠勇，義旗相向。茶火壯其兵容，金鐵鳴其甲仗。蓋將截飲江之馬而摛佛貍，放采石之師以誅金亮。然猶虺毒紛吹，鯨牙高舉。巍巍走林之蛇，落落負隅之虎。聯鐵爲舟,飛丸作磬。船橫海以張樓,艦凌雲而築櫓。蚊血沸乎寒濤,龍腥盪乎怪雨。萬蜃噓氣而障滄溟,六鼇奮頂以撼天柱。吾知驕敵者敗,佳兵不祥。戈楯非可恃之器,攻擊非持久之方。水載舟,舟有時而覆;國恃險,險有時而亡。夫以拿破崙之虎視六合,鷹擊八荒。容若山立,聲若雷硠。殺敵如薙草,馘酋如探囊。謂可混一歐洲而襲共主矣,乃卒流荒島以罹殃。況乎以不知之將,御孤立之兵。主客之勢異,曲直之義明。猶覆滄海以沃熛炭,彎天弧而掃欃槍。將使帆飛柂折,舷裂檣傾。昆陽之雨,復擊於鯤鼇;赤壁之火,重熾於滄瀛。則此七洲洋者,復歸於颶霧之不作,濤瀧之不驚。豈非海若効順,陽侯揆靈也哉!若乃長波翔躍於若水之表,稍雲回翥於扶桑之東。繙神旗於廣利之廟,沸大鼓於靈芝之宮。餐玉兮安期,合舞兮海童。木華之所詠歎,昌黎之所襃崇。皆略而不陳者,以其無關乎國計,而未足語泱泱之大風。

七洲洋賦

李安　静海

聖清恢拓區宇,通逮混茫。開互市之往禁,徠殊廷於軒堂。自亞細亞西南而衰出,迤彭亨息力而爲疆。厥瀰漫以東注爲神輿之南洋,粵東行省巡撫所治,地當最劇,督臣駐之。蓋自宣宗赫怒,命將詗夷開幕府,張旌旃擴軌道伸。皇威增增於茲焉。西懸大海,實曰瓊州。東南抵乎浩渺,名厥洋乎七洲。吁撼乾以蕩坤,故南溟之咽喉。其險阻也,則長沙石塘,萬里千里。東犯左躓,西觸右死。雲薄瞳昏,天垂道咫。或終晝而千惕,亦窮宵而百起。徒觀夫瀾汗瀁溰,嵯峨陵立。龍悅忽以呼吹,魚容裔而奔集。於斯之時,撫枕失倦,對盤忘粒。物相壓而駢累,人相藉而橫戢。此交吁而悔遊,彼食終而哇急。雖善舟其若神,猶蹻舌而徐入。碧趾朱喙,有鷥其禽。或名神鳥,曳矢於翎。云振羽之所向,若指途而得鍼。豈海若之貴使,睨明靈於沈沈。昔在西漢孝武,英規雄姿。命博德以聲討,平南粵以郡之。鏤皮儋耳,產珠珠崖。後棄不屬,墮乎荒陲。珠官既建,仲謀不國。十縣載定,隨曜以蝕。雖唐域與宋寰,終委渺其無色。達朝宗於吾皇,繫茲水之有德,內則富良南浿。越南藩邦,北界滇粵。鎮南宣光,厥都順化。崇墉金湯,東南俯海。祿奈允荒柬浦,蕃會起乎南方。桂象鉛錫,沈楠番香。矧栗栗於文物,又媞媞於賢王。率三歲而一貢,遣陪臣於天閻。皇情嘉其戀戀,納繢橵於一匭。命道粵以陳筐,避駁危於湯湯。洶恩百於卵翼,豈諸侯之敢望。暹羅蕞爾,東錯越南,北接滇省,土宇潭潭。犀鹿牛角,藤黃翠毛,豆蔻楓子,方經所高。金面佛服,象輦旂旄,靈符祕咒,夜义諸天。大成刺部,黃金寶錢,簡簡曼谷,王都在焉。貢道何繇,循乎茲川,發竹嶼而南指,越筆架與真嶼。覩昆侖與鴨洲,攬玳瑁而神舉,闞外羅之一拳,忽若迎而又拒。戴皇靈於靡涯,何飈飀之乖序?若乃龍興初年,助芟明孽緬甸之功。國史所列,潞江怒流。腹滇而泄,達喇攸居。蒲甘屹嶇東,北距乎我。滇道如弦,而豈折繇。是以率循,侯度瞻望神京。自秣馬膏軸登降乎崔嵬之阻,蓋不四十日而抵乎昆明矣。其西南也,逾昆侖之壿垠,越茶盤之嶪峨。徂訶陵之所邑,撫滔蕩於巽他。彼泰西之輪舶,率假道乎斯河。陟火燄而騁望,恆嘘煙而鳴波。痛英法之往毒,雖返地而不瘥。迆東則洛莫麻里,鴻絧瀾迤;松墨薩爾,池問佛理。又北則武羅西蘭,蘇洛安門,萬他德拏,火山熒昏,亞羅地門,倔伀野番。羣島雜沓,不可殫論。玉果毒冒,龍涎藤條。並順執而徑達,又不勩乎迴遼。瓊州大郡,防禦墺區。

帝命虎臣討軍簡徒,將斧鯨而質鼉,豈天威之可逋。於是迮帽短服,黃睛虬鬢,佩寶星於胸際,勒金綫於袍裾。飲渾飽酪之輩,帶劍攜刀之徒,駕危艦,齎重輪,握遠鏡,案海圖,覘七洲之洋而恦恦虢虢者,葢不知幾夫焉。乃系以詩曰:鄿琅莽罠,於皇時清。琦瑁往域,伊南之屏。有川沆瀁,天險是名。馬崎北屹,大星南崢。崑屯拱揖,羣龍攸營。猥哉荷蘭,毒懷黿并。鬭龍不勝,歸船以傾。豈龍之力,戴皇之靈。揚舲言邁,天和日明。於鑠海甸,瀾淪永平。

公慙卿卿慙長賦以慶基既啟有蔚潁濱爲韻

楊楧　無錫

顓面何榮,折腰匪病。詩書自芬,閥閱徒競。不見夫東漢名門,潁川著姓。爲虎爲鼠,位不繫夫崇卑;一龍一蛇,祚以之爲衰盛。仰稽祖德,昔則束帶事督郵;下考孫行,今則峩冠奉朝請。繩繩墜緒,若八龍之列慈明;翼翼高軒,彼萬石非無建慶。仲弓潛德,當世令儀。休聲表於剌佐,淑志肇自童兒。轉功曹而豪强不避,補聞喜而徵辟交施。楊太尉高官自愧,袁司徒薦牘紛馳。豈知飾巾可以待老,懸車可以棲遲。黨籍將成,獨弔張讓之室;貞珉不朽,大書中郎之碑。葢不過太邱一邑之長,而已樹子孫累代之基。厥嗣元方,名動時貴。紹家學之方隆,值黨禍之初沸。居喪滅性,思親悲落木之風;建議匡危,叱董厲横刀之氣。以視太邱之遠燿國華,静躭道味。雖曰俯橋仰梓,樹德稍衰;究之蜀弟吴昆,瓜緜靡既。有孫曰羣,載傳書禮。授《冬官》而特掌樞機,列民曹而分揚戟棨。惜乎示敬霸朝,拜官魏邸。徒熟视夫破壁陵君,燃萁迫弟,舐犢戕楊,賦鸚黜禰。不茹首山之薇,坐耗長安之米。晚節既見其凌夷,清流益騰夫訶詆。華子魚鋤金賣國,且將聞之而生心;荀文若絶粒捐軀,不免對之而額泚。何前則大鳥不鳴,而今則蟄龍思啟也。史臣於是商榷古今，衡量前後，孰屈而華，孰伸而疢，胡心之高，胡顏之厚。積薪居上，人誇鐘鼎新鐫，亮節無涯，我歎箕裘已垢。汗青千秋，雌黃萬口，老成凋謝，問素履而胥怨，後進軒騰，曜朱輪而何有。是知下士不必非公孤，哲人不必非簿尉，盜名者服豸繡而猶譏，尚德者鄙龍章而自貴。嘗有拾芥躋榮，拔茅征彙，一世抨彈，羣言謗誹，試爲述先德而流連，緬宗風於髣髴。未嘗不望古踟躕，懷人歔欷，垂思一溉之禾，棲心再春之卉。所以橘有時而變枳，識繼起之難期，龍可化而爲豬，詎前光之終蔚也。嗟乎！世事累棋，功名畫餅，門第虛聲，繁華泡影。使紀也方德淵泉，羣也唾榮臺省，苟如班勇，承規而一索延芬，棄比孔穿，續舊而百年垂穎。何至朋舊心寒，高明齒冷，對父書而空讀，祇陪畫象於州城，懷祖硯而長磨，莫問奉羔於古穎。士有奉儒林爲圭臬，溯文範以遵循，慕二方之承則，效八慈之繼塵，抗心郭、李之列，奮跡厨、顧之倫。山閒叢丹桂之馨，我欲求之世外，穎上奏白榆之瑞，君其問諸水濱。

擬唐王子安慈竹賦有序

吳翊寅　陽湖

案任昉《述異記》：南中生子母竹，今之慈竹也。又漢章帝三年，子母竹生白虎殿前，時謂之孝竹，羣臣作《孝竹頌》。是慈竹亦一名孝竹矣。王子安序慈竹賦，稱其巨葉脩莖，生必内向，叢至千百，不踰咫步，嗟乎！慈孝之性，胡獨鍾於卉物歟？抑卉物無知，而有知者篤天則之誼，故遂錫以嘉名歟？用闡其意，擬爲賦曰：

伊昔枚生，倦游梁苑。覿茂篠之娓娟，惜韶華之晼晚。有竹一叢，蔭不離本。出於迤陬，生自峻阪。初徙植於蘭殿，復移榮於蕙畹。奉光塵兮匪遙，辭故國兮何遠。憇授簡兮猶留，悵截裾兮未返。窺竹徑兮蔥蘢,睇慈闈兮纏綣。爾其篁脩被澗,篠密緣陂。黛容秀倩,翠影參差。攢雲根而鳳峙,錯霧榦而虯欹。含泠風兮夕弄,孕涼露兮秋垂。檀欒兮池館,挺竦兮軒墀。貞志節兮一千載,報平安兮十二時。似鉤帶之青蔓,非連蜷之碧枝。膺嘉號兮誰匹,緬令儀兮我師。若乃葉葉相當,株株相向。暮靄旋飄,晨暉始漾。花拂檻兮合歡,木繚垣兮交讓。鴉反哺而翎疏,鶴和鳴而響抗。清芬兮遠揚,美蔭兮遙望。萌孝筍而纔坼,茁孫枝而漸壯。添丁逢嫩籜之抽,稚子報新苞之放。循陔南兮蘭有馨,樹堂北兮萱無恙。則有家居淇右,客去湘中。會稽族茂,鄠杜才雄。宸游陪太液之苑,從祀宿甘泉之宮。抽華篸於鎖闥,挹爽□於雕櫳。莫不徘徊秀樾,躑躅芳叢。身悲斷梗,影怨飄蓬。惜晚景兮易邁,懷春暉兮正融。辭晨昏兮驛路遠,隔夢寐兮關河通。珍篠兮寂歷,幽篁兮蒙茸。林何時而集鳳,杖何日而化龍。別有卭蜀浪遊,山陽羈旅。泣別楚妃,思歸衛女。覿鳳尾之梢雲,傷鸞翎之鎩羽。秋闈驚敗籜之零,歲晚感貞筠之聚。亦復眷戀庭闈,棲遲衡宇。聽陟岵之歌酸,慰倚閭之望苦。況乃柏映冬榮,桐垂春乳。箸拾家貧,蘿牽屋補。寄遠志兮何因,贈將離兮奚取。甯柯亭之一眄,敵渭川之千戶。乃爲歌曰:慈竹兮猗猗,宗生兮漢湄。子母兮縈結,死生兮不離。歷盤根兮錯節,禁雪壓兮霜欺。諒時賢兮有媿,豈卉物兮無知。

擬唐王子安慈竹賦有序

姚彭年　如皋

案《新唐書·王勃傳》:勃既廢,客劍南。此賦蓋是時所作也。序云:廣漢山谷有竹名慈。廣漢本劍南道。賦云:蓬轉岷徼,萍流江沱。與《入蜀紀行詩自序》云抵岷峨之絕徑,本集楊炯序云遠遊江漢，登臨岷峨，所言悉合，其爲客劍南時所作無疑。子安自長安入劍南，在總章二年五月癸卯《入蜀紀行詩序》自言之，此賦當作於是年冬。《文苑英華》次洞底寒松賦一百四十三、慈竹賦一百四十六、青苔賦一百四十七。《寒松賦》序云：歲八月壬子，旅遊於蜀。依唐曆推之，總章二年八月正有壬子，則《寒松賦》是年秋所作也。《青苔賦》序云：吾之旅遊數月矣。承八月旅遊言之，則數月定爲冬也。《慈竹賦》云：白藏載謝，元英肇切。又云：河堅地裂。是秋盡冬至時，故次在《寒松賦》後、《青苔賦》前，信乎爲總章二年冬所作也。子身遠遊，骨肉間阻，借物自况，兼傷文字之厄，賦序所紀，篇末所言，胥如見也。

　　余以總章二年，旅遊蜀中。朔陰肇臨，忽忽數月。遠阻定省，違念昆季。顧瞻階庭，慈竹叢柢。生必向内，不忘本初。固廣漢山谷之種，孰爲徙於此也？感興歸思，百喟并陳。迺爲賦曰：

　　繁梓南之殊質，挺修莖於嶺嵋。張翠葆以風翕，鏤青瓊而露腴。攢根咫步，縈苞千株。繁葉初俛，崇柯交扶。茂同體之高節，臨嚴冬而未渝。乃延賞於流俗，遂播陰於下都。觀其綺雲朝銜，頹曦夕醫。茂族幽皋，駢林涼砌。屈楚箟於十霜，邁文篠於千歲。鳳翎梳竿，龍膽沓柢。抱遠霤而知寒，愛燠陽以自衛。懼孤秀於庭表，衍叢陰於晨霽。爾乃子母惓惓，孝義秩秩。耿純青於寸心，郁貞景於愛日。祥鼂在庭，慈烏繞室。粉籜戴珥，蒼珂修櫛。下有忘憂之草，上有抱蒂之實。至若孤客方矚，幽巖已遷。戛冰戰冬，負雪娛年。邛山之修杖不復，南海之殘根獨全。文藻布濩，心情邈縣。豈易土以預樂，銜美名而非賢。故夫榮枯貞命，愛憎委心。惟勁節之自守，任殊方之景臨。眷微物其駢抗，美嘉德於杳深。幸藏節以韜晦，猶茂文而振陰。嗟旅軀於岷江，望骨肉於南嶺。渺中庭之猗猗，愧遐慕之耿耿。於是青琴橫怨，碧琬弄影。馳怊萬里，如挹慈景。

擬黃文江秋色賦

王家枚　常州

少昊司衡，天高日晶，潘岳於是萬緣寂，百感生，託哀樂，狀枯榮。生世如斯，識盈虛之有素；乾坤易老，慨草木之無情。於是騷騷屑屑，金颷扇出；氤氤氳氳，羅雲織成。日當頭而色薄，霜落鬢兮心驚。節屆火流，大陸之烏輪西逝；時當木落，衡陽之雁陣南征。於是蓐收整轡，漢渚調硃。波闊寫洞庭之句，楓冷動吳門之吟。天邊之落木蕭蕭，橫飛露甸；江上之青峯歷歷，爭出霜林。則有賦閒村墅，養拙郊扉。籬菊金燦，圃蔬翠肥。繞門則雲水百折，排闥而煙巒四圍。儘饒幽事，盡息塵機。偶尋碧嶂丹崖，屐攜樵徑；爲愛白沙翠竹，竿拂漁磯。若夫遠郡分符，孤臣去國。煙月情凄，關山目極。柳絲縮客路之愁，楓葉換離亭之色。夕陽欲紅不紅，江水似黑非黑。青衫落魄，恨飄謫宦之舟；赤壁感懷，醉灑浪遊之墨。至若玉宇初霜，璇閨夜涼。懷人夢短，望遠心長。感篋中之紈素，撫機上之流黃。我所思兮，大漠之臙脂邈若；君猶記否，遠山之眉黛描將。而況遣戍遼邊，屯營大磧。風色翻旗，星芒射驛。日黯黯兮百草枯，路漫漫兮羣陰積。身悲異域，埋萬里之沙黃；愁寄隴雲，鎖四天之暮碧。莫不辰曰淒辰，節曰商節。俸色揣稱，爭工點綴。維時坐客聞之，怡然自悅。謂君有賦才，僕當藏拙。胡不詠春色於皇州兮，爲古今之獨絕。

賦賦 以賦者古詩之流也爲韻　并序

陳汝恭　句容

藍蓽非貴，職藝府而較優；文章有神，澤華諝而彌寵。是雖工
盍，實維典虔。揚大夫壯悔何追，庚開府遠憂所寄。僕生非莊舄，
思苦張衡。秋士九踆之傷，行年四十；文籄廿載之祕，積塵五千。
鬻長門以無期，閉下澤以自瀉。舊翰無恙，新章强成。曷以解嘲，
沈休文之託賦；未能寄采，温飛卿之見懷。反余初蹤，榮及枯墨。
其辭曰：

緊一士兮未遇，抱古芬以見素。弄柔毫於恢胎，蓄藻思於方
鑄。寂居十稔，熟誦千賦。安章宅句，順軌協度。將以質之慧宗，
獻之當路。猶復拾香獵豔，討源披流。上下百代，縱橫九州。爾乃
馳驅風騷，掘掇淵雅。荀况右掖，唐勒左把。前屈宋，後枚賈。揖
王揚，拱班馬。興楚盛漢，極古作者。他若仲宣、偉長之倫，太沖、
安仁以下，士衡文字之初拓，景純詞源之倒瀉。規沿可師，繩墨相
假。蘭成而後，未暇及也。故夫朝振茂實，夕啟大冶。已忽忽其將
中年，猶勞勞未之或舍。然後祝妃阿，賞基夷。淘秭滓，橐稗詞。
天地入抱，山川貢奇。趨三乘之最上，挽十家於未遺。鉤幽擷元，
翔態舞姿。遲則研京之作，捷則奪席之詩。手無漬鬻，胸□鑪錘。
獨主張是，能神明之。妙萬言之競出，賞千金而莫辭。胡白巾之兀
兀，對青鐙而遲遲。苦射帛之未效，復橐筆其何爲。豈藝事之毫
末，阻大匠之委蛇。景孔門以修遠，銷歲月以曷追。於是坐愧卞
璞，儗摛布鼓。悵然登高，如見終古。

賦賦 以賦者古詩之流也爲韻

姚彭年　如皋

緊元藝之初定,規中聲於太素。討風騷之俶胎,協根埋之軌度。挹醲郁於未渝,鼓藻采於方鑄。嘗先文以成思,迺鉤韻而掇句。握明珠其蛇蟄,翻素錦以鳳吐。體范金而躍鞴,言鏤玉而淬露。極妍秘之盡神,爲羣謠之宏賦。是賦也,盛於炎劉之朝,洎乎魏晉以下。慧地雕龍之所稱,法言女蠹之所捨。揖英傑於十家,脂樞轄於二雅。際六朝而龍綺交錯,越三唐而鶉衣漸搷。總亂之士,上熾殘炧。剪美稗以區辭,操麗則以就冶。是故腴無害骨,質不傷野。各司其元,代有作者。爾其翼天章,繪汗宇。江海壯波,山嶽擎柱。窺地軸於八表,鞏京都於三輔。明堂辟雍,郊宮册府。皇殿上圉,千門萬户。十稔所不能竭,六力所不能挂。隻手直達,萬景爭取。象閎麗而成儀,步從容而景武。渾乎扶風之傳,超乎梁園之矩。是爲健才,可與道古。至於驅遣庶品,闡維巧思。草木華實之畢致,蟲魚鳥獸之分司。古器在御,殊珍自持。鏤雪琢月,呈態弄姿。渺神智於一髮,組文章於寸絲。言小而渫潔,質工而藻披。討開府之遠韻,汰茂陵之冗辭。惜文翰以韜澤,肖微貌而貢奇。是亦藝府之絜,猶然定聲之詩。別有哀樂區性,榮枯傷時。匪吳郎之嘉會,即江生之別離。或登高以弔古,或空帷而獨悲。託微情其欲訴,接元感而前知。罄楮不盡,含毫自怡。長言淵乎其番首,短章朗然以列眉。真純之變,哀艷之遺。無體例之自限,任余情之所之。若乃試院之士,白戰之儔。攢三聚五,景春眷秋。迫寸晷以求捷,綜繁絲而獨抽。躍文梭於龍鼎,招哲匠於鳳樓。當是時也,苦思既搆,妙韻先搜。工速必備,穠纖必周。按律度而胥中,遵程途

而共由。摩空聲入,焕章錦投。課木天以方軌,獻金殿而比優。是
又駢儷之盛製,非復莽伴之同流。夫俗尚者道汙,曲高者和寡。金
聲必藉於擲地,紙貴必寵於傳寫。未識氣於張雷,奚蚩譽於屈賈。
千金之買無聞,獨角之笑易惹。望重門以無期,搜殘篇而盈把。恥
負鬻於通衢,庸賤儕於擲瓦。式文苑之先型,幸歲月之斯假。將誦
千首以終身,俟孔門之用也。

山川能說賦 以形勢故事

鄭君兩讀爲韻　有序

趙世修　上海

　　桉士有九能:一曰山川能說。《毛詩》孔氏《正義》云:行過山
川,能說其形勢而陳述其狀也。鄭《志》答張逸之問云:說者,說其
形勢。或曰述。述者,述其故事也。蒙以爲從孔氏之義,專言形
勢,似近於偏,不如從鄭義,合形勢、故事兩言之。蓋古人立言,有
一字而異讀者,實因正音、轉音之分,有正音以定形聲之準,有轉音
以通文字之窮。說本錢氏大昕《潛研堂答問》。鄭君兩讀,正此義也。遂
賦之曰:

　　矚中區以逞辯,攬廣輿而振靈。詳稽《括地》之志,窮探《大荒》
之經。是將伸奇八極,演奧四溟。崇論嶙峋以嶽峙,恢言浩博以淵
渟。神皋靈瀆之睇覯,瑋觀瓌蹟之深冥。莫不陳阨塞,述典型。抒
德音之金玉,爭英光於日星。放言而九州抵掌,游神而萬象在庭。
聞之者舌橋而不得下,道之者口啟而不復扃。名山大川,君子戾
止。固能使攻据之不失實,摹繪之無遁形。則嘗雅什披廊,遺墟溯
衛。高邱屼屼以望楚,河流湯湯而昒濟。亦既可興可觀,如帶如
礪。然而六宇之所包,九能之所繫。太史輶軺之所畢通,遠人航樞

之所廣涊。何山無□,何川不麗。東瞻瑯琊渤海之雄邈,南指衡霍瀟湘之迢□。西則有岷嶓汧渭之控引,北則有壺梁恆漳之嶤瀟。羌區綿亙以連屬,通源委輸以迤繼。越國過都,跂嵬達潫。有所經歷,罔勿審諦。凡山川豀害之憑恃,典實之坿隸,言之必碻,析之必細,持說者殆不貴識限一隅也。所貴讀書行遠,而盡知天下之大勢。緊形勢之紛呈,實輿圖之要務。瞻神秀之起伏,辨脈絡之貫注。地維崒𡺥以分峙,天塹縱橫而交互。攬其極勝,則羣山之小者,若奔赴矣。扼其通津,則眾川之旁支,堪比坿矣。某山某川,天府膏腴,可以充藏庫焉。某山某川,雄鎮盤鬱,可以備屯戍焉。或鞏石以奠方,或襟流以負固。睇高屋之瓴建,列分野而棋布。瞰都邑之繁系,按章亥之推步。含奇孕靈,出雲蒸霧。然此僅得山川險要之大槩,而尤必攷其實而言其故。故事臚舉,是在博識。窮行跡之探搜,盡學力之推致。五方父老之談述,四國風土之載記。徵文攷獻,闡幽發祕。陵谷何年而變遷,河渠奚由而改置。高巖巨壑之名蹟,神峰奧澤之異志。鉤稽博物之彙編,證訂多聞之夙嗜。盰今衡古,說無不備。圖經有可數之典,口舌無不達之意。斯葢因山川而論掌故矣。又不徒以虛言形勢畢乃事。所以說之者,二義必兼,九德斯正。匪妙言詮,匪高談柄。窺豹之誚休騰,揮麈之辭殊復。歷嶽瀆之名勝,資方域之攷鏡。陳狀免昧要之噎,徵蹟袪儉腹之病。手聚米而可指,口懸河而非競。風雲通於胸臆,靈淑發乎情性。據形論事,山合川映。大夫能此,固可悉《禹貢》九域之區,更得聞春秋列邦之政。故說山川者,觀象圖册,采風歌詠。州徧閱乎青、徐、兖、冀、荊、豫、雍、梁,詩全誦夫唐、魏、齊、秦、曹、檜、陳、鄭。載稽箋疏,載繹傳文,羌一字之異訓,似兩解之微分,遂致羣疑莫破,別議滋紛。殊不知說從言兑爲談論,說通遂述爲典墳,正音與轉音不別部,假用與互用各異云。康成舊證,辯之鑿鑿;德明釋語,攷之殷殷。良以說形勝者必資多見,說古事者必藉博聞。然則鄭《志》固明明可據，又何必申《正義》於孔氏，存疑問於張君。且夫山川亦正不易説矣。九嶻九曲之奧衍，五嶽五河之犖蕩，盤龍踞虎之要樞，浮黿互虹之名壤，峰巒倬詭以多阻，江漢委蛇以至廣，行蹤游閲，山川俛仰，而欲足之所經，心之所賞，規全勢於方寸，驗故實於疇曩。吾恐言多坿會，境託影響，未必握權輿而不遺，洞支流而無罔。苟能論異乎眉睫，語殊乎想像，扼要有成竹之在胸，徵信如螺紋之印掌，逞偉議之崇深，飛英辭之俶儻，此才固山川所不數見，其説遂足邁一時而無兩。方今天子神聖，人材誕育，千山貢姿以獻瑞，百川效靈以導福。士生其際，所當擴其眼識，儲其胸腹，萬國之圖書手披，一統之紀載口熟，固非第建邦能命，龜田能卜，作銘作誓之有詞，爲祭爲誄之善祝。何況中外一家，海宇清穆，擅賦者既拜手於大廷，奉使者尤見重於當軸。向非山川所過，説之無惡，何由通島夷於一舸，納歐洲於尺幅。計程逾乎三萬里，論績超乎十二牧。卿流宏博，遐陬懾服。是知國家致遠之才，必如鄭君所云，乃不媿半生之閲歷與十年之誦讀。

四目靈光賦 以天生大聖四目靈光爲韻

趙世修　上海

黄服垂庥之世，赤文貢瑞之年。神史立矣，異人出焉。洵大觀之在上，乃重離之畢宣。靈矚元樞，兩界洩苞符之奧；光眴秘橐，六書開蝌蚪之先。豈真盤古化身，左爲日而右爲月；俾繼伏羲制象，俯觀地而仰觀天。緊循蜚之作紀，有字祖之騰精。鳥獸規跡，龍虯覷睛。殆將通元會之閉塞，振冥區之晦盲。六相盰衡，登大廷而同拜；五官眙愕，顧左史而咸驚。是能兼視，斯爲並明。際貫胸長股之來賓，無奇不有；值隆顙修髯之在位，應運而生。相傳倉頡有四目焉，厥象難方，斯人稱最。軒六宇之清明，燭九垓之矇昧。錯認五星缺一，列宿聯輝；幾疑二曜增雙，重輪暈靄。秉水火金木之光氣，佐土德而應五行；矚東西南北之靈奇，立中區以規兩大。徒觀其珠角精含，瑤樞色映。包四極以如箕，照四溟而似鏡。誕鍾非偶，擅斡元旋化之功；顧盼兼人，執明陰洞陽之柄。爲問青瞳千眼，何異何奇；更殊赤帝三眸，乃神乃聖。蓋其時渾沌久分，菁華里萃。亶錫瑰奇，肇興文字。著瓌怪之俶姿，極鉤摹之能事。四隅鬼泣，燭姦窺魑魅之精；四柱天開，雨粟露氤氳之祕。昭昭之象胥呈，炯炯之矑特異。大通不礙，休言禹耳之漏三；重照無方，詎遜舜瞳之明四。所由靈贊軒轅，光增冕服。耀斋采於乾圖，炳元輝於坤軸。窺上察下，被四表而光明；絕後空前，邁四維之靈淑。坿寶之精旁注，四目帝不僅有熊；蚩尤之氣全銷，四目神亦安涿鹿。藉此識河書洛篆，容成徒許張眸；望之如景星慶雲，沮誦且將瞠目。顧或謂智濛之世，荒渺不經。後人每好奇說，先哲初無異形。縱然洞照四方，明徵覺察；未必奇呈四睫，特幻晶熒。殊不知間氣所毓，神姿可型。湯四肘而祥開殷祚，文四乳而瑞衍周庭。他如駢齒重顴，自昔曾垂典冊；八肱九首，何嘗不貌丹青。復奚疑倉史之多目，固可信元穹之耀靈。宜其豐碑金石，巍廟馨香。人遙姬水，姓溯侯岡。四嶽搜珍，遺像爭披古藏；四陲識字，大文高煥天閶。夫是以書能肇聖，史亦稱皇。從知玉矚金睛·接百靈之精爽；定卜瓊泥翠檢，奪萬目之華光。

吴越之間有具區賦不限韻 并序

唐志益　六合

《爾雅》具區,即古之震澤也。郭注混太湖、震澤爲一,其説非是。攷古經條例,湖曰浸,澤曰藪。具區列十藪中,則與太湖非一,不煩言而解。且藪字見《説文•艸部》,明係眾水交匯之區,而實草木叢生之所。如孟諸、雲夢等藪,皆兼言水草,此可例推。近儒郝氏不從郭注,當矣。今宗其説,敷演厥旨,至於吴、越之故實,則未遑撫拾也。爰爲賦曰:

繫震澤之今城,隷揚州之古域。一水蕩其迴環,三江時乎通塞。澎澎沜沜,鬱此澤國。爾乃目極瀰漫,吞吐天光。水草之所縈滀,川瀆之所歸藏。迴視全湖數萬頃,乃橫亘於其旁。爰有具區,十藪之一。環吴越兮形逶迤,成澤藪兮光淫溢。著美利於東南,信財源之殷實。然當其積潦浹渫,長波崔嵬,沙淘岸仄,浪激崖摧。平望八尺之頃,聲震撼而奔雷。洪濤若接,疑竈斯乘。指會稽之名郡,釋《禹貢》之繁稱。孔穎達之所箋注,郭景純之所服膺。靡不五湖共指,眾口交騰。及今溯職方,攷漢志,浸爲水會之區,藪兼草生之地。厥號攸殊,其名自異。況烏程之二鄉,又濱湖之足記。別有大陸陽陓,圃田焦護。大野則産紀薪蒸,海隅則池饒竹樹。江南夢田,望諸古渡。羌博引而旁徵,藉解紛而訂誤。嗟嗟!時代屢易,陵谷頻遷。水有時而爲壑,隄有時而爲田。惟此具區者,終古襟帶於越地,吴天使非爲之循名而核實,又烏能歷千載而常傳?

宣房塞兮萬福來賦以題爲韻

姚彭年　如皋

於廓東充，危室之躔。神脈躍地，瑞精煜天。鄄城南下，昆吾北遷。修堰千級，戊龍蜿蜒。深五十尺以爲極，廣一百步而止焉。是瓠子下流之要衝，乃魏郡發源之西偏。鶴池浪浪而靈集，鳳邱嶄嶄而星駢。二渠復張，神宮嶢然。左矚萊沙，右攀龍淵。擴天宇其清穆，朝河神而景旋。參旗奏靈於中衛，秦鞭策功於上川。日月協瑞，山淵貢虔。故自元光三載，迄於元封二年，凡越二十有四歲，然後上帝賚錫，元區俯趶。眾庶悅豫，百靈昭宣。登斯隄者，東瞰長泗，西窺檿桑。北景吾山，南眺濮陽。駐蹕之區，赫乎中央。北流三折以相向，天峯孤擎而莫當。帆檣厠載，車馬列行。三河人士，熙熙攘攘。額手交慶，忻然相望。僉曰：炎漢之興，黃河勿康。潰金堤，壞大梁。溢平原，危須昌。自孝文皇帝以來，有事於酸棗之防。然且廥鉅麻，集殊祥。延壽之玉，貢於地祇。再中之日，燦於天章。渾車書於方夏，徠梯航於大荒。國祉振振，祖謨洋洋。誕及今茲，竺佑我皇。因萬姓以請命，不崇朝而告臧。是以醴泉側出，膏露滂滂。赤雁下集，白麟上翔。石間雙捷之慶表，后壇三燭之神光。受福釐於河東之黎脊，逮餘瑞於甘泉之芝房。昔之東郡告災，鉅野下逼。頓丘既徙，渤澥靡測。氾郡十六，勞卒千億。術士占天於山東，丞相惜土於河北。禱詛大功，沈息人力。咎徵捷召，異祲罔極。則有螯龍怒蛟，左右吞蝕。挾九子以逆行，渺百里於瞬息。舞波則腥風截素，漬沫則雨沙慘黑。河伯助虐，莫可閼抑。二十餘縣，噍類盡賊。關東之患交興，青州之民相食。儷飛蝗於中野，遍哀鴻於下國。繁憂方深，禍燄未熄。天子曰：咨！朕實不德。捍沈災以無期，納上禎其焉克？將以四月之吉，東巡泰山，親臨河側。湛祠二日，誕告百職。五利娸言，實乃扇惑。朕固知黃金之不成，而河決之必塞也。於時旱屯天澤，擾氛羌黎。既祠五畤，出三齊。上曲城，禱沙隄。修秩岱宗之巔，迴車歷山以西。汲仁、郭昌之徒，先驅而胎睍。千乘雷動，萬馬雲嘶。芝葢妃軒之鳳，羽節通天之犀。固亦湛隆秩秩，祥輝提提。送蹕者目陸，迓輿者靈蠵。曲逆金冠，屈多革鞿。亞馳負土以竦聽，久湫踏波而上躋。神旌靈葆，左挈右提。臨宣房而望幸者，若大旱之矚雲霓。法駕飈至，天顏怒懠。控扼龍虎，驅馳鯨鯢。長茭寒竿，美璧沈泥。始刑白馬，載奠元圭。將軍之負薪百櫛，淇園之揵竹千畦。乞繁祐於吳蒼，振元精於薋薺。截瀡汩若嶄屛，溢淤沙若蒩龗。吳鍫燕鈀，楚鏟梁笓。畬舂淮陽之藁，椎石齊人之椑。箕張齒翕，畚衝土擠。金木之屬，紛然取攜。立水表以徐偵，度淺深與高低。期奠龍於一舉，完下游之奔澌。當是際也，臣下胼胝，上心憂悽。慮敗功於黃熊，冀効靈於赤雞。濡染大筆，昭光斗奎。發為二歌，煥兮赫兮。河公聰聞，胥帝之願。為國捍災，與民息困。張埓石之山溜，鑄安瀾之鐵券。定王伏戊，履坎止艮。百司宣勞而不恤，萬卒竭力而不怨。皇輿初臨，神極立建。難則匹鳥填海之瘁，易則一夫當關之健。鰲足跧跰，龍腹修曼。神沛舊川，瑞集新堰。爾其秘景交臻，雍禧列獻。萬歲前呼，五慝屛遠。景星明於人表，卿雲合於膚寸。寶鼎躍而汾陰開，天馬來而匈奴遯。冰桃貢壽於西王，金麥告豐於東畹。深祥淵淵，遐慶綣綣。使非乂靖漂洶，遏抑簸頓，繕梁坙，定楚坙，則祥源奚駕於奠敷，景曜曷媲於揖遜。一人錫功，四極夷憲。此亦福應之盛也。然已汨民命者八千，耗國帑者億萬。夫以孝武之喜張符瑞，駮蔽耳目。開功邊險，要靈岳瀆。索飛丹以長年，奉素書以納櫝。靈宮蒐皇，崇臺起伏。耆年萬務，侈肆興築。民靳生治，歲戕時熟。矧水衡之冗材，遭河埠之傾覆。歲星兩終，正道始復。伊子

177

元之未培，遽修禔之上祝。是猶升岡而附犙車，跛履而極窮籠也。後葉纘政，書患連牘。漂淪館陶，氾決鳴犢。灌漩下滑，侵危東濮。底柱之鐫不可繕舉，信都之溢不可潴蓄。諸家候驗，古緯祐祿。謂西京受興，暨於鴻嘉。五決二溢，胥非皇漢之福也。迄今一千八百四十餘載，漢防代湮，齊旌不囘。太史公《河渠》之所述，扶風氏溝洫之所該。藻飾靈武，眇默祲災。亦猶內傳之章皇，雜記之奇瑰。故漢廷之河議，惟馮浚爲治才。我聖清之受命也，冰夷秉順於赤甸，謝王翊靈於魚臺。定沙告清，怡坡沈埃。天藻郁郁，神綱恢恢。當聖祖之紹御，厪黃流之轟隯。梗運徐揚，漸波青萊。書宮柱爲箴監，識碭山於偁胎。功成十載，歡騰八垓。大輅南巡，榮光精開。景觀河之上儀，升受釐之中台。越三周之甲子，復鄭防之告隤。皇帝上景祖武，下簡臣儓。迺鑄鑕而墊簨，遂涵轄而鉗鎚，紛蚩鱗與翔角，掣颶風與怒雷。泉刀委輸，役夫招徠。晏湼翕靖，下陂汜洄。堅屏千祀以蠡蠡，熙功萬方而咍咍。星疏賫奏，帝曰：欽哉！復聖德之調抑，胥慈宮之景推。祺麻勿哆，黎元孔培。堯壤頌歌，舜琴皋財。以故東南休豫，中外欽俠，陸礐水慄，奔走而偕來。若夫弛道浮蔓，例功塞瓠，繄武皇之誕施，蕩姒宗之軌度，大欲方洐，福徽焉附？今試與登萬六丈之隁，圖四千年之路，三策之建亦殊，二流之爭曷固？築北挽東之戾方，分黃導淮之踵誤。易世殊軌，因時成務。彼河流之弛張，實累代之耗蠹。六堤七埽，三防四護。人存法舉，民息道裕。急湍定於簣土，洪波發於涓注。後有河事之責者，庶幾覽先。監康修祚，殷澤丕昭，河靈眷顧。竭一勞之機樞，奠萬年之田賦。

金口木舌賦 以使諸儒金口

而木舌爲韻　并序

馮銘　江陰

　　揚子《法言·學行篇》：天之道不在仲尼乎？仲尼駕説者也。不在兹儒乎？如將復駕其説，則莫若使諸儒金口而木舌。李軌注曰：駕，傳也。金寶其口，木質其舌。傳言如此，則是仲尼常在矣。揚子《法言音義》引柳宗元曰：金口木舌，鐸也。使諸儒駕孔子之説如木鐸也。然則李注非也。攷鐸有金鐸木鐸，其體皆以金爲之，惟舌有木金之異。金舌爲金鐸，木舌爲木鐸。《論語》：天將以夫子爲木鐸。邢昺謂金鈴木舌，朱子則謂金口木舌者，以鐸音出于舌。《説文》：鐸，大鈴也。是鐸乃鈴之别名，木鐸乃金口木舌之鈴也。文事奮木鐸，武事奮金鐸，故金鐸惟司馬行軍執之，而木鐸之用最廣。馬端臨云：木鐸振文事，在帝王天子，則行而爲政；在元聖素王，則言而爲教。揚子説本《論語》，使諸儒金口木舌者，正欲諸儒廣播夫子之道，言而爲教也。爰本此恉賦之，其辭曰：

　　緬聖澤於尼山，記學行於揚子。證往訓以共敦，廣遺言於未靡。以金爲範，陶鑄成材。如木從繩，方圓同軌。覺聾振瞶，居然喉舌之司；播義宣仁，莫笑口頭之技。懼若羣争鳴異學，競簧鼓之猖狂；願諸儒相應同聲，仿輈行之驅使。夫金口木舌之爲木鐸也，揆文重於周室，徇路紀於夏書。大鈴則許君訓詁，懸鐸則虞帝權輿。范金度式，削木中虚。稽《月令》之文，警雷聲於幾旬；肅道人之戒，播風化於鄉閭。臣固以爲舌强，木乃八音之末也；不啻自其口出，金惟五等而取諸。若夫諸儒者，席珍望重，文實論乎。守説禮敦詩之軌則，合方巾矩步之規模。重以薰陶，受顔閔之鑄；遂其私淑，皆孔子之徒。表木爲型，萬物乃聖。人式鑠金何患，五經稱眾説郛。將毋舌兑喉坤，合夏商周而誦法；任爾口講指畫，通天地人之謂儒。特是道分隆替，學判古今。既誦言於聖域，須駕説於儒林。夜氣能存，以材木爲美；懿言可復，毋金玉爾音。曾聞尼父周遊，司七十二邦之鐸；不藉韓王勸學，輸一十三載之金。故其爲金口也，取譬瓵懸，非關瓶守，金鐘啟化於辟雍，金鈸觀型於懿首。因人而教，豈口説之妄騰；抱質以遊，願口箕之翕受。不惜心維口誦，使先知覺後知；請看玉振金聲，任大扣與小扣。方津津於口角，利用斷金；匪懍懍於金人，戒嚴緘口。其爲木舌也，德音胥振，法語攸垂，非咸舌而占易，羌掉舌而爲師。或假之鳴，先鼓篋而來太學；吾聞其語，異説鈴之舍宣尼。彼木訥無文，難賡同調；聞木華喻德，藉作先資。朕舌莫捫，好辯本不得已也；吾舌尚在，立言須俟我乎。而宣化校庠，和聲黨塾，開席上之誦弦，繼壁中之絲竹。口舌出納，遊聖門者難爲言；金玉攻治，喻學問者戒其速。木曰曲直，金曰從革，羣生各裕其原；口爲食官，舌爲言司，多士胥受其福。口談能給，由來吐石含金；舌本猶甘，戒爾朝華夕木。是以教闡斯文，道存先哲，饒舌之誚不辭，苦口之爭愈切。均未若我國家文學休明，經生誦説。炳金共仰，聖教昭宣。謗木無須，儒臣忭悦。木鐸啟杏壇之化，後學嗣音；金鑾分芹沼之香，小儒咋舌。

黄鐘宫爲律本賦<small>以考中聲</small>

<small>而量之以制爲韻　有序</small>

黄恩煦　清浦

《漢志》：黄帝取竹之解谷生，其竅厚均者，斷兩節間而吹之，以爲黄鐘之宫。制十二筩以聽鳳之鳴，其雄鳴爲六，雌鳴亦六，比黄

鐘之宮而皆可以生之,是爲律本。按《月令》:中央土,其音宮,律中
黃鐘之宮。賀氏瑒以爲虛設律於其月,獨取聲應,不用候氣。崔氏
靈恩亦謂黃鐘之宮最長,爲聲調之始,十二宮之主,四時之律,皆取
氣應。而土王之律獨取聲應者,以土寄王四季之末,故從四時之管
而不別候。二説皆的搞可從。惟蔡氏及熊氏以此爲黃鐘少宮,半
黃鐘九寸之數,管長四十五分,六月用爲候氣。不知六月林鐘律長
六寸,七月夷則律長五寸三分,今以四寸五分之律介其間,豈氣果
倏升倏降乎? 其誤固不待辨。竊嘗尋繹《漢志》,先言斷竹爲黃鐘
之宮,後言制十二箇,是黃鐘宮在十二律上,雖虛設此律,而得爲聲
調之始,十二宮之主者,於此可見。間考京房律準,用十三弦,中央
一弦不動,下畫分寸,以爲六十律清濁之節,餘十二弦起應十二月。
意者古人制律,自有此立均出度之妙用,蓋黃鐘能生諸律,而黃鐘
宮并能生黃鐘也。爰申斯義而賦之。

　緬邃古之混茫,稽神工之創造。念大樂兮未張,爰中聲兮窮
討。五音布濩,用斟化而調元;六氣宣揚,欣吹枯而噓槁。有律焉,
統攝陰陽,轉移寒燠。令播乎暘谷幽都,序周乎朱明西顥。冠一十
二均之首,宛然无體无方;開八十四調之先,詎曰弗鼓弗考。在昔
軒轅之世,宣威涿鹿,訪道崆峒。挈綱維於皇象,□運會於帝鴻。
爰乃向伶倫而咨訪,躋嶰谷之穹窿。凰鳴截管,鳳吹裁箇。以兩大
爲鈞陶,早悟元功亨毒;以五行爲橐籥,渾忘淑氣沖融。蓋推萬事
之權輿,律居其首;而溯五聲之統會,宮取乎中。原夫黃鐘者,候仲
冬之中氣,值半子之初萌。琯灰吹而倏散,緹素覆而殊輕。秬黍關
心,想幽谷恍如雷動;寒梅遞信,知綺窗早報春生。然而微陽纔動,
殘臘將迎。雖配初九爻而得位,祇偕十二律而齊名。倘求上古曆
元,允合疇人之布算;若應中央土令,尚煩神瞽之尋聲。若夫黃鐘
宮者,調二氣,貫四時,諧玉琯,協銅儀。考律準於漢家,一弦居中
而不動;稽律均於周代,四柱分布而咸宜。用能隨一周爲變化,與

六間爲推移。子母宮各循樞紐，正變律弗爽毫釐。作甘告稼穡，功成如是如是；噓暖占水泉，脈動已而已而。至其爲律本也，神奇莫測，運用無方。黃鐘管既居律之長，黃鐘宮尤爲律之綱。握中樞而順六事，居中位而倡四方。於以成八音之繁會，於以協九奏之鏗鏘。無殊地軸，崑崙兩戒之山河遠繞；不異天樞，宗動三霄之星斗遙望。統清濁於六陽六陰，益信元音微妙；辨短長於九分九寸，底須古尺裁量。且夫論樂者必衷諸是，審音者貴釋其疑。覽《漢志》而旨宜融會，讀《月令》而説漫紛歧。稱爲黃鐘少宮，既窮於上生下生之數；指爲黃鐘本律，詎合於太廟太室之規。豈知事從其朔，道積厥基。是律也，羣律之主；是宮也，眾宮之司。譬八卦肇自河圖，夫各有所當也；猶兩儀生於太極，不可得而名之。良由理洩皇初，運開太始，因造物之胚胎，見化工之積纍。一元旋轉於不窮，萬有包含於靡已。律賅乎丑紐子孳，宮統乎章商迭徵。鐘之名可通於種，如木有本而由幹及枝；鐘之義亦取諸鍾，如水有本而因源達委。林鐘展事，應鐘均利，悟消息恆於斯；大吕助物，南吕贊陽，能左右之曰以。所惜古樂無存，和聲久替，共忘矇瞍之專司，誰習太常之曲藝。史遷立生鐘術，律定八寸以奚爲；蔡邕著銅龠銘，律審積分而曷濟。他若辨累黍之縱橫，驗吹銅之次第，雖競攷夫宮懸，究難窮夫利弊。此所以律愈加密，十七萬徒展新分；而宮還相爲，六十調莫明古制也哉！

問穀對冰賦 以問年穀而對以冰爲韻

沈文瀚　泰興

　　士有譎諫難窺，廋辭獨擅，息戈甲於方張，扶輪轅於將債。臣以正對，出意表而無嫌；公曰諸哉，悟寰中而不分。惟陰陽胥協夫天時，斯豐歉不乖於歲運。幸有穀與荊揚偕熟，職方之典非虛；倘無冰而宋鄭同饑，梓慎之言可問。方齊景公之伐魯也，耀雪鎧，厲霜鋋，車擊轂，士摩肩，視戰窌之氣則已壯，方問楚之師則未賢。過下邑而駐也，得東門而諏焉。維時秋成畢役，冬令司權。蛇鳥熊羆，故府之六韜可用；禾麻菽麥，兗州之四種誰先。倘教懸罄堪虞，折柳下犒師之語；或者汎舟相繼，效關中輸晉之年。疇詠如京，誰歌有蓄。籌執滿而執虛，倉若贏而若縮。蓋將狙人之危，麋彼之族。意無澤且囁嚅不聲，進退維谷。待數孝孫之稼，鄭人恐竟取吾禾；欲陳臧室之編，魯史又不書他穀。誠以慘舒順節，通塞應期，寒暑淯而溫肅錯，刑政厖而上下離。國邑當者，災祲隨之。不見夫《豳風》載詠，《月令》有辭。二日冰沖，在黍稷登場以後；季冬冰盛，即瓜瓠落實之時。比雪渥而年豐，於彼於此；倘雨行而凍釋，已而殆而。遂乃細微指以前陳，繹名言以相誨。謂臣迹託菰蘆，識同塵蓙。北門之宴何吟，南郭之飢易貸。第觀夫窮谷所凝，凌人攸載。縱遜千年冰釋，寒結凌陰；幾同六尺冰深，堅留絕塞。置數片於遼馮牀下，應怯相依；分一匲於句踐堂中，何嫌坐對。在景公盛氣相淩，雄威自恃。果其睨酒識褐父之心，析骸窮華元之技。方將五戰而入郢中，再鼓而通逵市。三日之糧不須，一榼之飲可釃。豈知語隱隱而莫通，味醰醰而彌旨。未必癡難辨菽，胸本模糊。斷非性好語冰，詞偏俶詭。所爲別穀名於東方禾，北方黍，《周書》之説可徵；驗冰災於四月荒，六月兵，《易傳》之詞有以。懿夫賢侯偉識，嘉言是膺。旌旆遄返，戈鋋不興。然非晏子之學通窔奧，理徹痿癏，則夫無澤者，詞未若鍾儀之善，才不及屈完之能。方疑昧五行遞勝之原，終遜淮南之論穀；何暇參四序相翻之理，遽同列子之言冰也哉。

延陵卓子乘蒼龍挑文之乘賦

以中立而不知所由爲韻　有序

畢光祖　太倉

延陵卓子見泣造父,語出《韓非》馴馬高車而不能進退,蓋設喻甚奇,而警世甚深也。惟挑文二字,艱於索解,載籍無可攷證。竊疑挑文當讀雕文。雕文就車言,與《墨子》所謂文軒同;蒼龍就駕車之馬言,即《月令》之倉龍也。挑、雕字異音近,古書例得相叚。且挑或從周作挏,與雕尤近,其相通叚固宜。既釋其文,爰衍爲賦。辭曰:

昔韓子以爲天下之道,愚者由之而塞,智者由之而通;天下之物,巧者用之而神,拙者用之而窮。維繫束縛,則雖有千里之駿而不能出其牢籠;昏瞶盲瞽,則雖有指南之車而不能辨乎西東。夫是以跼蹐於跬步之内,尸偶於宇宙之中也。吾聞有延陵卓子者,步趨不知循,射御不知習,僕駕而出,驂導而入。然其性以游鶩爲能,以馳獵爲急。日者召彼僕夫,我車既同,選於外廐,羣材維集。於是乎命駕彼郊,引輪廣隰,前則金革和鳴,後則珠璜綴緝。好事之徒、意氣之士,聞延陵子之車乘焜耀者,皆翹首夾道而立。乃觀其馬,則蒼龍之品也;乃觀其乘,則挑文之奇也。鬱乎風雷之氣,焕乎黼黻之儀。縵輪繡轂之華,無以爭其巧;緑耳渠黄之種,不能比其姿。非大路不雕,有文以别其等級。得孟春之氣,如龍之鼓其鱗。而蓋八尺七尺之名,可攷諸庾人之職;而畫水畫山之事,有合於冬官之司也。是固宜騁康莊,揚塵坲,轍迹縱橫,風雲飇欻,任道里之遐邇,以吾意爲伸屈。惟時止而時行,豈有能而有不? 固將擅絶技於古今,逞良材之奇崛也。而何至拘於墟? 而何至滯於物? 然而卓子於時策而驅之前，若或之禦也；約而使之後，若或之羈也。雖非無軔無輗之比，而有畏首畏尾之疑。進與退不知所可，左與右兩無所宜。出廣野而如伏櫪，向坦途而若臨歧。卓子方且聳然悸，悵然思，即或究其致病之故，而彼且未之知。於是造父見而泣曰：夫策設於前，宜其欲進而不能也；引綴於後，宜其欲退而相拒也。是雖工垂爲輪，而巧無由施；雖良驥效駕，而足不能舉。且夫天下事，豈獨乘然？彼夫君人者，馭臣民，輕取與，上不得其綱，下不得其所，動輒艱難，行輒險阻，以視夫卓子之乘，不將同日而語哉？噫！此雖韓子之設詞，而其言非無由也。今夫紀網者，一道路也；民庶者，一輪輈也。動作出入，馳驅至速也；進退賞罰，駕馭至周也。去其害馬者，而駑良弗雜；絕其掣肘者，而功效可收。夫而後德車樂御，風輦雲游，行蠻貊，達九州，而無進退維谷之憂。

王式以《詩》諫賦 以臣以

三百五篇諫爲韻　有序

趙世修　上海

　　嘗讀《漢書·儒林傳》，竊爲王式不取也。式爲昌邑王賀師，固較中尉王吉、郎中令龔遂分誼尤親。王行多無狀，初不聞式有一言諫也，而諫者乃在王吉、龔遂。王好游獵國中，動作亡節，吉引《匪風》《甘棠》之詩以規之見吉本傳。王惡怪異，遂叩頭言曰：大王誦《詩》三百五篇，人事浹，王道備，王之所行，中《詩》一篇何等也？遂語在《昌邑王傳》中。嗟乎！如吉、遂者，洵不媿爲以《詩》諫者矣，彼王式何得援此以自解乎？向使式果以《詩》諫，則正不必有諫書也。日與王處，王有過失，式即引《詩》以爲諷，名言婉論，必有所流布，何至班史絕不載其引《詩》規王一二語耶？徒以昌邑既廢，及身繫獄，欲求免死，而爲此掩飾欺人之語，甚無謂也。觀其對治事使者曰：臣以三百五篇朝夕授王，至於忠臣孝子之篇，未嘗不反復爲王誦之也；至於危亡失道之君，未嘗不流涕而深陳之也。斯言也，式自言之，真歟？僞歟？誰能遽信？夫式固治魯《詩》者見畢秋帆《傳經表》、陳僕園《魯詩敘錄》，始事免中徐公及許生，繼乃授之張長安、唐長賓、褚少孫，由是魯《詩》有張、唐、褚氏之學。然則如式者，僅謂其能通《詩》可也，必謂其能以《詩》諫不可也。漢儒治經者多，凡引經語以諫君者，靡不見諸本傳，或坿見於他傳，播爲美談，以徵信於後世。如式所云，徵信安在？正不得因此許其忠也。敢本斯旨，以爲賦曰：

漢王式以經生之宏博，作藩服之師賓。當昌邑之既廢，乃託辭以自陳。未嘗不悱惻攄抱，哀幽動人。然而白犬青蠅，往日之進規非汝；鳴雞大鳥，平時之扃口何因。既慚董相精純，先事説天人之變；枉效賈生涕泣，微軀是刑戮之臣。繄彼西邸名高，東平望始。際昭帝之末年，輔哀王之冢子。王子不賢，王國何恃。倘左右之有人，庶箴規兮是美。以式也，爲傅爲師，如監如史。況治《詩》而大義能通，詎進諫而微言乏指。當是時也，讒諛盛行，災異迭起。中尉引《詩》以陳吉凶，中郎援《詩》以爭亂理。試誦《板蕩》《黍離》之什，臣敢云天實爲之；苟講賓筵抑戒之文，君豈曰我不屑以。而式乃讜詞自秘，苦口不參。豈諫後即焚私稿，豈《詩》中別寓深談。以敬天勤民望，大王暇日，宜陳三《頌》；以修身齊家規，嗣主歌風，當首二《南》。胡不聞幽圖儆逸，鄭樂戒耽。果其教授有方，秉丹忱而矢獨；何至扢揚無語，類金口之緘三。迨賀即帝位而不終，式假雅言以自白。謂臣嘗諷誦迴環，涕洟悚迫。發忠孝於篇章，鑒危亡於旦夕。諫非不切，別存披什之心；《詩》可以興，獨泯事君之迹。取列國之謳謠，代深宮之藥石。不足爲外人道，匪衿博士無雙。必欲求富日書，敢謝大夫凡百。片言自陳，寸心莫覿，如訴幽微，似多哀苦。問太傅千行血淚，可曾灑到經筵；恐大師一卷牙籤，祇解言詳雅詁。學井伯相虞之緘默，本來諫說無聞；託屈原忠楚之憂思，亦以《詩》騷爲主。侯得之私衷誰識，幸逃鞶帶之三；張安之正士難容，羞對素絲之五。倘使性情能淑，諷諭無愆，詩詞屢引，諫語爭傳，豈不足邁敦《詩》之劉向，勝授《詩》之韋賢。唐、褚無能踵其後，許、徐何由掩其前。從知魯國生徒，莫不軒眉以動色；即對漢家廷尉，底須俛首而乞憐。奈何格君不豫，誦古徒專。可堪歌吹聲中，莫解驪駒之誚；那禁衣冠座上，更呼狗曲之篇。彼重之者，方以爲苦詣堪申，孤忠非謾。寫鬱紆於雅管風琴，寓誠愨於安絃操縵。既能託諷於無言，縱不批鱗而何患。於此即有論，史必嚴誅。心得間者，猶且代訴煩冤，疑工苛訕。殊不知實事無徵，私情可覵。居師位而徒嫻雅什，已是庸臣；厠禮官而不復冠巾，頗如巧宦。儻許薛、張承學，推東國之傳詩；倘偕吉、遂同稱，媿西京之善諫。

王式以《詩》諫賦 以臣以
三百五篇諫爲韻　有序

金鉽　泰興

夫曹奢魏儉，太史采風於輶軒；瞍賦矇誦，先王陳規於鐘鼓。是以房中雅曲，稚圭獨引《關雎》；澤下哀聲，長倩曾歌《鴻雁》。《桑柔》一什，迺賈潁川之直言；《采芑》四章，是劉子駿之讜論。此皆因緣經義，指類事情，匪執迂儒之談，無戾風人之旨。若王式之以《詩》諫，其不忝於斯矣。式作官藩服，授業講筵。韋賢家傳，召爲淮陽之尉；韓嬰師説，授於高密之王。攬齒雅之大體，雝雝肅履；陳睢麟之厚誼，娓娓動聞。《凱風》《蓼莪》之篇，迺動清河之孝；白露蒹葭之句，實贊東平之賢。徒以君聽不聰，王業終墮。劉康游晏，空持國傳之書；燕旦荒淫，并召郎中之禍。惋其惜矣！慨乎傷哉！

187

説者謂式傅昌邑哀王之子,與王吉、龔遂同官。胡以中尉之疏,傷悼於匪車;家令之章,儆陳於止棘?而式則諫稿不傳,《詩》篇無指,語固由其自述,事恐出於欺人。不知吉、遂臣也,式則師也。臣遠堂廉,或上書而伏闕;師居函丈,恆執經而侍座。十五國風之俗,莫非取鑑;左右經筵之旁,奚勞補牘?是以内廷獨對,莫啟皁囊之封;温室無言,未登青簡之録也。若夫戾園虞侍,箸述富於王褒;梁館賓從,謳詠擅於枚叔。自負一家之技,有乖六義之原。以視式之以《詩》寓諫者,不益信通人宏博之用,老成典型之存哉?爰爲賦曰:

盛哉!漢經生之善諫也。魏侯以四書料敵,韋君以三《禮》議親。杜孝廉執聖經義例,谷司農稱皇極經綸。旁徵兼取,魯論表陳匡鼎;近鑒宜觀,無逸書奏子真。此皆良言苦口,逆語批鱗。將掞張乎古訓,以攻擊乎上身。高論三策《春秋》,董仲舒屏藩賢傅;太息五行《洪範》,劉更生家世宗臣。其時有王翁思者,昌邑大師,東平偉士。推爲魯國之儒,傅彼哀王之子。而獨佔畢一經,披吟四始。晦明風雨,嘯歌寫君子之憂;箋註蟲魚,粉飾異文人之美。一似感風謡於里巷,思婦勞人;陳誨戒於賓筵,立監佐史。爲念河間,歌雍之對《大雅》;夫惟若論淮南,招隱之吟雖多。奚以?豈不以非心未格,大體多慙。池苑縱從禽之樂,閭閻歌《碩鼠》之貪。是宜盛衰流覽,得失詳諳。鸞旂鼉鼓之聲靈,祖德無忘三頌;麟趾鵲巢之仁澤,王基當念二《南》。問利病於桑麻,豳圖宜寶;謝風流於蘭芍,鄭樂休耽。其辭侃侃,其味醰醰。君如受業於申公,風賦比興之六臣。是上書之賈誼,痛哭流涕者三。不必慷慨陳言,吁嗟對策。白馬令搏顙叫閽,長信府叩頭横軛。小臣請劍,朱雲攀檻而從容;聖主不冠,汲黯入帷而辟易。而已大義指陳,忠言感格。閲興廢於古今,賴勸懲於晨夕。傷心家室,動《大東》《小宛》之思;滿目山河,問《板》《蕩》《黍離》之迹。讀至鼓鐘淮水,未嘗不掩卷再三;勉爲芹藻泮宫,毋輕此提封五百。惜乎前席徬徨,深宫狎侮。無人主之規

模，負師儒之夾輔。御經筵而不省，天子下堂；詣廷尉而自陳，老臣
對簿。遂令文士譏彈，迂儒責數。謂五被之歌麥秀，誰見其雪涕庭
堦；謂揚雄之賦長楊，胡不即抗聲殿柱。奚取丹鉛能講，風歌謬託
於古初；詎因白簡無言，諫草先焚於夜五。而豈知臣無奏疏，師有
傳箋。即風琴與雅管，能易轍而改絃。當其長言詠歎，諷喻流連。
福祿爾躬，望鳧藻恩波之地；卒瘏予口，感鴉巢陰雨之年。牙籤排
萬軸汗青，匪第經師嶽嶽；心事灑一腔热血，不勝君國拳拳。斯乃
孝子忠臣之語，儒林文苑之傳。不用抗爭而慷慨，固將悱惻而纏
綿。藥石何言，付《華黍》無聲之譜；蘭蓀有淚，想《離騷》未錄之篇。
嗟乎！師誼甚尊，王心易慢。經帷即屬保臨，藩國豈惟游宦。搆小
嫌而竟去，迺聞楚客、穆生；視大禍而不言，亦有栗卿、衛綰。而式
獨執簡授圖，操絃安縵。重借鏡於興亡，慨先機於憂患。則其諫
也，匪爲觀開白虎，詡博士之淹通；實緣樊止青蠅，懼宵人之欺慢。
惜不見靈王囘首，句誦祈招；將毋同韋孟抒心，篇成諷諫。

王式以《詩》諫賦 以臣以

三百五篇諫爲韻

沙元炳　如皋

　　王翁思以山陽碩彦，居昌邑師賓，其業爲徐公所授，其事如瞽
矇所陳，因緣飾以儒術，遂談笑而保身。斯人異東方先生，滑稽善
諷；傳學乃西河弟子，風雅絕倫。安得司空城旦書，擊豕應惭等輩；
俱下丞相御史議，從龍可惜羣臣。昔昌邑王賀嗣，實大將軍光旨，
使節雲馳，屬車電馳。然而災異萌生，讒謠蠭起，君若綴旒，臣皆集
矢。國有大鳥，諷辭遠媿楚廷；道載鳴雞，警戒不同齊士。弱植以
解頤受業，雖多奚爲；盈朝皆箝口不言，厥命曷以。翳豈無削規爲

填之論,抱薪厝火之談。聽風而一書已顯,驗雨而五行可參。龔少卿蠅夢稽疑,樊棘能徵《小雅》;王子陽禽荒獻誠,舍棠曾述《召南》。蓋言之者無罪,庶聞焉而懷愬。獨翁思傳經有術,封事無函,筍常惜苦,果不同甘。公等足與治乎,僅緩其二;曉人當如是否,勿宥之三。冤哉此公,有懷未白,願得一言,幸寬三尺。對繡衣使者,敢惜頭顱;惟歌吹諸生,定知胸膈。問若輩伏蒲涕雨,誰爲俗耳針砭;與我君彈琴詠風,即是忠言藥石。天子以律聲教胄,亦先宵雅肄三;小臣因經術起家,敢謂鶩鳥累百。況乎理始興觀,辭非訓詁,鑑以古形,袞緣經補。風諫本歌謠見意,依然韋氏心傳。全詩皆諷諭之辭,信是封章鼻祖。居常鞅鞅蒼涼,申白雅春;不勝拳拳太息,魯韓舊譜。祇惜抽身未早,遲歌禮舍驪駒;多因讒口易遷,忍見楊園豺虎。想門下污輪表直,且高博士三千;冀官家簪筆多才,或悟國風十五。而乃清狂不惠,乖刺弗悛。義廢蓼莪屬車,迅發思戾蔓草。小輦先遷,游獵山陽,濫學于田之故事,酣嘻溫室,未詳抑戒於賓筵。既愚心之克竭,奈充耳其徒然。賈傅之涕洟已盡,蕭君之骸骨幾捐。狂生有説,則生焉請事斯語。今王所行何等也?慚復此篇。論者謂辭涉枝梧,言多媟嫚,冀解脱鈒鉗,遂依緣絃緡。不知羑羑德傅,開明本有專誠;粥粥廷臣,擁立實貽後患。廿七日馳驅禁闥,誰招毀室鴟鴞?二百人株送宮門,盡網依籬爵鷃。矧翁思望重通儒,仕非巧宦。談經必折角,何慚攀檻朱雲?事上無它腸,亦類戲車衛綰。君子以是咎霍光之少謀,而不疑王式之未諫。

漢章帝詔羣儒選高才生受古學賦

以《詩》《書》《春秋》皆用古文爲韻　有序

黄恩煦　清浦

謹案《後漢書·章帝本紀》：建初八年，詔令羣儒選高才生受學左氏、穀梁《春秋》，古文《尚書》、《毛詩》，以扶微學，廣異義。《儒林傳序》亦稱帝詔高才生受古文《尚書》、《毛詩》，穀梁、左氏《春秋》，雖不立學官，然皆擢高第爲講郎，給事近署。竊攷漢世古文《尚書》孔傳、《詩》毛傳本未置博士。《左氏春秋》，光武嘗以魏郡李封爲博士，旋以重違眾議，封卒不補。惟《穀梁春秋》，孝宣徵瑕邱江公孫爲博士，一時其學盛行，而後漢十四博士中仍無之。帝之此舉，洵所謂博存遺佚，網羅眾家也。至此議實自賈逵發之，其卓識殊不可及。自是而後，通人咸知傳習，所以許君《説文解字敘》云：其偁《書》孔氏、《詩》毛氏、《春秋》左氏皆古文。古學之貴重如此。然則大儒間出，服子慎注《左傳》，鄭康成箋《毛詩》，俾邱明、子夏之遺澤與《穀梁》至今並存，未必非此詔之力。惜乎孔傳湮没不彰，而梅賾以偽亂真，殊爲可慨也。爰論次其事而賦之。

漢章帝建初之八年，萬幾無曠，庶績咸熙。情怡漆簡，澤逮緇帷。欲藉羣儒之力，思搜古學之遺。拾煨燼於秦坑，灰寒竹素；探叢殘於孔壁，韻夐金絲。蟲篆摩挲，此事賴抱殘守缺；鴻都踉蹡，斯人咸説《禮》敦《詩》。原夫古文之未列學官也，源流既別，傳習殊疏。因逕庭之判若，致門户之棼如。江公傳《穀梁》而未顯，賈傅習《左氏》而終虛。安國遭巫蠱之誣，篇曷分乎張霸；毛萇得聖賢之意，名徒軼乎仲舒。珍藏偕《論語》《孝經》，猶憶魯恭壞宅；責讓及太常博士，徒勞子駿移書。帝於是進羣儒而詔之曰：赤固西河之高

弟,左亦東魯之素臣。毛視申公,齊、韓而較勝;孔追夏侯,大、小而
尤純。間者殘編瓦礫,故府荆榛。二千兩輦自雒都,足供掞藻;十
四家列於黌舍,尚缺傳薪。何當招致英賢,看幾輩衣冠擢秀;所望
博存遺佚,維諸卿杖履生春。其選高才生以授之焉。英姿邁眾,逸
性寡儔。或碩學如量、董,或宏文若枚、鄒。一堂坐論,千載旁搜。
念國家運啟卯金,曾著石渠故事;豈英俊光分乙火,莫追天禄前修。
此時六藝兼通,效君子所其無逸;異日四家得立,如農夫乃亦有秋。
是惟簪居滿座,巾卷充街。受書欣逢夫早歲,受業廣召夫同儕。吞
蚘卵於有娀,學述毛而魯《詩》可斥;證烏流於王屋,學申孔而伏傳
宜排。況乎麟史之聖權難執,公羊之墨守殊乖。何以具强識博聞
之概,何以攄質疑問難之懷。望諸生爲百代通人,分門焉取;維朕
意視五經博士,易地則皆。詔旨既宣,臣工載頌。欲求眾説折衷,
端貴諸家博綜。維《春秋》既貴參稽,即《詩》《書》尤資諷誦。境入
瑯嬛福地,幸登高第以光榮;身遊兜率天宫,旋擢講郎而侍從。坐
奪五十餘席,學戴憑之正旦不窮;身通二十萬言,學方朔之三冬足
用。宜乎講舍恢宏,學徒萃聚。濃香薰翰墨之林,古藻擷圖書之
府。厥後士守師承,人通訓故。古學大興,古經共取。三家亡而
《毛詩》獨著,鄭康成具有宏功;二傳絀而左史盛行,服子慎非同小
補。所惜范甯放誕,傳經當斥其誣經;梅賾猖狂,論古徒嗟夫蔑古。
方今聖天子宏搜記籍,廣覽典墳,網羅舊説,搜採前聞。臨講幄以
單心緝熙,共瞻聖敬;御經筵而稽古啟沃,夙仰宸廑。士也情移縑
素,會慶風雲。説經而音澈鏗鏗,期三餘之勵志;尊經而心存翼翼,
慕萬國之同文。

李郭同舟賦以眾賓望之以爲神仙爲韻　并序

孫同康　昭文

李、郭同舟濟河事，見范史林宗本傳。蒙嘗見沈文起《兩漢書補注》，攷李、郭相遇之年甚詳，大旨謂郭少李十八歲。司馬彪《續漢書》稱郭年二十，行學至屈伯彥精廬，處約味道，不改其樂。李元禮一見奇之，曰：吾見士多矣，無如林宗者也。是爲契合之始。其時李方由青州刺史被徵入朝，郭亦以學業初畢，別屈伯彥而入洛，正在桓帝建和、和平之間。范史稱林宗就屈伯彥學，三年業畢，遊於洛陽，始見河南尹李膺。膺爲河南尹在延熹初年，去此時尚遠，蔚宗方敘始見之事，忽繫以後日之官，疏漏殊甚。至同舟濟河之事，則當在李爲河南尹以後，郭見時事不可爲，因急歸鄉里，而李送之耳。自此別之後，兩人一仕一隱，分道揚鑣。蒙竊嘗合而論之，以爲郭優於李。夫一螫之傷，壯夫斷腕，何者？全其軀也。一鏃之微，名將刮骨，何者？保其身也。雄雞絕尾，憚爲人用；尺蠖屈首，冀能直尋。東漢桓帝之世，虎豹噪於九關，豺狼縱於當道。同尊者十常侍，並貴者五將軍。罔不手握王爵，口含天憲。腐身薰子以自衒達，大考鉤黨以相誣染。高冠長劍之徒，布滿宮闈；舞女歌童之玩，盈牣綺室。同惡相濟，實繁有徒。彼林宗知大木將顛，非一繩所能挽；巨室將壓，非一榱所能支。用是潛隱衡門，收朋勸誨，靜己以鎮其躁，去危以圖其安。觀其《答友勸仕進書》，謂方今運在明夷之爻，值勿用之位，蓋盤桓潛居之時，非在天利見之會也。數語見《抱朴子》。旨哉斯言！殆《易》所謂履道坦坦，幽人貞吉者歟？夫世平道明，皇澤豐沛，則君子得赫赫震震，以正小人之辜；世衰道微，福亂睢剌，則君子甯悃悃欵欵，以避小人之鋒。元禮仕於濁世，不能早為引退，猶欲以名聲相噭，口舌相爭，卒至雄離於羅，鳳鎩其翮，無濟國家之事，徒受斧鑕之苦，君子弗貴焉。然其輕權貴如土芥，疾讒邪如仇讐。竹柏之盟，歷久而不變；風霜之氣，至死而彌篤。其殉名也，若蛇赴壑而爵歸叢；其棄家也，若脛制毛而足脫屣。蓋亦能不降其志，不辱其身者。雖與林宗出處殊途，而其心要若合符節，宜當日河干送別，千載傳為美談也。爰為賦曰：

千輛雲屯，一帆風送。澤翔二龍，林舞雙鳳。此猶未謝夫朝紳，彼竟忍拋乎塵鞚。攀鱗附翼，欣看豪彥之尋聲；破浪乘風，恍與煙波而同夢。喜此日關河話別，都如止水心清；歎從今仕隱分途，記取鑠金口眾。昔郭林宗高氣蓋世，雄才邁倫。當學業之初畢，游洛陽而絕塵。確乎其操，懿乎其純。諸侯不能友，天子不得臣。安余鹿布羊裘，不慕通階之貴；痛彼城狐市虎，將為覆轍之循。蹈遒迹於鴻涯，君真高士；訂新交於魚水，我有嘉賓。彼元禮兮，潁川之祥。見林宗弓，欣欣樂康。休息乎文雅之囿，翱翔乎禮樂之場。感良友之離別，駕輕舟以徜徉。問八廚八俊之名，誰為作俑；慕一壑一邱之勝，願老窮鄉。夜燭晨燈，寫歡情於蘭芷；履霜集霰，悲國事於蜩螗。請歌南浦以送行，幽壑之蛟龍欲舞；宛向東都而帳飲，長途之車騎相望。維時波澄一鏡，酒泛千巵。馬透遲於周道，舟凝滯於水湄。或乘華轂而相送，或託微波而致辭。願先生暫駐征帆，奚為癖躭泉石；羨賢尹同登彼岸，居然韻協壎篪。宛如鶴駕騰空，麗乎天也；一任蜿蜒飛渡，吹女風其。使君於此不凡，已方舟而濟矣；餘子誰能相繼，盡溯洄以從之。林宗乃顧元禮而言曰：方今丹陛委裘，黃門握璽。危黿鼎而將傾，盜驪珠而自喜。指鹿多魚之事，禍伏蕭墻；佩貂分虎之徒，威生蘭錡。好生毛而惡成痏，奚殊鼎沸魚驚；善罷毒而忠被掔，安見雲興龍起。縱使河清而可俟，歎人壽之幾何。若涉大川而無涯，答升平其何以。況以子也，負挺立之風節，具英特之天資。恥屈己以徇物，羞貶道以就時。當此地閉賢隱，天高聽卑。龍性誰馴，恐盡忠而見蠹；鴻飛難弋，盍長往以驂螭。同爲世外高人，漫與雞鶩爭食；勿令山中舊友，空悲鸞鳳受笞。今者舟浮不繫，詩詠將離。喜巨川之共濟，指潛淵以爲期。君欲平滄海風波，嗟何及矣；我願謝浮雲富貴，多亦奚爲。情話方畢，羽觴復陳。鷁首動於岸側，驪歌喧於水濱。倏臨歧而判袂，竟分道而馳輪。一則明德通靈，表墓之文章炳煥；一則好名取禍，坑儒之録牒紛綸。四十年身隱衡門，德音未沫；二百人冤填精衛，遺恨難伸。徒益令處士蒙羞，不免希光附景；悔不與故人偕隱，猶能養性怡神。然而高風夙著，軼事爭傳。李擅貞操，比清高於竹柏；郭推有道，方崇浚於山淵。可憐鉤黨遭殃，罹金虎宮鄰之厄；爲想登舟餞別，賦君黃我赤之篇。望區外而高翔，宛登玉宇；痛古人兮不作，獨禮金仙。

李郭同舟賦以眾賓望之以爲神仙爲韻

盧求古　泰州

一水情深，片帆目送。攜手登龍，聯裾歡鳳。振河渚之風流，慨京師之塵夢。招招舟子，眷縶履以言歡；勉勉同心，念波濤而增痛。維元禮之嶔奇，與林宗相伯仲。笑滿眼公卿袞袞，論交無共濟之人；感諸儒飲餞紛紛，囘首謝臨歧之眾。方郭太之初見李膺也，洛邑學粹，河南誼親。生芻一束以皎潔，長松千尺而輪囷。使君於此不凡，冠蓋何嘗汙我；餘子那堪比數，斗筲祇合依人。亦既同袍共挽，同志交申。非孔融自述通家，龍雲略分；似張邵不渝宿諾，雞黍留賓。忽判襟兮蒼涼，郭言歸兮故鄉。殆將辭京輦，越雒陽，眺汾濟，歷陳梁。御長風而命駕，臨大河以覓航。於是衣冠太學之侶，典籍校書之郎。千車闐咽，盃酒傍偟。揮手自茲，任七相五公之雜沓;知心誰是,問三君八及之英良。相看博帶褒衣,霞邊高舉;恍若神槎靈槪,天外遥望。李尹摻茖,相將水湄。附扁舟而容裔,結神契以葳蕤。幸今朝蘭桂逶迤,蓬窗小聚;慮他日蒹葭惆悵,軌轍多歧。歎大川之易逝,指潛壑以爲期。驪駒莫唱江公,卬須涉否;龍尾試聯管席,溯洄從之。時則濁世浮沈,狂瀾瀰委,習坎有重險之虞,觀乾占大人之否。紛作楫之清流,咸隕身於禍水。虹妖揚焰,同謀不乏奸人;烏屋興嗟,同調漸無君子。兹雖渺託微波,共泛中沚,落落罕儔,軒軒自喜。江河萬里,顧海內而悽然;忠愛兩心,先天下而憂以。孤棹遲遲,清風勁吹,惟我與爾,既合且離。行矣毋多言,莽莽之風濤自慎;去兹將安往,昏昏之閶闔何知。信末路斷金可矢,恐中流獨木難支。且憑婀娜雙橈,交情此盡;試問牽連一網,鉤黨誰爲。彼夫雷、陳莫逆,桑、孟相因,尹、班對案,潘、夏接茵,孫嵩之餅餌共載,吳祐之杵臼結鄰,皆未若此。交懽誼篤,利濟情真,心瑩止水,迹邁絶塵。休論泛濫奉高,褰裳莫及;即使汪洋叔度,聯袂非倫。總由日下名高,稱二難之並美;定合河干屬目,睇一舸以馳神。嗟嗟!風遥汾水,人渺潁川,一角之巾往矣,四收之牒紛然。可堪竇武同冤,倉皇造獄;儻有袁閎同免,教授終年。死生雖異,忠哲俱傳。從知景毅投名,驥足附金蘭之末;何必德公偕遯,鹿門尋石隱之仙。

周子隱入吳尋二陸賦 以勵志

好學有文思爲韻　并序

張之純　江陰

子隱,吳鄱陽太守鮒子。《吳志》:鮒,吳郡陽羡人也。機、雲,陸遜孫抗子。《遜傳》:吳郡吳人也。于隱與二陸同郡,似不必言

入。故劉孝標《世說新語》云：乃自吳尋二陸。論者遂謂是時晉已
沼吳，二陸已入洛，子隱迺自吳尋之耳。然《漢書·地理志》會稽郡
中有吳縣，《後漢·郡國志》順帝分會稽爲吳郡，亦有吳縣。渾稱
之，不特吳郡可稱吳，即孫氏所轄地皆可稱吳；實指之，則陽羨爲陽
羨，吳縣爲吳縣也。所異者，《松江府顧志》云：二陸故居在崑山之
陰，有二陸讀書臺。故士衡詩云：彷彿谷陽水，婉孿崑山陰。潘尼
贈機詩云：崑山何有？有瑶有珉。是二陸居崑山無疑，其山在今府
城西北二十五里。《大清一統志》《雲間志》作二十三里，今崑山縣
之山乃馬鞍山耳。又平原村在機山之麓，二陸草堂在千山圓智寺
橫雲山下，又有子隱讀書臺金陵亦有讀書臺。《江南通志》云：子隱爲吳東觀
左丞，嘗讀書于此。《風土記》稱吳爲大吳，見《太平御覽》，著書時尚未入晉，蓋折節
後事也，其地皆在今松江府，當後漢時婁境史不云吳郡婁人，而云吳
人者，想其時婁之西界尚隸吳縣耳。案《忠義集》子隱年譜宜興周之
冕輯，入吳之時已三十三歲，當吳主皓鳳凰三年。其年陸抗卒于荆
州，機奔喪而雲留于家，故史云機不在而見雲。且陸遜之卒在赤烏
八年，抗僅二十，至鳳凰三年得二十九年，合計抗四十九歲。機、
雲又有景、元二兄，則年少于子隱，故子隱云願自修而年已蹉跎也。
自陽羨而入吳縣，又何疑焉？徵正史之信，辨《世說》之譌，泚筆
賦曰：

路出雲間，有婉孿書堂之舊第焉。吳人來告曰：此陽羨周子造
訪二陸之區，唐周彥方勒碑以記先世也。但見徐榻塵封，宋窗雲
閉。登龍願切，舊價能增；唳鶴名高，遺音未替。喜吳下阿蒙解事，
範我馳驅；聞蜀中壯悔有人，似君愓勵。在昔二陸之居吳也，華藻
齊騞，璵璠交瑞。廿年文賦冠曹，六歲騷壇樹幟。固已君苗席上，羊
酪沾濡；閔子座中，鳳雛位置。二方競爽，仲弓雅愛譽兒；三傑知
名，陸喜歡聯予季。讓若輩疏狂半世，温恭獨拜張華；更阿誰傲睨
先人，輕薄竟遭盧志。維時有周子隱者，居當吳會交衝，名未機雲

並諜。説劍嶔崎，岸巾傑驁。力扛鼎以無摧，氣當關而獨造。不惜飛鷹走兔，百年銷羽獵之場；忽驚猛虎長蛟，三害速風霆之掃。豈年少自鳴豪俠，任君得雌得雄；特平生未解詩書，問客何能何好。夫木因大匠而成材，玉待良工而就琢。今第下董子之帷，擁曾生之幄。力洗氛埃，志堅山嶽。恐獨學之寡聞，終勤修之苦卓。于野謀則獲，須知問道從容；出門交有功，莫詡觀書卓犖。憶吳中多佳山水，容幾人上下古今；聞陸氏有賢弟昆，是當代東南文學。三泖之濱，九峯之卓。白苧城邊，紫茸谷口。黃鬚獵處，先皇之霸業未灰；白鮓遺來，舊侶之風情執厚。毓崑山之秀，久聞難弟難兄；量江夏之才，不數一車一斗。武公子亦中年名士，那虞懷刺毛生；後將軍本昔日通家，誠匪先生烏有。入門大喜，今日逢君。金題玉麈，芒屩練裙。惟機也蘭修阻素，惟雲也芝宇迎芬。自阿兄入洛倦游，臉鑪寂寂；謂羣詣渡江過訪，如鯽紛紛。何所聞而來，勞謙終吉；得其道以去，宏達為羣。坐士元東國之桑，憐卿老大；截季路南山之竹，勉爾温文。遂乃潛勵純脩，力敦高誼。廣播文譽，精諳吏治。抗嚴節於立朝，憚直聲於在位。為念傳書舊識，動南來黃耳之愁；何如按劍精誠，下東去白頭之淚。有客瓣香往哲，重來故宅姕迷。祇今卅卷遺書，珍重文人藻思。

太學生執經代手版賦 以題為韻

馮銘　江陰

天子龍瞻，經生鳳翮。禮肅槐廛，恩迎芝蓋。地疑夏校周庠，人是羈冠博帶。偶然假手，委它方領之班；雅便談經，觀聽圜橋之外。用讀書人作相，兆他年朝笏修儀；笑覆醬瓿何堪，豈若輩元經草太。溯自經學昌明，經畬研摧。五經則殿以春《秋》，六經則分為

《禮》《樂》。不過持竿坐誦，黄卷勤披；負耒時横，赤文入握。縱使經筵進講，隨魚笏以偕升；未聞書象同功，肅鸞儀而典學。矧以手版也，判等威於朝野，分文質於公卿。削玉昉于漢室，執圭比于周京。咫尺官儀，拱丹心而入覲；平生骨鯁，擊烏帽而咸驚。本無須漆簡通靈，記取金張七葉；並不等朝儀待定，邀來齊魯諸生。然不見劉宋禮志之記太學生乎？羣謂駢臻，三雍講習。璧水千波，靈臺百級。時矩步而從容，亦貫衿而拱揖。每值翠華幸學，中使鳧趨；也曾紫禁温經，小臣鵠立。别無長物，安草茅下士之常；手此一編，比蒲璧彤庭之執。故其執經也，雁行肅列，雉贄觀型。象亦猜于奏牘，禮無間于在廷。日未逢庚，下拜而敬逾小白；星來太乙，拱持而杖比然青。非權擁諸侯，藉作書城之拱；璧本吾家故物，尚留手澤于羣經。其代手版也，服稱黄巾，貴殊紫綬。宛然叠矩陳規，雅伴垂紳垂佩。牙籤一束，郤疑牙笏安排；玉軸雙攜，即是玉琲召對。倘學文頤令史，無妨枕藉于九家；如爲拄手參軍，不慣停披于百代。國學晨開，天恩拜受。羌抱牘以當胸，非束箋而俯首。看山可拄，許書從二酉探來；插架如逢，是朝罷滿牀擲後。莫笑代庖之誤，憑伊舒卷隨心；儼同執玉之儀，任爾上下其手。既禮節之同頒，亦儀文之定限。標奇于赤綬青衿，增耀于蒲編竹簡。如揖如授，匪彤管之新簪；記事記言，學銀章之初綰。我國家首崇视學，毋爲章翰之愆儀；爾子孫永寶遺經，權當魏碁之藏版。究之漫讀經文，未諳儀度。上庠近狎玩之行，聖訓豈會朝之具。孰若我聖朝登崇經術，義炳日星，靖獻儒修，恩周雨露。羣材濟楚，分籤専典籍之司；多士舒翹，珥筆奏辟雍之賦。

九曲池泛舟賦 以徐詠左思《招隱詩》爲韻

劉翰　武進

昔昭明太子，瑤山儁選，幼海賢儲。談經之暇，斷務之餘，乃涉元圃，乃鑿清渠。連蜷置岸，窈窕環廬。實翹賢之別館，近拱聖之皇居。駕文輈而戾止，鏘玉佩而來徐。厥池九曲，善泉是命。仙造既殊，靈源斯迸。丹鳳九苞，黃鸝三請。載笑載言，以游以泳。追勝賞於古歡，引多才之家令。寫花葉而成吟，摸煙雲而託詠。乃結良儔，乃乘文舸。鷺漵旁通，虹橋斜鎖。岸仄揹篙，灣多捩柁。如明珠穿錯彩之絲，如丹藥轉純青之火。訝忽東而忽西，迷在右與在左。曲之既甚，池乃益奇。循環繚紹，絡繹逶迤。萍多去緩，藻密來遲。忽逢堤而側避，亦依岸而斜馳。羊腸象其盤折，螺殼狀其迷離。借齊州之煙點，視湘浦之帆隨。泂靈境之獨闢，豈俗人之所思。則有金閨名彥，玉署仙僚。莫愁罷槳，桃葉迴橈。來茲攬賞，于焉逍遥。孤篷泛泛，一水迢迢。霏鄱陽之暴謔，解揚雄之客嘲。採芙蓉而何寄，搴杜若而相招。至乃茶甘上眉，酒清赴吻。造膝情親，拍肩身近。羅囊則解自謝玄，團扇則借從柳惲。花入句而生香，竹鐫詞而墮粉。散座上之珠璣，滌胷中之塵坋。作息自謂過人，朝野居然大隱。夕陽去後，明月來時。一堆蠟炧，半臂寒支。言歸省第，既罷水嬉。得邱壑之真意，非絲竹之攸宜。千秋比曲江之宴，幾人序曲水之詩。

九曲池泛舟賦 以徐詠左思

《招隱詩》爲韻　有序

范鎧　通州

《太平寰宇記》：九曲池在古臺城東，梁昭明太子所鑿，中有洲島亭榭。昭明泛舟池中，嘗曰：何必絲與竹，山水可怡情。按《南史·昭明太子傳》：性愛山水，於元圃穿築，更立亭館，與朝士名素游其中。嘗泛舟後池，番禺侯軌盛稱此中宜奏女樂，太子不答。詠左思《招隱詩》云：何必絲與竹，山水有清音。《梁書》同。又云：三年三月游後池，乘雕文舸。則傳中皆無九曲池之名。昭明太子《答湘東王求〈文集〉〈詩苑〉書》：漾舟元圃，必集應、阮之儔。劉孝綽《與到洽書》：後池之游，遂成往局，直念腹痛，横泗縻綆。或元圃，或後池，皆不言其何名。惟《淵鑑類函·地部·池四》山水忘情注下：梁昭明太子於臺城東鑿池，名善泉，泛舟池中，嘗曰：何必絲與竹，山水可忘情。與諸説稍異，不能知其何本。然可知當時之池，不名九曲。《新唐書·杜亞傳》：亞爲淮南節度使，泛九曲池，曳繡爲颿。而《太平寰宇記》亦唐以後人所作。然則昭明之池，本是九曲，後人遂廢其善泉之名，而名以九曲乎？爰爲序而賦之曰：

時則風輕岸幩，波渌浮裾。有客不俗，舉杯相於。水嬉陳兮遠復遠，棹歌發兮徐更徐。望若神仙，帝子之風流若此；作爲歌詠，從臣之次第何如。當其機省抽閒，選樓罷詠。攬臺城之近基，向元圃而悅性。鑿九曲之池新，實善泉之名命。亭舘列其清幽，洲島摸其穠靚。合許昆明、太液，今古同稱；却與秦淮、莫愁，東西輝映。爾乃沙棠輕橈，木蘭畫舸。荇帶風牽，蓮房露軃。路轉花迷，波迴岸裏。對面堤遮，囘頭橋鎖。縮成小景，象曲折之河流；領取清光，謝繁華於江左。人影參差,風飄釣絲。是爲枉渚,豈曰方池。王子晉洛濱之興,曹子桓漳川之思。如登武夷之山,車輪屢轉;如入瀟湘之浦,帆影頻移。萍開水面,柳拂塘腰。回環摳鼓,宛轉芳橈。蟻線而穿珠比妙,羊腸而折坂同遙。追勝賞於青宮,浮瓜舊話;聚才人於白下,折簡新招。則有虎觀名流,龍樓貴近。選韻敲銅,擘箋研粉。霏珠玉之清詞,發煙雲之元蘊。披巾滿座,覺清風其徐來;傳燭當筵,怨夕陽之易隱。一棹明漪,溯迴從之。洪崖肩拍,浮邱袖持。感斯會之藹藹,欲歸去而遲遲。無絲竹之相亂,直山水之方滋。彼番禺侯軌者,未能免俗,爲之歌詩。

朱紫陽餞呂東萊至鵝湖陸子壽子靜劉子澄來會賦<small>以相與講辯其所聞爲韻　有序</small>

趙椿年　陽湖

《朱子年譜》,淳熙元年夏,東萊呂公來訪,留止寒泉精舍,編《近思錄》。二年,呂公歸,送之至鵝湖,陸子壽、子靜,劉子澄來會,相與講其所聞,而子壽、子靜自執所見不合而罷。《象山年譜》,淳熙二年,呂伯恭約先生與季兄復齋,會朱元晦諸公於信州鵝湖寺。朱亨道云,伯恭蓋慮朱與陸猶有異同,故約爲此會。据此,則東萊於諸公俱有成約,特就訪朱子,而朱子偕之行也。自當以東萊爲此會之主。劉子澄於會時,雖無所議論,而朱子《答東萊書》,有陸子壽聞其名甚久,恨未識之。子澄云,其議論頗宗無垢之語。是子澄於朱、陸諸公皆雅故,而又各諳其學問之淵源,故東萊亦約之也。謹緣斯義,衍之爲賦,其《宋儒學案》《理學宗傳》諸書,所載朱、陸異同,義理燦陳,折衷攸在,研悅有得,竝著於篇。詞曰:

　　東萊先生儒林職志，浙水靈光，始入紫陽之室，繼登二陸之堂。因知學有本原，合棄臨蒸之文字；并異見持門户，難箴何瘳之膏肓。無如兩派攸分，宗法本來各判，爰約諸君高會，發明當可互相。誠以朱子之於大小陸也，雖未論交，久經心許，識子壽之淵源，因子澄之言語，知其人接無垢之傳，謂乃弟衍禪宗之緒。故東萊欲其彼此講求，調停齟齬，遂自臨朱子之門，而徧約陸、劉諸侣。命麗澤書堂之駕，羌鄭重以周詳；造寒泉精舍之間，聊逍遥而容與。及朱子之送之也，攜手同行，論心合港，願此行契合苔岑，免後學爭如鷸蚌。六經可註，漫觀鏡裡之花；八字堪嗤，待喝雲門之棒。所冀主奴悉化，不同洛蜀之爭；何煩將相兼羅，來聽河汾之講。比至鵝湖，而陸、劉諸公約皆踐焉。故人乍逢，新詩叠展，成岑築室，立論何偏，卷石涓流，設辭多舛。自謂程功久大，已枝葉全芟；反譏著意精微，爲榛楛勿翦。知欽知愛，推求只在本心；難弟難兄，真僞偏矜雄辯。既而論教人之法，相長之資，逕庭又異，枘鑿難施。以上達括下學之功，持説抑何簡易；本約禮爲博文之準，真儒豈病支離。千秋朱陸，異同遂由斯起矣。當日吕劉，議論將退而省其。洎婺水之車迴，緬臨江而路阻，爲舊學之商量，託深心於毫楮。蓋子壽已悔莫能追，惟子静則見猶相距。是以書傳榕嶠，惜其無儒林定本之功；亦猶札報槐陰，言其有葱嶺帶來之處。豈僅研求無極，請日斯而月斯；因之培養新知，各尊所而行所。迄今緬信州之良會，讀數子之遺文，鹿洞之全書具在，象山之餘緒旁分。《辨志録》則折衷義理，《戒子録》則勵志精勤，即復齋之移步，亦大雅所同羣。惟排陸者以爲狂禪之空衍，詆朱者指爲俗學之紛紜。豈知踷步曲循，本紹聖門之統；若謂一超頓悟，異乎吾黨所聞。

新緑賦 以團扇風前眾緑香爲韻

雷補同　松江

槐雨初霽，蕉雲尚寒，花殘紅瘦，樹密青攢。放新晴於樓閣，移緑影於闌干。描來一幅畫圖，螺紋點黛；閱盡廿番韶景，蜓粉成團。當夫曙色煙浮，朝霏露瀁，旭日樓臺，晨風庭院。啼出谷之黃鸝，起樓樑之紫燕。曉開妝鏡，猶垂湘竹之簾；涼透羅衫，未試齊紈之扇。卓午晴烘，庭陰正中，槐纓覆蓋，篁未成叢。鏤細葉而皆碧，鋪軟塵而不紅。安排清簟疏簾，棋消永日；整頓歌衫舞袖，曲唱迴風。則有吟紅俊客，慘緑少年，感春華之易歇，憐夏景之初妍。漉酒而杯浮香螘，吟詩而樹候鳴蟬。待尋種紙之庵，風清座上；預置眠琴之石，露滴庭前。至若碧玉嬌姿，緑珠好夢，髻仿盤鴉，花慵繡鳳。襯淺黛兮眉顰，暈微波兮目送。終朝自采，劇憐一匊盈難；夏雨初過，又見滿庭生眾。重以緑意雲沈，緑陰雨足，緑樹蜩吟，緑波鴨浴。迷離緑野之中，罨畫緑溪之曲。是誰著色，浣筆墨而常新；到處成陰，映襟裾而盡緑。最宜低排曲几，靜倚迴廊，移蕉補隙，種竹成行。挹緑天之朝爽，延新雨之晚涼。莫教容易，秋風千林葉落；儘許徘徊，永晝一院花香。

擬沈休文桐柏山金庭館碑銘 并跋

吳翊寅　陽湖

夫滄煙遠阻，渺三桑而若翔；瀣霧遙臨，曖八桂而如畫。尚以青丘可涉，思駕雲軿；翠水能通，待騫羽轡。驂玉鸞以排月，輶金爵以御風。邀笙吹於姬童,逐簫歌於嬴女。況復赤城千仞,丹崖八重。磴蔭長松,峯環薈竹。洞中則碁局未歇,谷外則水簾自飄。書銜青鳥,封石髓以相貽;杖策白虯,飲瓊漿而共洽。聞上士長生之説,得仙人不死之鄉。此固才階尺木,便足騰霄;似到方壺,無勞望海者矣。若迺倦游五嶽,期覲三清。玉簡垂露之篇,錦書飛雲之字。言詮盡脱,迹象俱超。崢嶸元圃,攀璚樹而何基;縹緲紫宮,竦碧林而無地。螭衣倏其晝舉,鳧烏矯以晨軒。秘牒誰分,塵纓自束。蓬萊近接,未蒙羽駕之迎;閶闔高馳,方覯靈妃之笑。自非注名絳籍,滅景青都,豈能振逸翮於增城,探靈符於覆釜。慚循薄劣,妄測端倪。頗軫冲舉之方,夙結幽栖之契。日月清曠,山川映發。煙霏供其吐納,魚鳥動其流連。搴三芝於嶺上,歲暮爲期;訪五藥於巖閒,淹留竟日。窮仙源而不返,愛遠壑以忘歸。先朝側席紆賢,圜橋講道。領雲司於左省,移星宿於中台。竟陵舊邸,愴曲池之蓮;虛館清陰,憶小山之桂。陛下應期踐阼,通直端□。永元二年,蒙恩解組,幸遂初服。溯烟剡谿之碙,觀日華頂之峰。歸轡首塗,息裝兹嶺。桐柏山者,《靈寶經》云:上有桐柏合生。南嶽真人云:越有桐柏之金庭。其山與四明、天台相連,皆神仙之宮也。瓊臺高峙,玉闕上躋。澗飲虹蜺,崖歠雲霧。歌謠送響,則天姥平窺;册笴騰光,則星精下燭。因立招真之館,對望僊之樓。壇削岑方,廊周岫合。重檐影竦,翼拂踆烏。遝閣暉沈,輪虧顧兔。何止青龍作牖,朱鳥安牕。擢承露之銅槃,翔遄風之鐵斡。昔許邁與逸少書,稱自山陰至臨海,多有金庭玉堂。道書亦云:其山四面,視之如一。是則醴泉朱草,宛在人閒;洞天福地,依然世表。聲聞鼓吹,識霓裳之往來;液煉丹砂,知雲斾之昇降。非獨鸞隨舞節,鶴應琴弦,爲碧落侍郎之居,黃庭司命之府已也。館置道士十人,用祈介福。謬以凡近,祇典所司。永謝清塗,長棲秀嶽。慭簪珮之空忝,江海事違;夢觚稜而不忘,雲霄情遠。昔營功德,請億年於華山;今迓吉祥，聞萬歲於嵩室。所願景星宵映，甘露晨流。紀號升中，封今刊玉。第赤雁芝房之頌，繽白狼榮木之詞。左言重譯，奉朔而來王；奇肱飛車，占風而受吏。因資暇力，益究真詮。内景諷黃庭之經，含神參丹竈之訣。上元稽首，吹鳳琯以參差；若士竦身，控龍鑣而天矯。逝辭金門之寵，去飲玉池之榮。釗夫東枝拂曜，雜青霞於桂旗；西崦停暉，謠白雲於竹苑。望軒臺之瑤軑，脱屣鼎湖；窺漢殿之璅窗，飄零甲帳。方將求珠赤水，委羽元洲。拍紅厓之肩，挹浮邱之袂。頽齡徜度，且稀髮於若芋；俗累全休，長眄懷於芝秀。作館旌志，勒銘表忱。其辭曰：

邈矣真宰，悠哉化工。無言嘿契，有感潛通。神往元漠，道咨空峒。塵表非遠，煙霄可冲。蓬島恆移，桑田屢改。露涌三危，雲垂五采。銀槎貫漢，畫堞隱海。鶴駕賓迴，鴻騫侶待。伊余羈宦，敢猒承明。迹塵瑣闥，心濯影纓。漢沘解佩，洛濱聞笙。柯爛青嶂，標尋赤城。幸值清時，欣逢嘉會。侍讌柏梁，陪游芝蓋。子房辟穀，臣朔編貝。銅雀臺前，碧雞祠外。恭衛詔命，闐館金庭。殿迴橫霓，檣高頻星。箕藏玉檢，笈閟丹經。鯨吼鐘鎛，鸞諧鐸鈴。鬱彼名山，實維桐柏。削同太華，竦並少室。秀挺瑤林，泉飛瓊液。上偃所都，靈聖是宅。壇成禮岳，觀表祈年。羽人隱霧，松子排煙。三台洞接，四明峰連。瑞氣幕地，榮光燭天。薄植涓埃，微躬波梗。舊奉龍樓，新班鶴嶺。雲錦須織，霞衣待整。豈假騰空，聊憑駐景。

右碑之建，蓋約解職東歸，築館金庭，爲齊主營功德而作。惟碑中敘事紀年，略與傳異。傳稱約於齊初爲征虜記室，帶襄陽令。《范雲傳》又稱約與雲父抗同在郢府。碑言來自夏汭，權憩汝南，蓋謂此時。然隆昌元年，約由吏郎出爲東陽太守。明帝初，徵爲五兵尚書，遷国子祭酒。集中有《直學省愁臥詩》，是從東陽還，不從夏汭來矣。永泰元年，明帝崩，尚書令徐孝嗣使約撰定遺詔，遷左衛將軍，尋加通直散侍。永元二年，以母老表求解職。約《陳情書與徐勉》云：昏猜之始，王政多門，因此謀退，庶幾可果。是約乞退在永元二年。碑言永泰元年始遂初服，蓋傳寫誤也。史稱寶卷嗣位，寵任宦官，八貴同朝，分日帖勅，數與近習謀誅大臣。梁武坐鎮上流，意圖不軌，且以兄懿被戮，志雪門恥。又東昏起芳樂苑，與潘妃屠酤，別造神仙、永壽、玉壽三殿，鑿金爲蓮，作飛仙帳，窮極綺麗。豫州外附，齊祚將傾，約與蕭公西邸游舊，通欵素深，知衍雄略，必清君側，故託母老解職東歸，遠出剡谿，定居桐柏，築館棲隱，榜曰金庭。然則湌芝煉藥，非約本懷。碑言館置道士，首膺其任，賤役之供，免禍而已。銘辭中脫屣神器，顯斥東昏妄顒神仙，主文譎諫，匪徒禱媚。迫蕭衍起兵，引爲驃騎司馬，梁臺既建，遂成佐命，可證約無出塵之想矣。又集中《華山館爲國家營功德詩》，此華山館決非西嶽。《太平寰宇記》引《志地》云：剡縣西六十里有太白山，連巖崔嵬，吐雲合景，又有小白山相連。疑華山即指太白館，在剡縣，與金庭相近。碑言仰宣國靈，介茲景福，是金庭館亦爲齊主作功德也。後志附會，謂永嘉二年將軍沈約至剡爲道士，或疑此碑人所僞託，狂瞽之談，不足深辨。又集中《酬孔通直邊懷蓬居詩》亦在約東歸時，永元初約加通直，與邊同官，故酬邊見懷也。至《秋晨羈怨望海思歸詩》則重到建康懷剡舊館之作。約家吳興，去海差遠，詩中青邱丹水多神仙縹紗之詞。案桐柏山一名丹池，《靈寶經》云：下有丹鴻赤水，道書稱二十七洞天。陶宏景《真誥》曰：桐柏山在剡、臨海二縣之境，一頭在會稽東海際，其一頭入海中。以碑證之，時地並合。《真誥》又云：今剡縣金庭館乃沈約造。陶先生與約同時，説更可據。《本觀記》亦云：約定居桐柏嶺，建館曰金庭。是碑在剡不在臨海也。今天台有桐柏觀，唐景雲二年爲司馬鍊師建，見《嘉定赤城志》。又甯海縣西四十里有桐柏山，葛元煉丹處，又相傳梁王山即古桐柏，今山下尚有桐柏里，見神邕山圖。《太平寰宇記》引。皆非沈約所居。《登真隱訣》云：天台在桐柏山後。見《寰宇記》。顧野王

《輿地記》云：天台山一名桐柏。見《嘉定赤城志》。徐靈府記云：天台山與桐柏接而少異，又以剡縣金庭館爲台山北門。並見《赤城志》。碑言遠出天台，定居桐柏，是徐説爲不誣矣。

擬郭景純《游仙詩》

姚彭年　如皋

景純《游仙詩》，思游仙而不得也。觀其詞旨，其有憂患乎？鍾榮貶其少列仙之趣，固瞽言矣。即歸愚老人以爲坎壈詠懷，尚未進於深者，韜蹤不克，終隤其元，遐想畢呈，悔心間見。本此意擬成七章，或無蹩也。

出門感元象，二曜乏留光。京洛風塵中，勞勞各啾蹌。我生渺稊粟，浮湛無定方。胡爲搆煩寃，苦思凌風翔。崆峒古靈谷，素眼窺滄桑。良禽惜修翰，危車念康莊。時有采芝翁，相招南山旁。

滔滔滄海流，黯黯浮雲影。忽忽塵夢間，悠悠抱虛警。十年黄金囊，一吸丹爐冷。坦分太始機，隨心競馳聘。王喬遺我書，謂我苦芳景。未逾九十春，網羅散榛梗。憬然喻靈修，讀罷時猛省。

驚飆撼庭宇，羣物空中馳，獨有穹霤石，當階不可移。借問石奚似？云是廣成遺。當年鍊殊汞，陰火炙南陂，餘鑌植土紐，千歲無顛危。乃知百動根，一靜可攝之，世途猶是耳，底用戕胥爲！

白玉長生居，丹谿不死國。琪華冬復榮，珠樹賤如棘。丹禽自東來，翶翔振金翼。豈無元女弓，入林施繒弋。委心任去留，險機非我逼。將與造物游，曷爲苦才力。

瀉水入洪河，欲收諒已遲。夙有駐顔丹，旁招鍊金師。顔色賤如土，嫫母等西施。金寶蔑如泥，盜跖成伯夷。是以上哲士，散髮謝當時。

西北有靈御，東南有舊林。五石供朝餐，九鐘奏夕音。與我飛雲履，復我彤霞襟。白龍時往還，罡風墮玉簪。翹首望閶闔，耿耿馨香心。微蘽自滋露，重雲疑杳深。舊游未可期，日夕愁相侵。倏聞賣藥聲，乃在東海潯。

明暉逼定昏，物序日以晏。朱門役長塵，白首委浮宦。傲月乃殊胎，笑鵬在籬鷃。單慧惑汎瓢，執古生憂患。探原理有恆，入世事多謾。威霜運蓬首，此術非爲幻。行行謝埃堨，孤芳擷瑤澗。

擬宋之問《明河篇》用原韻

王家枚　常州

纖雲四捲澄太清，長河左界生虛明。永夜自隨珠斗轉，高秋欻見玉繩橫。建章宮闕凌霄起，千門萬戶金波裹。流照恰乘璧月廧，坐看尤覺玉階宜。別殿證盟誰密切，天街凝望此透迤。碧天如水雙星白，銀河低挂江南陌。客去江南尚未歸，誰家少婦製征衣。蓮花帳畔燈花落，楊葉關前木葉飛。葉飛花落恨難歇，屋角明河隱將沒。耿耿情同河渚星，茫茫愁對關山月。帶水中分不可親，罡風吹斷明河津。劇憐髣盡秋林鵲，祇作終宵比翼人。

擬韓退之《短燈檠歌》用原韻

王家枚　常州

銀虬激水秋夜長，短檠搖搖紅無光。紙窗竹屋景寥寂，露氣沁入燈花涼。寒衣遠道待縫寄，郵復曲尺眠匡牀。天祿閣頭汲古客，手剔殘釭展書策。時聽荒雞丙夜嘷，一聲叫破東方白。此際相親几案前，此時劬學不知眠。一朝快意得自恣，樺燭修書擁珠翠。吁嗟！檠兮，爾雖辛苦昔同嘗，勢異那不成拋棄。

擬唐韓退之《短燈檠歌》

沙元炳　如皋

手持短檠幽堂前，簾幕四垂生虛煙。高樓漏盡已無月，風露雜下淒未眠。幾展齊紈惜餘照，離室光低疑不燃。長安豪貴新買宅，雕盤綺食會眾客。金枝八尺照綺羅，十斛蚖膏盡一夕。不記寒窗握枯管，風雪騷騷苦晝短。肩聳目暗長相憐，名成委置無與伴。摩挲短檠空復情，古來何有鑿壁生。

寒　柳

姚彭年　如皋

誰唱江東白阿提，疎林十里望低迷。朔風征馬霜蹄健，落日昏鴉墨點棲。冷眼那知離別淚，柔腸又化短長堤。灞橋雨雪年年慣，莫道攀條分外悽。

記得黃金鑄少年，春愁秋恨渺於煙。銷殘眉黛渾無賴，瘦盡腰肢劇可憐。入塞詩懷猶酒畔，渡江心事在梅先。遥知九九高樓上，飛絮光陰算脫綿。

一從顏色太分明，染上冬衣苦未成。金鏤新詞歌不得，玉關長笛冷無聲。歸來處士留荒宅，老去將軍有舊營。合向董生圖畫裏，强呵凍墨曉窗晴。

豈應弱質乍經秋，輸與冬心晚歲遒。待臘無端偷着眼，未春依舊不知愁。酒旗風勁長亭路，暮雪人歸古渡頭。轉盼青青消息好，橫塘東去碧雲稠。

金陵懷古 用王半山韻

趙世修　上海

振袂臨風唱大江，銅琶鐵板氣難降。莫愁湖上春三月，杜若洲邊鷺一雙。鍾阜鑿通開水榭，良常登眺闢雲窗。祖龍去後山靈笑，浮白誰酬酒滿缸。

千尋鐵鎖枉橫江，孫皓旌旐此出降。天險難憑波萬叠，樓船曾下櫓千雙。龍盤虎踞空雄業，蟹舍魚燈付釣窗。往事三分安足恃，吳姬笑指翠花缸。

南奔五馬昔浮江，一馬爲龍王氣降。幕府名流紛幾許，圍棋宰相妙無雙。登舟擊楫誰橫劍，揮塵清談孰倚窗。憑弔建康悲典午，竭來杯酒醉春缸。

一帆風助渡長江，東晉諸臣俯首降。帝子零陵空有恨，寄奴雄略本難雙。故宮落日藏耕具，陰室凄風動殿窗。痛絕瑯琊賢內史，口銜酖酒覆罍缸。

參軍才藻夙推江，抵掌談兵帝意降。宣武城高軍累萬，景陽鐘動闕開雙。柏梁鬼讀西京賦，蓮步人來八寶窗。太息南朝蕭刺史，空投玉箸對金缸。

霸才崛起氣吞江，佞佛緣何志肯降。七廟牲牢空廢百，一時麟鳳不成雙。寺荒同泰經殘劫，臺圮昭明渺舊窗。此日菖蒲花自好，酒家戲浸碧璃缸。

庭樹歌聲咽隔江，無愁天子未心降。曲池煙月金無價，叔寶風神玉少雙。綺閣仙雲消粉黛，麗華禍水伏軒窗。六朝興廢渾如夢，且倒罇前酒一缸。

朱家形勝控臨江，海內羣雄百戰降。遁去龍孫愁望遠，飛來燕子羽橫雙。孝陵片石悲千古，正學崇祠拓八窗。故老唏歔談靖難，唾壺擊碎對花缸。

青龍江訪蘿月山房 七律

章鍾祚　江陰

舊話滄桑總不知，高人避世究何之？江連白鶴都仙境，屋傍青龍半澤陂。公已教忠兼教孝，我偏同里不同時。迄今宅訪王原吉，故蹟猶存壁上詩。

移家小住水之濱，一勦吳淞作比鄰。別號梧溪新隱者，故居席帽舊山人。門無賓宦斯除俗，室有詩書不算貧。若問先生真事業，片言曾濟一方民。

蟹簖 限鹽韻五排十二韻

姚彭年　如皋

藉爾臨溪簖，孚余食蟹占。中流三尺穩，遠火一星潛。孤障霜威冷，涼篩月影纖。魚苗穿不礙，鷗夢隔何嫌。編葦疏蓬壓，爬沙細草粘。聲喧舟乍過，齒缺竹新添。南國留殘稻，西風逼短蒹。渡頭依獨木，波面透雙箝。未許橫行慣，方知劃界嚴。長驅環甲冑，入彀總團尖。宵靜筐猶執，秋深水半淹。明朝畢吏部，薦味佐虀鹽。

儗王漁洋《三國小樂府》

趙世修　上海

築郿塢

郿塢何峨峨，高過長安城。洛陽二月火，天子西南行。

竿摩車

赫赫竿摩車，公卿車下拜。北邙並馬蹄，尚父乘青蓋。

捉刀人

煮酒曾伸論，何因愧使臣。英雄自本色，座後捉刀人。

頭風愈

老瞞讀罪狀，背汗下如滴。可知華陀方，不敵陳琳檄。

烏鵲飛

臺上棲銅雀，江頭唱夜烏。驚心赤壁戰，不敢薄東吳。

殺荀彧

我宜膺九錫，汝宜食空器。顏回難復生，侍中愧無地。

哀鸚鵡

大兒孔文舉，小兒楊德祖。鸚鵡自能言，那堪鍛毛羽。

桑樹高

奇絶兒時語，吾家桑樹高。童童垂羽葆，鬱鬱振金刀。

豚犬兒

景升固不幸，昭烈亦堪悲。嗟嗟琮與禪，同是豚犬兒。

談天口

既云天有頭，更言天有足。天子尚姓劉，天故從西蜀。

五斗米

祭官何官府，師君自立名。祇汝五斗米，便可學長生。

惜鳳雛

一龍升九天，一鳳墮九淵。鳳死龍獨生，風雲限巴川。

傳國璽

孫堅入雒陽，乃得傳國璽。江表固當興，仲謀況虎子。

甘露降

去年甘露降，今年麒麟生。緣何言瑞事，都在武昌城。

一囷粟

江東魯子敬，任俠本豪流。誼重一囷粟，心輕萬户侯。

篋鉤落

哀哀石子岡，咄咄成子閣。當時應童謠，單衣篋鉤落。

臨平湖

天下正多事，湖塞何時通。君看青白字，隱在石函中。

擬王漁洋《三國小樂府》

姚彭年　如皋

捉刀人

闕下猶橫履，牀頭尚捉刀。中原事未定，詞賦讓兒曹。

種菜傭

座上聞雷客，門前種菜傭。願將一樽酒，開拓使君胸。

踞火爐

天命果誰屬，周文豈易哉。踞爐道不得，漢火未全灰。

採春華

採得庶子華，忘卻家丞實。擊豆始今朝，燃箕在明日。

辟寒臺

前有銅鑄雀，後有金嗽鳥。銅雀去不還，金鳥愁未了。

凌霄闕

凌霄與九龍，宮闕圖自鈔。驅遣四萬人，功成有鵲巢。

寶石圖

三字班嘉詔,靈宣寶石圖。本來司馬瑞,柳谷水何辜。

蜀如虎

今年困漢中,明年厄西鹵。乃公弱女子,豈惟蜀如虎。

青龍見

青龍不在天,青龍不在田。爲問摩陂井,何如自諷篇。

桑樹高

阿母笑胡盧,青桑天子符。君有一高樹,臣有八百株。

天有姓

炎德蜀山高,西行顧盼勞。欲知天有姓,天子卯金刀。

南州士

生非北海客,來作南州士。黃雀莫高飛,鳳雛尚百里。

龍鳳祠

左顧南陽龍,右顧南州鳳。鳳至龍亦靈,龍孤鳳誰控。

生仲達

寧爲生仲達,毋爲死諸葛。仲達不可擒,諸葛不可活。

仇國論

一篇仇國論,兩度出師表。未諳丞相心,苦爲家令曉。

哭城南

城南昭烈廟，血淚濺雙楹。此是惠陵外，蜀中第二聲。

爾汝歌

殿前爾汝歌，新王悔無及。時有蜀故伎，掩袖當階泣。

豚犬兒

江東龍種在，兄弟盡神奇。不有曹劉子，都爲豚犬兒。

合榻飲

合榻飲猶健，君臣語未休。餘言辨不得，兩字是荆州。

骹老子

濡須工遣將，老子豈庸夫。夜半不知處，惟聞萬歲呼。

大小虎

昔聞大小喬，今見大小虎。天室降雙瑛，佳壻莫敢侮。

石子岡

朝登石子岡，暮登石子岡。石子岡前樹，不如成都桑。

生梅蜜

食梅御西苑，取蜜懾黃門。獨有孫綝事，蒼龍不敢言。

武昌魚

老婦言猶聽，商量霸業新。武昌魚已盡，骨鯁復何人。

橫江鐵

樓船風信急，來逼石頭城。問爾橫江鐵，經營幾載成。

天下平

湖塞天下亂，湖開天下平。封侯不稱意，青蓋入東京。

擬韓孟鬥雞聯句

金釴　泰興

日暖拋毬場，風高走馬郭。蝸角爭兒嬉，雄心騁游簿。選材巽羽軒，張陣翰音作。毛衣舞雉斑，長爪森鷹攫。絳幘若介胄，金距直橫鍔。顧盼界秦越，颯爽來褒鄂。對時神威寒，側睨日光灼。未知誰得鹿，已見獨立鶴。俄焉昂頭前，瞥爾斜翅掠。疾走足趑趄，作勢氣磅礴。奔電倏往來，震霆相擊搏。稍遲疑鶃退，陡健駮龍躍。叫呼虎聲闞，犄角犬牙錯。噬齕正利嘴，嫛姍忽曳脚。喘立未肯歇，踔厲仍肆虐。一縱復一送，再進而再卻。懸布韝條脱，伏弢暗箭著。倉遽掉尾折，撩散飛羽落。冠血濺赤砂，錦臆碎朱襮。終聞三戰北，迺見一个弱。垂頸鳴欲嘶，搏膺氣已索。雄物獨矯矯，餘勇固爍爍。奇態囘瞵眴，驕音動膈膊。縮首笑僵蟲，鼓翼晛秋鶚。大局息擾攘，旁觀定驚愕。錦標孰則奪，金注空自鑠。紛爭感季郈，先鳴説州綽。歸來風雨宵，念此聲不惡。

春秋宮詞 有序

唐志益　六合

春秋者，比事屬詞之書也。其間錯文見義，大抵規勸之旨居多。若夫春花秋月，香草美人，蓋闕如焉。然而魯宮臺畔，割臂留黨氏之盟；淇水城邊，髡髮益呂姜之戮。豈無遺韻，足被管絃。今翻繹故實，參以本傳，間得數事，筆之於詩。庶幾助我吟情，敢謂託諸風始云爾。

生小宮闈淑慎彰，誰教飛燕送人忙。戴媯去後春無主，多少離情泣夕陽。

老臣戈逐走連宵，一別齊姜道路遙。見説南威新寵倖，君王三日未臨朝。

廣樂鈞天憶昔游，兒家弄玉自仙儔。蕭郎並轡新承勑，一夕雲車駕鳳樓。

戎馬倉皇近逼城，忍將嬌女息紛爭。秋深夜夜蟬吟苦，仿佛當年怨恨聲。

春秋宮詞

顧保疇　江陰

篆書自睹掌中痕，貴賤都知有命存。底事手文傳後嗣，不於長子邿於孫。

宮庭芳草滿階墀，沈寂惟看慰戴媯。纔識承恩非在貌，枉誇蟒首與蛾眉。

劇憐故土等滄桑，寥落遺民盡斷腸。悔未繫援憑大國，臨風空賦載馳章。

文嬴鄭重逆西秦，季隗來歸藉狄人。二十五年期未到，絳桃纔見七番春。

三日承歡得近君，閒庭從此鎖苔紋。南威莫怨恩難久，不遇齊桓遇晉文。

詠江陰古蹟

吳朓　陽湖

清機園

戟院沈沈清似冰，一叢書卷一龕燈。壽陽相國應惆悵，不見當年季與登。

繖墩湖

曲曲溪流左右分，煙波五里没斜曛。只今洞口仙人蹟，猶説前朝帝子墳。

小桃源

小石灣過大石灣，武陵風景在前山。我來不見桃爭發，已覺淩波閣上間。

浮遠堂

回首茫茫宦迹浮，江波攪動趙知州。堂空千載剩猨鶴，不及東坡句尚留。

南菁講舍文集

松風亭

松風亭落翠微巔，曾記宋家南渡年。不重樓臺重戍堡，至今峽口大旗懸。

香雪閣

梅花萬樹勒春寒，小閣玲瓏一席寬。不道如今禾黍地，環耕子姓尚稱韓。

元和李氏海甯李氏各有造整數句股弦法，今欲造句股形，令句股弦及中垂線俱得整數；又欲造句股形，令句股弦及容方邊俱得整數；又欲造句股形，令句股弦及中垂線容方邊俱得整數。問以何法造之

崔朝慶　静海

造句股形，令句、股、弦及中垂線俱得整數。法曰：任取一整數甲，又取一整數乙甲之二數俱爲奇、俱爲偶皆可，甲爲偶、乙爲奇亦可，惟甲爲奇、乙爲偶不可，以一與乙之平方相減，又以二因乙加之，與甲之平方相乘，命爲丙。以乙乘丙二除之，爲句或爲股。以一與乙之平方相減，乘丙四除之，爲股或爲句。以一與乙之平方相加，乘丙四除之，爲弦。

造句股形，令句股弦及容方邊俱得整數。法曰：任取一整數甲，又取一整數乙甲乙二數俱爲奇、俱爲偶皆可，甲爲偶、乙爲奇亦可，惟甲爲

奇、乙爲偶不可，以一與乙之平方相加，與甲之平方相乘，命爲丙。以乙乘丙二除之，爲句或爲股。以一與乙之平方相減，乘丙四除之，爲股或爲句。以一與乙之平方相加，乘丙四除之，爲弦。

　　造句股形，令句股弦及中垂線容方邊俱得整數。法曰：任取一整數甲，又取一整數乙甲乙二數俱爲奇、俱爲偶皆可，甲爲偶、乙爲奇亦可，惟甲爲奇、乙爲偶不可，以一與乙之平方相減，又以二因乙加之於上。另以一與乙之平方相加於下，上下相乘。又以甲之立方乘之，命爲丙。以乙乘丙四除之，爲句或爲股。以一與乙之平方相減，乘丙八除之，爲股，或爲句。以一與乙之平方相加，乘丙八除之，爲弦。

今有雞翁一直錢九，雞母一直錢七，
大雜雛一直錢三，中雞雛三直錢一，
小雞雛四直錢一，凡百錢買雞百隻。
問雞翁雞母及大中小
雞雛各幾何

崔朝慶　靜海

　　以天代雞翁數，天一代雞母數，天二代大雞雛數，天三代中雞雛數，天四代小雞雛數，如題得相等式爲：

（一）

（二）

以十二乘⊖式之兩邊得

$$一〇八天\ 八四天\ 三六天\ 四天\ 三天\ 二一二〇〇$$

而以三倍⊖式減之得

$$一〇五天\ 八一天\ 三三天\ 天\ 九〇〇$$

(三)

移項得

$$八一天\ 三三天\ 天\ 九〇〇下一〇五天$$

(四)

惟因天一、天二、天三各數俱不小於一，則九〇〇下一〇五天不能小於一一五，故一〇五天不能大於七八五，而天不能大於 $\dfrac{一〇五}{七八五}$，即不能大於七，所以天之同數必爲一二三四五六七諸數中任何數。既知天爲一二三四五六七諸數中任何數，則以甲代其天而(四)式變爲

$$八一天\ 三三天\ 天\ 九〇〇下一〇五甲$$

又移項得

$$三三天\ 天\ 九〇〇下一〇五甲\ 八一天$$

(五)

惟因天二、天三二數俱不小於一則

$$九〇〇下一〇五甲\ 八一天$$

不能小於三四，故八一天不能大於

$$八六六下一〇五甲$$

而天一不能大於

223

$$\frac{八一}{八六廾一〇五甲}$$

從此可知天一與天相配，其同數爲自一至某數諸數中之任何數。若甲爲一，則天一爲一二三四五六七八九諸數中任何數；甲爲二，則天一爲一二三四五六七八諸數中任何數；甲爲三，則天一爲一二三四五六諸數中任何數；甲爲四，則天一爲一二三四五諸數中任何數；甲爲五，則天一爲一二二四諸數中任何數；甲爲六，則天一祇可爲一與二；甲爲七，則天一祇可爲一。既知天一與天一一相配之各數，則以乙代其天一，而㊄式變爲：

$$三三天三一二九〇〇一〇五甲八乙三三$$

㊅

又移項得

$$三三天二一九〇〇一〇五甲八乙天三$$

兩邊同以三三約之得

$$\frac{三三}{天二一九〇〇一〇五甲八乙天三}$$

因甲與乙俱爲已知之數，而從此式知天二與天、天二相配極大之限。又以甲與乙代㊀式中之天與天一，則㊀式變爲：

$$甲乙天天天四一一〇〇$$

移項得

$$天天天四一一〇〇甲乙$$

以此減㊅式得

$$三二天天二一八〇〇一〇四甲八乙$$

移項得

兩邊同以三二約之得

因甲與乙俱爲已知之數，而從此式知天二與天、天一相配極小
之限

若甲之同數爲——————————

配乙之同數爲一二三四五六七八九

天二不能大於二一、一九、一六、一四、一一、九、六、四、一

天二不能小於二〇、一七、一五、一二、一〇、七、五、二、一

若甲之同數爲二二二二二二二二

配乙之同數爲一二三四五六七八

天二不能大於一八、一六、一三、一一、八、六、三、一

天二不能小於一七、一四、一二、九、七、四、二、一

若甲之同數爲三三三三三三

配乙之同數爲一二三四五六

天二不能大於一五、一二、一〇、七、五、二

天二不能小於一三、一一、八、六、三、一

若甲之同數爲四四四四四

配乙之同数爲一二三四五

天二不能大於一二、九、七、四、二

天二不能小於一〇、八、五、三、一

若甲之同數爲五五五五

配乙之同數爲一二三四

天二不能大於八六三一

天二不能小於七四二一

若甲之同數爲六六

配乙之同數爲一二

天二不能大於五三

天二不能小於四一

若甲之同數爲七

配乙之同數爲一

天二不能大於二

天二不能小於一

既知天、天一、天二之同數，則從⊜式可以得天三之同數。既知天、天一、天二、天三之同數，則從⊖式可以得天四之同數，求得此題之答數共有八十一種，具列於左：

雞翁一	雞母一	大雞二一	中雞二一	小雞五六
雞翁一	雞母一	大雞二〇	中雞五四	小雞二四
雞翁一	雞母二	大雞一九	中雞六	小雞七二
雞翁一	雞母二	大雞一八	中雞三九	小雞四〇
雞翁一	雞母二	大雞一七	中雞七二	小雞八
雞翁一	雞母三	大雞一六	中雞二四	小雞五六
雞翁一	雞母三	大雞一五	中雞五七	小雞二四
雞翁一	雞母四	大雞一四	中雞九	小雞七二
雞翁一	雞母四	大雞一三	中雞四二	小雞四〇
雞翁一	雞母四	大雞一二	中雞七五	小雞八
雞翁一	雞母五	大雞一一	中雞二七	小雞五六
雞翁一	雞母五	大雞一〇	中雞六〇	小雞二四
雞翁一	雞母六	大雞九	中雞一二	小雞七二
雞翁一	雞母六	大雞八	中雞四五	小雞四〇
雞翁一	雞母六	大雞七	中雞七八	小雞八
雞翁一	雞母七	大雞六	中雞三〇	小雞五六

雞翁一	雛母七	大雛五	中雛六三	小雛二四
雞翁一	雛母八	大雛四	中雛一五	小雛七二
雞翁一	雛母八	大雛三	中雛四八	小雛四〇
雞翁一	雛母八	大雛二	中雛八一	小雛八
雞翁一	雛母九	大雛一	中雛三三	小雛五六
雞翁二	雛母一	大雛一八	中雛一五	小雛六四
雞翁二	雛母一	大雛一七	中雛四八	小雛三二
雞翁二	雛母二	大雛一六	中雛〇	小雛八〇
雞翁二	雛母二	大雛一五	中雛三三	小雛四八
雞翁二	雛母二	大雛一四	中雛六六	小雛一六
雞翁二	雛母三	大雛一三	中雛一八	小雛六四
雞翁二	雛母三	大雛一二	中雛五一	小雛三二
雞翁二	雛母四	大雛一一	中雛三	小雛八〇
雞翁二	雛母四	大雛一〇	中雛三六	小雛四八
雞翁二	雛母四	大雛九	中雛六九	小雛一六
雞翁二	雛母五	大雛八	中雛二一	小雛六四
雞翁二	雛母五	大雛七	中雛五四	小雛三二
雞翁二	雛母六	大雛六	中雛六	小雛八〇
雞翁二	雛母六	大雛五	中雛三九	小雛四八
雞翁二	雛母六	大雛四	中雛七二	小雛一六
雞翁二	雛母七	大雛三	中雛二四	小雛六四
雞翁二	雛母七	大雛二	中雛五七	小雛三二
雞翁二	雛母八	大雛一	中雛九	小雛八〇
雞翁三	雛母一	大雛一五	中雛九	小雛七二
雞翁三	雛母一	大雛一四	中雛四二	小雛四〇
雞翁三	雛母一	大雛一三	中雛七五	小雛八
雞翁三	雛母二	大雛一二	中雛二七	小雛五六

雞翁三	雛母二	大雛一一	中雛六〇	小雛二四
雞翁三	雛母三	大雛一〇	中雛一二	小雛七二
雞翁三	雛母三	大雛九	中雛四五	小雛四〇
雞翁三	雛母三	大雛八	中雛七八	小雛八
雞翁三	雛母四	大雛七	中雛三〇	小雛五六
雞翁三	雛母四	大雛六	中雛六三	小雛二四
雞翁三	雛母五	大雛五	中雛一五	小雛七二
雞翁三	雛母五	大雛四	中雛四八	小雛四〇
雞翁三	雛母五	大雛三	中雛八一	小雛八
雞翁三	雛母六	大雛二	中雛三三	小雛五六
雞翁三	雛母六	大雛一	中雛六六	小雛二四
雞翁四	雛母一	大雛一二	中雛三	小雛八〇
雞翁四	雛母一	大雛一一	中雛三六	小雛四八
雞翁四	雛母一	大雛一〇	中雛六九	小雛一六
雞翁四	雛母二	大雛九	中雛二一	小雛六四
雞翁四	雛母二	大雛八	中雛五四	小雛三二
雞翁四	雛母三	大雛七	中雛六	小雛八〇
雞翁四	雛母三	大雛六	中雛三九	小雛四八
雞翁四	雛母三	大雛五	中雛七二	小雛一六
雞翁四	雛母四	大雛四	中雛二四	小雛六四
雞翁四	雛母四	大雛三	中雛五七	小雛三二
雞翁四	雛母五	大雛二	中雛九	小雛八〇
雞翁四	雛母五	大雛一	中雛四二	小雛四八
雞翁五	雛母一	大雛八	中雛三〇	小雛五六
雞翁五	雛母一	大雛七	中雛六三	小雛二四
雞翁五	雛母二	大雛六	中雛一五	小雛七二
雞翁五	雛母二	大雛五	中雛四八	小雛四〇

雞翁五	雛母二	大雛四	中雛八一	小雛八
雞翁五	雛母三	大雛三	中雛三三	小雛五六
雞翁五	雛母三	大雛二	中雛六六	小雛二四
雞翁五	雛母四	大雛一	中雛一八	小雛七二
雞翁六	雛母一	大雛五	中雛二四	小雛六四
雞翁六	雛母一	大雛四	中雛五七	小雛三二
雞翁六	雛母二	大雛三	中雛九	小雛八〇
雞翁六	雛母二	大雛二	中雛四二	小雛四八
雞翁六	雛母二	大雛一	中雛七五	小雛一六
雞翁七	雛母一	大雛二	中雛一八	小雛七二
雞翁七	雛母一	大雛一	中雛五一	小雛四〇

古量深尺，内方尺其實一鬴，臀一寸其實一豆。以今量爲之，鬴内方，用今營造尺一尺，其深及臀當得幾何

程之驥　丹陽

答曰：以今量爲六斗四升之鬴，用今營造尺一尺爲内積，正方面之邊，其深當得二尺〇二分二釐四豪，其容一豆之臀，當得二寸〇二釐二豪四絲。

案《周禮·㮚氏》鄭注：四升曰豆，四豆曰區，四區曰鬴。鬴，六斗四升也。又注杜云：臀謂覆之，其底深一寸也。鬴深一尺，内方亦一尺，其容積必有千寸算術立方以千寸爲尺，置千寸爲實，以六斗四升爲法除之，得每升之積爲一十五寸六百二十五分算術立方以千分爲

寸，四因之，得一豆之積爲六十二寸五百分。一豆之積即四升之積，亦即一臀之積。以深一寸除之，得臀面羃六十二寸五十分算術平方以百分爲寸。此臀之底面亦爲方面，則當置六十二寸五十分，開平方得七寸九分○五豪六絲九忽有奇，爲方面之邊。若或臀之底面爲圜面，則當置六十二寸五十分，以方面率一乘之，以圜面率○七八五三九八一六除之，得七十九寸五十七分七十四釐七十一豪八十九絲有奇，爲借方面羃。此借方面之邊，即同圜面之徑。開平方得八寸九分二釐○六絲二忽有奇，即爲圓面之徑。此以古量古尺算之，其得數有如是者。又按輔圜，其外當倍而羃爲二尺，開平方得一尺四寸一分有奇，即爲輔圜徑。如臀亦內方外圜，則亦當倍臀面羃爲一尺二十五寸，開平方得一尺一寸一分有奇，即爲臀圜徑。

又按《大清會典》，今量之制，一石之積爲三千一百六十寸，一斗之積爲三百十六寸，一升之積爲三十一寸六百分，其尺度即用今營造尺。今欲爲六斗四升之輔，令內方用今營造尺一尺求其深，則當置一升之積三十一寸六百分，以六十四乘之，得一輔之積爲二千○二十二寸四百分即二尺○二十二寸四百分。以方尺之面羃一尺除之，得二尺○二分二釐四豪，即爲輔之深。若求臀之深，則當置一升之積四倍之，得一豆之積爲一百二十六寸四百分。以面羃六十二寸五十分輔面羃仿周制，則臀面羃亦應仿周制除之，得二寸○二釐二豪四絲，即爲臀之深臀深仍爲輔深十分之一。此以今量今尺算之，其得數有如是者。

又按《律呂正義》，古尺一尺當今尺即營造尺八寸一分按地書或云：八寸者，舉大數也，是今尺一尺即可當古尺一尺二寸三分四釐五豪六絲七忽九微有奇。儻以今尺度古量之輔，則內方邊爲八寸一分，深亦爲八寸一分，臀爲八分一釐。以八寸一分自乘、再乘，得積五百三十一寸四百四十一分。又以今量石法三千一百六十寸除之，得一斗六升八合一勺七撮有奇，爲古輔內容之實入今量之數。又以十六除之_{豆實爲鬴實十六分之一}，得一升〇五勺一撮有奇，爲古鬴臀內所容之實入今量之數。或以古尺度今量之鬴，則內方邊爲一尺二寸三分四釐五豪六絲七忽九微有奇，深爲二尺四寸九分六釐七豪九絲弱，臀爲二寸四分九釐六豪七絲九忽弱。以鬴內方邊自乘，又以深乘之，得積三千八百〇五寸五百分强。又以古量斗□一五六二五除之，得二十四斗三升五合五勺二撮强，爲今鬴內容之實入古量之數。又以十六除之，得一斗五升升二合二勺二撮强，爲今鬴臀內所容之實入古量之數。

此以今尺、今量算古鬴及臀，又或以古尺、古量算今鬴及臀，其得數有如是者。

浙東課士錄

光緒甲午仲春無錫薛氏開雕
板藏甬上崇實書院

前　言

　　《浙東課士録》爲晚清薛福成於浙江所創辦的崇實書院學生的課業文集，由周振翰題簽，經時任布政使銜分巡寧紹台兵備道、新授湖南按察使薛福成選編並題辭，并經書院學生李翼鯤校訂後，於光緒甲午年（1894）仲春由無錫薛氏開雕，板藏甬上崇實書院。該書共四卷，分四册，每頁十行，行二十一字，單魚黑口，左右雙邊。國家圖書館、遼寧省圖書館、浙江大學圖書館、四川大學圖書館等均有收藏。本次點校整理以浙江大學圖書館藏本爲主。

　　薛福成（1838—1894），字叔耘，号庸庵，江蘇無錫人。祖父薛錦堂，係諸生。父薛湘，爲道光十一年（1831）辛卯恩科舉人，充任官學教諭；二十五年（1845）乙巳恩科會試中試，但未參加殿試，至二十七年（1847）補殿試，位列二甲第七十一名，賜進士出身。薛湘歷任湖南安福縣、新寧縣知縣，後升廣西潯州知府，因故未赴任，於咸豐八年（1858）病故於湖南任上，贈光禄大夫。生於書香世家卻又罹遭亂世的薛福成非由科甲發迹，但致力經世實學，卓識過人。因同治四年（1865）寫成萬余言《上曾侯書》八策，獲得曾國藩賞識，被納入幕府，於六年（1867）名列江南鄉試副榜，後被曾氏保舉爲五品候補同知。同治十一年（1872）曾國藩病逝，薛福成入職蘇州書局。光緒元年（1875）上《應詔陳言疏》後受李鴻章邀請，入李幕府。五年（1879）著《籌洋芻議》。十年（1884）被朝廷實授爲四品寧紹台道籌防浙東，在與英國就保護舟山問題上周旋成功後力挫法國水師，極大程度促成了浙東地區抗法鬥爭的勝利。及海警事平，薛福成在官署西側後樂園召集當地學子，"月凡一集，以殿最其文藝"，"蓋郡之秀而文者，多在於是矣"張美翊《崇實書院記》，一年後薛又於後樂園南創立崇實書院。十三年（1887），因奉旨升任湖南按察使，"乃取前所選詩文雜著，都九十七篇，付之削氏"薛福成《題辭》，此即《浙東課士録》一書的由來。十五年（1889），以四國公使劉瑞芬三年任滿故，薛福成未到任湖南按察使即被授二品頂戴，以三品堂官候補身份出使英、法、意、比四國，成績斐然。二十年（1894）三月，薛福成任滿歸國，途中染病，并於回國後病逝，葬於無錫軍嶂山。薛福成一生著作頗豐，著有《庸庵文集》四卷《續編》二卷《外編》四卷、《庸庵海外文編》、《籌洋芻議》十四卷、《出使奏疏》二卷等。

《浙東課士録》共計四卷，卷首有薛福成題辭，無跋。卷一四書文、五經文計十四題十七篇，卷二經解、書後、史考等計九題十三篇，卷三史論、史考、書後、時務等計二十三題三十六篇，卷四記、書、賦、詩計二十一題三十一篇。文後評點爲薛福成所作。需要補充説明的是，崇實書院課藝文集除《浙東課士録》外，尚有一續集，即刻於光緒二十一年（1895）由繼任寧紹台道吳引孫編、周振翰題簽、陸廷黻選的六卷十册本《崇實書院課藝》，共收録詩文三百餘篇，讀者可從這兩部課藝文集中對寧波崇實書院有更加全面的瞭解。

《浙東課士録》反映了寧波崇實書院鮮明的辦學特色，即"講求時政，上之備有用之材；服習斯文，次之稱好修之子"張美翊《擬後樂園記》，"務求古人立教之意，不效末俗攻擊之習，則進足爲世用，退亦有以自澤於學"張美翊《崇實書院記》。崇實書院一方面賡續了清儒孜孜於訓詁考據之學的努力，另一方面延續了百年來浙江文脉"惓惓以實學爲訓"陳康黻《崇實書院記》的傳統，這既是讀書人心之所至、意之使然，更是時代的必然要求。筆者就《浙東課士録》的課藝內容的特徵可概括如下：

一、考據精審。案阮元言"舍詁求經,其經不實",薛福成對傳統學問的重視在陳康黼《崇實書院記》中可見一斑:"課之日,試以制義一首,外如經史掌故、天算輿地,以及海防、洋務、詞章之學,則於十日内分試之,月一舉焉。"考訂題目涉及《尚書》《詩經》《周易》《禮記》《論語》《孟子》等儒家經典中的字、詞、句乃至地理、文化等問題,闡釋經典文本含義,如《高宗伐鬼方解》《既齊既稷既匡既敕永錫爾極時萬時億》《子曰:麻冕,禮也;今也純儉,吾從眾。拜下,禮也,今拜乎上,泰也。雖違眾,吾從下。子絶四:毋意、毋必、毋固、毋我》《君子之道淡而不厭簡而文温而理》《天時不如地利地利不如人和》等。考據直追經典本身,利用經典文本互證,從學問的源頭理解經典,并不吸收如漢人讖緯之學對經典的解釋,如《孔子刪〈書〉終以〈秦誓〉説》等。除此之外,對史實的考據也是《浙東課士録》一書的重要内容,如《漢前後兩少帝實皆惠帝子考》《問:〈史記〉〈漢書〉:高祖二年,敗於彭城,道逢孝惠、魯元兩兒,常蹶欲棄之。滕公收載徐行,面雍樹乃馳。時魯元尚幼,其嫁張敖在高帝五六年,生女當在七八年矣。惠帝四年,立公主女爲后,至三年,后年不過十二三。張后傳,太后欲其生子,萬方,終無子,使詳爲有身云云。若后年已長,配帝久者,殆非事實。或者帝病時,太后揚言已有子,攀庶爲嫡,慰天下及大臣。殺少帝,廢后,乃從爲之辭。史家沿習不察,疏矣》等,觀點新穎而證據翔實,令人耳目一新。至於歷史評點則從大處落墨,興會飆舉,辯證思想亦頗有見地,如《漢武帝論》《賈生明申商論》《〈漢書·外戚傳〉書後》等。這些都顯示出晚清知識分子對研習傳統文史知識的重視。

二、重視實學。在"數千年未有之變局"的現代化進程當中,清廷何以自强成爲彼時無數讀書人孜孜以求的問題,學習西方先進技術如鄒宸笙《試御氣球賦》、正確認識西方文明如陳星庚《英法俄德四國文字言語異同説》、如何幹旋於西方列强而立不敗之地如陳崇宸《保護朝鮮策》等更是上至當權者下至基層知識分子都需要思考與回答的時代之問。張美翊在《崇實書院記》中即指出:"士之所爲淑身淑世者奚在乎?本於學而已。學之所爲有體有用者奚在乎?務於實而已。"學以致用,經世救國正是《浙東課士錄》一書的重要特點:對內針對"整頓尤急"鄒宸笙《錢法議》的社會諸弊端提出改革策略,對外則外交上剛柔并施,技術與制度上則"能得其國中一切要務"鄭崇敬《派員游歷東西洋各國論》。其中張美翊《試御氣球賦》藉助憑虛公子與安處先生的對話,使安處先生對熱氣球的態度從"異哉言乎"到"捧手欲辭,改容而謝",并稱:"僕幼乏通才,長昧時務。幸獲覯乎隆規,敢僅循乎故步。聞子之讜言,觀今之制度。夫乃知氣之用至神,而球之備宜裕也。"安處先生態度的變化也在某種程度上代表了彼時傳統讀書人在激蕩時局中對西方有了更爲深刻的理解。

三、地域色彩强烈。趙園在《明清之際士大夫研究》中指出江南地區讀書人具有强烈的地域自豪感,這在《浙東課士錄》中也能得到體現,如鄒宸笙在《光緒十年防海閩浙臺粤四省布置得失論》中提及的"吾浙",包括張美翊、鄭德璜、李翼鯤均有《春秋時越國疆域考》,雖然最終結論不一,而各有可觀之處。除此之外,推崇鄉賢同樣在《浙東課士錄》中屢見不鮮。浙江自古以來即文人學者輩出,追述弘揚先賢功業本就是後輩讀書人的責任,如蔣子蕃《擬撰全謝山先生墓碑文》:"先生幽光不泯,其書長在天地間,後人當必有刊以行世者矣。"慨然能令讀者共情。另外,《浙東課士錄》一書也展現了當時浙東地區的現實背景,即在書院創始人、時任布政使銜分巡寧紹台兵備道的薛福成剛剛在抗法海戰中取得勝利時,書院學生如鄭德璜、鄒宸笙各自作有《光緒十年防海閩浙臺粤四省布置得失論》反思海防得失,戴鴻祺、袁堯年則有從更微觀視角出發的《蛟門形勢考》,忻祖彝《鎮海南北岸增建礮臺論》中"謀深遠,慮久長,而思裨益夫國計民生者,不能不兼籌之矣"則體現了保衛家鄉謀劃布局的謹嚴思考。這些文章補充了浙東地區抗法鬥爭中的歷史細節叙述，爲後世研究者提供了可讀的文獻材料。

《浙東課士録》是一本瞭解晚清變局背景下有關政治經濟形勢、社會潛在問題、地方讀書人思想與地方文化的重要文獻材料，或許可以讓更多的人對晚清知識分子有著"同情之理解"的態度，認識到他們尋求改革的熾熱的内心，也認識到他們所處時代的局限性。由於整理者學識水平有限，疏漏或錯謬難免，敬請方家指正。

目　録

卷 四

題　辭

　　余備兵浙東,適有法警,籌畫戰守,日不暇給。及款議成,公事稍暇,乃於署西隙地闢爲一園,雜蒔花木,略建亭臺,顏之曰:"後樂,集高材生,月課其中。"比歲餘,復於園南創立書院,禮請山長以督教之。事甫就,而余有楚南之行,乃取前所選詩文雜著,都九十七篇,付之削氏。諸生銳志嚮學,異時進境,固未可量,彙錄茲編,聊以見一時投戈講藝之樂焉爾。

　　光緒丁亥十二月,布政使銜分巡甯紹台兵備道新授湖南按察使無錫薛福成題。

卷　一

致知在格物

張美翊

　　明致知之所在，格物其始基也。夫無在非知，實無在非物，即致即格，故經不曰先而曰在云。且大人之學原於知，而知麗於物。知無形者也，而物有形，無形者不可見，則必於其有形者求之。知無定者也，而物有定，無定者不可憑，則必於其有定者引之。知必與物爲緣，斯物若與知相待，明乎審端致力之所在，斯大學之始基也。意之誠也，既有所先，則知之致也，不有所在哉？此非冥寂者所得與也。人雖神聖，不能於思慮俱窮之處，憑臆而遊於虛，所謂致者，其實而可循者乎？則道也而器形焉矣。又非馳騖者所可託也。人即博通，不能以性情無主之施，歷感而得其應，所謂致者，其一而可貫者乎？則性也而曲致焉矣。知何在？物焉而已。致知何在？格物焉而已。澄心靜坐之徒，謂吾知之可以捷而悟也，有離物以孤詣者焉，不知德性不原於問學，則守寂遺照，義理亦涉於虛無，無所知也，物何有乎？試爲實指所之。知大人自明而誠，一本要自有萬殊之妙，而所以實吾之知者在是矣。好學深思之士，謂吾知之可以積而能也，有逐物以泛求者焉，不知大義，不闡以微言，則綴瑣嗜奇，考據祗嫌於繁衍，無所致也，格何有乎？試爲究言其要。知大人由博返約，萬事固合爲一理之歸，而所以專吾之致者在是矣。知之數有多寡，而物若乘之，蓋知無歸宿，即一物之或遺，知有統宗，即萬物之皆備，則數之多寡，可以觀矣。故以物立之準，推之經權常變，而皆如其中之所可居，其有在在與之相引者乎？夫何至少縱即逝乎？致之功有淺深，而格即視之，蓋格物物而忘一物，即所

248

致未盡，格一物而及物物，斯所致無窮，則功之淺深，可以驗矣。故以格握其原，極之高下散殊，而悉本於始之所不易，其有在在與之相待者乎？夫孰非持之有方乎？是故標良知之旨者，祇知有知而已，未嘗求諸物也，泥來物之訓者，祇知有物而已，未嘗極吾知也。或且以爲知即知所先後之知，物即物有本末之物，則未明乎經之不言先而言在者，即致即格，一理也，亦一事也。獨惜乎傳之既亡，而格致之説，且日出而不窮也。

的當渾融，詮題精透，洵理境中上乘文字。

其知可及也其愚不可及也

鄭傳綏

藏知於愚，愚足千古矣。夫人見武子之知，要非其不可及者也。至不見其知而藏於愚，而又誰能及之哉？今有事處萬難，而求其必濟焉。爲問知者能濟乎？有知而不見其愚，知亦未必有濟也。然則愚者能濟乎？無知而徒見其愚，愚又何能有濟也？能濟此者，獨有一以知用愚，即以愚藏知之武子。有道則知，人見其知也；無道則愚，人見其愚，而不復見其知也。自人論之，一若忽知而忽愚者，又若亦知而亦愚者，是皆不足以知武子也。人之稱人也，皆貴知而不貴愚，而獨至名義之大，有不愚而遂無足稱者，稱其節，固愈於但稱其才。乃自有武子，而以節爲稱者，尚非難能矣。人之愛己也，願爲知而毋爲愚，而獨至身世之艱，有不愚而即不自愛者。愛其名，斯不能復愛其身也。乃自有武子，而惟名是愛者，舉不敢望矣。然則論武子而兼其知，亦猶夫人之知也。所不猶人者，知而愚耳。知而愚則武子不愚。天下惟不愚之愚，乃真愚也。然則重武子而因其知，非過乎人之知也。所大過人者，愚而知耳。愚而知，則武子若愚。天下惟若愚之愚，乃至愚也。其知可及也，其愚不可及也。臨難而倉皇赴義，無論生平經濟，至此何存，而進退無以圖全，捐軀復何所補也。武子則運知於愚，獨以愚矢諸畢世焉。迹其一意孤行，直茫然於身之安危，事之平險，遂使向之推其知者，不能不怪其愚之異人也。仗其愚而義可伸，即秉其愚而忠可達，而其愚乃足衛故君而使之存。遇變而慷慨忘身，無論曩日權謀，卒歸無用，而國家因之敗壞，抱憾其奚有窮也。武子則晦知於愚，獨以愚策其萬全焉。窺其至誠固結，方毅然於國必可復，君必可歸，遂使向之聞其知者，不得不憫其愚之獨絕也。守其經而愚以正，實行其權而愚以神，而其愚乃能感伯主而使之悔。噫！使武子常得以知見，而不必以愚見，武子之幸也。然而武子之爲人，則幾乎隱矣。

　　文境如蓮出綠波，纖塵不染，令人可望而不可即。

居敬而行簡以臨其民不亦可乎

陸祖恩

　　簡原於敬，以之臨民斯可矣。蓋惟簡從敬出，而後簡不徒簡，行之乃見其可也。臨民者其亦慎所立乎？昔聖門有仲弓，蓋嘗從事於見賓承祭之教，而深有得於主敬也。日者因辨簡而言曰："夫人出其身以與天下相見，即不能無法以治之。而究之天下之治，治於法，實治於心。蓋心先天地而凝，法後天地而立。古帝王宰治天下，所由靜攝其心，而無事張皇其法者，殆以天下之大，不可以無本之治治耳。"子可伯子之簡，子蓋就簡論簡，而未嘗計夫簡之可以臨民否也。夫臨民亦豈不貴夫簡哉？揆治體之郅隆，必曰承平無事，然無事亦何可得也？朝野之經制何盡？三才萬象，無在可謝仔肩。握其要而以恭默出之，則此事非可以形似測矣。論道化之休美，必曰恭己無爲，然無爲亦豈易言也？國家之庶務孔殷，一日萬幾，何事不關擘畫？探其原而以靜鎮出之，則此際非可以迹象求矣。蓋臨民之所以貴簡者，以簡從敬出也。有如居敬而行簡乎？舉億兆之眾，而可以一心攝之，至欲舉攝億兆之力，以攝一心，則多不給矣。惟是專靜懇摯，入而與血氣爭，乃出而與陰陽爭。禮樂兵刑，無非屋漏盟心之務，而大廷之綱紀，悉運以整齊嚴肅之神，則萬物之氣自通，而更何庸法度之繁縟？統林總之數，而可以一身約之，至欲統約林總之力，以約一身，則恆未遑矣。惟是收視反聽，以夢寐爲致治之基，即以法令爲見心之具。雖宮肅廟，即寓垂裳端拱之休，而黼座之設施，實協愚賤雨風之好。則萬族之情既洽，而又何事政令之精嚴，以臨其民，不亦可乎？是故希世之功名，學問焉耳矣。學問之事，草野豈能遽窺？而深宮自嚴内閟之修，即天下共享和平之福。蓋敬爲立德之始，簡爲立政之終也。古聖人屏清淨而不事，安淡泊而爲治，而朝野上下，莫不暢然見大化之流布者，其以此也夫！抑振古之事業，性情焉耳矣。性情之地，黎庶何能共喻？而一人能盡篤恭之量，即天下胥敦太古之風。蓋於敬見王心之壹，於簡見王化之成也。古聖人心事不能告諸臣子，聰明非所加於黔黎，而宮府郊圻，莫不沛然見至治之馨香者，其以此也夫！而不然者，恐未可以臨民矣。

題雖團圞，卻只半面，若徒鋪排門面，語縱說得冠冕堂皇，於語氣失之遠矣。文體會全神，出以瘦硬之筆，句中有句，味外有味，尋行數，墨家無從望其項背。

得見有恆者斯可矣

張美翊

作聖有基，重思之而猶有所望焉。夫有恆者可以進於善人君子，而求至於聖人者也。於此而得見焉，非夫子之所望乎？若曰：吾今而知論人之道，不妨降格也。爲學之道，貴有初基也。夫心志之不貳，始終之不渝，原未必即由踐迹而入室，而其至誠無妄之心，有可以蘄至於化神之域者，此又吾所求之天下，而願言覯止者也。吾思善人，而不得見，則漸幾於君子，而期進於聖人者，復何所望哉？然而下此者又有其人在矣。其得主之有常，不必有善而無惡，而既已每況而愈下，則如斯人者，夫固秉姿獨厚，而不失其初者也，而詣力可因之而進矣。其立誠之可久，非即盡人以合天，而既已降以相求，則如斯人者，夫又抱質以游，而不遷其守者也，而願望且自此而殷焉。所謂有恆者非乎？蓋身心性情之地，在在有所不容誣，惟以有恆者立其基，斯不能而可以漸致其能，不知而可以漸致其知，祗葆此專壹之心思，雖未必造於純全，而得其偏者，已卓然迥超乎流輩，謂此即存誠之學所由幾也，而苟溯其生初，則亦降衷之略優而已矣。而事功學問之途，人人有所不可假，惟以有恆者端其本，斯緣感寂而人心即道心，嗜欲清而罔念歸克念。第凝此常貞之志質，雖未必臻於粹美，而求其次者，已慨然想慕其爲人，謂此即無息之徵所由兆也，而苟原其賦稟，則亦習俗之不惑而已矣，而吾乃重有思矣，而吾猶深有望矣。吾非謂至詣精純之蘊，得有恆者而易希也。第思本天道之常行，以爲斯人之極軌者，而託始於茲，是固吾所嚮往深之，而不覺俯仰之若失者也。誠使得見焉，將恆心克葆，即善量以漸而充，其斯可以優入聖域矣乎？亦非謂私心期望之奢,得有恆者而已慰也。第思具秉彝之懿德,以爲斯道之大防者,而肇基於此,是又吾所寤言思之,而不知感歎之何從者也。果使得見焉,將恆性未漓,即善端由之而擴,其斯可以上紹聖傳已乎?吁!詣非迥絕,豈有中道之罕逢;理苟違常,或至承羞之致誚。蓋反是者難矣。

精騖八極,心遊萬仞,非斂氣歸神,未易臻斯境界。

子曰:麻冕,禮也;今也純儉,吾從眾。拜下,禮也,今拜乎上,泰也。雖違眾,吾從下。子絕四,毋意、毋必、毋固、毋我

戴鴻祺

審所從而決所絕,皆義之與比之意也。夫從眾違眾,通乎義也;意必固我,則膠於義矣。曾是比義之夫子,能不審所從而決所絕哉?且聖人一出,千古有至正之規,萬物無相撓之柄者,非獨其所感異也。制無論大小,準人情以爲的,而嫉俗憤時之見無敢參;事無論先後,本天理以爲公,而勝私克欲之情可不設。與時偕行,無徇時之意;與道大適,妙任道之心。蓋亦曰義而已矣。昔夫子嘗言:“無適無莫,義之與比矣。”夫義之與比者,固不徇人,而亦不徇己之謂也。一物之微,必稽之於古制;一事之細,必繩之以先民,理也而義寓焉矣。義之所在,而不爲之觀其通,則大節攸關,轉無以表其萬不得已之苦心,而力之所挽者小。耳目所及,投於猝則不遑;幾務之乘,立於豫則有濟,情也而義異焉矣。義本無定,而苟有所泥於外,則矜心未化,轉無以著其時措咸宜之妙用,而物之所累

者多,而夫子則力有獨挽者焉。夫麻冕、拜下,皆禮也,以純之儉而從眾,以上之泰而違眾,則所挽者大矣,而漸可復其小矣。非好爲是變通也,義在然也。而夫子則物有難累者焉。夫意必固我宜無也,無之至而名之曰絕,絕之盡而該之以四,則所累者盡矣,而更何慮其多矣。非故爲是渾忘也,義在然也。義之爲用大矣哉!吾今而知比義之説爲可信也。理不相安於无妄,而積久遂流爲僭竊之端,夫子持其正焉。義所可變,不以矯激者戾乎時;義所共非,不以苟且者同乎俗,則已自袪其妄念也。惟袪其妄念,故制度文爲之際,可以與聖人參損益,而必不可與聖人爭是非。吾想其心,殆不啻衡之準焉。稱物而平施,輕則從輕,重則從重而已矣。世無自執於一偏,而外此皆莫可變通之理,夫子觀於化焉。大義所關,臨事不擾清明之宰,精義之學,先時究無固執之心,則已自泯其偏見也。惟泯其偏見,故紛紜酬酢之場,無以測聖人之化裁,但有以徵聖人之安定。吾想其心,殆不啻鑑之空焉。物來而順應,媸形其媸,妍形其妍而已矣。故曰:審所從而絕所無,皆義之與比之意也。

先有司赦小過舉賢才

鄭德瑛

與簡者論政,亦善於任人而已。夫有司先,小過赦,賢才舉,惟善於任人,乃能善爲簡也。子故以告仲弓歟?且天下任己者勞,任人者逸,此以簡爲政者,所當知也。顧任人而我欲分其任,則所任爲尤人;任人而我必苛其任,則所任無完人;任人而我不儲其任,則所任將乏人。惟擴其休休有容之量,以成其濟濟相助之休,而簡之道得焉,豈惟家哉?雖以之宰天下可矣。雍問政,夫雍簡者也,亦知任人乃所以爲簡乎?然而難言之矣。有求簡而不如不簡者。督率職也，而不考其成。誅譴法也，而概寬其辜。銓衡典也，而姑闕其官。無法度即無紀綱，羣材難責馳驅之效。有欲簡而反難爲簡者，惡滋擾也，而細務必親；懲過失也，而文網必嚴；懼紛更也，而新進必抑。愈彌縫，愈多闕失，庶務卒貽叢脞之憂。知此而任人以爲簡者，其道可得而言矣。一曰：先有司。吾既任人，而仍躬理焉，瑣哉政也，烏能簡？惟以先爲簡。先在己者，整躬以率下；先在人者，安坐以受成，而政本立矣。一曰：赦小過。人爲吾任，而務求全焉，苛哉政也，安得簡？惟以赦爲簡，無可赦者，執法不敢寬，有可赦者，原情不敢刻，而政體全矣。一曰：舉賢才。吾欲任人，而忘豫儲焉，陋哉政也，又何取乎簡？惟以舉爲簡，所不輕舉者，老其材以有待，所亟欲舉者，虛其位以相須，而政績懋矣。此其道分爲用焉。官職侵則妨其自效，刑罰重則阻其自新，銓選滯則屈其自獻。惟三者各神其鼓舞，斯課分職之效，功名奮於朝，沛肆眚之恩，董勸行於國，光籲俊之典，德藝升於鄉矣。我觀周立常事，而庶言戒攸兼，商制官刑，而十愆舉其大，虞宏僉受，而九德彰厥常。朝廷有此數大端，清其源而已堪坐鎮，簡所以握臨下之樞也，南面可使，雍也尚勉旃哉！此其道交相成焉，瑣屑親則譴責滋多，文法密則英豪卻退，汲引疏則驅策難資。惟三者互用其權衡，斯委任責其成，咎可以功恕，包容寬其格，材可以量收，甄拔開其途，官可以能授矣。我觀《舜典》勗亮功，而眚災不問，《禹謨》稱宥過，而黎獻無遺，《周禮》重興旺，而官成必考。國家祗此數大典，持其權而無復紛營，簡所以立居敬之體也，東周可爲，吾也豈舍是哉？此任人以爲簡之道也，宰一家如是，宰天下亦如是矣。雍也識之。

　　高挹羣言，獨標精警。

管仲相桓公霸諸侯一匡天下
民到於今受其賜

陸祖恩

功及後世，不言仁而仁見矣。夫仲之相桓定霸，曾何與於今之民也，而今且受其賜焉，尚得謂之非仁哉？且論人三代下，甚無容刻以相繩也。有能致君澤民，措一世於乂安，已足信今而傳後。況夫才足挽已衰之氣運，力足成不世之勳名，名分以尊，兵爭以靖，即兆姓以安。迄今慨想風流，其功烈猶赫然在人心目閒焉，於以歎相臣之遺澤孔長也。子以仲之相桓爲非仁，子第就仁之在於一身者言耳。爲仲計則可，爲天下後世計則不可也。子亦知仲之所以相桓公哉？羣黎苦征役甚矣，干戈擾攘之秋，摟伐相加，世變亟而民生日蹙，流弊伊胡底也。故績莫奇於創霸，而執言仗義，天下不得議臣子之專。周家之厭德久矣，禮教陵夷之會，紛爭不息，王靈替而民命誰依？世道益可慨矣。故功莫大於勤王，而攘楚尊周，天下遂咸懷君臣之分。蓋齊之霸由於桓，而桓之霸由於仲，自有仲而桓之霸業以成，天下幸甚，生民幸甚。晚近之人材，不必概聞乎道，而功名之顯赫，有震耀耳目者焉。以仇讐卜君臣之誼，而畏威慕義，爲天下消兵爭之禍，即爲天下貽樂利之休。讀其遺書，至爲之感泣也。甲兵之不作，百餘年矣，而烏可忘所自歟？古今之世運，每自受治於才，而樞府之經綸，有昭垂天壤者焉。以束縛邀薰沐之知，而懷遠招攜，爲天下息侵畔之風，即爲天下錫和平之福。誦其餘烈，猶爲之鼓舞也。蒼生之蒙福，歷數傳矣，而烏得昧所本歟？然則仲之相桓定霸，一匡天下，而民之受其賜也，固已久矣。大抵賢哲之挺生不偶，每與運會相維持，以俘纍而慶登庸，古來曾無此知遇。卒之功成九合，衽席同登，此亦宇宙之轉機也。今即風徽已邈乎？而諸父老好談軼事，臨淄即墨，猶且誦功德於勿衰，知遺愛固猶在人耳。刪《詩》而篇錄《木瓜》，瓊玖其無忘報德也夫。大抵賢豪之事業非常，每足留貽於累葉，作內政而寄軍令，羣臣誰有此謨猷？卒之制稟一王，兵戎頓息，此亦黔黎所託命也。今即盛烈云遥乎？而名公卿大啟雄圖，無棣穆陵，猶且永流風於未艾，知立功亦自不朽耳。修史而城書小穀，華袞其以是誌美也夫，賜尚疑其非仁乎？

　　思清筆健，氣足神完。

管仲相桓公霸諸侯一匡天下
民到於今受其賜

張美翊

　　佐霸以安民，仁者之賜也。夫桓之霸諸侯，匡天下，仲相之也，到今受賜，仲誠仁者哉！且論者稱管仲爲天下才，所在之國，必得志於天下。夫人既爲天下之才，即當任天下之事，不徒爲一身一日計也。相道得而天下治，後之人且不能忘矣，而其人遠矣。賜疑不死又相之非仁，是謂仲或可以不死，而斷不可以相也。不知仲惟可以相，故可以不死也。且夫仲之相桓公，固天下後世共賴之者矣，顯謨承烈之既湮，始相尋以武力，乃自衣裳盟會，並事招懷。讀葵邱五命之辭，知佐霸得人，而名分自正。富國彊兵之可用，既自信於平時，乃自釁浴親迎，不終束縛。溯堂阜一言之税，知大匡著績，而風烈彌遐。然則諸侯之霸，桓霸之，仲相之也。天下之匡，桓匡之，亦仲相之也。吾向者謂仲之力，即仲之仁，今固無以易之。蓋觀於尊周室，攘夷狄，諸侯親睦，天下晏然，雖不能幾於王，而已足以首乎霸。迄於今去仲之時，益久且遠矣。然而民之稱之者，猶赫赫若前日事，夫非仁者之賜歟？故束牲申禁，上之作同盟之主，實下之賴佐理之才。《乘馬》名篇，麗之爲政事之文，即精之入人心之隱。由是以思，仲之相桓，固天下後世共賴之者矣，凌替之乘而未有所終也，其勢將日加而不能已。平王以降，不知周室之尊矣，惟仲也中夏佐盟，交施德禮，斯名正言順，咸懍然於同軌之循。夫是故功烈之昭垂，更歷數傳，猶蒙餘澤也。兵争之弭而俾無所苦也，其恩且逾久而不忍忘。晏子在朝，尚溥仁人之利矣。彼仲也罪囚使相，媲美國高，而救災恤鄰，彌曉然於深衷之揭。夫是故聲靈之赫濯，雖經積弱，尚懍王章也。不然，民且被髮左衽矣，於受賜乎何有？烏虖！仲固不可少之人哉！

著墨不多，題無賸義，解人固當如是。

管仲相桓公霸諸侯一匡天下
民到於今受其賜

竺麈祥

霸佐有救民之業，三代下之仁者也。夫霸諸侯而匡天下，齊桓之事，實管仲相之也。民到於今受其賜，其澤不綦長歟？且三代上無霸名，惟王者爲能安民。自周轍東，而先王之遺澤，罕有存焉者矣。是故《式微》之詩，慨諸侯之無邦也；《匪風》之詩，傷天下之無王也。而猶有雄長中原，扶持名教，不徒一時一世，食其德而飲其和者，徒以有管仲在。賜乃以相桓爲仲病乎？亦思仲之相桓，有至今不能忘者。鎬雒之聲靈，半銷沈於禾黍，干戈擾攘，九鼎不安，而一二伯叔之邦，又復自顧而不暇，宗廟社稷，欲求綿延以至於今，豈云易哉？則挽狂瀾者誰也？閭閻之疾苦，每恓歎於苞稂，瑣尾流離，四方皆是，而一二寬仁之主，又復無力之能爲。籍隸版圖，欲求安謐以至於今，豈不難哉？則蘇民命者誰也？莫不曰是桓公霸諸侯、匡天下之力也。夫桓公豈遂能霸諸侯、匡天下哉？吾乃穆然於管仲之相之焉。南征北伐之勳，昭於寰海，而山高乘馬，指揮以定中原，直欲使十五國生靈，環而託庇於宇下，懷遠招攜之略，著於當年，而富國强兵，威靈及乎後世，直欲挽數百年氣運，默爲造福於將來。然則管仲之功，不徒諸侯賴之，天下賴之，民到於今猶受其賜焉，豈不偉哉！救天下者，事不嫌於創。五霸繼三王，堂皐實開其局，而此後之尊周攘楚，使編氓咸戴王靈者，莫非於仲取法焉，則今之受賜於世主者，皆受賜於管仲也。《甘棠》之思召，復有《木瓜》之美桓，雖至今霸業已衰，而服先疇者長荷生成，食舊德者尚懷名氏，則文、武、成、康之澤，猶若賴以復延矣，而豈區區小補也哉！立功業者，每况而愈下，中華有盟主，召陵獨盛其規，而此後之爾詐我虞，使生民不安家室者，不得以仲藉口焉。則今之受世主之害，而禍不甚烈者，實受管仲之賜，而澤猶未艾也。弔九京而慕晉卿，何如過三歸而懷齊佐，雖至今前徽莫紹，而入即墨者能談軼事，來稷下者可訪遺風，彼甯戚隰國高之輩，固難步其後塵矣，而顧鰓鰓相求也哉！若管仲者，殆三代下之仁人乎，詎得與可有可無者，同日語哉！

　　命意親切，後二尤爲酣暢。

嘗獨立，鯉趨而過庭，曰：學《詩》
乎？對曰：未也。不學《詩》，無
以言。鯉退而學《詩》。他日，又
獨立，鯉趨而過庭。曰：學《禮》
乎？對曰：未也。不學《禮》，無以
立。鯉退而學《禮》。聞斯二者

毛宗鋆

述所聞於《詩》《禮》，其所聞亦僅矣。夫曰"獨立"，曰"趨庭"，此可以異聞之時也，而所聞則在於《詩》《禮》，鯉豈有異聞哉？且家庭之聚處，非甚難值之時也，父子之傳述，非甚難得之事也，而爲之由後溯前，其間所親相授受，而無難爲吾黨告者，若祇此一二端，而非有悉數難窮之事，而其時其境，亦遂並懸於心目間，而有所不能去也。子疑鯉有異聞，而鯉以爲未有所異，蓋欲徵聞之異，必舉多寡以衡之，而欲徵聞之所以異，必合公私以觀之，則必在獨立時矣。白尼山宏設教之科，而寢室之光陰，半寄於丹鉛之地，則以鯉私心竊冀，謂苟於燕居之暇，或別示其心傳，猶不至擯於大道也，而其時殊非罕逢也。自明德播達人之譽，而世澤之綿衍，實艱於堂構之承，則以鯉自顧昏愚，謂苟於定省之恆，得稍窺夫秘蘊，庶幾不墜夫家聲也，而其境固屢相接也。猶憶夫子之獨立也，鯉之趨庭也，子於此時，當必謂異聞之在是矣。而夫子之所殷殷者，始則告之以學《詩》，繼則告之以學《禮》，鯉方且以未學者，自愧致力之不預也。獨立猶是也，趨庭猶是也，鯉於此時，亦妄意異聞之可待矣。而夫子之所勉勉者，始則戒其無以言，繼則戒其無以立，鯉固不必以所聞者，而疑爲教之有隱也，則以所聞，固祇有斯二者也。雅言皆切身之教,而胡以藐躬之啟迪。若轉有歉於同經□,將毋因頌訂猗那。待補商家之什,命貽傴僂,猶傳考父之銘。我先人淵源有自,宜篤前型,而於謨誥之道及政事者,或不妨姑爲從略也。刪《詩》而正雅頌之音,定《禮》而標明新之旨,試爲追溯於曩日,而彌懼汲汲者之莫繼夫前修,而敢冀所聞之無盡哉。六經皆傳世之書,而胡以家學之稟承?若僅相督以要務,庸亦因《易》參卦象,闡一畫之苞符,《樂》辨宮懸,關千秋之律呂。予小子材力無多,未遑肄業,而於《詩》《禮》之切乎日用者,或猶堪時爲奮勉也。商也序《詩》,西河講學,偃也習《禮》,南國傳經,試一經質證於今時,而彌覺區區者之負慚於大雅,而豈曰所聞之或殊哉。子亦可恍然悟於所聞矣。

君子之道淡而不厭簡而文溫而理

鄭德璜

歷觀爲己之實,信乎闇然而日章矣。夫淡也,簡也,溫也,惟爲己故闇然也,而不厭而文且理者,由是日章焉,是之謂君子之道。且君子有爲己之學,而天下常不見焉者,爲其至平而若無味也,至樸而若無華也,至渾而若無別也。不知無味之味,味至深焉;無華之華,華至美焉;無別之別,別至明焉。然後知外觀之而一無所見者,皆其內蘊之而大有可見者爾。君子何以闇然?有愈平愈闇,愈樸愈闇,愈渾愈闇者也。闇然又何以日章?有平之至而味愈章,樸之至而華愈章,渾之至而別愈章者也。吾乃益有以知君子之道矣。君子表裏胥融,豈藏之於裏者,猶未能達之於表,而蘊蓄既深,斯觀瞻皆泛,或皇然而疑挹取之易窮。君子身心並課,豈斂之於身者,終不欲密之於心,而包涵彌實,斯發越愈光,遂恍然而覺探求之無盡。故夫闇然者有似於枯槁也,淡也,乃何以旨趣相尋,根於義理,有隨人含咀而俱深者，則淡而不厭焉。抑闇然者有似於脫略也，簡也，乃何以篤實所蘊，發爲光輝，有任人欽仰而彌著者，則簡而文焉。且闇然者有似於渾融也，溫也，乃何以辨別所分，順乎經緯？有示人秩序而不紊者，則溫而理焉。於以見君子之道，若相反實相成也。淡也而自不厭，不爲流俗之所喜，而喜焉者彌深。簡也而自文，不與庸眾以可觀，而觀焉者彌著。溫也而自理，不逐時論以爲辨，而辨焉者彌精。不炫新奇，不誇浮靡，不尚鋒棱，而君子之所寓於闇然中者，乃悉本自然而流露。又以見君子之道，惟相因故相濟也。愈淡而愈不厭，理寓於極易極平，而咀含彌永。愈簡而愈文，質返於太初太素，而炳蔚彌彰。愈溫而愈理，貌呈於可愛可親，而視觀彌審。味同於久，美含於中，識渾於厚，而君子之迸呈於日章後者，乃益徵所蘊之閎深。夫旁觀擬議，莫罄言思，而爲淡、爲簡、爲溫，君子直有不及自知之意象當局操修，何心表暴，而不厭、而文、而理，君子終有不能自祕之端倪。其爲己之實如此，非即其所以闇然而日章乎？

　　布局安雅，筆意亦倜儻不羣。

君子之道淡而不厭簡而文溫而理

戴鴻祺

　　詳日章之實，其道可歷數矣。夫曰淡、曰簡、曰溫，第見其闇然也。若不厭而文而理，則日章矣。此其爲君子之道乎？且夫悅天下之耳，駭天下之目，而使人不耐於習見而習聞者，必非君子。君子者，庸言庸行，不求異於人，而人之觀君子者，始日篤其信好，繼漸挹其丰采，卒且難逃其衡鑒也。則苟以新奇駭俗之思，略平易近人之概，亦淺之乎窺君子矣。君子之道，固闇然而日章也。顧所謂闇者何如乎？而所謂章者又何如乎？試進論之。天下之震驚君子，而以爲異人也，非一日矣。及身親之，覺處事猶然，接物猶然，其氣象初無殊於庸眾，而因有相忘其爲君子者矣。忘則其道之所蘊者深也。天下之輕忽君子，而以爲常人也，亦不免矣。及心體之，覺窮於言思，窮於擬議，其才識實迥出乎尋常，而因有深服其爲君子者矣。服則其道之所著者真也。所蘊者深，故祇見其淡簡與溫也。所著者真，故能不厭而文且理也。此其道自奉君子者分之，而君子初無異致也。此其道自論君子者名之，而君子更無容心也。曷言乎其無異致也？不詭譎其言行者爲淡，則淡即不厭之由；不繁縟其儀度者爲簡，則簡即大文之著。推之議論不詭激、丰裁不峻屬者，溫也。而事之是非，人之賢否，昭然不雜於胸中，則雖溫而無非理矣。此無異致之説也。曷言乎其無容心也？不熟計夫人之不厭，而道自平淡而無奇；不外慕夫事之有文，而道自簡易而可法。推之好惡無所淆，妍媸有必判者，理也。而稱情而發，隨感而通，渾乎不參以成見，蓋不知理之發爲溫矣。此無容心之説也。且夫人心之多馳騖也，初不解奉教君子者，之何以彌久而彌切也。一爲進而叩其所業，則曰：吾至今窺其蘊而分其甘矣，觀其光而就其範矣。而後知向之企望乎道者，固不可以淡簡與溫盡之也。息之深者達之邃，而馳騖者，勿以外貌而論君子哉。且夫人情之好標榜也，初不解尚論君子者，之何以愈遠而愈確也。一爲進而聆其所語，則曰：吾至今讀其書而得其趣矣，瞻其耀而服其明矣。而後知古之饜飫乎道者，無非由不厭與文理深之也。裕於前者光於後，而標榜者，勿以一世而定君子哉。由是而知幾之學，可進言矣。

　　全力包舉，大氣盤旋，通體灝瀚流轉，非枝枝節節而爲之者。

天時不如地利地利不如人和

袁堯年

爲兵家衡所恃,而知人和之重矣。夫天時地利,兵家之所恃也,而人和爲尤要焉。孟子所由遞按其不如歟?且兵家所尚,大要有二:曰日辰,曰形勢而已。日辰王則可禦可守,形勢便則可進可退。於是奉陰符爲秘授,而占候風雲者有之;據天塹以稱雄,而力爭要隘者有之。及與之上觀千古,下觀千古,而知聖王有別操一術者,固不惟規規於日辰形勢間也。所謂日辰者何?天時也。嘗攷之,五行於東爲春,屬甲乙寅卯木;於南爲夏,屬丙丁巳午火;於中央爲夏季,屬戊己辰戌丑未土;於西爲秋,屬庚辛申酉金;於北爲冬,屬壬癸亥子水。當令者王,所生者相,生我者虛,我剋者孤。或曰:孤虛之法,以六甲旬前二辰爲孤,甲子旬則戌亥爲孤是也。孤所對爲虛,辰巳是也。顧語多不經,搢紳先生難言之,而其説往往有驗者。如牧野之役,克逭天休;鄢陵之師,適犯天忌。歲在析木,決陳國之復興;讁見南方,知郢都之不守。載在簡編,幾若可信。然自我論之,天道之難知,固不如地利之可據也。夫所謂地利者,即兵家形勢之論也。試觀楚之汝潁江漢,晉之景霍汾河,齊之清河渤海,秦之左崤、右函,良將勁旅,守要害之處,稱雄於天下,譬猶居高屋之上建瓴水也。故偃王陸地而朝,遂以危其國矣;虞公棄險資敵,遂以滅其邦矣。地利之足恃,愈於算干支、占緯度,不待智者而決也。而試以人和較之,孰優孰絀,孰重孰輕,必有能辨之者。皇古不談測算,而閉關占至日,氣數豈必其無權?盛朝不講邊防,而擊柝設重門,輿圖亦時而有據。顧兼言之而勢無偏重者,專言之而理有可憑也。且夫崛起一朝,豈不能驗機祥以邀福,割阨塞以逞雄？而不事此爲者，非無見也。綜三者以握其要圖，而步天之術可弗矜，闢地之謀可弗用，存其説足以括古帝王經國之書。謂言地無事言天，胡既好有田車，師必興於吉日？謂得人無煩得地，胡一心有武士，會必擇於孟津？顧其事則相須以成，其理實遞形見絀也。且夫尚論千載，豈不見興亡皆甲子之朝，關隴皆前王之社？而人事相反者，非無因也。握三者以求其善策，而談天不必誇苞符之秘，據地不必張形勝之雄，存其説可以關縱橫家論兵之口。試進而言其故。

學問之道無他求其放心而已矣

陸仰賢

學問皆以求仁，博仍爲約地也。夫學問之道，固至博也，然要皆所以求放心，博非仍爲約地哉？且吾人日從事於修途，口耳中事，皆性情中事也。自取資於口耳者，不以課其性情，而外之所得，卒莫償其中之所失。淺見之士，遂疑半生窮理，終難冀夫一日復性焉，則又烏知格致與誠正，其功固一貫耶？有放心而不知求，亦知學問之道，果何爲也哉？《詩》《書》臚列，原助人聞見之資，而非第助聞見也。耳目濡染於古人，即血氣陶鎔於當局，業於彼而取償於此，故儒者讀書稽古，皆以返維皇賦畀之原。日用紛乘，固驗我持循之事，而非徒驗持循也。官骸既束於禮教，斯方寸亦受其範圍，制於外而得養於中，故吾人修己立身，悉以袪明旦馳驅之見。是何也？以學問之道，固切於吾心，而即可由是以求其放者也。且夫不求放心者，吾固知其歧視學問矣。其始先泥乎學問之陳迹，明明爲閑情之作，而彼乃溺於詞章；明明爲見性之書，而彼乃竊其糟粕。問途已誤，幾不知何者可範我神明，亦安足與語操修之業也。其繼并昧乎學問之源流，講業本所以存誠，而竟至馳情標榜；修身本所以立命，而忍令役志聲華。擇術既非，遂不識當境之何爲存養，則何勿一參性命之功也。自吾言之，自有學問，即不虞有放心也。蓋道本無他，亦求其放心而已矣。論學問之極致，則盡人達天之誼，皆出於其途，顧語其終則業參神聖，語其始則功在操存也。宇宙紛賾之理，雜出而著於吾前，斂吾氣而審厥端倪，何以静與心涵，而靈明自廓，動與心會，而錮蔽旋開？從可知學問之道，固還我以本有，而非益我以本無也。所以師儒立教，豪傑亦斂其聰明，而索隱行怪之倫，不得與吾學爭盛衰之運。論學問之大端，則新民明德之修，亦擴而彌廣，顧語其用則量極參贊，語其體則事先存遏也。知行交迫之餘，迭起而無從自諉，静吾神而力爲體驗，何以探一奧突。而心若有所專，盡一倫理，而心若有所慊，亦可見學問之道，淺者得其淺，而深者得其深也。所以庠序成材，椎魯亦歸於覺悟，而炫異好奇之習，不得與吾學較優絀之分。人奈何不即學問，而求其放心乎？

辭意整鍊，骨格堅凝，一洗叫囂馳騁之習。

若作酒醴爾惟麴糵
若作和羹爾惟鹽梅

毛宗鋆

朂良弼以有作，商王之望殷矣。夫酒醴和羹，必有由作也，曰麴糵，曰鹽梅，高宗所由命説乎？若曰：朕不敏，沖齡怠學，弗克湛深乎道德，餍飫乎仁義，實惟爾左右是賴，庶幾哉，無忝玉食。顧笙簧未奏，疇與敦式飲之歡；鼎俎無資，疇與慰調饑之慕。朕用是懋簡相爾，爾惟是醖釀醲化，調理治機，俾此民飲和食德焉。欽哉！

欽哉！朕惟爾嘉，爾惟訓於朕志，爾之責也，朕之願也，亦民之幸也。沉湎之譏，朕誠無煩致儆也，而芳徽可仰，彌復殷味道之思，交之淡，有似於水，心之醉，如飲夫醪，而饑渴相承，尚賴爾甘苦共之矣。匕鬯之奉，朕固罔敢稍忽也，而碩輔在前，欲授以操刀之割，事既有資於代庖，謀正不同乎越俎，而調劑有權，尚藉爾臭味同之矣。此無他，以有所作也。朕爲爾罕譬之，朕且於爾深望之。請與爾考大酉之監，酒始於一熟，故酒必兼及夫醴，而要其湛熾之法，則必於麴糵是需。生衣甫朽，融爲餅而何香，芽米初萌，溲其汁而彌烈。陶器必良，火齊必得，罔非由斯出也。而朕乃恍然曰：宰天下不當如是耶？請與爾稽膳夫之掌，羹合以五味，故羹必先之以和，而要其烹飪之資，則固以鹽梅爲重，製爲卵形，釧或佐以菜豉，煮爲豆實，品實類夫桃諸。芼以葱韭，濡以醯醢，悉皆由斯推也。而朕乃憬然曰：治大國其若烹鮮乎？自岐雷肇作醪之制，而酒分秬秠，古聖王苾芬制祀，用昭式法於清醫。今日者秬鬯揚休，期爾以馨香之薦，豈必曰無能爲役乎？嘉賓燕饗，朕進以甘旨之供；雅化涵濡，爾被以醍醐之澤。平日茹含勵志，早徵載籍之沉酣；一旦惠然肯來，豈復懍飲水之節也。所願善朕以斟酌之用耳。自彭鏗擅斟雉之術，而羹遺鶉鳥；我元相割烹事主，競傳負鼎之功名。今日者簠簋用飭，冀爾以和調之方，亦猶是吾家故事也。每飯不忘，朕隆以鼎烹之養；肉食非鄙，爾無貽覆餗之譏。前此藜藿甘貧，久飽酸鹹之世味，幸己相助爲理，亦胡弗借箸而籌也？所願畀朕以割正之具耳。爾其勉旃！

既齊既稷既匡既敕
永錫爾極時萬時億

戴鴻祺

　　敬勝而福多,所以申如幾如式之意也。夫曰齊稷匡敕,則如式矣。曰錫極萬億,則如幾矣。嘏辭亦詳且盡哉。且古帝王祀事孔明,而萬方來賀,億兆相慶者,緊豈惟黍稷之多馨,與夫筐筥之雜陳哉。是故稷之為言疾也,必以本義之黍稷字解之,則鑿矣,且無以通乎齊之訓整矣。匡之為言正也,苟以或體之筐筥字解之,則泥矣,且無以達乎敕之訓戒矣。自非然者,其福孔多,既協如幾之旨,其儀未盛,莫明如式之辭,恐非所以說《詩》也。何則?上世以聲音通訓詁,可引申之字亦無多,故齊象禾麥之上平,尚堪觸類,而稷則意無可假,祇以諧叜而定竭力之稱。後世以異義別重文,得假借之名而始一,故敕為勅懲之正字,既識從同,而匡則體亦有殊,詎以加竹而廢為方之義。或曰,稷讀為速,敕讀為飭,蓋稷、飭同部,敕、速同部,皆可於雙聲而得義似也。然《正義》已繹其齊莊,何必讀為之改字。或曰,齊讀若疾,匡讀若廓,蓋齊、疾一聲,匡、廓一聲,皆可於句韻以索解似也,然定解已明其誠敬,烏庸讀若之擬音。何也?既齊既稷,既匡既敕,皆所以證其如式也。今夫不忒其儀,能莊敬而如式者,則必實受其福,可擬議而如幾也。幾,期也,所期者不可以一二名也,并不可以什佰計也。故工祝申其如幾之意,而曰永錫爾極,時萬時億。極有中之義焉,所謂賜之以中和之福也。乃降福之多,而擬之以十千曰萬,十萬曰億,則孝孫有慶,非徒百福之駢臻矣。極有至之意焉,所謂報之以眾善之至也。乃推善之量,抑若可以布諸萬方,垂諸億載,則百僚是師,非惟一善之服膺矣。此以知望文生義者之不可以言《詩》也。夫明德之馨，能邀天眷，此義亦塙而不易矣。而必執其義之專者以求之，則萬象虫而蜇屬，何關紀數之名？億從人而意聲，無與推多之旨。豈惟是稷之隸禾部，匡之隸匚部，爲與本義不可通也，而《詩》意不既失哉？此以知通訓定聲者之始可以言《詩》也。夫古文之奧，難以意求，而聲則轉而可繹矣。試第舉其聲之近者以例之，如錫賜在疾徐之辨，何分從貝從金。時是無清濁之殊，豈必爲平爲上？知此則稷之與敕韻，億之與極韻，皆可循聲以求理也，而《詩》教不甚明哉？此如幾如式之證也，嘏辭泂詳且盡矣。

故天不愛其道地不愛其寶
人不愛其情

毛宗鋆

效徵於天地人，觀於禮而得其故矣。夫天有其道，地有其寶，人有其情，而皆有所不愛焉。君子曰：惟禮之故。粵自洪濛開闢，陰陽藍敷，有蓋而圓，有輿而方，渾渾乎符珍悉具也。有芸而生，有林而立，喁喁乎跂喙自若也。洪惟神靈首出，福祉駢臻，五風十雨，玉燭流輝，四極八荒，金穰告慶。惟后翰翰啟啟，惟民甡甡欣欣，延頸逗企，回面内嚮。復乎哉，一德宏敷，而三才協應矣。聖王之順，效於何徵？竊嘗上下四方而得其故矣。請與之仰闚靈曜，七政流光，五行布序，天之道厥惟顯哉！脱政治之乖戾，疊出咎徵，則天將靳其施矣，遑而曰降之祥乎？惟繼天立極者，第爲之參贊化育，斯不必邀福於天。而日月則有合璧之輝，星辰則有連珠之彩，雲霞雨露，則有結綺之華、傾膏之澤。推之白麟赤雁、素雉朱鳥，鳥獸亦佐昇平之象。木沴金饑，急寒舒燠，物候不生災異之徵。其道之氣煦形嫗者,已不至愛而不予也。坱塠廫霩之宇,祥光總至,而休氣四塞,而猶虞其道之愆者,無有矣。請與之俯察柔祇。五嶽修貢,百川効珍,地之寶庸有既哉?倘物産之徵求,莫饜侈志,則地將秘其英矣,遑而曰獻其媚乎?惟與地無爭者,第爲之辨則土壤,斯不必責報於地。而江南則有金錫之貢,西蜀則有丹青之采,雲連徒州,則有竹木之美、齒角之利,推之金華流黃、紫貝銀樸、山輝川媚呈其奇,禾穎麥穗、蕡莢芝莖、黃壚赤埴挺其秀,其寶之鱗萃鳧集者,亦曷嘗愛而不出也。疆埸渴澤之鄉,百貨熾昌,而庶彙蕃殖,而猶慮其寶之匱者,無有矣。請與之曠觀黎甿,尊爲元后,親如父母,人之情固自洽哉。設禁令之苛殘,迭生怨望,則人將匿其忱矣,遑而曰趨以附乎?惟鞠人爲懷者,第爲之經營樂利,斯不必求效於人。而土田則輸將其財賦,臺沼則興作其事功,矛戟甲兵,則踴躍其聲威、激發其志氣,推之雞林象郡、雁塞鼉叢,百蠻咸効梯航之貢,交趾雕題、椎髻鬗首,四海羣思雲日之瞻,其情之磅礴鬱積者,豈復有愛而不獻也?輻湊紛沓之區,青鬌衢歌,而黃髮壤擊,而猶憂其情之澆者,無有矣。夫是以參天地、和人民,而爲億萬年有道之長基也。

卷　二

高宗伐鬼方解

毛宗鋆

《易·既濟·九三》：高宗伐鬼方。解者皆謂高宗殷王武丁，鬼方國名，而其說不無小異。有謂乾爲高宗，坤爲鬼方，乾二之坤五，故高宗伐鬼方者，則虞氏翻之說也。有謂挺出高宗，以昭《易》義，所以勸人君修德，而又言坤爲方，艮爲鬼冥門者，則鄭氏康成之說也。有謂處既濟之時，居文明之終，高宗伐鬼方，以中興殷道，事同此爻者，則王氏弼、孔氏穎達之說也。有謂陽失正位，盛德既衰，而九三得正，下陰能終其道，濟成萬物，猶殷室中衰，高宗内理其國，以得民心，故能征伐遠方者，則乾鑿度之說也。有謂離爲戈兵，故稱伐，坎當北方，故稱鬼，在既濟之家，而述先代之功，以明周因於殷，有所弗革者，則李氏《集解》之說也。有謂既濟之時，以剛居剛，爲高宗伐鬼方之象，而又言高宗必商之高宗，若疑設其事以爲象者，則程氏《易傳》、朱氏《本義》之說也。至近儒焦氏《通釋》，求諸互卦，力主旁通比例之義，謂高爲巽，謂宗爲乾，且謂高宗二字，分見於同人、暌兩卦，其說似新而礄。至以鬼爲載鬼之鬼，方爲義以方外之方，則過於求通，而其究至於不可解。按：既濟二之五爲泰，泰下三爻成乾，乾爲天。天尊，尊與宗通。上成乾爲宗，謂上成乾爲尊，猶暌之稱厥宗，同人之稱于宗也。既濟上之三爲益，益上三爻成巽，巽爲高，猶同人上之師三成升，巽在升下爲高。同人四之漸初成家人，巽在家人上爲高。九三升其高陵，上六射隼於高墉之上，皆此類也。爻自下而上，先宗次高，故云高宗。其云高宗伐鬼方者，謂用乾用巽，以伐鬼方。既濟之位三，即未濟之位四。伐鬼方三字，既濟之利貞，乃未濟之元亨，故未濟不言高宗，而言震用。震用即用震，謂用推卦恆二之五。未濟之用震，猶既濟之用乾用巽也。鬼方，北方也，即《集解》所謂坎方也。虞氏云：坤爲鬼方。何以爲北？按鄭氏云：坤方，艮鬼之門。坤之衝爲艮，艮居東北，故虞氏云然也。猶未濟用震，而既濟用乾，必兼用巽者，巽爲乾之衝也。震不言衝，而乾坤言衝者，尊之也。而既云北方，又稱西羌、西落者，以其兼乾三之位，乾居西北，故可北亦可西。又兼艮方之位，故可坎可艮亦可坤。總之不離乎北方也。若焦氏之言鬼方，是過爲求通，而失於破碎者也。

厥田惟下下厥賦下上上錯解

戴鴻祺

解曰：田有定等，而賦無定品，自古然矣。冀州之賦居第一，而又雜出於第二。豫州之賦居第二，而又雜出於第一，可知賦不皆出於田。視乎歲之有豐凶，功之有勤惰也，而錯法於是乎行焉矣。然冀州之言上上錯也，蓋錯在上上之下，故繫錯字於下。豫州之言錯上中也，蓋錯在上中之上，故繫錯字於上。此上中下三品之中，間有錯雜，而不與九等相混淆，故第即字之上下，可以察而見意也。若揚州則有不能不變其詞，以別其所錯之甚異者。《禹貢》敘揚州之田賦曰：厥田惟下下，厥賦下上上錯。夫錯則錯耳，何以謂之上錯也？蓋田賦之制，本設九等，而九等之中，爲上者三，爲中者三，爲下者三。故上之中有上上，即有下下。下之中有下下，即有上。下上爲第七，而第六則爲中下。中下在下上之上，不可以下上概之。而下上中下錯，又不成詞，故不言錯下上，而言下上上錯也。則試推例而解之。九州之賦，言錯者四，冀州之上上錯，豫州之錯上中,亦既隨文而著義矣。揚州之上錯,其如梁州之三錯乎?梁州云:厥賦下中三錯。三錯者,三等雜出也。以下中爲正賦,而雜出在於三等之中者,謂之下中三錯。故以下上爲正賦,而雜出在於下上之上者,謂之下上上錯。以經解經,其理自明。君子於此,而歎《禹貢》書法之密,不可以後世田賦之書視也。

孔子删《書》終以《秦誓》説

張美翊

子曰:殷因於夏禮,所損益可知也。周因於殷禮,所損益可知也。其或繼周者,雖百世可知也。此蓋言因革損益,而所以彰往察來者,即於是乎在,是則所謂聖人也。宋邵子謂夫子知周之必爲秦,故《書》終以《秦誓》。是説也,説經者多非之,蒙以經證經,而觀於當時之大勢,竊以爲理或然也。夫史伯知伯翳之將興,季札知夏聲之必大,一以爲嬴之雋,一以爲周之舊。秦之有天下也,似春秋之賢者已言之,又何論乎夫子哉!吳氏萊謂秦之興也,始於孝公之用商鞅,成於惠王之取巴蜀,蠶食六國,并吞二周。戰國之秦也,非春秋之秦也。其去夫子之卒已久,不知周自遷東都而日弱,秦自霸西戎而日彊。平王之《詩》,降爲列國,而《秦風》附焉;平王之《書》,續以列國,而《秦誓》終焉。夫子微寓其意,而未之明言,俾後之人讀書而得之,所謂繼周者可知也。或曰:《秦誓》者,穆公悔過而作也。其思有技彦聖也切,而其計子孫黎民也周。自怨自艾,誠可爲有天下國家者法。然則夫子取之,殆以其悔過乎?夫悔過固是矣,而窮兵則非也。《誓》作於敗殽之後,而彭衙茅津之役,不事修德而務報怨,豈其省愆之心,不勝其恥敗之心乎?有以知其不然矣。是故夫子於讀《詩》而知秦之所以興,讀《誓》而知秦之所以盛,誠知其必有天下，《書》所以終於是也。憫周也，實惡秦也。《中庸》曰：至誠之道，可以前知。夫豈讖緯術數之學而已乎？

孔子刪《書》終以《秦誓》説

李翼鯤

當秦繆奉崤後，告捷王室而陳《誓》。嗣後諸侯政罔達，掌之外史，諭之行人，兹爲殿。孔子取厥悔過序焉，無周衰望魯、魯衰望秦意。朱氏論《書》，謂非孔子所損益，是舊第終《誓》也。邵、黃、郝三家，均言孔子知周必爲秦，因綴《誓》於《書》後，吳、顧兩家糾之，是已。嘗檢讖緯，稱孔子預鑒劉項，較嬴益遐，至誠前知，然乎？否乎？要之，知未必言也。然則孔子奚取哉？蓋嘗考宋、元以來，《尚書》傳説，皆稱秦繆悔過，聖録之。眾説相承，意不越是乎。夫襲鄭之役，因利而動，卒取敗，過矣。乃一蹶即知，引愆自咎，視愎何如哉？親信謀人尚未已，猶詢黃髮俾罔愆，膂力不足尚，謫言不可有，日孳孳求黎民治，不幾王道乎？縱言未盡踐，《誓》要不可廢也。外史掌，行人諭，孔子序，其以此夫。顧謂有彭衙、濟河諸役，無悔過實，誠如是。悔過必先戢兵，強鄰侵侮，拱手而讓之，國且不保，過焉悔邪？蓋秦繆悔過，因報晉，得報晉，因悔過。過何事無？何時無？蒐軍簡器，猶其小焉。設一遜敵過也，豈不當悔而改哉？《誓》詞尤其根本也。彼曰：不伐國，迂矣。即是而觀，《秦誓》殿書，非垂誡，非神數，蓋取悔過。郝氏謂百餘年中，豈無一君賢，一言幾道，曷取西戎？詎知後此不聞，外史無由掌，行人無由諭，即孔子無由觀也。《史記》繫《誓》於渡茅津後，《書》序云敗崤歸作。説不同者，蓋序用作誓日，史據告捷年，正陳《誓》明證。

　　包舉眾説，出以簡練之筆。至據《史記》爲陳《誓》證，尤確。

孔子刪《書》終以《秦誓》説

陸祖恩

聖人刪訂《詩》《書》，每以尊王爲主，而以無王爲懼。《黍離》降爲《國風》而《詩》亡，《秦誓》列於終篇而《書》亡，其義一也。《史記·孔子世家》云：孔子序《書》，上紀唐虞之際，下至秦繆。《漢·藝文志》亦云：《書》之所起遠矣，至孔子纂焉，上斷於堯，下訖於秦。考《秦誓》之作，《書》序云：敗崤歸即作《誓》。傳云：《誓》作於歸三帥之時。誌悔過也。而《史記·秦本紀》則云：作於封崤尸之後。鄭氏《大學注》與序傳合。閻百詩、王鳴盛皆以《史記》爲非，其説碻有可據。則《史記》之説，似不足信，要以悔過而作，無異詞也。惟孔子所以録《秦誓》於終篇之意，則久無定論。邵康節謂夫子以《秦誓》綴周魯之後，知周之必爲秦也。諸家多不然其説，惟仲興郝氏宗之，是蓋以聖人逆知天下之將并於秦而存之也。説經者謂其説類讖緯，豈聖人而出此？夫讖緯之説，原爲儒者所不道，但就時勢而論，聖人豈無先見之明？秦自岐西既賜以還，而周遂以東遷。逮至繆公，又能任賢去邪，聯絡西戎，駸駸乎有代周之勢。聖人雖不爲秦計，獨不爲周傷乎？故刪《書》而終《秦誓》者，履霜堅冰之懼也。善夫，養吾李氏之言曰：平王之《詩》，下儕列國，而秦車鄰附見焉。平王之《書》，續以列國，而《秦誓》附終焉。進秦於《詩》《書》之末，以警周也。蓋聖人志在尊王，每於秦而人之狄之，至於姬宗既弱，嬴氏將興，乃録其書於終篇，以寓警歎，其旨微矣。顧亭林謂有秦《詩》，故録秦《詩》；有《秦誓》，故録《秦誓》。爲述而不作，恐亦未爲碻論也。

先見之明，不同讖緯，較常解自更上一層。

古冠緌用垂緌五寸警惰游之士説

蔣子蕃

《禮·玉藻》：垂緌五寸，惰游之士也。孔氏《正義》謂此承上縞冠素紕而言。祥冠而又垂緌五寸，皆所以警士不事事，標表而恥辱之。蕃竊以爲祥冠以恥之是也。而於垂緌五寸，則猶有説。蓋垂緌五寸，士冠常度，非若縞冠素紕之爲凶服也。俾之垂緌，勸士事事，猶不至於終凶也。《正義》曰"惰游與下不齒相連"，即周禮坐嘉石之罷民。攷《周禮·大司寇》以五刑糾萬民，"凡民有罪過而未麗於法，而害於州里者，桎梏而坐諸嘉石"。今惰游者不過一時之失業，其有害於州里，尚未之聞。惰游而仍繫以士，非罷民著矣。苟一旦改過自新，要仍不失其爲士也。故又垂緌五寸，所以深激勸之。何以見垂緌五寸，爲勸之非恥之也。按下文有事然後緌，嚴陵方氏曰：君子動而有爲，則詳而文。又攷《內則》：子事父母冠緌纓。君子有事無不緌，有事不緌，則從貶殺也。《管子·小匡篇》：管仲詘纓插衽，公使垂緌見之。可知緌本當下垂，以爲飾，飾之以垂緌，正勉之以有事也。《魏志·崔季珪傳》裴松之注引《續漢書》曰：今天下纓緌搢紳之士，言士必纓緌。惟太古質無飾，士冠不得緌，故君子曰：其緌也，吾未之聞也。後世言纓，必兼言緌，纓以緌重也。惟武士之冠，纓而不緌。《後漢·輿服志》云：諸冠皆有纓蕤。蕤即緌之或字。執事及武吏，皆縮纓垂五寸。云縮纓，即《管子》所謂詘纓也。縮、詘皆謂屈結之不垂蕤也。若是乎士之垂緌，其常也。祥冠而仍垂緌五寸，欲其知所事事，而得有事然後緌之義也。先王於惰游之士，戒之至而不終絶之，可見矣。或曰，士之失位曰喪人，其服飾則素衣，其相見則弔。惰游失業之士也，縞冠素紕，垂緌五寸，宜矣。是説也，以之解縞冠素紕則得矣，而於垂緌五寸，則亦未之明辨。又據《周·官司寇》，以野刑上功糾力，士師有野禁，漢世有田律，謂縞冠素紕，垂緌五寸，蓋野刑之類，而亦未明變其冠未變其緌之義。至若金華應氏曰：垂緌五寸，游曳而長，非法服也。慶源輔氏曰：垂緌五寸，惰游之象。至近儒興花任氏《弁服釋例》亦云：緌雖以垂爲飾，而長短有度。垂緌五寸，爲惰游之士，則五寸爲踰制矣。此皆以服之不衷議士，而非先王以衣冠之禮化民之意也。是蓋惰游之士，其爲自吉而之凶之人無疑，故被之以不純吉。第凶服去飾，喪冠不緌，今何以又垂緌？明明示人不可以終凶，寓勸於戒之中，誠能由愧而憤，由憤而奮，變惰游以趨職事，要仍不失其爲士也。故山陰陸氏曰：惰游亦言士，猶以士望之。是説較優於他説。顧或謂垂緌五寸，五寸不誠長歟？不知《後漢·輿服志》固云縮緌垂五寸，縮五寸，垂亦五寸，此以知五寸爲緌之常度，而固無所謂短長也。

　　以《漢·輿服志》證明五寸之緌，確有見地。

書韓退之《讀儀禮》後

陳康黼

　　漢初無儀禮之名，《藝文志》謂之禮古經。《後漢書·鄭康成傳》始云箸《儀禮》《禮記》。儀禮之名，始見於此。孔壁古文多三十九篇，康成不注，遂無傳焉。今所傳者十七篇，文公所謂文王周公之法度，粗在於是，誠哉其可寶也。漢之學者，更相授受，而當時又參用古禮，如夏侯勝善説《禮服》，蕭望之以《禮服》授皇太子，皆是。南北諸儒，多精於《禮》，當時專門名家有此學，朝廷有禮事，詔諸儒議之，可知六朝時，古禮未盡廢也。唐初尚沿此制，自《開元禮》盛行,而古禮蕩然矣。文公心非之,於讀《儀禮》微示其意,故曰:沿襲不同,復之無由。考之於今,誠無所用之。王厚齋以爲文公大儒,不宜有此論,豈知言哉!善乎鄭漁仲之言曰:安得善讀《儀禮》如韓文公者,可謂先得我心矣。不然,文公又何慕乎揖讓進退於其間邪?

春秋時越國疆域考

張美翊

越自無餘始封,歷夏商以迄於周,年代澶絶,地方荒遠,莫得而詳矣。及春秋之季,允常始與吳戰伐,見於經傳。至其子句踐,遂以滅吳,號稱霸王。論其初則僅保越都,論其後則隸屬吳地,疆域蹙闢,月異而歲不同,是可攷而知也。案《吳越春秋》:夏少康封其庶子於越,號曰無余。《春秋》:祠禹墓於會稽。《左傳》:宣公八年:盟吳越而還。杜注:越國,今會稽山陰縣。《漢書·地理志》:山陰,越王句踐本國。蓋越世世都此矣。然越雖都於浙東,實兼有浙西。允常、句踐,俱與吳戰於檇李見《吳越春秋·闔閭內傳》及《左氏定公十四年傳》,《地理志》以爲吳、越戰地,是檇李以北爲吳,檇李以南爲越,兩國分界,在今嘉善縣也。《國語》:句踐之地,南至於句無韋昭注:今諸暨有句無亭,北至於禦兒注:今嘉興禦兒鄉,東至於鄞注:今鄞縣,西至於姑蔑注:姑蔑,今太湖。案:當作太末。是春秋時越國疆域,故有今浙東之諸暨與鄞,今浙西之石門與龍游也,固未嘗以浙江爲分界也。其以浙江爲分界,則自敗於夫椒、保於會稽始也。《左氏哀公元年傳》。於時越及吳平《左傳》,句踐令大夫種守於國,與范蠡入官於吳《國語》與《吳越春秋》略異。羣臣送至浙江之上,臨水祖道,軍陳固陵《吳越春秋》:案《水經注》:浙江又逕固陵城北。昔范蠡築城於浙江之濱，言可以固守，謂之固陵，今之西陵也。夫送及於江上，軍止於固陵，是江以東爲越地，江以西盡吳地也。雖三年遣歸，封地百里，然東至炭瀆，西止周宗，南造於山，北薄於海，僅屬浙東一隅，不涉浙西一步也。其復有浙西之地，則自夫差賜書增封始也。其地東至句甬，西至檇李，南至姑末，北至平原，縱橫八百餘里，名爲吳之新封，實即越之舊地。故吳王曰：越本興國千里，吾雖封之，未盡其國也。《吳越春秋》。蓋越自退保始封之地而弱，亦自進據增封之地而彊。厥後壤地相鄰，藩籬盡撤，生聚教訓，將二十年。姑熊夷與笠澤之戰，涉太湖，入姑蘇。《國語·吳語》《左氏》哀公十七年傳。越之沼吳，易於反掌。夫亦越踞其形勢，吳失其制防也。竊嘗以今浙江輿地，攷春秋越國疆域，則紹興其國都也，杭州其甌脫也，嘉興其戰場也，甯波爲極東之境，衢州爲極西之境，此大略也。若夫退棲會稽，祇保越疆，橫行江淮，盡得吳地，非越封國之分界，姑闕之焉。

　　審時定界，縷晰條分，筆亦矜鍊。

春秋時越國疆域考

鄭德璜

　　春秋時越國疆域，惟見於《國語》者，最爲明劃。《越語》云：句踐之地，南至於句無，北至於禦兒，東至於鄞，西至於姑蔑。韋昭注：句無，今諸暨有句無亭。禦兒，今嘉興語兒鄉。鄞，今鄞縣。姑蔑，今太湖。謹案：越之南境，當與閩地相連，韋注以諸暨句無亭當之，竊恐未塙。又或以餘句當句無尤誤。《山海經》餘句之山，郭璞謂在餘姚南、句章北。若句無即餘句，是越國東南二境，皆在今甯波界內矣，不辨而可知其謬。其北境與吳接壤，《吳越春秋·闔閭內傳》言：越在東南，故立蛇門以制敵國。又言：越在巳地，其位蛇也。故南大門上有木蛇，北向首内，示越屬於吳。是蛇門，吳南門也。《吳語》：大夫種謂越王曰：吾用禦兒臨之。韋注：禦兒，越外鄙。夫三江五湖，環繞越境，故范蠡曰：與我争三江五湖之利者，非吳耶？三江即《禹貢》揚州三江，五湖即震澤。《爾雅·十藪》：吳、越之間有具區。郭注：今吳縣南。太湖，即震澤是也。故《呂氏春秋》云：吳之具區。《淮南子》則云：越之具區。吳、越以太湖爲界，此其明證。吳、越皆瀕東海，夫差黄池之會，句踐命范蠡、舌庸，率師泝海泝淮以絶吳路。又吳饑，越大夫種謂其民必移就蒲蠃於東海之濱。特吳之瀕海，在今松江之上海、太倉之崇明，及通海諸州等處，而越之瀕海，則澉浦、乍浦，均非正東之位，而惟鄞實處其最東。越之破吳也，欲使夫差居甬句東。其始句踐臣吳，吳王賜書增封，東至於句甬，見《句踐歸國外傳》，蓋即今翁洲地，地更在鄞之東。然越之東境，雖不盡於鄞，要可以鄞統之也。至姑蔑實非太湖，王伯厚先生《困學紀聞》嘗訂正其誤，謂當作太末。《左氏哀十三年傳》云：彌庸見姑蔑之旗。杜注：姑蔑，越地，今東陽太末縣。蓋即今衢州龍游縣地。韓昌黎《衢州徐偃王廟碑》有云：姑蔑之墟，太末之里。孟康《漢書·地理志》注：太音如闥，今龍游北穀溪上有姑蔑城遺蹟。是已。《吳越春秋》作姑末，蔑、末音近，足證姑蔑之即太末矣。韋注謂即太湖，蓋傳寫之譌耳。由是觀之，春秋時越國疆域，實奄有今日兩浙之地，惟嘉、湖、嚴三郡，其始有與吳共之，而不盡爲越有者。後人見《史記·越世家》有"楚王伐越，盡取故吳地至浙江"之語，又韋注《國語》三江，松江之外，又雜取浙江浦陽江以當之，遂以錢塘爲吳越之界。於是唐釋處默，有"到江吳地盡，隔岸越山多"之句，宋陳師道亦有"吳越到江分"之句，皆因之而誤。而疏於考證者，乃欲据以定越國之疆域，不其慎乎！

　　專据《國語》爲主，不必繁稱博引，而越界已自瞭然。

春秋時越國疆域考

李翼鯤

　　輿地之書，可盡信乎？不能也。輿地之書，可概屏乎？又不能
也。蓋嘗聞諸家之論矣，曰越不逾浙西，曰吳曾略浙東，曰餘汗與
楚分界，曰臣屬百粤君長，説無定斷，意維《國語》近是。或曰：古皇
疆理天下，必限山川，錢塘其吳、越分乎？故《薛志》載杭古蹟，有吳
山、慶忌塔。今考《越絶書》，烏程故大越，《通典》：杭越西境，又蘇
南百四十里，吳越分界。誠如《志》。由紹趨湖，道必經杭，烏程豈
能孤立？至潛志慶忌塔，意以要離刺慶忌於江，卒葬之浙。詎知
《吳越春秋》，言離如衛見忌，後渡江陵，是長江非浙江也。兩不相
涉，合之疏矣。總之，《爾雅》吳越之間有具區，《吕覽》作吳，《淮南》
作越，高誘注：吳越間。使越不踰浙西，豈能臨震澤？蓋震澤者，所
以界吳越，故《雅》云然也，則謂越不踰浙西者非也。又曰：《元和郡
縣志》，蕭山本餘概，吳王弟夫概邑。吳地何至浙東？當夫差伐越，
句踐保會稽，《史記》言吳墮越都事，似渡江略地，故貽封邑。今以
形勢論，蕭山失，會稽必不守，五千甲楯，何以扦國都，而得與敵成
乎？既思會稽總名，吳雖割越西境，要未襲浙東，江阻之也。《吳越
春秋》："句踐入吳，羣臣送至浙江上，臨水祖道，軍陳固陵"。使吳
得蕭山，越何以臨浙水而軍乎？則謂吳曾略浙東者非也。或據顧
氏《列國疆域表説》《淮南王書》：越欲爲變，必先田餘汗。《通典》亦
稱爲越餘。是江西廣饒，皆西界。按此係閩粤，無與《春秋》，如謂
無諸，系出句踐，閩亦有遺蹟，何其他散處者，不得盡居舊壤邪？
《漢書注》引韋昭餘汗越邑，今鄱陽縣。考昭王時，吳伐楚取番，今
餘干、戈陽、貴溪，皆當日番地，豈容越屬？且是時吳楚亦交兵，如

此道通,種蠡肯不效包胥乎?可知今之常玉山,在春秋時有深林密箐,山徑水道間隔,越不得踰,楚亦不得窺。迨閩粵芊區瓜疇,漸成部落,而闢險谿谷之間,篁竹之中,始啟厥途,緊新闢而非舊轄也。則謂餘汗與楚分界者,非也。《乾隆府廳州縣志》亦以徽爲春秋時越。據全氏《百粵分地録》者,以爲百粵舊有君長,越强臣越,越亡臣楚,使句踐奄有閩廣,何敗不徵兵,即不然,綿亙數千里,亦足自固,何一失浙西,勢遂不振?謀略如句踐,吾知不若是。蓋其臣吳者,正以退無可守耳。大抵百粵通於秦,在春秋時,非特不能轄其地與民,并未嘗開其道,則謂臣屬百粵君長者非也。然則何者近是?曰《國語》:句踐之地,南至於句無,北至於禦兒,東至於鄞,西至於姑蔑,廣運百里。韋昭注:句無,今諸暨句無亭。禦兒,今嘉興語兒鄉。鄞,今鄞縣。姑蔑,今太湖當作太末。蓋南至今諸暨縣,北至今石門縣,東至今鄞縣,西至今龍游縣,皆其疆域也。雖然,吾因之有感矣。設險守國,地足恃也,而蹙闢視人。當時吳越形勢,繫今浙西,閭閻所知,夫差不知也。故人據《吳越春秋》,以句甬、檇李、姑末、平原八百餘里地爲夫差增封,吾直謂夫差,得不能守。洎句踐入臣,軍隨退,壞旋復,無待於封。嗟乎!同是地也,退越弱而吳强,進越强而吳弱;同是人也,前保越而不足,後沼吳而有餘。盛衰得失之機,可勝測哉!可勝慨哉!

　　據《國語》闢諸家説,最爲精當。至謂衢、饒、閩、粵當時均未通,尤見卓識。

經星天歲歲微差説

鄭德璜

古無歲差之説,非無差也,其差甚微而不覺也。迨積歲既多,積差始顯，於是乎有求差之法，而法始密矣。古用古求差之法而合於古，今用古求差之法而不合於今，於是乎遞改其求差之法，而法愈密矣。夫以歲歲有差，而習焉不覺，及覺之，而求差之法又復不可以為常，豈古人之智，遠不如今人哉？凡法之加密，皆有其極至之處，而惟疇人推算之法，則其加密也，直與天地為無窮。昔所謂密，而今日已見為疏；今所謂密，而後日仍見為疏。後之視今，亦猶今之視昔，作《易》之聖人，則前知之矣。是故君子之明時也，象取諸革。革，去故也，似悖於《孟子》求故之義。然會而通之，不去其故，則斷無數百年不改之法；不求其故，則又無以為改憲之端。此其義固並行而不悖也。占天者以經星之有歲差，即知經星天之有歲差，嘗試即其見於古者言之。晉司馬彪續《漢志》以補《范志》之闕，其言星度與《班志》不合。《山堂考索》謂東漢以前，黃道、赤道之度混而為一，東漢以後始分為二。故赤道之度差多，黃道之度差少，此其所以不合也。天度列為二十八宿，惟斗有餘分，古冬至日在建星，即今斗星。宋沈括《夢溪筆談》云：顓帝時，冬至日宿斗初，今宿斗六度。《堯典》：日短星昴，今日短星東壁。《朱子語類》推其所以差之故，曰：天行至健，一日一夜一週天，必差過一度，日稍遲一度，月又遲十三度。又云：今比堯時，似差及四分之一。然古今言歲差者，亦至不齊矣。漢洛下閎謂八十年當差一度，晉虞喜約以五十年，宋何承天倍之為百年，劉焯則取兩中數，而曰七十五年，唐僧一行，又定為八十三年。其去之尤遠者，或謂百八十六年而差一度梁虞劅；或謂百八十二年而差一度梁祖沖之；而《山堂考索》以宋世紀元算法，定為七十八年，最為密率，然究亦不能行之久遠也。至明王可大，又以元郭守敬所算，約六十六年而差，謂至為精密見可大所箸《象緯新篇》，其法算已往減一算，算將來加一算，頗有心得之秘，顧亦有歷久而不能盡合者。漢唐以來，日常在斗，至元時則已東入於箕，以迄今日。即以本年論之，十一月二十七日丙辰，卯初二刻冬至，日在箕初度，而郭氏以冬至在子中虛宿六度，太陽東退，每百年差一度半，上距堯時，計四千餘年，歲差已五十餘度，非惟度移宿，而又辰移次矣。夫冬至在子中，自是不易之論。邵康節詩：冬至子之半，天心無改移。然宮定而宿不定，安得謂子中必在虛宿六度乎？又唐氏荊川云：歲差以氣化漸漓，是當前遲而後速。則郭氏謂百年東退一度半者，亦未可以定差也。戴東原嘗云：北極璿機，冬至夜半恆指子，春分夜半恆指卯，夏至夜半恆指午，秋分夜半恆指酉。此則與斗杓所指，皆終古不隨歲歲差而改者。斗杓仰觀瞭然，北極璿機，非熟觀星象，不得其處，特斗杓所指，在戌正初刻，北極璿機所指，則在子正初刻，據戌正所指，不若據子正所指耳。要之治天官家言，必知其有不差，而後知其有不能不差；必得其所由差，而後得其同為差而不同其差。蓋經星之垂象於天，其差法古今不能無異，即其求差之法，亦古今不能無異也。夫惟順天以求合，而不為合以強天。密益求密，必隨時觀象，而修改之焉，則思過半矣。

　　恆星東移之度，遲速無定，則歲差亦無定。詳引羣説，而結以隨時修改一語，自是確論。

《幾何原本》書後

陳星庚

　　《幾何原本》全書十五卷，卷首至六卷，俱論三角形、論線、論圓、論圓內外形、論比例、論線面三比例，七卷至十三卷，論有比例無比例、論無比例十三綫、論體，第十四、五二卷，論體中之十二面體、二十四面體。共計解説一百五十二則，設題六百二十六，增題十五。先立解説，以定各目，次發公論，以發其義，復設題以相引證。題中有論、有解、有系，層層印證，重重闡發，不惟知者所能讀，即愚者亦易曉。所患不能循序而進，以後易先，始終顛倒，是雖苦志十載，終難曉其一二。至《九章》第論法數，人多耐觀，無他，有數以明之耳。《幾何》人不喜觀者，因無數以明之，不知習《九章》者，不能旁通一法，習《幾何》者，自能無法不通。讀者宜於《幾何》一書，作《九章》觀，俾胸有定數，而復將《幾何》諸理以明之，用力之久，一旦豁然貫通。序云：此書獲益無窮。《雜議》云：能令學者去其浮氣，鍊其精心，資其定法，發其巧思。皆心得語也。或云：此書有捷法否？不知由淺入深，至易至明者，莫如此書。苟此書之不能讀，恐一切西法算書均不能通，即有神明天縱之資，不得不藉此爲始基，猶講漢學、詁羣經者，必以通《說文解字》爲祖，誠西學之津逮秘書也。所望海內學者，簡鍊揣摩，以備他日折衝禦侮之選。

　　循序一語，爲習算之祖。今人於《幾何原本》，鮮能卒業，病在躐等耳。

《九章算術》書後

張美翊

　　案《九章算術》九卷，晉劉徽注，唐李淳風注釋，末附錄《音義》一卷。原本已佚，休甯戴震爲四庫纂修官，從《永樂大典》依類衰輯，復成完書。《提要》所言，可攷而知也。徽序略謂周公制禮而有九數，九數之流，則《九章》是矣。自時厥後，漢北平侯張蒼、大司農中丞耿壽昌，皆以善算名世，蒼等因舊文遺殘，各稱刪補，故校其目，與古或異。據此則《九章》蓋周保氏之遺法，而蒼述之矣。《晉書》稱魏景元四年，徽注《九章》，《唐書》稱淳風等奉詔注《九章算術》，爲《算經十書》之首，國子監置算學生三十人，習《九章》及《海島算經》,共限三歲,蓋即是書矣。北宋之時,嘗立學官,南渡以後,此學寖廢。慶元庚申,鮑澣之始從楊忠輔得《九章》古本,序而行之,散絕於有明,搜輯於我朝。仰遵聖訓,攷校諸家,存古法以溯其源,集亡書以究其本,則是書也,固古今算學之祖矣。《九章》之目,一曰方田,二曰粟米,三曰衰分,四曰少廣,五曰商功,六曰均輸,七曰盈不足,八曰方程,九曰句股。雖後之學者,或言中法,或言西法,愈求愈精,愈推愈密,而窮源探本,要不外是九者。國家通儒輩出,絕學昌明,通算數者,如梅氏諸人,嘗以不得見是書全本爲憾,賴戴氏理而董之,俾行於世,且蒙御製弁諸算端,可謂是書之幸已。抑吾聞算學家言,中國以《九章》爲最古,泰西以《幾何原本》爲最古。顧《九章》言算之法,《幾何》言算之理,不明乎法,則理無所坿;不明乎理,則法無所施。惟求之《九章》,故其法備;參之《幾何》,故其理深。變而通之,神而明之,其斯爲善學者哉!

卷 三

大夫種論

陳星庚

論者動以文種之見幾不如范蠡，以爲貪位苟禄者戒。顧種之不保其身，誠爲明哲者所譏，而不知文種之死，實蠡有以致之也。蕭酇侯買田宅以自污，湯信國乞骸骨就第鳳陽，之二臣者，皆功高震主，卒能從容就退，保有功名，使吾君不蒙猜忌大臣之名，而己亦身受其福。少伯顧不出此，計惟一去，去復以書招種，自爲計則得矣，其將何以處句踐？彼句踐者，陰謀詭計，權譎萬狀，狡兔良犬之喻，亦豈耳所樂聞哉？封蠡妻子以百里，鑄良金而爲之象，所爲者何？掩其迹也。而種復傳其書於句踐，受之者誠何以堪？蓄忌刻之素心，事未彰而迹爲人所暴。孔子云：人而不仁，疾之已甚。是不啻速種以死也。且種於蠡去後，即矯然遠引，亦勢有所禁，何者？不得於蠡，必得於蠡之所招，此必然之數也。不聞蠡留行之言乎？公住分國共之，去妻子受戮。是蠡之去，句踐早有殺之之心，特以去之速，而不得逞。若種者，夫固朝夕防之矣。去亦死，不去亦死，非種自貽，實蠡貽之也。不然，成庸、皋如之徒，何以不聞即逐哉？

少伯去越，爲句踐所忌，迫而遷怒於種，雖屬揣測之見，然陰忍沈鷙之人，未必竟無此意。作者乘閒而入，筆勢夭矯，復足以達之，有令人不可平視之概。

漢武帝論

張美翊

爲政之道，當規其大者，而小者從略焉。觀人之道，當知其所短，而所長乃見焉。自來雄材大略之君，其功被於後世而不知，其過亦見於天下而不掩。烏虖！蓋嘗於武帝見之矣。漢承秦亂，禮壞樂崩，書缺簡脱。高祖平定四海，蓋未暇遑，文帝好道家言，景帝不任儒者。漢興七十餘載，天子公卿，大抵不以文學爲務。自武帝即位，始慨然於先聖哲王所以明道而致治者，必由於學。於是黜百家，崇六藝，徵文學之士，求孔門之傳，使燼滅於秦者，復顯明於世。自時厥後，兩漢之學，與三代等，則武帝之爲也。漢與匈奴和親，始自高祖，迄於文景，妻以翁主，增厚其略，而邊境寇盜，不爲衰止。武帝赫然震怒，用兵絶域，勞師襲遠，至於數萬里，周秦以來，未之有也。逮乎宣帝之世，單于稽首臣服，遣子入侍。是時邊城晏閉，牛馬布野，歷有年所，雖直匈奴百年之運，亦承武帝奮擊之威，有以致之爾，則又武帝之爲也。乃或者謂古未有以文學爲官者，以德進，以事舉，以言揚而已。古未有用兵於絶域者，來則懲而御之，去則備而守之而已。夫廣厲學官，至使後人視爲禄利之路，誠不能無弊，然并其疇咨海内之意而亦没之，則未免過矣。增郡斥地，至使天下民窮而財匱，誠不能無弊，然并其征伐克獲之功而亦訾之，又未免過矣。且以高祖之創業，文景之守成，非有武帝，或恐志不足以復古，力不足以禦戎，將吾道因之不昌，而夷患寖以益盛。由斯言之，其關繫於天下後世者，誠非淺尟矣。或者又謂武帝席全盛之勢，從侈泰之欲，神仙厚歛之事，無所不有，傷害百姓，糜費天下，致敵國外患，紛來而狎至，總其所爲，無一足取者。不知武帝繼統之初，意嚮甚美，至於晚歲，亦大改悟，乃罷方士，棄輪臺，下詔罪己，強本弱末，過也人皆見之，更也人皆仰之。夫以秦穆之悔，聖人猶取焉，而獨不足於武帝乎？是故由前之説，則《詩》、《書》、六藝之文，賴之以傳，《春秋》内諸夏外夷狄之義，亦於是乎見。由後之説，則能悔過於及身，而有古君子之道。然則多欲而施仁義，何得爲武帝病哉？

不妄加苛責，不輕爲恕詞，見解獨超，筆力健舉。

漢武帝論

蔣子蕃

三代後人主，能長駕遠馭，恢張兵略，開闢九邊，賓服四裔者，惟漢武帝、唐文皇爲最。秦之始皇，明之成祖，不足稱也。文皇手創唐祚，委任羣賢，貞觀之政，炳焉與三代同風，故能掃蕩邊陲，擒頡利以獻高祖，雪其稱臣之恥。武帝承文景之後，海内休養生息，已百餘年，遂乃内任桑、孔，外用衞、霍，理財治兵，志滅匈奴，以報平城之役，爲高帝雪其大恥。而卒之匈奴未滅，海内罷疲，輪臺一詔，有餘悔焉。故論者謂武帝之才，視文皇差劣。然以吾論之，武帝弗可及也已。夫兩敵相持，必有一蹶；兩雄相鬭，必有一傷。勢值其衰，則虎狼之猛，童子制之有餘；時值其難，則蜂蠆之微，壯士禦之不足。豈童子之才，勝於壯士哉？亦拉枯朽者易爲功耳。文皇當突厥之衰，故一李靖能提孤軍，踰絶塞，直搗虜帳，使得頡利驚走，寶相成功。武帝時，匈奴方盛，未有間隙，而武帝肆其雄心，橫挑强胡，沙漠鏖戰，累月經年，卒之漢與匈奴俱困。此固其時勢爲之，非其才有不逮也。況西北諸夷，稱中國爲漢，由於武帝；東南諸夷，稱中國爲唐，由於文皇。皇祚屢更，而國號不易，能使漢、唐之名,與天地並存,卓卓如二帝者,後人豈可輕爲優劣哉?雖然,竊有說焉,文皇雖滅突厥,而薛延陀復盛,吐蕃、回紇繼之,終唐之世,夷禍不絕。武帝雖不能滅匈奴,而昭、宣、元、成諸帝,因其餘烈,卒能使匈奴稱臣,呼韓入朝。新莽之難,匈奴索漢故印,爲漢報仇,光武藉以中興。典午之禍,劉淵自以漢甥,國號稱漢,追諡劉禪,以明其紹述之志。武帝欲滅匈奴,而匈奴且不忘漢恩,願爲漢盡力。此固武帝後人,能以德撫匈奴,致有此效,非武帝意想所及。然武帝不伐匈奴,則匈奴不困罷,匈奴不困罷,則其後部眾必不攜貳,自相傷夷。宣帝亦不能因之以爲功,則其事仍自武帝致之也。武帝惟能摧強爲弱,故後嗣得蒙其庥。文皇第能因其衰而滅之,故雖奏功於突厥,而不免隳績於高麗。天生雄才大略之主,以統御中外,合胡越爲一家,而其功效不同如此,雖曰天命,豈非人事哉?嗚呼!論事之難也。後世論兵者,動以修我戈矛,伺彼釁隙,相時而動,計出萬全爲言。然斯言也,沈審者出其中,異儒者亦出其中。宋世儒者,動以窮兵黷武,詆諆武帝,較之司馬遷、夏侯勝,議論尤爲深刻。而夷狄之禍,宋世最烈,亦可以憬然悟矣。文皇能修《五經正義》,任用房、魏以治國家,故其被詆較少。然表章六經之功,實始於武帝,而董仲舒、倪寬諸人,亦未嘗不登進於朝。況文皇爲君多慚德,而武帝無之。大漸末命,付託得人,幼主臨朝,七齔不驚,以視身没未幾,國柄潛移,芟夷宗室,幾斬唐祚者,其得失又豈可以道里計哉?

　　推勘盡致,具知人論世之識。

賈生明申商論

張美翊

刑名法術之學，本於黃老。善用之，足以治天下；誤用之，亦足以亂天下。在乎審其時、因其人爲之而已。太史公曰：賈生、鼂錯明申商。余嘗讀而疑之，以爲生之爲人與錯異，其所學亦不同，皆謂之明申商。二人者固不相遠耶？既乃恍然曰：生所言忘禍福，齊生死，澹乎汜乎，能無累而不憂，蓋於黃老爲近。至於上疏陳政事，立諸侯制度，教太子敬大臣，生之所謂申商者，如是而已。若夫錯陗直刻深，其議侵削諸侯，疏人骨肉，亦甚於生之所爲。以爲不如此，則天子不尊，宗廟不安。卒以殺身而召亂。錯之學申商，此其大彰明較著者也。若是者何也？蓋爲政者，必張弛互用，寬嚴兼濟也。文帝之仁厚，勝於景帝之刻薄，故猶是申商之學也。生明之以矯君之弊，錯明之以長君之惡。以所值之時，所與之人之不同，而效乃大異。夫亦生學申商之長，而錯學其短歟？且申商之學，亦有辨矣。史稱申子卑卑，施之於名實，商君天資刻薄，卒受其禍。由是言之，申子與商君，豈可同日語哉？余以爲生之學似申子，而通達過之；錯之學似商君，而慘礉不及。至其當時之所施，與身之所遇，亦略相等。班固氏以生入儒家，錯入法家。烏虖！生其始習於法，而終歸於儒者歟？且諸子百家之書，皆得聖人之一端，顧用之何如耳，而惜乎生之不永其年，未竟其志也，然其人深遠矣。

持論平允，用筆謹嚴。

張孚敬論

陳星庚

　　君子之取才也，不容過刻；而其觀人也，不得不嚴。其觀人也，不於其大於其微，不於所安於所忽。孔子徵微生以乞醯，孟子驗好名於簞食。其微也，其忽也，即可驗其大也所安也。況乎其事甚大，爲之也又甚安，是不難即一端以覈其心術，而無庸曲爲之回護深惜者。前明張孚敬，首倡崇奉典禮，釋褐六年，遽入內閣。史稱其持身特廉，苞苴路絕，遇主亦時進讜言，而保全張氏，尤爲不愧諍臣。夫無所爲而爲之者爲義，有所爲而爲之者爲利，孚敬果無所爲歟？則興獻之議，亦出人子至誠。子爲天子，而不得考其父，吾方且咎諸臣之不能善處。且不加宗，不入廟，亦未始竟昧大統也。孚敬而有所爲歟？微特議禮干進，樹幟尋仇，非務引其君以當道，即奏天地分祭、文廟從祀諸大政，安知不望承風旨，亟自表見，以爲要寵固位之計。迨延齡之獄，再四執持，自揣眾論不容，欲藉以沽名末路，向以迎合，干大君之寵，今乃以持正干後世之名。不然，彼延齡固有擅殺之罪者也，能致豐熙、馬理、王和輩百九十人之無辜戮辱，而欲平反一有罪之延齡，不能阻逆祀以安孝宗、武宗在天之靈，而獨慮昭聖太后之萬一不食。其事孰鉅孰細，其情孰真孰僞，不待識者能辨之矣。嗟乎！士大夫進身伊始，畢生之名節所關，一涉詭遇，天下羣起攻其後，至舉其生平美迹，亦不足取重。君子且不以操論者爲過刻。世之挾策干時，百計以求容悅者，其亦稍知自愛哉！

　　詞嚴義整，史筆懍然，非學識兼到，未易臻此。

張孚敬論

張美翊

　　明世宗大禮之議，悖禮蔑倫，蓋自張孚敬始矣。孚敬疏言統與嗣不同，謂世宗實入繼大統之君，未嘗著爲人後之義。夫統者何？繼孝宗者，武宗也；繼武宗者，世宗也。禮爲人後者爲之子，言繼嗣也，即言繼統也。其所後者，不必皆父行，爲之後者，不必皆子行，孫後祖可也，弟後兄可也，受重於此人，即爲此人後也。自孚敬創爲繼統不繼嗣之說，於是世宗不後武宗，并不後孝宗，於孝宗而伯之，於武宗而兄之，所謂臣道、子道將安在耶？稱興獻王爲皇帝，妃爲皇太后，絕大統而厚所生，禮固如是耶？且世宗於興獻王所生父也，於武宗爲之後也，所謂受重於此人，即爲此人後也，臣道也，子道也。禮爲人後者，服斬衰三年，所謂義服也；爲所生父母服齊衰期，所謂降服也。蓋義莫重於所繼，故必制三年之服；恩莫親於所生，故不改父母之名，此聖人之禮也。當時議禮者，謂宜如漢定陶王、宋濮王故事，稱興獻王曰皇叔父，興獻王妃曰皇叔母，是并其父母之名而改之也，非也。孚敬長君逢君，緣飾經文，肆爲邪說，謂宜稱孝宗曰伯，武宗曰兄，稱興獻曰皇帝，妃曰太后，是并其傳受之重而絕之也，尤非也。然則如之何而可？曰：稱所生曰父，曰考可也，曰皇考可也，不敢稱帝與立廟也；稱所後曰皇考可也，曰皇帝可也，不敢別而言之，曰伯、曰兄也。是故世宗於孝宗，稱孝宗敬皇帝而已；於武宗，稱武宗毅皇帝而已，其自稱曰孝皇帝某而已。必如是而後傳統正，典禮明，仁之至，義之盡，此《春秋》之法也。惜乎議禮諸臣未嘗見及此，而如孚敬者，又徒以迎合上意、觝排正人爲事。烏虖！以議禮言之，孚敬爲戎首，及觀其所爲，則更小人之

293

尤者也。

　　斟酌人情，而斷以經義，不獨璁、萼無辭，即楊、毛諸公，亦
不能自掩其失。收處，將孚敬生平以一語括之，文境高絶。

張孚敬論

竺麐祥

　　世人論孚敬者，多優劣其議大禮，僕以爲此未足以論孚敬也。
夫孚敬豈以爲大禮事關君父，綱常所繫，故特竭力争之哉？徒以揣
知帝意，藉爲進身之路耳。如必欲辨其議禮之是否，吾恐孚敬亦不
能自決矣。何則？主考獻王之見，孚敬與其友胡鐸合，而孚敬上
疏，鐸獨不肯署，以爲他日必至以虛號之帝，而躋臨治之宗。此其
語孚敬聞之，而未嘗辨之，知孚敬亦知其必及此也，而竟不顧其後，
忍而爲之者，非功名惑其志，而事之利害遂不遑詳明者耶？然則孚
敬之爲人，概不足取乎？曰：否。吾特嘉其二事焉。當孚敬議祀
典，擬於大成殿後別立啟聖，祀聖賢父，又去像設主，改唐制。夫親
莫若祖宗，教莫若孔子，因尊帝父而遞及聖人，雖其意實欲以明考
獻王之義，而究改祀一端，爲萬世不易之典矣。考叔梁紇本祀於殿
西，孚敬謂不宜祀兩廡，其言固謬，然殿西亦偏位耳，安足以尊聖
父？祀於殿後，情理悉協矣。去像設主之議，昉於宋濂，然當時未
用其説，至孚敬始乘機以成其議，其功正未可没矣。此其可取者一
也。至嘉靖欲族建昌侯，而孚敬力争之。以孚敬之忮刻，又善逢
迎，何獨於延齡持正保全？豈自知爲衆論所不予，欲藉此以沽名末
路耶？抑素與延齡兄弟交通，假公義行私惠耶？是皆不必深求，而
其言以爲皇太后春秋高，卒聞延齡死，萬一有他故，何以慰敬皇帝
在天之靈？此固仁人之言，足以匡救其君，不使陷於不義者也。夫

延齡縱恣殺人，罪固當死，特帝以昭聖太后之嫌，欲釋憾於其兄弟，不得謂非背乖。孚敬再四執持，明以大義，終不肯徇帝意，而帝母子卒賴保全，詎不偉哉！設當時孚敬不諫，諫而不力，延齡竟死，昭聖竟因延齡之故而徇之，吾不知嘉靖何以對敬皇帝，且何以對天下萬世也。故知孚敬此時之功，直足以晚蓋前愆。此其可取者二也。若夫二事之外，如誣楊一清，排石珤與李福達之獄，皆因私報復，與桂蕚等耳，惡得謂端人哉！《記》曰：好而知其惡，惡而知其美。論人者法此而已。

於議禮疏誅其心，於尊聖父、諫延齡取其事，識解獨超，用筆亦曲折如志。

《漢書·古今人表》不著今人說

陳星庚

班《書》八表，以《古今人表》終，列古而不列今，取義無當。任氏暄謂《史記》但考信六藝，不及五帝以前，故特著人表，存其大略，以補馬遷之缺。何氏焯謂今人則褒貶具於書中，雖云總備古今之略，實欲人因古以知今也。梁氏玉繩《古今人表》攷亦未言其不著今人。按表既無漢人，何煩臚敘？如任氏所謂，則孟堅既斷代爲史，創千古之史體，不宜先自亂其例。即義門謂其欲因古以知今，亦屬游移之論。夫孟堅不自云"究極經傳，繼世相次"，竊意當時此表，原如《百官公卿表》，分爲上下，一則自上古以訖秦、楚之際，一則專繫漢代君公卿士。迨其後被謗，有詔京兆收繫，悉錄家書封上。其家人或恐否藏前代，有類誹訕，而一時宰執，祖父多逮事前朝，倂恐招忌，因即下卷潛置之而以書進。及固受詔卒業經二十餘載，復坐竇氏事，書卒散亂。妹昭奉詔校敘，內《天文志》及《諸侯王》等表，多馬季則所作，而《古今人表》亦在其中。是此表非第爲班氏未卒業之篇，其出自馬季則之補輯與否，尚在不可知之列。然則顏師古謂其書未畢信矣。夫師古爲班氏功臣，猶鄭康成之箋《禮》，杜元凱之注《左》，未容輕議。何氏求其説而不得，輒敢妄非古注，殊屬好奇過甚。即任氏暄亦未即志首數語，尋繹而玩味之也。雖後賢之論，不無勝古，而師古此解，實無可非，特引而不發，竊爲申其説如此。

　　根據師古，議論曲邕，足補顏氏所不逮。

《漢書·古今人表》不著今人説

張美翊

　　《古今人表》何爲而作也？班固氏次古人，即以表今人也。其書始自皇古，終迄於秦，聖仁智愚上中下凡九等，褒貶進退之義，大彰明而較著矣。馳騖乎數千歲而上，而蒐列乎二千人之多，用以準古鑒今，顯善昭惡，其不及漢人者，夫固有所不敢，而亦欲人之深思而得之也。或曰：班氏於漢君臣紀傳，既直書之矣，而獨於表乎諱之，豈有説乎？曰：史臣者，書其事可也，區其等不可也。身爲漢人，即漢之君臣而差等之，曰：若者居此，若者居彼。可乎？否耶？且《漢書》本紀諸贊，大抵不爲已甚之辭，亦人臣之道宜爾。是表不載漢以來，蓋此意也。然則班氏斷代爲書，於古今人何與？曰：此即所以表今人也。是故漢有雄才大畧如高、武者矣，觀於桓、文，而可知其等也。有清淨無爲如文、景者矣，觀於老、莊，而可知其等也。孝惠之制於吕后，哀、平之移於王氏，是外戚有足以亡國敗家者矣，又觀於殷之妲己、周之褒姒，而可知其等也。其他卿士大夫，或才有餘，而學不足，或有功可録，而無德可居，或具一節之長，而乏全體之善，或神奸大憝，至於弒君而篡國，苟以紀傳中之今人，差之表中之古人，於彼於此，若鑒之定美惡，衡之權重輕，無毫髮錙銖之差謬，故曰：次古人即以表今人也。雖科分既繁，確當非易，屢經傳寫，尤多紊戾。然敘傳所謂博舉者，不過以爲取之尚詳也，所謂畧差者，不過以爲論之未定也。後人訾議之、彈射之，而謂其書未畢者，非也。且夫史之有表，考年月及侯國，與夫沿革封除而已，獨是表也，可以驗世運之升降，知人品之高下，使爲善有所勸，而爲惡有所懲，蓋準古以鑒今者，舉於是乎在。然則觀於人表，而漢之人之等視此矣，即後之人之等視此矣。烏虖，班固氏誠古之良史哉！

以古鑒今，見解確當。思精以銳，氣逸而遒。

《漢書·古今人表》不著今人説

戴鴻祺

《漢書》何爲而作乎？蓋將以探纂前記，綴述舊聞，匡司馬氏《史記》之所不逮也。夫《史記》於天子則有本紀矣，於諸侯則有世家矣，於公卿大夫則亦各有列傳矣，而其間表著年月，臚列職官，非不鑿然而可指，燦然而各當，而求其激濁揚清，鬱爲不朽，懲惡勸善，永肅將來者，則未也。嗚呼！此班氏所以有《古今人表》之作也。夫一人表也，而統之以古今，則宜以古人冠其首，今人殿其後矣。班氏業已成《漢書》，何不舉漢人而表之乎？師古曰：但次古人而不表今人者，其書未畢故也。然竊按《敘傳》有云：篇章博舉，通於上下，略差名號，九品之序，述古今人表第八。則不得謂其書之未畢也。即不然，如《後漢書·列女傳》言班固著《漢書》八表、天文志，未竟而卒，和帝詔固妹曹大家昭成之，復詔馬融兄續，踵成其書。是以此表爲班氏分任之書則可，以此表爲班氏未成之書則不可。然則果何以不著今人乎？既不著今人，何以謂之《古今人表》乎？曰：古今無定稱也。以三王與五帝論，則五帝古而三王今矣；以戰國與春秋論，則春秋古而戰國今矣。班氏此表，上自太昊，下迄嬴秦，時相去則億載，人相殊則九品，而概以古人目之，可乎？否耶？況漢時人才，各有紀傳，爲上智，爲下愚，其錯見於全書中者，固彰灼而可知也哉。後之讀者，見其不著今人，無關漢事，而復加之以訛脫，因之以紊亂，遂疑此表爲妄作。如《史通》品藻、表歷諸篇，宋鄭樵《通志序》、呂祖謙《大事記解題》、羅泌《路史後紀》、王觀國《學林》、明楊升菴《人表論》，皆競相彈射，少所許可，而不知其不表今人者，非不表也，不必表也。而其統稱之曰《古今人表》者，蓋就表中所錄之人，自相爲今古也。至其甲乙紛錯，記載不悉，則紊脫之爲害也。何言其有所脫也？如《元序》謂有崇侯，張晏謂有嫪毐，《宋重修廣韻公字注》謂有齊大夫公幹，又《士字注》謂有士思癸，《通志氏族略》謂有司褐拘，而今本俱無之，此脫也。何言其有所紊也？如《元序》桀爲下愚，《學林》引表亦在九等，張晏謂田單、魯仲連、藺相如第五，寺人、孟子第三，《史通》謂陽處父第四，士會、高漸離第五，鄧三甥、荊卿第六，鄧祈侯、秦舞陽第七，而今本俱異之，此紊也。不然，夫豈不知求玉與受璧，同一虞公；得皐與爭國，皆此蒯瞶哉？虞公、蒯瞶，表皆兩列。然則不考訂其紊脫，而第以不表今人爲班氏病者，蓋亦不知班氏之所以作《漢書》，與《漢書》所稱述之人物，固已明明可考，無待班氏復贅於其間也。

　　識解圓通，筆意明快。

漢前後兩少帝實皆惠帝子考

張美翊

案漢惠帝子七人，皆後宮子，特非皇后子耳，不第兩少帝也。謂非惠帝子者，蓋諸大臣之陰謀。竊嘗考諸《史記》《漢書》而得之。《史》《漢》呂后紀所載少帝事，大略相同。大率謂孝惠張皇后無子，太后使佯爲有身，取後宮美人子，殺其母，立所名子爲太子。孝惠崩，太子即位。元年四月，立孝惠後宮子强爲淮陽王，子不疑爲常山王，子山爲襄城侯，子朝爲軹侯，子武爲壺關侯。二年，常山王薨，以其弟襄成侯爲常山王，更名義。四年，少帝自知非皇后子，出怨言，太后幽殺之，立常山王義爲帝，更名曰弘，以軹侯朝爲常山王。五年，淮陽王薨，以弟壺關侯爲淮陽王。七年，立皇子平昌侯太爲呂王，更名梁曰呂，呂曰濟川。十年，太后崩，太尉勃、丞相平、朱虛侯章，共誅諸呂。諸大臣相與陰謀曰：少帝及梁、淮陽、常山王，皆非真孝惠子，呂后以計詐名它人子立以爲後，及諸王，以彊呂氏。於是召乘輿車，載少帝出。夜，有司分部誅滅梁、淮陽、常山王及少帝於邸。夫前少帝以幽死，後少帝以誅死，而當時諸大臣，謂皆非真孝惠子，不知特非皇后子耳，固後宮子也。史以爲陰謀，蓋有以知之矣。又案《史記·呂后紀》，張辟彊謂帝無壯子，以惠帝崩，少帝年幼也。則前少帝固惠帝子也。又《漢興以來諸侯年表》及《惠、景閒侯者年表》，於强、不疑、義、朝、武、太皆云惠帝子，且於義則云立爲帝。夫義即少帝弘也，則後少帝又惠帝子也。太史公生武帝之世，於漢初之事，見聞爲近，乃以兩少帝爲惠帝子，竟無異辭，信乎，陰謀之誣之也。若《漢書》則既以惠帝子入《異姓諸侯王表》强、不疑、義、朝、武、太，復入《外戚恩澤表》義、朝、武、太，曰詐立，曰非子,與《史記》表異。且或以爲呂氏子《五行志》,或以爲他姓子《南粵傳》,直與滕公謂少帝非劉氏子不當立者先後同揆。諸大臣之陰謀,班氏固深知之,蓋當時之案如此,非誣少帝也。烏虖!以少帝爲惠帝後宮子可也,以爲非真惠帝子不可也,是在讀史者,深思而得之矣。

簡而能明,著墨不多,意旨詳舉,古文家之勝境。

問:《史記・越世家》:楚伐越,大敗之,殺王無彊。越以此散,諸族子爭立,或爲王,或爲君,服朝於楚。按無彊之子退保琅琊稱王者,尚三世,蓋僅失吳故地,而琅琊與浙江以南猶存也。《史記》於此稍覺疏略,至無彊被殺,與越之終滅,能考其時代否

蔣子蕃

古封建之國,至秦始皇一天下,盡爲郡縣,而其未滅者,獨衛與越二國耳。衛至二世元年,廢君角爲庶人,國亦不祀。越雖蠻夷,歷世有土。及周之衰,句踐稱霸。至漢興,東越地虛民徙,而繇王居股等,猶爲萬户侯。其先豈嘗有功德於民哉?何其久也!《史記・越世家》:楚伐越,大敗之,殺王無彊,越以此散。諸族子爭立,或爲王,或爲君,服朝於楚云云。其時僅失吳故地,而琅琊與浙江以南,尚爲越有。乃史遷不言無彊之子,退保某地。按《通鑑》注:越初都

會稽,其境北至於禦兒。及其滅吳,始并有吳地。今楚取吳地,至於浙江,則禦兒亦入於楚矣。由注核之,禦兒雖失,越舊疆固在也。近《定海黃式三周季編略》:楚伐越,殺王無疆。無疆子玉復收餘兵,北保琅琊。而諸族子爭立於越,居浙江之東南。惟此事編在赧王八年,其自注云:觀明年昭睢東取地於越語,逆推編此。《唐書·宰相世系表》:夏少康庶子封於會稽,越王無疆為楚所滅。無疆子蹄更封於烏程歐餘山之陽。烏程歐餘非浙江地乎?且無疆子不止一玉可知。《竹書紀年》:隱王(《史記》作赧王)三年四月,越王使公師隅來獻舟三百、箭五百萬,及犀角、象齒。距楚殺王無疆二十有一年。是此越王者,必無疆之子若孫也。《吳越春秋》:無疆子玉,玉子尊,尊子親,親眾皆失而去琅琊,徙於吳,為楚所滅。《史記·天官書》:越之亡,熒惑守斗。蓋是年事也。蔡如松曰:句踐至無疆七世。《吳越春秋》自句踐至親,共歷八主。《越絕書》:不揚子無疆時霸,無疆子之侯,竊自立為君長。之侯子尊時君長尊子親失眾,楚伐之,走南山。親以上凡八君,都琅琊二百二十四歲。無疆以上稱王,之侯以下微弱,稱君長。《史記·越世家》:王翳卒,子王之侯立。王之侯卒,子無疆立。馬氏《繹史》年表:周烈王元年,越王之侯元年。顯王十三年,越王無疆元年。越世系亦先之侯而次無疆。《紀年》:顯王十二年,於越子無顓卒,是謂菼蠋卯,次無疆立。按《越絕書》所載越君名號、世次,與《史》世家、《繹史》年表、《越世系》《紀年》皆不合。馬氏以為語音轉訛,莫可考究,是也。然無疆被殺,《集解》徐廣曰:周顯王四十六年。《通鑑》:楚伐越,越以此散。書之顯王三十五年。《繹史》年表:顯王三十五年,楚伐越,越分散,朝於楚。楚威王六年,圍齊於徐州,滅越,盡取吳故地。楚威王六年,即顯王三十五年也。《紀年》:顯王三十六年,楚圍齊於徐州,遂伐於越,殺無疆。而《索隱》云:《紀年》無顓薨後十年,楚伐徐州。無楚敗越殺無疆語。按《竹書》:顯王十二年,無顓卒。二十二

年,楚伐徐州。相後正十年。《索隱》蓋祇知有二十二年楚伐徐州
之事,而不知三十六年有圍徐州伐越事也。則殺無疆之年,當以
《通鑑》《繹史》諸書爲是,其餘不可從也。《周季編略》:赧王十年,
范蜎曰:且王嘗用召滑於越,越亂而楚南塞瀨湖,郡江東。秦始皇
二十五年,秦王翦悉定荆江南地,降越諸王爲君,置會稽郡。是時
越雖式微,而後裔散居紹興諸郡者,楚即取之於前,秦即降之於後,
而猶未盡滅。《史記·東越傳》曰:閩越王無諸、越東海王搖,皆越
王句踐之後也。無諸、搖率越兵從番陽君入關滅秦,後復佐漢滅
楚。越當時非特未滅於楚,至此且從而滅楚;非特未滅於秦,至此
且從而滅秦。越可謂世能復仇,而不墜其緒者矣。漢興,立無諸爲
閩越王,搖爲東海王,亦曰東甌王。孝武建元六年,閩越擊南越。
天子多南越義,興師討閩越。閩越王弟餘善殺王郢降。天子詔曰:
獨無諸孫繇君丑不與謀焉。乃立丑爲越繇王,奉閩越先祀。復立
餘善爲東越王,與繇王並處。元鼎六年,餘善發兵距漢,殺漢三校
尉自立。元封元年,故越衍侯吳陽、建成侯敖與繇王居股殺餘善,
以其眾降。封繇王居股爲東成侯,萬戶。天子謂東越狹多阻,閩越
悍,數反覆。詔軍吏皆將其民徙處江淮間,東越地遂虛。是越之終
滅,實滅於漢武元封之年。然繇王居股猶侯東成,即謂之未滅,亦
無不可。

敘次明晰,起渾寫大意,結語悠然不盡,獨見周密。

問:《史記》《漢書》:高祖二年,敗於彭城,
道逢孝惠、魯元兩兒,常蹶欲棄之。滕公
收載徐行,面雍樹乃馳。時魯元尚幼,

其嫁張敖在高帝五六年，生女當在
七八年矣。惠帝四年立公主女爲后，
至三年，后年不過十二三。《張后傳》
太后欲其生子，萬方，終無子，使詳爲
有身云云。若后年已長，配帝久者，
殆非事實。或者帝病時，太后揚言
已有子，攀庶爲嫡，慰天下及大臣。
殺少帝，廢后，乃從爲之辭。
史家沿習不察，疏矣

戴鴻祺

按《史記·惠景閒侯者年表》，高后時有信都侯侈、樂昌侯受傳
作壽，皆張敖子。《張敖傳》以爲敖他姬子，《漢書·張敖傳》以爲敖
前婦子。前婦者，謂先魯元公主而娶者也。可知魯元非敖嫡配，以
公主故，特諱之也。呂后以公主女爲惠帝配，是爲張皇后。竊以
壽、侈二人例之，當亦敖前婦之女，公主愛如己出，故即以爲公主女
也。如必以張皇后爲公主所出之女，則以時攷之，當惠帝崩時，后
不過十二三歲。《張后傳》：太后欲其生子，萬方，終無子，迺使陽爲
有身。夫曰陽爲有身，必欲人深信其有身也。若后年僅十二三，則
果誰爲信之者？況傳又云：立所名子爲太子，惠帝崩，太子立爲帝，
四年，自知非皇后子，出怨言。據此可知，惠帝崩時，太子至少亦有
二三歲，然則張后陽爲有身，且在八九歲時矣。恐太后欺人，不應
如是之無方，故以壽、侈二人例之，當亦爲敖前婦之女，《史》《漢》特
未明言之也。雖然細玩《漢書》，已見微意初不沿習《史記》。借如
《史記》敘壽、侈二人，《漢書》改他姬子爲前婦子，《外戚傳》敘皇后

世系，凡係公主女者有二，一爲孝武陳皇后，一即孝惠張皇后也。於《張后傳》書曰：宣平侯敖，尚帝姊魯元公主，有女。於《陳后傳》書曰：長公主嫖女也。曾祖父陳嬰，與項羽俱起，後歸漢爲堂邑侯。傳子至孫午，午尚長公主，生女。生者，言公主之親生也；有者，言非親生而爲公主所有也。可見《敖傳》前婦二字，班氏正非妄改。所以不明書張敖前婦之女者，蓋以后之尊，而當日呂太后又聲言公主所出，以爲魯元榮，故班氏慎之也。讀者不察，與《史記》一例視之，誤矣。嗚呼！如張后者，宜其靜默自守，而無一事之可見也。前以母他人母，忽焉而榮；後以子他人子，忽焉而辱。優游十七年，而不得自表其情愫，使千載下卒留爲疑案，倘亦不幸而見愛於呂太后者乎？

讀書得閒，考證精詳，斷制平允，收筆意韻不窮。

《漢書·外戚傳》書後

張美翊

烏虖！外戚之足以亡國敗家，自古然矣。外戚以兩漢爲盛，而其禍則西漢較東漢爲尤烈。漢之興也，呂后實亂之；及其亡也，元后實成之。呂氏立三王，而産禄終於滅族；王氏封十侯，而新莽寖以篡位。且呂后與元后，皆享年高，而專政久。夫享年高，則親屬之寵日益盛；專政久，則外家之權日益尊。寵盛而權尊，則其挾持也牢，而其禍患也大。逮乎貪欲亡等，僭奢踰制，國柄潛移，神器盜竊，乃始怵然於禍之不可爲，此固常不及之勢矣。然則産禄滅而新莽篡者，何也？曰：高、惠之時，創業伊始，舊勳尚存，平、勃交驩相助爲理。呂氏雖居南北軍，而卒爲人所制，故猶易爲力也。至於哀、平以後，王氏專恣，漢祚告終，元后之昏耄，甚於呂后，新莽之姦愍，過於産禄，蓋不待孺子踐祚，宰衡攝政，而知漢之必爲新矣。烏虖！以婦人之仁，而有神明之壽，固不如夭折不辜之爲幸哉！然則太史公刪爲《吕后紀》，與班氏别爲《元后傳》，蓋爲外戚之足以亡國敗家者戒也。若夫薄太后、班倢伃之賢，與李夫人、趙飛燕之寵，爲法爲鑒，昭然具在，猶史氏立傳之餘意也。

　　大處落墨，興會飈舉。

《漢書·外戚傳》書後

戴鴻祺

　　劉知幾曰：外戚憑皇后以得名，猶宗室得天子而顯稱。若編皇后而曰《外戚傳》，則書天子而曰《宗室紀》可乎？此駁爲明允，恐起孟堅而問之，亦無以膺，顧龍門作史，已創其體，班氏因之，不足多責。惟是先夷狄而後外戚，猶《史記》之先黄老而後六經，編次舛謬，爲可議也。然史家已有明論，不必復贅。第上下兩傳中疑義數出，解者均未是正，蒙竊憾焉。如傳上《高祖吕皇后》篇"後漢王得定陶戚姬"，案《水經註》：戚姬生漢中之洋川鄉，帝爲鬷復其鄉，更名曰縣。此云定陶，豈姬家後徙定陶，抑高祖從定陶得之，遂以名耶？《孝武衛皇后》篇"帝起更衣"，注不言更衣之義。考《論衡·四諱篇》：更衣之室，可謂臭矣。則更衣蓋今廁所也。《孝武鉤弋趙倢伃》篇"望氣者言此有奇女，天子亟使召之"，今讀皆以奇女爲句，而以天子字屬下。案《昭帝紀》：母曰趙倢伃，本以有奇異得幸。師古注曰：謂望氣者言此有奇女天子氣。則當以天子爲句。亟使使召之，緊承上武帝巡守過河間，文義較足。《孝昭上官皇后》篇"帝長姊鄂邑蓋長公主，居禁中"，《昭帝紀》禁中作省中，伏儼注引蔡邕曰：孝元皇后父名禁，避之，故曰省中。彼避而此不避，即此一字，可悟班《書》非出一手。戴氏朋曰:《漢書》自昭至平六帝之事,皆資於賈逵、劉歆,良不誣也。《史皇孫王夫人》篇"封舅無故爲昌平侯,武爲樂昌侯,食邑各六千户",案《外戚恩澤侯表》云:平昌節侯王無故,以帝舅關内侯,侯六百户;樂昌共侯王武,以帝舅關内侯,侯六千户。一云六百,一云六千,此云各六千户,則足以勘表之誤。孝宣霍皇后下孝宣王皇后,當各爲一篇,如孝宣許皇后之例,汲古閣本合,刊者誤也。傳下《孝元王皇后》篇"家凡十侯",顏注有陽平頃侯禁,禁子敬侯鳳云云。案十侯中有淳於長,無禁子鳳,故下《王莽傳》,即云家凡九侯,明鳳嗣禁,不得别爲一侯也。當以下一説爲正。《王莽傳》"家凡九侯",師古注曰:《外戚傳》言十侯,以鳳嗣侯,故不數。亦誤。《孝成許皇后》篇"流星如瓜",案:瓜當是爪之譌,言其光下垂如爪也。《成帝紀》"建始元年,九月戊子,流星光燭地,長四丈,委曲蛇形",其義正與此合。又《趙皇后》篇"許美人前在上林涿沐館,數召入飾室中若舍,一歲再三召,留數月,或半歲",案:此言許美人數召入飾室中,若至舍棄一歲,則必再三召,留數月或半歲也。下三句,正申上數召之意,師古以若舍爲句,似於上下文義多複疊矣。《孝元傅昭儀》篇"鄭氏傅氏侯者凡六人",案:當作四人,各本俱作六人,誤也。《孝平王皇后》篇"奉乘輿法,駕迎皇后於安漢公第宫",師古曰:本是莽第,以皇后在是,因呼曰宫。竊謂此宫字,乃上大司徒馬宫也,與下豐歆相連屬,不言建邯者,省文耳。師古云云,殊爲不句。於虖!古書文義,没於剖厥者其害淺,没於作注者其害深,若顏氏之於班《書》,可謂功皋參半矣。即此傳已略見一班。

　　爲班傳顏注糾謬,拔戴自成一隊。

《漢書·外戚傳》書後

夏啟瑜

昔歐陽子謂宦官亂人之國,其源深於女禍。女,色而已。宦者之害,非一端也。烏虖,如此傳所載,亦豈獨一端而已哉!夫其盜弄魁柄,窺竊神器,如呂氏、霍氏、王氏者,斯固然矣。乃至身爲天子,不能保其所生,葦篋綠綈,拱手授人。嘻,何其酷也!竊嘗揆其致釁之由,其失蓋有四焉。夫皇后之尊,母儀天下,豈可擅易?自周幽作俑,國遂以亡,其明鑒也。漢高幸戚姬,漢文幸慎姬,而終其身未嘗易后,蓋亦有鑒於此。自孝景而後,色選愛升,廢立不常,踐元后於翬翟,升綠衣以黃裳。夫不正其始,焉克有終?其失一也。古者三宮世婦,莫非列邦之秀,是以《春秋》書來媵,《雅》詩詠諸娣,蓋於廣子姓之中,即寓慎氣類之意。乃漢之諸姬,大都起自側陋,如李夫人、趙飛燕,則以歌舞進,而孝景之王皇后,且爲金王孫婦矣。玷污宮闈,莫此爲甚。其失二也。《周禮》王者立后、三夫人、九嬪、二十七世婦、八十一御妻,皆有定制,禮至嚴也。乃漢興,因循秦號,婦制莫釐。高祖帷薄不修,孝文衽席無辨,至武、元而後,掖庭三千,增級十四,妖幸毀政,外姻亂邦。范史所譏,信不誣矣。其失三也。且夫非劉氏不王,非有功不侯,高祖之約也。呂澤、呂釋之之侯,以其爲列將從征伐故也。餘如竇氏、王氏、田氏、趙氏,有何功伐,而位列通侯?如嫌其所出之微,則不立可也,奈何立一后輒封數侯,以上違祖制乎?失此不察,馴至王氏家凡十侯、五大司馬,而國祚遂以中絕,此非高祖之過,乃後世不遵成憲之過。其失四也。有此四失,而外戚之禍,遂與西京相終始,乃班氏僅以謙盈禍福爲言,似於垂戒之旨尚淺,故余備書其大者,以著於篇。抑嘗考是傳纂述之體，其得失亦有數端：是傳於諸后及後日追尊者，概予專傳，於昭儀、倢伃等，概從坿録，所以正名分、飭倫紀也。而班倢伃獨不從諸例，蓋謂薰蕕不同器，磻玉不並陳，班姬女德，冠絶古今，有非諸姬所可例者，故變例書之，以彰其美。此其可善者一也。又傳於諸后，並列是編，而孝元王皇后，獨曰自有傳，蓋自新莽篡位，劉氏不絶如縷，而原其所以致此，則皆元后爲之階也，故揭其凡於此，而不列其傳，以示此固外戚之變，有不容以諸后例者，此其可善者又一也。若夫於孝景王皇后、孝武衛皇后諸傳，輒敘瑣事，殊愧修潔，又李夫人以後日之追尊，故不得不別爲之傳，然其於臨候之事，及傷悼之賦，亦纖悉書之，毋乃不知所裁歟？此其可議者一也。又傳於凡廢黜誅夷者，皆詳録其由，以昭當否，例宜然也，乃於《鉤弋夫人傳》但曰有過見譴，而不詳其故。按鉤弋之死，實非其罪，而班氏略之，則不知爲何譴，而是非莫辨矣。此其可議者又一也。至《孝宣王皇后傳》續《霍后傳》後，此則繫今本誤刊，而或以是訾班氏，抑又謬矣。

　　先論事勢，次究體例，具見讀書得閒。

《漢書・外戚傳》書後

陳康麟

　　班氏因遷《史》之舊，記皇后曰《外戚傳》，《史通》譏之，其説辯矣。趙氏翼以爲宜依范史，改《外戚傳》爲《皇后紀》，其説似是而非也。外戚雖代有封爵，而本紀則仿春秋編年之法，升傳爲紀，揆以史例，殊多未協。且班氏不列外戚於本紀之後、諸傳之前者，所以杜外戚干政之嫌，而爲後之有國家者昭其則也。蔚宗不知其意，求密反疏，後儒據此以糾班氏之失，不可謂善讀史矣。若南史劉之遜所稱《漢書》真本,以外戚次帝紀後,是尤以意顛倒,非班氏之舊,不可從。

錢法議

鄒宸笙

錢法至今,累千萬言不能盡,顧生今之世,利今之用,目擊心維於今之弊,請議今之錢法而已矣。我朝順治、康熙年間,錢大而略薄,輪廓之明,字畫之精,望之焕然,今所稱爲荷花錢也。雍正間,微厚而小,乾隆初年亦如之,後乃加小而加厚,輪廓字畫,與順、康時不少異,世謂之磴子錢。極盛難繼,錢法之壞,自嘉、道間始,至咸、同而極。雍、乾以上之錢,入串者少,即嘉、道以下之錢,亦多僞雜,蓋幾乎視鵝眼綖環,每下愈況矣。錢法而在今日,整頓猶可緩哉?弊在私鑄,婦孺亦曉。顧私鑄而出於豪商大賈,什不得一,大都細小奸民,不惜以身試法,其力何能銷毀銅器?前人謂禁私鑄,必先禁銅器,此迂論也。所謂私鑄者,即以好錢鑄壞錢耳。順、康、雍、乾之錢,銷其一,可得五六枚,攙以鹽沙,可抵費用,利至於此,誰憚而不爲?好錢日少,壞錢日多,其故可不言而喻。而官鑄局中,通同作弊,減其工料,亦有私鑄,官錢未出,私錢先行,尤可慨已。雖然,既蒙許參末議,曉曉於弊何益?敢條擬其法於左:

一 禁小錢當先僻縣,通都大邑,奉令恐後,豈果效之捷於影響哉?實有僻縣以爲之淵藪也,不數年而涌出,仍蔓延而莫遏矣。

一 禁小錢不可購收。即半其價,而隨收隨鑄,伊於胡底?且此等錢,不可復銷爲銅,徒耗官項,亦甚無謂。

一 禁小錢禁之務盡,不恤重典,不吝厚賞,但必須略寬以限期,如正月十四日所頒上諭,一年之限,各直省宜迅速出示,以出示日之周歲爲限。

一　小錢既壅，大錢仍難多得，而官鑄又不及敷，則請稍與變通，暫仿古昔短錢與今京錢之例，如荷花錢、鵝子錢，并唐、宋以來，上好好錢入緡，或九十當百、八十當百，以成千，則所用無非大錢矣。禁至十年，即奸民亦知其無用，除朽爛外，將自銷毀之不遑，故禁之尤貴於持久。

小錢既禁，敢再擬鑄法於左：

一　鑄錢不必過重。我朝定制，錢重一錢二分至一錢四分。康熙二十四年減至一錢，四十一年復改爲一錢四分。咸豐間，至重四錢三錢，而錢反不如。後以祝大司空奏減，本年湖北局開鑄，每串四斤有奇，往時大錢，每串七斤，誠爲過重，今減至四斤，則使銷毀而盜鑄者，無所覬覦矣。

一　鑄錢必令輪廓周正，字文明潔，銅色晶瑩，如今滬北所用者爲準。所以使私鑄無從比樣，實不禁而禁之法也。

一　國初鑄錢，分開各省，江甯曰甯，浙江曰浙，山東曰東，河南曰河，福建曰福，雲南曰雲，諸省皆然，勿令出省。此法可仿，行之一年，則一省之錢充滿，何慮於昂？雖有京錢，祇用於京師而已。維前各代之錢，許其通行，而固無幾。

一　見在事事用西法，鑄錢亦何不可用？要必仍須分省。泰西以機器鑄，紋理清析，輕重允當，使各國星使，諦觀其法，購其機器，仿照而爲，實亦大便。然維駐外領事，得以奉命購買，否則雖有照會，亦不准買，將來入於約中，彼奸人何所營辦？所防惟局中供事人役，私行摹仿耳，此則禁之易易矣。

一　官錢既難越省，疑於不能流通，顧錢本重物，不能遠攜，商家自有匯票，兼用洋錢，洋人可鑄洋錢，中國何不可鑄？然仿其意，不必襲其名，請扣準銀數鑄錢。如洋錢大，謂之銀錢，內方其空，外圓其輪，面背俱嵌字，一如錢式。每銀錢作一千文，不準稍有高下，再鑄對開,作五百用,再鑄四開,作二百五十用,不宜再小,對開、四開,價俱劃一,所以空其中也。非但別於洋錢,令市中有僞鑄洋錢者,詢之於人,謂維佛頭背面,得以攙銅,則空其中,正以絕其僞。以銀錢用之天下,以銅錢用之各省,便莫便於此矣。若以銀錢鑄局,亦不能無弊,則鑄銀之局,必須於禁城之内,必王大臣之公忠精練者使之管理,專以責成而後可,並不爲奪西人之利權起見,而西人之洋錢,自當漸廢,彼亦烏能有言耶?

總之,錢鹽關三大權,俱當操之於上,則弊自絕而利自豐,而錢法所關尤鉅,錢法之在今日,整頓尤急矣。與時消息,爲政在人,書生一孔之見,何補涓埃?姑以目擊心維者,質實而道,不敢繁稱博引,以聳聽聞。

　　充暢。

整頓中國絲茶議

陳星庚

絲茶爲中國利權所關,每歲洋藥紋銀千數萬兩,藉此稍收漏巵。顧比年來,不甚旺暢,日見蕭索者,何也?一由印度、法蘭西、意大利等國,産日益豐,奪我利權;一由中土行商,資本不厚,稍得微利,逢便銷售,價無定則。絲既未必佳於西洋,茶則攙和石青、銅綠等,色味大異。西商販茶進己國關口,查驗此等芽茶,立即退去,以爲食之有害,不許向各處銷售。於是中商年減一年,城鄉之種桑育蠶、種茶養本者,心皆生懈。是中國歲擲千數萬紋銀,得藉以稍收漏巵者,將一去而不可復,此大慮也。夫弊之所積,當先究其弊之何來,苟能加意整頓,不難轉衰爲旺。外洋諸國,所以起而相軋者,以其品味埒於中國也。大凡利之後興,必遜所從出,罌粟花及

311

窯器可見。西人於化學一道，若種菸、種藿布花等，皆得厚利，種桑、種茶亦然。今意、法等絲，雖年出三五千包，究不若湖絲之柔軟，則因桑地高燥故。專嗜中國茶者，不喜印度茶，亦以味之較遜。近有自外洋返者，謂西人見中國之小甖瓶清水龍團茶，不惜重金購儲餉客，是絲、茶兩宗，中國之利源自在。誠將西人講究新法，施之於中國內地，若桑苗、蠶瘟等項，極意參考，吾知化學一行，中國絲、茶，必有大勝於西人者。此則種植之先宜整頓者也。種植既勝，售買麕集，利之所趨，人爭赴之，即不勸種桑種茶，民自能踴躍從事。所慮者，中商販買，動多乘閒射利，彼平價而此跌價，衹求抽歸利息，不顧大局，雖商人趨時牟利，大率皆然。而西商信義，究勝中土，聚貨交易，待價而沽，一經拍賣，雖十倍百倍，掉頭不顧，中商能及此否？今若於上海、漢口、福州、香港，設絲、茶公司，餘亦各立分局，電報可通，定價劃一，各商皆就近分局聽價，中國絲既佳，西商有不得不售之勢，而市價均平，亦無待遲延觀望矣。此事前人已有議及者，但能實事求是，何難奏效，不可因噎而廢食也。是則商務之極宜整頓也。欲商之旺，宜清減釐金。考西人關權，若原貨不售，退出關外，仍還稅金，何等體恤，例雖萬萬不能行此，亦宜稍寬局卡之小稅。今內河處處設局，處處有稅式，照票驗看，又有小費，商賈舉足罹網，趨步觸禁，貨之售否未可知，而已稅不勝稅矣。於是增若干之稅，即漲若干之價，價昂而售滯，售滯而商衰，商衰而稅寡，是仍無益於正供也。故商之業此者，不苦於關，苦於關外之關，不苦於征，苦於征外之征。盍請權計大臣，通盤核算，絲茶兩宗，爲中國恆產，所有釐金，酌爲清減，以暢銷路，庶商人不至裹足，此則稅務之尤宜整頓也。總之，中國多銷一分之絲茶，即多回一分之紋銀，於洋藥漏巵，不無少補，尤望官長，力爲倡導，教之化學，優加體帖，權爲維持。歐洲富強所以甲全球者，以官與商合也。整頓絲茶之關係源頭，尤在於此，敢陳愚見，以備采擇。

此議。

通體事理，迥異空談。

東錢湖水利議

東錢湖一名西湖，亦名萬金湖，蓋受鄞東七十二峰之水，周圍凡八十里，爲畝十萬餘，潦則瀦之，旱則洩之，以灌溉乎三縣七鄉之田，而爲吾邑水利之最鉅者也。湖之刱始，在於晉，至唐天寶間，邑侯陸公開廣之而其制始定。厥後代有修濬，皆擇其害之較甚者，而除去一二。顧日久弊叢，去一弊復生一弊，誠有難於盡絶者，則亦惟相時制宜，以因勢而利導，乃爲有禆民生耳。吾姑無暇繁稱博引，爲是湖搜求掌故，而第就明之邱緖條列八議，詳審而細繹之，則所謂固湖防、明水則者，其猶能遵舊制否乎？則所謂嚴侵塞、重漏洩者，其猶能守成規否乎？菱荇滿目，水草漫衍，四周彌望，湖幾梗塞强半，竊恐漸塞漸淤，日後欲復舊觀，而爲力較難，爲費亦較鉅，是亦守土者之慮也。夫食湖之利，必思所以去湖之害，而小民每苦於不知。其知者，又或因循坐視，不出一言，以動當道之聞聽，則是湖將何自而修舉耶？顧即或倡言修舉矣，而其所議及者，則必曰自清湖界始。夫湖界之當清固也，然亦有不能者。蓋自數百年以來，不見大有修舉，以釐正其界，侵湖爲私，遂相習爲固然，且有出其重值，而轉相售買者，甚有再三易主，而莫可窮詰者。民愚無知，一旦并其妻子之室家、祖宗之邱墓，而皆蕩爲無有，其駭怪將何可言？興民之利，而適足滋民之擾，曾仁人君子，而忍爲此已甚乎？然則欲清湖界，其必有所斟酌也可知。其顯然侵佔，犁而爲田者，則或加以丈量，按畝起科，至屋廬田舍，可清則清，多從畧焉。而除弊必於太甚,防患必於未然,勒碑申禁,載明界限,但勿使再有侵冒,斯爲善耳。此外則權其緩急,相其可否,行所當行。一則勤開茭葑之役,使湖水多所瀦;一則嚴種荷蓮之禁,使湖水少淤。而又自莫枝以上諸七堰,啓閉謹其時,漏洩慎其守,修築固其制。蓋但多致其力於湖中,而於毘湖已成之局,勢有所格,情有所阻,勿拘拘於是,而重貽以擾累焉。事半功倍,則亦庶乎其可行也。謹議。

平易近人,無過高之弊。

禁搶火議

鄭崇敬

赤燐肆虐,蔀屋飛灰,哭聲四震,慘不忍聞。此何時也？此何地也？不肖人民,乘機圖利,種種變幻,罄筆難書。苟非重施屬禁,力挽澆風,則既罹奇災,復遭强刼,富室猶可,窮黎何堪？比年以來,備有見聞,目擊心傷,陳言無路。幸參末議,敢竭愚衷,倘能施行,造福不淺。一曰急防護也。近時城廂,廣設水龍,遇有火警,爭先施救,拯災恤患,誠爲義舉。然止能救火,不能禦搶。惟官吏遇警急赴,不俟傳報,文武各員,分道彈壓,指揮差役,協力救護,措手不及,其搶自止。一曰密譏察也。世衰民頑,見利争逞,男女皆然,種類不一。或近火而搶,或遠火而搶,或搶自途中,或搶自門内。僞扮親友,假充兵役,人多類雜,查詰頗難。請責成里正,命爲鄉導,遇涉疑似,即行擒捉,插腳無所,其搶自止。一曰賞截斷也。民間好義,本不乏人,每遇搶刼,多爲截止。惟失火之家,不明事體,酬謝無聞,反滋口實,旁觀袖手,因之愈眾。請明懸賞格,量爲獎勵,既作其氣,又樹之敵,取道無從,其搶自止。一曰罰縱放也。陰騭之說,流傳既久,縱容有罪,十人而九。得放即放,懼罹厥咎,本家且然，無論親友，民不畏法，相率效尤。請先屏邪說，再設重罰。凡民搶火，知情故縱，經官訪聞，與之同科。既開愚蒙，亦清隱匿，遁身無自，其搶自止。一曰設團長也。官與民隔，雖禁不絕，民與民親，能禁即絕。水龍救火，人各兩班，一正一副，以備更替，從中抉擇，命爲團長。留一救火，命一止搶，經費另籌，助會不逮，事關休戚，必能樂從。專管有人，其搶自止。一曰增兵衛也。各營額兵，本以衛民，遇火往救，分所應爲，請移文提憲，札飭各營，每遇火警，營出一哨，分道救護，垂爲定制。盤詰奸宄，以助官民，既衛桑梓，亦保身家。分拏有人，其搶自止。一曰收游惰也。天緣之趁，地費之收，不事正業，久習故常，游手好閒，實繁有徒，遇火不搶，反笑人拙。請設法安頓，開其生路。新疆設省，臺北墾荒，募民耕種，當今急務。苟官給川資，募令他往，既清稂莠，亦安閭閻，搶源既絕，其搶自止。一曰拯匱乏也。小偷習藝，强徒改業，載在史册，播爲美談。民乏衣食，長吏之責，不教而誅，仁者不爲。請設公所，命曰遷善，收羅莠民，令其學藝，遴其材武，置諸戎行。次習百工，因材可造，隨時訓導，期革非心。民有生業，或能改圖，搶心不生，其搶自止。一曰勤飭捕也。煙攤茶坊，納垢之所，里胥衙棍，護身之符。當場捉獲，既乏實效，事後追捕，又視具文。長吏雖賢，難絕厥弊，然搶火匪徒，儘多著名，苟查訪既確，立限嚴捕，治以應得，勿使遺漏，則民有懼心，其搶自止。一曰嚴窩頓也。賭博各場，接贓之地，當質各鋪，售物之區，人求故劍，彼居奇貨，明知故收，惟利是圖。請令委員，清查保甲，凡遇此事，嚴爲懲辦，勿狥情面，務在認真。民有戒心，其搶自止。一曰用黥刺也。搶奪刺字，載在典例，首杖一百，流二千里，從杖一百，爲徒三年，加等治罪。明禁煌煌，日久玩生，樂禍取利，聞火往搶，即爲生計，各有技術，各有黨徒，小懲大戒，是乃仁術。苟能捉獲，刺字於面，表記既明，人皆識認，民有恥心，其搶自止。一曰施誅戮也。白晝搶奪，罪甚竊盜，計贓科罰,加重二等,放火取物,監候擬斬,若有傷人,以故殺論。甯郡濱海,五方雜處,立法宜重,民方知畏。前數年間,東街失火,被裹小兒,從樓擲下,人奪其被,兒掛簷鉤,焚灼慘烈,眾目共覯,此等匪徒,不殺何待?隨時設禁,是在長吏。

創設海軍用人籌餉策

樓紹棟

　　海軍之設,此誠自強之道,他日合五大洲而大一統之基也。當此經營伊始,用人籌餉,在在悉力講求,敢不效芻蕘之獻。竊維海軍之用人,與由來軍旅之用人異;海軍之籌餉,與由來軍興之籌餉亦異。自來軍旅求將率之才,不過求其沈毅宏達,暢曉戎機而已。而海軍之將率,不獨駕駛輪船之法,指揮戰陳之方,當一心融貫,即刲器測機,量天切地,亦不宜仗力他人。推之域外之地勢,各國之兵機,亦當深悉,夫而後知己知彼。至於仁義禮智,忠孝廉節,所稱有古大將風者,則仍當以我法行之。此將率之難也。其士卒雖不必熟精西學,然亦宜粗知梗概,必其人才智明敏,而兼心地樸誠,然後授以放礮、練準、布陳、截擊諸法,方能與主將同舟共濟,并力一心,非隨常召募所能充賦。故私嘗論之,淮楚諸軍,樸勇有餘,而機智似乎不足;閩廣之產,於西學頗近,而習氣惜乎不佳。觀前此船政局兵輪效用之人,平日驕奢,臨敵恇怯可見,安得兼具所長,各去所短而用之乎?此士卒之難也。往時軍興籌餉,不過一時,而且某兵支某餉,均有定額,即欲別練勁旅,口糧而外,亦不過製備器械、旗幟諸費,爲數尚少。今則舊輪既不可用,必須另購另造,先去此一宗鉅款,皆目前之難也。至養一兵輪,每歲至少非二萬金不可,再加各項開繳,費亦不貲。雖撤長江水師,可以作抵,然一多一寡,必不相當，而量入爲出，歲有常經，安有贏餘，以充永遠增益之額餉？當乾隆全盛之際，增加武官養廉，阿文成猶或爭之，況度支支絀之秋乎？此日後之難也。而論者謂：人才不必患也，出外國學習焉可？餉需不必慮也，向洋人借貸焉可？目前濟急，舍此二端，固無善策。然此特濟急之計，而非經久之方。曷言之？出洋學習，豈必盡得其所能？前次出洋幼童，是其明驗。即使能盡其所長，而勞費實甚，既歸即須供職，何暇慮繼起須人？是樹材而適來乏材之歎矣。嘗見有農商之家，富而忽貧，貧而不復富者，皆債爲之也。即如日本國債，積累至二萬萬以上，國勢因以不振。蓋借貸必稱息，利上加利，日積而日重矣。是何異欲強而求弱邪？或難之曰：左文襄西征之師，非稱貸洋款而成大功乎？敬答之曰：不然。文襄生平持重，惟此乃受其下所愚，緣其人先挾自私自利之計，而欲假公以濟所欲，因出甘言以淆聽。究竟西征所用，還是協餉居多，留三百餘萬金於上海，名爲後路糧臺，其實徒供此人營運揮霍，其人卒亦以此罹噬臍之悔。往洋人稱息，無過三釐者，爲其人加至一分有二，至今援爲成例，此事豈足爲訓哉！然則經久之策奈何？大易之開端也，屯蒙之後，即受之以需，亦以經綸草昧，其事方屯，而其人尚蒙，故需之以成其材。今海軍草創，猶是屯蒙之象，是亦需以有待之時也。所謂需者，非遲緩不發也，愚者需其明，弱者需其強，需其責效之期，以永其食報之利而已。夫天下士人，所以罕精西學者，豈真薄西學而不爲哉？亦以其無益於虛名，而有害於實用，故甘心呫嗶，沈酣於八股而不辭。若明示趨向，始則延請精於西學，如艾約瑟、林樂知之儔，教士之俊秀者於書院，豐其膏火之費，俾寒士無內顧憂，專心學習。造就既成，因而進之於膠庠，因而榮之以科第，其尤者不次擢用，次亦隨才敍任。功名之路既開，然而不奮者，未之有也。以華人之稟資才力，何遽不及西人？十年之後，將不徒並驅，即駕而上之，要亦無難矣。從此轉相授受，而人才不可勝用矣。若夫創辦之初，自不能不取資巨款，顧求人何如求己？自釐捐旺收以來，直省以及部庫，均有提存之款，本以豫備不虞，原不當輕動。然與其出息而貸之洋人，曷若無息而出之自己？暫時挪用，仍由關稅陸續歸還，無損庫儲，而有益海軍，何便如之？成軍以後，需餉之日正長，則裁節有餘可省之費，以補不足，固無待言。然莫如通外國之商，開內地之礦，二者兼行，實有無窮之益。船政局前製之船，不足以行軍，詎不足以行商乎？作為商船，往販外洋各埠，而即以海軍護送；其養兵之費，既可出之於商，而即以習練外國技藝形勢，不一舉而兩得哉？不第此也，商人獲利既多，則開礦之集股愈易，而礦務愈盛；礦務愈盛，則上下之財力愈充，而兵力愈強。由是威加八荒，臣服四表，尚何區區慮養兵之費為哉？此其所以為經久也。要之，為政莫先於得人，而理財務在於求本，因富得強，即因強致富。彼齊桓公尚能用一齊而霸諸侯，況全盛之華夏，而不能合五大洲而大一統乎？世有知人如鮑叔者乎？莫謂今天下無管夷吾其人者在也。

撫馭臺灣生番策

張美翊

治番之道，勦難乎？撫難乎？曰：勦難，撫尤難。臺灣生番，種類繁多，深山窮谷，穴居野處，言語有所不達，嗜好有所不同。其性又至愚極頑，不知種植，不奉教令，而強悍殘忍，以殺人為事，是蠢如鹿豕，復猛如虎狼也。今欲其歸化，必先用兵。番社之地，林深箐密，進攻匪易，非鑿石伐木，不能得路。雖草薙禽獮之下，無不畏威乞降，然或此散而彼聚，朝服而暮叛，加以兇番之嘯聚，土匪之句結，前者被除，後者繼亂，則勦之難也。生番榛榛狉狉，威加之而或畏，恩結之而不感。今乃使之就我約束，入我範圍，强以所不欲，責以所不願，申之以禁令，則以爲桎梏我矣；課之以賦稅，則以爲魚肉我矣。蓋其地既始闢洪荒，其人更罔知生理，倉猝可以召變，睚眦可以尋兵。即或撫之，而道路窵遠，瘴霧毒惡，招之者既易隔絶，入之者又復疾疫，猶是人也，俄而獸矣，則撫之尤難也。然則勦之而不忍，撫之而不順，奈何？曰：治番之道，必以勦爲始事，而後以撫爲終事。勦宜急，以取疾雷之勢；撫宜緩，以俟時雨之化。謹策之如左：

一宜精練兵勇，而不必痛加殺戮也。生番之地，山溪阻深，竹木叢茂，鳥道紆回，人迹罕到。其人尤疾走如兔，升高若猱，彼恃狙擊，我難雕勦，與其奪險以深入，不如相機而前進。故兵貴精不貴多。由彰化以東，水尾以西，前山後山，及中北諸路番社，大抵憑險竄伏，恃衆逞强。既已開山修路，步步剪除，層層進紮，務使抗違者知技無可恃，漸生其惕息之心；附和者知法在必懲，潛消其蠢動之氣。寘之死地，而仍予以生機，雖披荆斬棘，勞苦異常，較之冒險乘危，殺傷過半，番衆殄夷，我軍挫鋭，又不當以彼易此。攻心爲上，多殺何爲？此沈文肅勦番疏中之言，所謂仁人之利溥也。

一宜開墾荒地，而不必急辦清丈也。生番之地，多膏壤沃土，地力未盡，風氣漸開。往者噶瑪蘭之入籍，東西番社之歸化，其先莫不由粵人，或漳泉人，爲之開墾，或教之耕種，番民相安，田畝大闢。近者水尾、花蓮港、雲林、東勢角等處，大約可墾水旱田園數十萬畝。若能漸使歸誠，不致仇殺，則險阻既夷，利益自廣。由是高者宜茶，下者宜穀，蔗糖、葛巾，出産不一，固宜上充國課，下裕民生。然急辦清丈，必致作亂者，何也？臺灣百餘年來，土田之肥瘠不等，賦額之多寡不均，久已習而相安，漠不加察。今乃清而丈之，不必官吏之辦理不善，差役之科派紛如，已莫不驚駭相告，騷擾爲憂。故墾民猶可也，熟番或難以理喻矣；熟番猶可也，生番更難以勢劫矣。今埤南、彰化之亂,其已事也。愚謂生番之地,開墾宜速,清丈宜遲,强之使必行,不如俟之使自服也。

　　一宜編查保甲,而不必其土俗也。臺灣地大物奓,民番雜處,釁端易肇。生番尤易動難静,一經奸匪莠民煽惑盤踞,即能爲亂。故欲治番,必先治匪。若就各縣各鄉,舉幹練勤謹、有身家、顧廉恥之人,使爲鄉長。合數鄉設鄉總一二人,凡某鄉户若干,丁若干,一一編入,時時查察。一家被盜,齊出救援;一處藏匪,協力擒獲。使匪徒不能煽惑平民,并不得盤踞番地。番社則别立社目社總,亦使之編列户口,報明丁眾。所統番社,如有殺人及匿匪等事,即著總目交出懲辦。三年之内,各社若並無擅殺一人,竄匪一匪,即將眾目從優給賞。雖開疆闢土,必當立縣設官,以資治理,然歸化伊始,人心未定,不如責成總目,較有實效。安其俗,樂其業,斯情易通而患易弭也。

　　一宜勤求教化,而不必紛其示諭也。孔子曰:善人爲邦百年,亦可以勝殘去殺矣。又曰:如有王者,必世而後仁。何其仁之難,而殘殺之不易去如此哉!夫亦教化之事,非一朝一夕之故也。臺灣開闢未幾,生番野性未馴,目不睹父子兄弟之倫,耳不聞仁義道德之説,惟以殺人多寡,争爲長雄。今雖薙髮歸順,而惡俗猶在,革心終難。今宜就歸化各社,創建番塾,令内地人士爲之師,每社均送番童五六人,或十餘人,教之言語文字以達其情,拜跪禮讓以柔其氣。由是愛親敬長之心,油然以生,忠君信友之義,充然以裕,少成若性,好犯上作亂者鮮矣。大抵水土深厚、風氣渾噩之民,迫之易爲亂,化之亦易爲治。如是數十年,生番漸知倫理,不梗政令,夫然後科以賦稅,頒以條教,藉其堅忍果敢之資,用其强兵力農之助,足以保障海疆,消彌外侮,即聲名文物,亦自有可觀。否則望之過殷,操之太蹙,朝下一令曰:爾其均爾田。暮出一示曰:爾其修爾教。欲番民之信且服也,豈可得哉!

今者臺灣設立省會，氣象一新，大帥重兵，謀勇並用，開鐵路以通道，造輪船以利商，蓋籌碩畫，無微不至。乃生番勦之而旋定，撫之而輒亂，毋亦求治之過速，而善後之未豫歟！夫防番如防猛獸，撫番如撫嬰兒，飽之勿飢，信之勿欺，馴伏之勿使奔逸，安戢之勿使流離，庶乎不糜餉，不勞師也。謹議。

區畫周密，條理秩如，似姚江論事之文。

保護朝鮮策

陳崇宸

世列東藩，聿資屏障，列朝深仁厚澤，體恤周至，運粟賑饑，頒金犒士屢矣。即近兩平內釁，師勞餉糜不之計，蓋待之優渥者，非無用也。按其國東西南三面瀕海，北連俄羅斯，南近日本，既翼東省，兼衛奉天，故雖彈丸地，俄日皆耽耽焉，意有專注也。蓋揆其意，謂既得朝鮮之後，則進退有所據，可南下，可北向，所以狨焉思逞也。夫天下利害得失，迭相因依，利彼不利我，彼求得，我愈不可不防失，蓋保護其名，固圖其實也。但俄日之窺朝鮮，志同勢異，日本國小兵單，尚易與，近雖效法西人，要無足深畏。俄羅斯雄据黃海，歐亞諸國，皆有戒心，彼憾無形便海口，是以前欲西得土耳其，又思南收波斯，兩欲不遂，必銳意思逞於朝鮮。特以中國屬藩，難於輕舉，故本年夏秋間，作反間計，令不貢中朝。竊揣其意，蓋有四焉：朝鮮爲中國服屬，不貢則中國必問罪，倘朝鮮妄思逆拒，勢必戰而後已，彼得因利乘便，際兩軍相見時，如韓信入趙壁，輕師直擣，襲據高京，便一也；抑或兵臨氛消，彼亦得於措置未定時，由圖們江直拊其背，割慶源、慶興諸鎮，便二也；即或二者不售，師出無功，彼亦得以助討爲名，市恩於我，事定後，或於朝鮮中多求口岸，更立新

約,便三也;又或中國第絕朝鮮之使,而按甲不動,則彼更得假天兵
之勢,恫喝朝鮮,誘使附己,數年內,遂舉全土有之。蓋其於布哈
爾、克什米爾皆用茲術,便四也。今夫天下智不甚相遠,俄之狡,我
能知,朝人豈不知? 況其國中蒙澤已久,罔以仰答,當不致爲楚咻
所動也。但朝自近年來,守舊、開化二黨,迭相勝負,重以前年之
事,餘黨尚存,特憚於勢,不敢逞耳,安知不乘此機會以竊發? 此尤
不可不先事慮及者也。今惟於未燬之事,預爲綢繆,請特派大臣迅
赴高京,按問飛語所自起,且嚴究洪英植餘黨,以定其罪。更簡忠
恕誠明、諳練洋務之員駐其地,務與王懲前毖後,任賢去邪,化民宜
俗,講武修睦,俾守舊、開化二黨,肅然不敢啟釁,庶可消患未萌,上
策也。或朝鮮竟爲外人所誘,則先於琿春預設重兵,牽制圖們江之
師,而又傳檄海外諸國,聲明朝罪,且告朝鮮中國屬藩,今雖聲罪致
討,無煩別國越俎,則俄人雖狡,既遏於兵,又迫於義,自無所施其
技。其伐朝之兵,一面由煙臺進發,直指仁川口;一面由大沽進發,
直指馬山浦;一面由琿春進發,渡豆滿江,分攻慶源,以拊其背。數
日之後,或如英之於阿富汗,廢其自主之權,聽吾措置,中策也。倘
惟委蛇觀變,致爽時機,俄日得乘間以入,微特非字小之道,恐亦非
攘外安內之策也。今夫謀國者,貴定變於先機,尤貴全功於事後,
鄙議所及,特一時權宜之計耳。如欲更籌善後,不揣檮昧,爰就管
見,枚舉如左:

　一、審形勢。中國之有朝鮮,猶吳之有彝陵,陸抗所謂"彝陵有
警,當傾國以爭"者也。而其所以爭者,不於朝鮮,而於琿春。蓋琿
春者,尤由俄入朝咽喉也。俄若襲朝,必南北並舉,以牽吉林之兵,
使不得力援琿春,以救朝鮮。今擬於三姓,更添重兵,以備緩急。
艾輝復設江防,築礮臺江岸,截彼輪船之來路。於甯古塔添練礮
隊、礮車,無事則隱其形,使不知備,有事則出三岔口,直搗彼雙城、
海參崴,以攻其所必救。蓋俄之謀朝,海道以海參崴爲根本,陸路

以巖杵河爲根本，而其接濟之兵，必由黑龍江艾輝出黑河口，入混同江，分一路入烏蘇里河，踰興凱湖登岸，以達雙城，一出混同江，繞海參崴，以達摩闊崴。我苟以江防之兵禦之於艾輝，三姓之兵移駐於黑河口，不惟彼之後路絶，并可牽制彼伯力之兵，使不敢動，然後以甯古塔之礮隊襲彼雙城，則彼巖杵河陸兵亦必回顧海參崴，水師亦不敢遠出，而琿春圍自解矣。倘我軍得利，能奪取雙城、海參崴，則俄兵在東者中斷，巖杵河沿海一帶地，皆在掌握，轉而向北，與三姓兵夾攻伯力，則吉林以東二千里地，均可收復。從此南蔽朝鮮，東制日本，北禦俄羅斯，皆易爲力，不特朝固於金湯，東海可永無俄患，此地利之必爭者也。兹説也，采諸胡傳之書。

二、設水師。北道之兵，雖足控制俄人，若日本在東洋，諒非所及，似非於南北洋創設兩大支水師不可。北洋合奉天、直隸、山東、江蘇、浙江、福建、廣東七省爲一支，特設一總督，以專其責。略分燕齊爲一道，吳越爲一道，閩廣爲一道，每道各設一提督。立總督行轅於天津、上海、廣州三處，常年周歷操防，梭巡沿海各口。其兵弁即在經制外海水師内，酌量去留，雖體制變更，而不必增餉，仍仿長江水師例，兼聽本省督撫節制。南洋特設欽差大臣駐新加坡，其各島有華商，人數多者，設立領事，少者以董事兼領，皆爲南洋大臣屬員。又派兵艦停泊領事所駐之處，以資保護。仍令各艦換班往來，練習水道，其餉項可令華商捐輸。略訪寓日華商，繳牌費例，一處有警，飛羽所傳，南北洋兵輪即集，陸路迎前，水師過後。如是，庶日本不敢有窺伺之心。

三、籌經費。欲籌强兵，必先足國。我朝定制，各省緑營，兵數六十餘萬，歲餉二千萬金，幾去歲入之半。而各營弊竇不一，且其人多不可用，前曾文正、胡文忠蓋累言之。而國初顧設緑營者，蓋謂兵可百年不用，不可一日無備，故於各府廳州縣，分設緑營，使以自衛。今天下之勢，月異而歲不同，前者水無輪舟，陸無鐵路，文移往來,動經旬月,不得不藉綠營。今北省既有火車,將見電機所達,頃刻萬里,水輪陸車,刻期雲集,何必以有用餉項,養無用之兵。今擬就各營中,沙汰四之三,留一備傳送捕緝之用,而於各省會添練營勇七八千人或即以各省所撤勇充之,兼可弭游勇,一方有警,旱火車、水輪艦,呼吸靈便,左右胥宜,以視綠營,其用百倍,是無兵實有兵也,何至若今以空城貽笑於西人哉!綠營既汰,然後以所贏餉,作接鐵路、造鐵甲、練外洋水師、添琿春諸要口防兵之用,不數年中,兵強國富,非特固圉善策,似亦未始非自強一要著也。

四、振聲威。《兵法》云:遠交近攻。泰西諸國,僻處海隅,幾有彼能來我不能往之勢。即使有釁可乘,亦中華百年以內,兵力所不逮。此但可羈縻,而不可圖者也。日本近在東海,蠢茲醜虜,膽敢抗我威稜。倘其得志,患不在於俄下。覆而取之,不惟俄有所威懾,即泰西諸國,知我兵力正能及遠,亦將潛戢。此正天予我以自強之會也。夫兵凶戰危,誠不可輕言嘗試。然竊案今日情勢,似有無容過慮者。倭據三島,較中國一二省之大,地不為廣。新購鐵甲祇有數號,其餘小兵艦亦甚無幾,兵不為強。近雖效法西人,所如頗利,而洋債二萬萬之多,國中所入,半償息金,其用匱矣。專任洋人,蔑棄故舊,謀不協眾,其臣離矣。傚倣西人制度,改易衣冠,焚毀典籍,耗民財,隳士氣,其人又叛矣。強力債興,縱有小勝,不過拏破崙續耳。一有挫失,危亡可待。且所謂伐者,亦未容冒昧也。考倭國要害,東為橫濱,中為大坂、神戶,瀕西者為長崎,直江浙,瀕南者為鹿兒島,直閩粵,而下關尤南北津梁,東西喉嗌,我若扼據,則彼援餉割絕,四不相通,要害也。箱館乃北海道門戶,我扼之亦可令彼不通,故北之有箱館,猶南之有下關,亦一要害也。今若用巫臣敝楚之策,以兵輪數艘,梭巡諸要害,苟利則進,否則退,使彼東西回皇,疲於犇命,不出一年,倭必國愁民怨。即使泰西諸國,出為排解,則操勝在我,亦足戢其跋扈。倘或有可乘,即以外海水師,數道並進，一舉空之。昔德川氏末造，英俄兩國，亦以此法行之，明效也。於是乘戰勝之威，旋師而恢我俄人潛越舊疆，定我泰西互市限制，一勞永逸，鞏固金湯，豈僅捍屏藩已哉！已上四條，審形勢、練水師、籌經費、振聲威，雖皆中國要務，而四者中，似尤以經費爲亟。經費充，則百務舉，然後因餘力於朝鮮中，如仁川、馬山浦，酌派防兵，備不虞，如豆滿江，設水師以禦俄，均要務也。

　　寰宇形勢，瞭如指掌。振聲威一條，雖未即有此快事，不可無此快論。談兵颯爽，辟易千人。

保護朝鮮策

張美翊

　　朝鮮世奉正朔，久隸藩臣，東方之國，資爲屏蔽。顧貧弱特甚，不能自存，内訌外侮，間見疊出。壬午李是應之亂，甲申洪英植之變，皆賴中國裁而定之。而日本鷹瞵於其南，俄羅斯虎踞於其北，莫不觀釁而動，狡焉思啟。中國兩承其弊，一有差失，不特東三省不能高枕，即直隸山東、江浙沿海各省，亦且旰食矣。中國保護之策奈何？夫亦爲之渡海以防倭，備邊以防俄而已。方今北洋海軍已足遠征，東陲防兵亦足自固，議以一軍由燕臺東渡，駐劄馬山口，扼其由海登陸要道，復以輪船往來仁川、釜山、元山通商口岸，天威所臨，敵謀自寢，此防倭之一策也；以一軍夾圖們江，與慶源、慶興二鎮相犄角，使進足以絕俄人之後路，退足以壯東省之先聲，又防俄之一策也。雖然，懼其黨禍之復萌也，懼其敵情之未審也，則必重遣公使，往駐王京，爲之和輯臣民，交接鄰國，釁開而爲之弭，患至而爲之防，如是其可以有爻矣乎！雖然中國之兵力或有所不給也，餉需或有所未裕也，朝鮮之貧弱如此，懼其不能自立也，懼其不能久持也,則欲扶其弱,必先救其貧。夫朝鮮之壤,非不沃饒,物產非不豐阜也,乃拘泥而不化,頹惰而不振,使地有不盡之利,人有不盡之力,是故國屢財匱,以至於此。嘗考朝鮮八道、五金礦產,及人葠藥物,是處有之,其他則或產絲,或產茶,或產名木珍果,山則有皮革之利,海則有魚鼈之饒,無不皆備。至於田則倣畫井遺意,亦循分畝成法,而沙鬆土潤,地脈常滋,穀種倍穫,不費灌溉之勞,自得豐收之慶。是則農政宜講求也,礦務宜興辦也,種植之法,採捕之方,宜相其土宜,弛其禁令也。且自立約通商以來,各口輪船,紛來狎至,莫不載寶而往,挾資而還,彼之貨無窮,而我之財易罄,不善其後,何以禦之?惟是因地之利,用人之力,兼營而並進,厚積而薄發,斯物產既旺,貿易亦興,以出口之貨,敵入口之貨,而財無洩竭之虞,物有流通之益。誠若是,可以易貧而爲富,即可以轉弱而爲強。乃以開墾所收,稅利所入,廣購輪艦,分置礮臺,慎選將才,練習兵法。欲邦交之善,則公法條約,不可不知也;欲軍務之精,則洋學諸書,不可不講也。生聚教訓,如是有年,於是以水軍防仁川諸口,與中國燕臺爲聲援;以陸軍防慶源諸道,與中國圖們江爲首尾。又以其時內修政事,外奉屛藩,用使拱衛京朝,牽制與國,彼日本、俄羅斯雖強且大,亦何畏之有哉!

　　詳慎言之,無迂濶難行,矜張夸詡之弊。

浙海關洋藥稅釐併征防滬土侵銷策

張美翊

　　浙海關稅釐,以洋藥爲大宗。正稅由關完納,釐金則由洋藥局征收,故正稅有定額,而釐金有增減。自部定章程,每箱加捐八十六兩,頒行各省,而總不能一律。甯波口每箱捐八十兩,扣收七十四兩八錢。丙戌正月初一日起，變通辦法，減收六十六兩八錢。然釐金雖減，而箱額日增，此向章抽釐情形也。其由甯波進口洋藥運銷本省者，杭府按月，約銷一百五六十箱，金、衢、嚴三府，約銷二百箱，甯、紹兩府，約銷百餘箱，又占銷徽州、玉山等處，約七八十箱。惟嘉、湖兩府，向銷滬土，自分省劃界，就地各局，嚴密稽查，俾無偷漏，於是半銷滬土，半銷甯土，按月約一百五六十箱。各土商近於嘉、湖設立公棧，由甯運銷，平以津貼，使銷甯土者與銷滬土相敵，故杭、嘉、湖、金、衢、嚴六府箱額釐金，逾銷逾盛，徽州、玉山等處，雖過省加捐，尚以爲便。蓋分省而復立棧，事固易辦，此向章銷貨情形也。自今年正月初九日，洋藥稅釐，統歸海關併征，不分疆域，但經照章完納，即可運往各省。查浙海關所銷洋藥，杭、嘉、湖、金、衢、嚴六府，十居六七，乃嘉、湖與滬鄰近，由滬運銷，經費大減，轉販尤速。向來分省辦捐，尚有侵銷之弊，況併征以後，本無界限者乎？嘉、湖如此，杭州與金、衢、嚴等府可知矣。銷路不通，釐金無出。其難一也。聞洋藥局司事者言，自去臘至新正，華稅分局尚未停撤之時，洋關尚未接辦之際，洋藥征收釐金，總計八折，故各土商存貨多多，預完釐捐，烙印記號。大約甯波進口之貨，最近可銷至六七月，以致海關併征，報捐者少，則今年稅釐，必照前年減六七成矣。其難二也。又聞各土商言，自新章併征，凡存及拆改、包裝、印封諸事，已苦難辦，且報單、收單、驗單、撥單、放行單，又不如向章之簡易，辦公既限時刻，併包必須面驗，況侵銷日多，生計日絀，種種棘手，不可殫述。明年有議移就上海者，有議息業改圖者，則嗣後稅釐，以浙海關爲最下矣，其難三也。未已也，近聞上海洋商，有於新章未行以前，私販洋藥四千箱來滬，弊混正捐，潛運各口者，人偷數包，附輪至甬，往來絡繹，相望於道。此等洋藥，名爲舊存，實則私販，即使銷盡，行且復來，是不特浙海關之患，亦各海關之患也。其難四也。由此言之，如之何而可？曰：是宜酌取舊章，以便華商也，整頓新章，以辦洋商也。凡一切憑單、提貨、黏貼、印花等章程，不妨疏節濶目，略照洋藥局舊章辦理，使貨便於運銷，而捐易於完納，則華商無所苦矣。一面照會各海關與稅務司，如有洋行包攬偷漏諸弊，務飭照章按辦，各處進口，必予嚴查，則洋商有所畏矣。由是通詳大憲，仍請於嘉、湖立局，弗令裁撤，明巡暗訪，塞其漏巵。如此，則運貨通行，私販絕迹，而稅釐有起色矣。雖然，嚴偷漏者，國法宜爾也；乘便利者，商務宜爾也。嘉、湖等處之侵用滬土，省轉運耳，貪便捷耳。欲使浙西所銷洋藥辦之甯波，苟無公棧爲之總運分銷，雖有津貼以平之，猶不可行。今者既不分省，復不立局，則銷滬土者，固可公然運行，即販私土者，亦可乘間冒混，已爲無策。然使祇立局而不分省，雖有益於緝私，而究無裨於辦公，亦非策之上者也。然則如之何而後可？曰：惟奏請分省辦捐，照會稅務司，各銷各口之貨，即各收各口之征，庶幾或有濟乎。查曾襲侯倫敦議定《煙臺條約續增專條》第八款有云：續增專條，既經開辦，如查其中有應行變通更改之處，兩國國家，儘可會同商議酌改。據此，則分省辦捐一節，督撫似可據實奏請，倘得允行，不特浙海關之利，亦各海關之利也。試言之，各海口碼頭，大小不同，遠近迥絕，分省辦捐，各銷各貨，各收各征，既無偏枯之憂，亦杜偷漏之弊。且江、浙相連，壤地遼濶，使分明界畫，各專責成，尤爲有裨大局，其利一也。各省有應捐之釐金，即各省有應辦之公事，若鄰省收征，本省銷貨，則釐金告竭，公事何資？即以浙海關言之，本省要公，及他省協餉，皆有取於洋藥項下，況鎮海防務，尤爲喫緊。惟分省辦捐，日日有起色，一旦有事，可以豫備不虞，其利二也。自併征以來，奸民販私，洋人包運，不一而足，故海關報捐，闃無其人。倘得各省各辦，則稽察較易，招徠無難。甯波土商，既不至移往滬上，杭、嘉、湖等府之貨，又不爲滬土侵銷，於甯商頗有轉機，於浙關亦有大益，其利三也。稅釐雖併征，而各省仍得分辦，則嘉、湖兩府，由滬入浙要口，浙關既可分局嚴查，甯商復可設棧銷運，公私交濟，其利四也。由前言之，其難也若彼，由後言之，其利也若此，孰得孰失，必有能辨之者。嗟乎！中國之利權，苟失於此而得彼焉，猶可言也，其毋使上不裕國，下不便民，而洋人得享其利也。

浙海關洋藥稅釐併征防滬土傾銷策

戴鴻祺

自來有天下者，取諸民以制國用，即量所入以治民事，此古今不易之通義。若夫正賦之外，民有所利而我復奪之，民有所便而我復難之，則必非爲政者之所忍言。然而此可以論通行天下之各貨，而不可以論流毒民間之洋藥也。洋藥之在中國，例所當禁，禁之不能，則惟絕販者之利，示食者之難而已。往者由關納稅，設局抽釐，其轉輸於浙省杭、嘉、湖諸府者，必須有本關印花、本局捐票，始可售賣，不得乘便省費，徑銷滬土，蓋亦寓禁於防之一策也。今年春，改立新章，洋藥進口，每箱向海關完納正稅三十兩，並納釐金八十兩，給以運貨憑單，俾可運往內地，無論華洋各商，一律辦理。其法至公，而其弊亦由兹起矣。所謂弊者何？內地諸商，各就其近，販運既易，毒害愈甚，其弊一。江、浙兩省，銷路不同，競趨一關，偷漏者眾，其弊二。有二弊，恐非所以善後也。今據新章頒行之後，各憲出奏，仍須分界銷售。本省行棧如無本關憑照，即作販私論。嘉、湖兩處，仍立兩公所，密查偷漏。則各省既無侵銷之患，而販之者復減其利，食之者亦知其難，寓禁於防，倘亦杜絕之機所由兆乎？豈特此爲利源云爾哉？或曰：分界銷售，歷有年所，安見有可禁之機乎？是不然。世之吸食洋藥者，以都會較邊省，則邊省少而都會多；以市井較鄉野，則鄉野少而市井多。無他，售之易而取之便也。是以台人種罌粟，而罌粟之害，幾遍於全台。向使嘉、湖諸處，徑銷滬土，安知今時所銷之箱額，不比昔時而愈廣哉？或又曰：舟舶之費，所加無幾，內地諸民，豈遂因此而不食乎？是又不然。凡貨物之列於市廛者，稍貴則人皆思緩，稍賤則人必爭買，此自然之理也。誠使其價少昂，則雖不足以杜已食者之口，安知不可以息未食者之願乎？故但爲分界之策，俾滬土不可侵銷，斯寓禁於防之理得矣。

所論未必適中情事，而命意遣辭，戛戛獨造。

派員遊歷東西洋各國論

鄭崇敬

三代以下，天下大勢凡三變：一變於秦，而爲郡縣分治之天下；再變於晉，而爲華夷雜治之天下；三變於今，而爲東西交通之天下。世事既變，則所以內修外攘者，其道不得不變。苟執迂腐之論，而以爲宜用古變今，不宜用夷變夏，是棄天下也。苟循粉飾之習，而更張一切，變其名不變其實，是誤天下也。孫子曰：知己知彼，百戰百勝。又曰：多算勝，少算不勝。此其道固宜熟思審處，斟酌行之。不汲汲於近功，乃能所向有功；不規規於小利，乃能無往不利。不獨派員遊歷各國爲然，而派員遊歷一事，尤不可無者也。海西諸部，自通商以來，凡我中國地勢之險要，戶口之眾寡，物產之盈縮，土宜之美惡，政治之隆替，防守之強弱，莫不了然於胸中，了然於紙上。至於道里之遠近，沙礁之淺深，又時遣人遊歷各處，測量圖繪，獻諸其國。彼於我瞭然，而我於彼反茫然，亦我之恥也，亦我之憂也。近聞總署奏請內任各署保舉人才，試以策論。既中選，乃酌派人員，給以資斧，使之遊歷各國，採訪其政事風俗，以收他日之用，斯誠當今之急務也。雖然，其事有未易言者。人才莫盛於兩漢，任才亦莫善於兩漢。西漢嘗用張騫於西域矣，而居大夏經年，不能得其要領。今之所派者，問其才有如博望侯者乎？東漢嘗用班超於西域矣，而欲通大秦，不能得其道里。今之所派者，問其才有如定遠侯者乎？此猶以古事言之也。請以今事言之。近時人才，號爲精通洋務者，類皆張外洋而輕中國。於其靡麗之習，機巧之器，津津談之不置。至於官制如何，民情如何，吏治如何，兵謀如何，則皆語焉不詳。曾文正保舉洋務諸人員，以郭嵩燾爲第一。其出使而歸也，猶不免蹈斯獘。今之所派者，其能免此獘乎？幼童出洋學習，所以長學識，而練才藝，最爲善政。乃至染習洋氣，入其袄教，反壞無數蒙童。至於沿海各省，凡與洋人相習者，雖成人亦皆如此。今之所派者，其能免此習乎？昔人惜徐光啟以一代名臣，祇以喜談天算，爲西人所誘，入其教中。此無他，不能用西人，而反爲西人所用故也。前事之不忘，後事之師，其理固有確鑿可從者，然而猶不止此。西人之性最忌，英結法以敵俄，法強而英忌之；德結俄以傾法，德強而俄忌之。華盛頓據美，英討之，法忌其成功，助美與英爲難。土耳其屢弱，俄欲取之，英亦忌而阻之。凡此皆以不便於己故也。西人之於中國，教之以技藝，與之以機器，凡電學、化學、重學、氣學，一切諸書，皆繙譯刊行，不稍吝惜。豈有所愛於中國，而欲其富強哉？豈無所忌於中國，而欲其振興哉？夫亦欲空其財而已，亂其政而已。財有不能空，政有不能亂，則不特忌之，抑且毀之。招商局之初開，而福星遭毀矣。越事搆釁，而船政局被轟矣。至於華人之入西洋，遍於各埠。西人招之也，始以有利於己而招之，繼則有害於己而戒之，且禁之使不復來。此其情不獨美國爲然，而美國其顯焉者也。處積弱之勢，行非常之事，所派得其人，則動多阻忌，或至有意外之虞；所派不得其才，則各國以爲訕誚，從此益輕中國。總署諸公，亦計及於此否？難者曰：西人性樸，華人性浮；西人情厚,華人情薄。凡華人適西洋者,西人皆情意周至,絕無澆薄之態。子不讀近人所著諸書乎? 應之曰:子言其貌,吾言其情也。況今所遊歷者,不止西洋,兼及東洋。東洋則兵船打架,前車可鑒,更甚於西洋,安得不慮及此也? 吾觀總署所定遊歷章程,在議者未必不竭其心力,以爲毫髮無憾。然而其間不無可議者,如一以經費之贏絀,定員數之多寡云云。夫人而才,三五員不爲少;人而不才,一二員已爲多。況近時人才,傑出者少,今不以才定,而以員數定,保無有夤緣而充其數者乎? 此其可議者一也。一以長於紀載、敘事有條理者入選云云。夫紙上談兵,何與實用? 若通西學、習西事,而敘事有條理者,選之可也;不通西學、不習西事,而敘事有條理者,將入選乎? 抑不入選乎? 況敘事者,有文章家數,有經濟家數,有小説家數。文章家工於鋪敘,能奪人目;小説家則炫奇弔詭,無事不備;經濟家則質而不文,簡而不繁。考選者稍不留意,便至黑白倒置,總署諸公,亦能精別之否? 此其可議者二也。一遊歷至久者,以二年爲限云云。夫地球甚大,西人所言五洲,中國不能當其一。若由東洋而往,先歷日本,不過一二月,可得其大凡,至美國,則地大於日本數倍,欲盡識其山川險易,及用兵進退出入之道,非一年不能也。由是而至歐洲各國,亦非一年不能盡識也。由是而至印度洋、南洋及阿洲等國,則地愈散,國愈眾,亦非一年不能。加以風雨之阻滯,疾病之稽留,要非三五年,遊歷不能遍。今衹限二年,則所遊歷者亦徒循虛文而已,未必有實得也。此其可議者三也。一每人用二等船艙云云。西人以船艙之等第,爲流品之優劣,此等最示區別,在報館已言之。然其言有不盡者,遊歷人員所乘船艙,當即以兵船送之。既可以增遊員之閱歷,即可以增水師之閱歷,一舉兩得,又何故不出於此? 此其可議者四也。一遊歷之時,應逐一詳細記載,以備查考云云。近時如《乘槎》之記,《談瀛》之錄,記載非不詳晰,而無關要務,不如明懸定式。記言語則宜如《西域同文志》，記輿地則宜如《西域圖志》，總敘一切則宜如《奉使高麗圖經》，原原本本，有條不紊，方可藉以依據，乃猶議不及此，此其可議者五也。至於薪水之不足，體制之不崇，保舉之僅及内員，考試之猶用具文，則總署諸公，於此必有意焉，要未可以苛求。竊謂今之出使大臣，當仿漢、唐校尉、都護之制，重其任使，假以便宜，妙選天下英才，不當以時文試帖人員充之。至於遊歷之使，雖爲漢、唐所希有，亦當畧仿遺意，擇才而任，搜訪於庸俗耳目之外，既出疆，凡可以利民生、安社稷者專之，凡可以撓敵謀、殺敵勢者爲之，令文法吏不爲限制。畧用尉繚教秦皇之術，化其形迹，就時勢變通之。一切費用，由出使大臣隨時付給，不問所需。非常之事，以非常之人任之，設非常之格待之。如此，則可以有神於中國，而不至使西人竊議其後，有以窺我之底蘊，此計之上者也。西人之制作，則近時繙譯，及民間所紀載，其事已備。遊歷人員，苟欲形諸筆墨，則當詳其所畧，以備參證，不當復疊牀架屋，拾其唾餘，使人望而生厭也。惟一切規制，則當詳爲紀載，俾識西人隨時變改之由。而民心向背，國勢所維持，有宜於中國，而不背道理者記之，有不宜於中國，而不背道理者亦記之，以參考政事之得失及制敵之要。苟能由是道而行之，則其遊歷必有可觀者矣。雖然，尚有説焉。光武尚節義，而變東漢之風俗，此變之美者也。王、何談老莊，而變西晉之風俗，此變之不美者也。今國家講求洋務，如同文館、方言館、電學堂、武備學堂，及一切所施行，已漸變天下之風俗矣，況又加以派員遊歷事乎？吾聞近日海西各國頗知崇尚聖教，能譯四書五經諸書，以教其子弟，是聖教大明之機也。苟所派人員，能得學問精粹，博通經史，而又踐履篤實，可動其敬慕者數員，俾之遊歷各國，以禮讓化道其君臣，於焉銷争戰之禍，息殺伐之機。以義爲利，不以利爲利，則不禁其販煙，而煙自不販，不禁其傳教，而教自不傳，中國之幸，抑亦海西各國之幸也。故論遊歷人才，當以能化洋人，而不爲洋人所化者爲上，其次，雖不能化洋人，而不爲洋人所化，能得其國中一切要務者，亦其選也，下此則可無論矣。

光緒十年防海閩浙臺粵四省布置得失論

鄭德璜

自法夷搆釁，而瀕海四省閩浙臺粵，防務戒嚴，其間布置不同，得失互見，然竊謂有緩急難易之別焉。法夷意在據臺，故臺防最爲喫緊。臺閩接壤，相爲聲援，故閩防次之。法既不得志，則窺浙以逞其要挾之謀，或擾粵以圖爲牽掣之計，故浙粵又次之。由是言之，臺閩之布置急而難，浙粵之布置緩而易。然惟緩而易者，不以爲緩，不以爲易，而浙粵之防，乃能有得而無失耳。彼急而難者，或知其難而窘於甚急，或當其急而輕爲無難。此臺防之所以有得有失，而閩防之所以失多得少歟。或曰：和約之定，由法人創鉅痛深，翻然變計。則夫是役也，浙防實爲首功，至粵防雖甚嚴密，初未與法人鏖戰，又安知其有得而無失乎？曰：浙防之有得無失者，能以實力寒敵人之心也。粵防之有得無失者，能以先聲奪敵人之氣也。故以功言之，猶將首浙而次粵，豈以事論之，乃獨取浙而舍粵乎？要之以難爲難，終必不難，況其易者乎？此急其所緩者之所以得也。以易爲易，終必不易，況其難者乎？此緩其所急者之所以失也。前事之得，後事之師，前事之失，後事之鑒。蓋審其緩急難易之在事，以觀其緩急難易之在心，而得失可以預知矣。又豈待得失既形，而後辨其孰爲得孰爲失哉？

光緒十年防海閩浙臺粵
四省布置得失論

鄒宸笙

防海於今日，以視前明，實難而易。明則倭奴竄擾，半爲不逞之徒勾引，絕內外之通，嚴堵禦之法，倭即無能爲。今則歐西各國，偪處爲虞，而佛郎機尤狡，恃其船堅礮利，風行海上，所至輒爲所戕，此則其難也。然各國和好如舊，器械之精，訓練之密，可以互相貿易，互相傳習，即佛郎機藉端越南，妄思凌逼，而商旅託處，使臣往來，亦既有年，可以洞悉伎倆，但能取彼之長，棄彼之短，師彼之巧，杜彼之詐，已足以遏彼之欲，而制彼之命矣，此則其易也。故視明之防倭雖難而易，維視其布置何如耳。布置不同，斯得失因之以見。光緒十年，法人敗盟，諒山受創，乃至天津，希冀索償，以我不允，別肆譸張。我已於沿海如閩浙臺粵，靡不設防，而和之議猶未中輟也。彼意在佔踞一地，可以要脅，突至馬尾，駛入江口，不約而戰。其時大府未奉開戰明文，猝不及應，竟爲所乘，遂致瘡痍滿目，則似閩之布置，有失而無得焉。迨楊石泉總制既至，左侯相又至，而布置於閩者，滴水不漏，法人維耽耽於臺灣耳。臺則近自爲省，爾日猶隸於閩也。劉省三中丞力能保全，孫、章諸軍門亦能奏績，故基隆失而復得。彭湖、淡水、廈門，猶支撐者累月而屹然不搖，其布置之艱，蓋易一人不能任矣。又得左文襄百計籌畫，潛師赴援，法人偵知，輪船遊弋於大七洋，見開濟、南琛、南瑞三船，盡力追之，直至舟山，而法人乃竟大窘於吾浙。顧思法人欲吞越南，方力注於越南，越南之最近者，於海莫如粵，東而瓊州孤懸，尤易措手，何舍粵省而閩而臺而浙？則以越有彭尚書雪琴、張總制香濤，經文緯

335

武，未雨綢繆，越南起事，即已防之豫矣。故雖瓊州亦徒垂涎，何有於粵之省垣？且力能接濟越南大營，此其布置有得無失，不問可知。然則閩臺粵，法人既不能逞志，必虎視鶚顧，而及於浙之蛟門，效前者英圭黎故智，直至甯波，爲臧武仲之以防，方謂蛟門將馬江之不如。即閩臺粵三省大吏聞之，亦惴惴焉，謂蛟門可保其失，不能保其得也。而亦知浙省蛟門之布置，固何如哉？大都布置之妙，在形勢，尤在謀畫。浙撫劉公，倚重歐陽軍門、薛觀察、楊統領、吳守戎，及宗太守、杜司馬、錢總戎，其知人善任，所以能隨時布置，各得其方，而不至或失也。軍門以靜鎮，觀察以計慮，通電於杭，中樞默運。由是於招寶山、虎蹲山、金雞山、與夫南岸、北岸、小港口、內港口，或築牆，或增臺，或埋水雷，或沈石船，或絕引水，或遷教士，或聯絡他邦，或激勸領事。海口以內，如梅墟、柴橋、天童、育王嶺，無不旌旗蔽天。其關口則以寶順輪船拋椗於外，以示決戰。南洋折入三艘，亦分泊要隘，飭以同賞同誅。布置周匝，無一罅漏，無一疏懈。及上元之捷，法人喪膽矣。要而論之，閩防之布置重重，而竟同無用；臺防之布置汲汲，而亦見有功；粵防之布置得地，而尚未一試；浙防之布置得人，而終獲萬全。其得失固昭然而可睹矣。

鎮海南北岸增建礮臺論

忻祖彝

天下之患有三：恃前日之功，而遂以爲恃；忘後日之變，而不爲之防；惜一日之費，而不爲百年之計。皆未嘗慮深遠，謀久長，而思禆益夫國計民生者也。吾郡鎮海口門，古稱天險，舊於南北兩岸建有礮臺十餘處，洋土各礮七十餘尊，雖其間惟威遠礮臺經升任撫憲楊購存博洪廠礮一尊，彈路遠及八里，足以洞穿鐵甲，其餘皆無可

以及遠,然而布置之法,蓋已詳矣。而吾獨謂前功之不可恃者,何
哉?往者法船犯口,我軍竭力抵禦,卒能連燬敵船,使法兵受創而
退,全浙得以安堵。吾郡士民方思前撫憲創造之功,相與感頌不
置,似亦足以有恃而無恐矣。然使南岸小港一帶,早有堅臺巨礮,
可備轟擊,而北岸威遠臺,巨礮不止一尊,則摧敵之功,當有不僅如
此者,何至使法船停泊游山,至三月之久乎?乃得力之礮無多,聲
勢既單,雖一擊而中,究非必勝之算,是前功之未可恃也明矣。夫
既不能恃前日之功,即不能不防後日之患。我朝統一區宇,垂三百
年,中外之交涉既繁,濱海之防務宜緊。比年以來,各國環伺,往往
藉更約之期,恣意要求,多方挾制,蓋兵端未易弭矣。乃或以法約
既成,海宇昇平,謂邊防不妨稍弛。豈知兵可千日而不用,不可一
日而不備,使以兵端稍靖,不復加意籌防,萬一邊口有警,何以為應
變之計?況值時艱孔棘之秋,而後日之患,曾不為之防乎?論者又
謂方今軍需既亟,民困未蘇,而欲加意海防,既不便指款籌撥,又未
易集力捐輸,似稍緩經營,未始不為紓國脈、恤民隱計矣。而不知
不當費而費,不可以妄費,當費而費,正不可以惜費。及此海口無
虞,加意興築,則調遣弁勇,兵餉不至虛糜也,督課工程,基址自臻
完固也,購置礮彈,器具可求精緻也,以視臨變召募,倉皇措置,其
費之所節,不已多乎?是惜費之見,正寓於此,則防務捐務,又未嘗
不兼濟矣。豈可以一日之費,而不計百年之所利賴哉?觀察當濱
海戒嚴之日,屢至鎮口,規度形勢,即請於招寶山與金雞山下兩石
磯,增置克鹿卜鋼礮各一尊,威遠礮臺下層靠北山腳,置克鹿卜鋼
礮二尊,又笠山頂舊址建大臺,置克鹿卜鋼礮三尊,並度地勢,築為
土城,豈得已哉?誠見乎前功之未可遽恃也,後患之必須豫防也,
一日之費,有所不敢惜,而百年之計,有所不敢寬也。夫防海首在
置礮,而置礮之要,尤在疏密相間,虛實相參,明暗相輔,使我有左
右輔翼之功,而敵有應接不暇之勢,則勝算操諸我矣。誠使其餘礮

位器具,悉如觀察所議,先後增置,將鎮口鞏固,全省又安,東浙士民,有不以頌前撫憲之功,而頌觀察者乎?抑猶有慮者,定邑孤懸海外,實爲全省門户,顧其地勢遼絕,烽堠不通,必至甌、閩、江、浙聯綜會哨之處始明分界,雖其內地四面各有礮臺,可以列戍屯守,而防衛之法,尤不能不藉乎兵輪,則元凱、超武等船,其添置巨礮,烏可以緩乎哉?是又謀深遠,慮久長,而思裨益夫國計民生者,不能不兼籌之矣。

布置安詳,獨操勝算。

蛟門形勢考

戴鴻祺

甯波爲瀕海之地,北接青徐,東洞交廣,潮汐出納,往往無涯。所以能鎮之者,人皆謂巾子、候濤二山之力矣,而不知巾子、候濤二山之所以能控扼潮汐,俾一邑無水患者,以有蛟門當其衝也。按蛟門在今之鎮海縣東二十里《寶慶志》作十四里,一名嘉門。其山巉巖聳峙,環鏁海口,延袤可數百武,屹立如砥柱。外則大洋,內則金雞、虎蹲,相爲犄角,而黄茅、七里嶼,復錯峙其間。邐迤而北,有大小游山,中則夏老太婆礁在焉。是礁也,潮漲則没,落則微見,行舟者稱畏道云。故當天河激湧,地機翕張,橫飛旁射,吞吐萬狀,蛟龍騰躍之勢,恍惚可得而窺也。然則古稱蛟門爲天設之險,豈虚語哉!

寓奇於正,尺幅具尋丈之勢。

蛟門形勢考

袁堯年

　　鎮海阨全浙之咽喉，內瀕於福建、廣東、江南、山東諸省，外羅以高麗、琉球、日本、呂宋諸小國，關係東南甚鉅。其地三方距海，中微隆，四面斜落，如伏龜之形，前阻大嵩，後霫衢，與錢爵、昌石爲聲援，後殿以龍山管界，聯觀海、慈谿爲犄角，開屏列障，回環拱抱，晏然爲內海之堂奧。自鎮海關口二里，至大浹江口，山勢雄峻，屹然獨立者爲招寶，舊名候濤。控江海之口，共笠山對峙，俛視大洋，了然在目。山之東北，有礮臺曰威遠，當山之腰，曰定遠，曰安遠，憑險扼要，最得地利。招寶外海口有低而伏者，曰金雞山，山之西北，在外口者，曰天然礮臺，在內口者，曰自然礮臺，迤邐而東，曰靖遠礮臺。山之東南，曰沙蟹嶺，有暗礮臺，又南百餘步，曰烏龍岡，亦設有礮臺。其礮臺口門對小浹江口，小浹江西北岸，有鎮遠礮臺，東南岸山上有土壘，有嶺曰梯子嶺，嶺右亦有暗礮臺，皆闔邑之屏蔽。至虎蹲兀峙海中，據上游之勢，遙控江口，由是而七里嶼，而黃茅，而大小游，排空列戟，森然矗立，淺沙闇礁，若隱若見，非老於柁工，不敢直駛，所以捍衛招寶而奠海嶠之雄藩，匪偶然也。自虎蹲東向稍折而南，十餘里爲蛟門，一名嘉門，環鑰海口，吐納潮汐，颶風怪浪，頃刻萬變，昔人謂八十一鱗所潛伏者是也。天設之險，無踰於此。其北又有夏老太婆礁，爲南北大洋來往舟楫必經之所。潮漲則潛没水中，潮落則微露海面，足爲蛟門之外護。此形勢之大畧也。竊嘗謂籌天下之形勢，必求萬全。蛟門雖屬外島，而實瀕海之要害。議防堵者，當以蛟門爲第一重門户，以虎蹲爲第二重，以金雞、招寶爲第三重。蛟門口內，須備鐵甲船數艘，阻遏夷船，不得

過雷池一步。而以兵輪、小火輪、水雷船，分泊虎蹲游山，以爲策
應。重兵宿將，駐金雞、招寶，互相聯絡，以爲控制。守其外而虛其
中，禦其前而空其後，門戶鞏固，腹心閫奧之地，可高枕無慮矣。若
棄蛟門而不守，則敵得分撥數艘，遊弈內海，而沿海各岸，均須抵
禦，非上策也。譬人家禦賊，非固守大門，拒不使入，即固守腰門，
而開大門以延敵，斷未有置門戶於不顧，而反於腹心閫奧之地嚴設
兵衛以自固，使賊得以挾制也。故以戰艦、巨礮嚴守蛟門，設伏虎
蹲游山，以防不測者，爲上策。設兵礮於金雞、招寶，伏地雷於海
岸，不使入者，次之。弛外備而專守內江，節節設防，自相牽制者，
爲下。

澳門考

戴鴻祺

　　廣州香山縣東南，相距一百四十餘里，有蓮花山焉。由山而
下，沙隄邐迤，可以逆溯而上者，則花之莖也。莖之所止，超然特
出，名曰前山者，則花之根也。與前山遙遙相爲犄角者，如十字門，
如九星洋，如青洲山，如北山村，如秋風角，則皆花之瓣也。若夫如
花之有心，與諸島相連絡，隱然爲前山之外蔽者，厥惟澳門。前者
印戴昌光任、張芸墅汝霖，先後爲澳門同知，相繼撰《澳門紀畧》二
卷，凡三篇。其首篇記澳門之形勢，可謂詳且盡矣。然其總敘云：
濠鏡澳之名，著於《明史》。其曰澳門，則以澳南有四山離立，海水
縱橫貫其中，成十字，曰十字門，故合稱澳門。又云：有南北二灣，
可以泊船。或曰南環，灣規圓如鏡，故曰濠鏡。如是云云。似乎濠
鏡即南環，南環即澳門，澳門即十字門也。竊按《廣州府志》及《廣
東輿地全圖》，皆於澳門之外，別署濠鏡澳之名。然則今之澳門，非

即濠鏡澳可知,特濠鏡澳爲較近耳。又按《張甄陶澳門圖説》云:夷
舶入港,必由十字門折而西,經南環,又折而西,至孃媽角,又折而
東,乃入澳。然則南環、十字門,謂澳門扼要之地則可,以其扼要而
即名爲澳門則不可。《紀畧》必渾而同之,俾如一地而異名焉,何
耶?其敘澳東諸山,首東澳,次九星,次零丁,由是而蜆澳,而虎門,
而橫檔諸山,敘次固甚明晰。然竊按東澳、零丁之間,有梅蔚山,去
梅蔚數十里,孤島兀然,東北與虎門相應接者,老萬山也。往者番
舶入廣,皆以老萬山會歸。西洋夷舶,由老萬山而西,至香山十字
門入口;諸番國夷舶,由老萬山以東,由東莞縣虎門入口。所謂守
老萬山,則諸番舶不得入內港;守十字門,則西夷船不得至澳地也。
故老萬東多而南少,當次於澳東諸山下,與澳南、橫琴二山相去懸
絕。《紀畧》獨繫於澳南,似與橫琴爲較近,則覽者惑矣。澳之正
北,即前山也。其青洲山則繫於澳之稍西,由西而稍北,爲沙尾洲,
又稍北爲磨刀角、秋風角,可抵香城,蓋亦香山中外之分界也。
《紀畧》繫青洲於北,而澳西特出沙尾村,則似沙尾與青洲絕不相
關,而青洲與前山初無二地也。其南有連灣洲,有桑洲,有蘭皋
山,夾於內外十字門之間,最稱險要,《紀畧》概不道及。而於橫琴
五十里外之蒲臺石,與澳曾不相涉者,偏備誌之,抑何忽近而圖遠
耶?甚矣,輿地之難也!計澳門之在香山,僅僅如黑子之著面耳。
而以印、張二公,親沰其地,相繼十餘年,始成《澳門紀畧》一書,僅
一篇中,且有疏忽罣漏之患如此,而又何論夫末學膚受,貴耳而賤
目者乎?

澳門考

鄭傳綏

　　澳門一隅，地瀕粵海，而隸香山，《明史》所謂"濠鏡澳"者是也。自香山縣鳳棲嶺迤南，凡百二十里，至前山又二十里，爲濠鏡澳。未至澳六七里，山斷隄連，是爲蓮花莖。莖顛山特起，是爲蓮花山。又伏又起，值坤艮之位，是稱澳焉。澳南有四山，曰蠔田，曰馬騮，曰上澝，曰芒洲，爲內十字門。又南有四山，曰舵尾，曰雞頭，曰橫琴，曰九澳，爲外十字門。蓋東西洋來往所必經之道，此地利之可考者也。東爲九洲洋，宋丞相文信國所過之零丁洋也。又東有老萬山，山有人讎結，見人輒入水，則晉賊盧循黨之遺育，裸體食魚，所謂盧亭者也。西有橫楊山，其麓有赤坎村，則宋太傅張越公之墓在焉。東北虎頭門石旗嶺，今建磚城，一副將駐之，則太傅當日奉帝昺保秀山，即其地也。橫琴山下有仙女澳，則宋益王昰南遷之所泊，丞相陳宜中欲奉以奔占城，颶作昰殂，而宜中遁，即其地也。北折而上，爲厓山，大忠祠在焉，粵人所以祀文、陸諸公也，此古蹟之可考者也。明嘉靖中，互市之移就澳門者，有暹羅、占城、瓜哇、琉球、浡泥諸國。其後築室而居者，爲佛郎機。始與佛夷爭市，繼而通好求市者，爲賀蘭。至明季，始爲西洋意大里亞人所據，已非復所謂佛郎機矣。此澳夷之可考者也。唐宋以來，蕃舶貢市，領以市舶提舉司，澳門向無專官。明萬曆二年，建閘於蓮花莖，設官以守之。四十二年，總督張鳴岡請設叅將於中路雍陌營。天啟元年，改設叅將於前山寨，陸兵則有把總二哨官四統之，水兵則有把總三哨官四統之。明季兩王入粵，增設兵額，加千總二員。至康熙二年，乃改叅將爲副將，增置左右營都司僉書守備。七年，副將請移保香山，留左營都司及千總守寨，分把總一哨戍閘。雍正九年，移香山縣丞於前山寨，改爲分防澳門縣丞。乾隆八年，始設前山寨海防軍民同知，而縣丞屬焉。此設官之可考者也。明初絶蕃舶之通市。嘉靖中，巡撫林富言互市有四利，乃復通市，然未以澳門爲互市之地。已而都指揮黃慶納賄，以移泊濠鏡請於上官，歲輸課二萬金。澳有蕃市，自黃慶始。後蕃舶託言舟觸風濤，借地暴物，海道副使汪許之。初猶芰舍，繼而築室，澳地遂爲所據，蕃人居澳自汪始。當時御史龐尚鵬有《區畫濠鏡》一疏，所謂築室居住，不踰年多至數百區，今殆千區以上是也。昔人詩有云“一日蕃商據，千年漢將勞”，可慨也已。此前世貽誤之可考者也。我朝雍正三年，從總督孔毓珣之請，定澳門夷船額數。八年，禁海舶毋得販黃金出洋。乾隆間，按察使潘思榘陳撫輯澳夷之宜，嗣經總督策楞，議奏施行。同知印光任宣諭盛德，民蕃賴以相安。踵其任者爲張汝霖，以澳夷設立天主堂，名曰唐人廟，誘内地民人入教，法在當禁，因密揭臺院封之，與申禁約，夷人懾伏。又因晏些嚧殺陳輝千一案，復與香山令暴煜，詳籌善後事宜，蕃使庇利那以爲便，臺府敕泐諸石。此我朝撫馭之可考者也。澳夷多技藝，推算尤其所長。自雍正初年，欽天監漢監正用西洋人，皆澳夷三巴寺僧，世習其業，部牒行，取督撫資遣入監。然則今日之澳門，特天文生之客館，誠如近人黟縣俞正燮之所云矣。雖然，詩有之曰：予其懲，而毖後患。然則膺粵海籌防之任者，要不可不知所懲也。

英法俄德四國文字言語異同説

陳星庚

英、法、俄、德，歐洲四大國也。不先諳其言語，不能通其文字；

不先諳其文字、字母之讀音，不能由文字以達於言語。各國字母通行反切，有言必有字，以字母二十六惟俄小異，分韻摒音，讀音先異，故切音摒法，四國皆有所不同。要之，四國文字，雖有區別，大半皆宗羅馬之臘丁學者，尚可尋源而溯委焉。英國當中朝漢晉時，稱比利敦，民猶野處，不事生息。際羅馬宗臘丁文字併吞諸國，其大將斯加布築倫敦城，都督阿呆里古拉才兼文武，以恩威服之。比利敦民皆習臘丁言語文字。後色索尼人跨其國，創建七邦，跨法而有之。法亦宗羅馬文字。兩國近隔海峽，故國中言語甚雜俗稱色而脫。及味塞王以格伯合七國爲一，號諳厄爾蘭，音與英吉利近。英吉利之稱，實創於此。五傳至亞弗勒，盡心國事，雅尚文教，學臘丁語，著書數部。又厭國人多用羅馬方言，自著書用本國言語，參拉丁、希臘、希百來等文，頒諸國中。英蘭教典，迄今皆用其語焉。法處歐洲西南隅，其西岸鄰英國諸島，當西稱八百年代，王沙立曼好學，長於書法，臘丁語、日耳曼語，能究其蘊。常以日耳曼語譯講師説語，至今言語節古羅馬，以臘丁爲本，稍帶日耳曼源流，自成一家言。爲歐洲諸國宮廷所尚，以其謙遜温雅，合於應對也。然於各國通商交涉等事用之，究以英語爲大宗。德屬日耳曼，言語文字，宗古之丢當即荷蘭，古人譯以經傳傳於世，分南北兩支，統日耳曼諸邦皆用之。因色而脫人流英國，故英、德言語最爲相近。彼此學習較易，然被各邦俗音所混，又宜靜心區別也。俄處歐洲之北，較三國特異。各國文字，以字母二十六摒方言，惟俄踵古之希臘文字，其字母有三十六，因國人多尚希臘教。同治年間，計尚耶穌、猶太、回回教，各二百餘萬人，天王教七百餘萬人，尚希臘教者至有五千四百零九萬人之多，文學家用是以譯傳教、格致等書焉。至語言則崇司雷望，分爲東西兩支，濱北冰海者皆相屬。此四國文字言語異同之大較也。至諸國之遞相效法，其學堂書院規模，又可取而攷焉。按羅馬古昔文字，以臘丁爲足徵，故歐南各國多重之。挪威民自七歲至十四歲，皆入公塾認字讀書，並習法文。各大城設書院，教臘丁文字，希臘古文，法、德、英等國語言。奧有四大學院，在維亞納、婆留噶、葛辣士、英斯伯拉，各設雜學師以教之。英法諸國學堂皆然，惟德國於語言文字爲尤審。布魯斯初學鄉塾之上，設郡學院，因材授學，有專教他國語言文字之科。再上爲實學院，院分上下，上院生徒十三班，如正音寫字本國，暨臘丁文字、英法文字之類。每班亦分上下，首班生徒每年試本國文章十七道，法文十四道，以法文律語言書之，英文十四道同。再進有仕學院，以臘丁希利尼語爲主，詳譯頒定書籍，即用本文爲題以作文字。再進則入大學院，其學有四：首爲經學，講新約經文，以希利尼文義爲本；講舊約經文，以猶太文義爲本，參以阿拉伯、巴比侖、敘利亞、霏尼基、埃及諸國文義；三爲智學，内分八課，一課學話，八課書理名家言；而船政院之設，尤以通他國語言文字爲先務，良以折衝侮之所繫，在識敵國之情僞，而非通其語言文字，則莫由察風土而知人情，豈徒在應酬談論哉！比來西人歲設博議，會集淹雅之儒，攷求亞細亞語言文字，而我中邦亦有廣方言館之設。入是館者，尚其加意研求，以臻實濟也可。

詳考博採，溯委窮源，洵可謂留心時務者。

345

卷　四

擬遺愛祠碑記

夏啟瑜

　　國家化民正俗，守土之臣，有能慎守官方，以鞠育黎庶者，皆得廟食厥土，列諸祀典，歲時致祭，罔或不恪。康熙間，甯紹台道胡公承祖，愛民禮士，仁風翔洽，民大悦，爲建生祠於署前，以報其勤。後又增祀順治間巡海道王公爾禄。王公捍海有功，且創立月湖書院，倡導文化祀典之設，順民志也。歲久漸圮。咸豐間，甯紹台道段公光清命里人重葺，民以段公有惠政，因設位祔祀之，名曰三公祠。粤賊之變，祠宇遂毁，而德澤之在人者，且逾久而不忘。余承乏兹土，懼無以表彰遺美，謀更新其祠。甯郡士民，皆鼓舞踴躍，復請於余曰：浚復城河三喉，增築江海塘堤，實惟陳公之功；葺東津浮橋以濟民，開雲石山房以課士，李公治績，家頌户傳。今俎豆未崇，典實有闕，請增祀之。余韙其言。陳公者，道光間甯紹台道陳公中孚；李公者，道光間甯紹台道李公可瓊也。於是徵材傭工，爰始興築，攘剔瓦礫，芟薙蓁翳，經之營之，一新棟宇。民樂其成，皆瞻拜恐後，乃署其祠曰遺愛，以誌民不能忘之德。嗚呼！此數公者，距今或數百年，或數十年，而閭閻愛戴之私情，猶若身庇仁人之宇，而親受其煦育，兹土人心之厚，以視趨奉長吏，去而不復思者，相去何如耶？然非愷澤之留貽不及此。余莅任以來，思欲興利除弊，振興文教，而德薄才淺，於數公者，無能爲役。惟是不敢自逸之心，實奉前型爲圭臬。高山仰止，景行行止，雖不能至，然心嚮往之。撰詞勒石，以宣民隱，亦以勵官箴也。是爲記。

敍次錯落，頗有筆法。其行文整潔，氣息深穩，亦諸卷所不逮。

擬遺愛祠碑記

張美翊

　　光緒甲申五月，余奉簡命觀察浙東，甯、紹、台三郡屬焉。維時法蘭西侵越南，擾福建，海疆戒嚴，軍書旁午。越明年正月，夷船犯我鎮海，我軍兩戰皆捷，始退避不敢復進，至四月乃就款而去。於是籌防既固，人心亦安。閒歲以來，海上無事，慨然思修舉廢墜。凡分巡是邦而有功德於民者，必考其遺事，以想見其爲人。自國初迄道、咸以來，其遠者著於郡邑之志，近者尤彰彰在人耳目，可得而言也。如巡海道王公爾祿，創設書院，以奉紫陽，其於明季遺民，保全矜宥，靡所不至。分巡甯紹台道胡公承祖，勤政愛民，興學好士，人以是思之。二公者，祀名宦祠有年矣。自時厥後，則有分巡甯紹台兵備道陳公中孚，濬城河，復喉道，講求水利，既詳且慎。李公可瓊，修造浮橋，俾民利涉，課士衙署，成就獨多。陳公祀於平橋吳丞相祠，李公祀於江東平政祠，又有年矣。至於段公光清，自縣令至巡道，政績皆在甯波，其大者嘗三定民變，不妄戮一人。若夫遺聞佚事，至今父老猶能道者。所謂古之遺愛，茲非其人歟？距署數十步，曰永豐里，故有三公祠，祀王公、胡公，後又祔以段公。其先固胡公生祠也，自遭寇亂，寖以廢圮，蕩焉無存。余每出必過其地，俛仰今昔，感慨係之。爰建議修復，以昭崇報。考之志乘，詢之都人士，僉謂當增祀陳、李二公。余以爲此固諸公功德之及人，抑亦官斯土者則效之所在也。乃合而祀之，名其祠曰遺愛，所以表諸公也。附祠以塾，蓋仍舊貫。鳩工庀材，經始於某月某日，落成於某月某日。捐廉二千金，得以蔵事。其他供祀與教讀，歲需若干，田租以外，籌款資給，別籍記之，用垂久遠焉。余之來此，惟以不克稱職是懼。蒙恩敘歷，思繼其武，中外交涉，疆事孔多，蓋與前者諸公所爲稍稍異矣。夫士大夫讀書尚友，觀於父母之歌，保障之績，輒望古遥集，不自知其有動於中。況承乏斯官，以踵諸公之後，流風善政，其猶有存焉者乎？因祠之成，爲書諸石。烏虖！後之覽者，或亦知所務哉！

敘事詳審，文體整潔。

擬遺愛祠碑記

陳康黼

皇帝嗣位之十三年，親理庶政，有詔諭中外，凡有功德於民，而典祀之不舉者，得以次第修明之。是時，余方觀察甯、紹、台三郡，得敬而讀焉。三郡於古爲越地，山川人民，雄厚而秀異者，所在皆是。士大夫之蒞斯土者，樂其俗之厚而民之馴，益思自勵其政績，故遺愛爲多焉。觀察使治所在鄞城之永豐里，由治所前趨而右，有胡公祠，爲康熙間巡道胡公生祠，其後益以王公爾禄，其後附以段公光清，越之人所稱三公祠者，即其地也。乃自二十年來，經兵燹後，既已化爲蕩煙零雨、頹垣荆棘矣，而越之父老，猶指其地，徘徊不能去，亦可知恩德之入人深也。方余之始蒞越也，其時適有海警，維征維繕，不敢怠遑。越明年寇退，越明年選越士之秀者，課於署之後樂園，越明年始得遺址而重新焉，而益以陳公中孚、李公可瓊，更其名曰遺愛祠。嗚呼！我不敢知，曰：此數十百年中，得以配三公者，惟此陳、李二公，而此二公，其盡心水利，與夫德行事業，實與三公後先相輝映也。吾因之有感矣。士起蓬茅中，爲國家撫民社,得數郡而統轄之,其報稱者宜何如？而顧計身家,謀溫飽,何其陋也！而庸者又矯以清淨之説,託於淮陽之臥理。嗚呼！仕者而盡若此,國家尚安以設吏爲哉？以視五公之勤勤於政績,其人賢不肖何如也？召公之分陝也,後人至思其遺愛,不忍伐其樹,《甘棠》之詩是也。孔子亦以子産爲古之遺愛。夫時無論今古,政無論鉅細,苟有至誠惻怛之意,行乎其間,不必其焜燿駭俗,皆足以樹恩德而垂之無窮。後之人果能繼五公之志,上以佐聖天子之德化,下以使邦人士蒙其樂利,令越之父老子弟,因祀典而考政績,僉曰：聖朝蓋多良吏。豈特承平之盛事,亦皇帝懋建臣工意也。歲時薦蔬,載馨載潔,童豎肅瞻,欣忭舞蹈,可以揚扢已。祠經始於某年月日,落成於某年月日。寢殿齋室,凡若干楹。闢其後爲養正義塾,即育㷊舊址也。弦歌之聲,繼乎俎豆,守土者可以勸矣。爰記而鑴之石,庶與五公之德共不朽焉,斯尤予之厚幸也夫！

擬後樂園記

張美翊

夫温公寄居,占洛中之秀野；永叔出守,喜滁上之豐成。宦迹所經,勝區斯著。大抵勤民之隙,不廢乎游觀；覽物之餘,亦資乎陶冶。命名雖異,寓意則同。若夫先其所憂,後其所樂,效法往哲,以名其園,尤足以證識量之宏,襟期之遠已。觀察無錫薛公,以江南偉人,爲浙東廉使,章志貞教,政通人和。屬者夷人陸梁,明郡震動。於是寇氛甚惡,隱患滋多,籌餉籌兵,不日則月。逮乎上元奏捷,醜虜輸誠,始摧凶鋒,以定和議。夫時艱方棘,則繼之以賢勞；官事既閒,持之以静鎮。藉是休暇,匪云晏安。爰於衙齋,爲茸郡地。梅公之堂有美,蘇子之臺超然。縈公斯園,先後同揆。乃取希文之語，錫之後樂之名。古之仁人，志在天下，其所自勗，意在斯乎！若乃疊石爲岫，編樓作亭，種蕉可書，刪竹當畫。方沼渌水，時開白蓮。平畦初霜，始發黃鞠。小山叢桂，官閣老梅。別營露臺，中值高阜。曉黛初沐，一笏遥天之峰；晚烟若潮，萬家附郭之鼊。可以驗民風，可以知物候。然則公之所樂，夫豈流連光景，吟詠性情已乎？抑又聞之，微之詩人，能繼永和之唱；公著良帥，允操全越之符。懿昔浙河，獨多名宦，所以揆張風雅，資助政猷，甚盛事也。公《籌洋芻議》，防海勞心，雖復賞不踰時，捷無虛月，猶以爲杜畿講武，不廢持經，董允辦嚴，未忘下士。於是設科校藝，闢館欽賢，公讌分曹，諏期集課。講求時政，上之備有用之材；服習斯文，次之稱好修之子，因戟寢之餘晷，作文林之導師。遂使弦匏流音，亦韻樂石；沙汰得效，俱成祥金。教育英才，樂可知也。蒙以頑愚，濫與首選。媿作江東之秀，猥受北海之知。至室非公，敢諷思乎賢者；題襟有集，儻追步乎勝游。則是園也，昔爲籌筆之區，今爲躧履之地。爲憂爲樂，孰先孰後，必有能辨之者矣。是爲記。

　　琢句妍秀，音節入古，洵堪步武齊梁。

崇實書院記

陳康黼

　　乾隆紀元，儀徵阮文達公巡撫浙江，建精舍於西湖孤山之麓，顏曰詁經，以課浙東西士，惓惓以實學爲訓。而兩浙之士，類能身體力行，上以孚聖天子作人之雅化，下不負文達公栽培之意。迄今百年來，明體達用之士，迓迓而在，浙學之盛，遂甲南省，豈不以訓迪之有方，而崇實之效歟！甯、紹、台三郡，尤浙東雄秀地也，其土深以厚，其俗馴以良。深以厚，故庶且富；馴以良，故土得安其弦誦而不擾。曩時甯、紹、台各有書院以課士，而觀察使統轄三郡，其地望較遠，自非春秋兩課，不能與多士相接見。余下車伊始，竊意三郡之士必有入而窮經，出而經世，經術文章，德行道誼，如鄉先輩黃黎洲、齊次風、全紹衣其人者，欲彙而試之，博其趣以觀其成。會其時適有海警，征之繕之，不敢怠遑。越明年寇退。又明年，調三郡之士，課於署之後樂園。課之日，試以制義一首，外如經史掌故、天算輿地，以及海防、洋務、詞章之學，則於十日內分試之，月一舉焉。而多士類能自道心得，不襲不蔽，務以實學相砥礪。余樂多士之相與有成也，於是規署側之隙地，建書院若干楹，題曰：崇實。烏虖！諸生念之哉！士當伏處時，坐一室，左右圖書，與與如也。一旦致身通顯，秉鈞衡，理繁劇，仕優則學，如恐不及。向非致力於平時，鮮克以實心行實政者。此以知實學之不可不講，而講之不可不預也。且國家以制義取士，而春秋試必求經策兼茂，豈不以非四子書不足以敦實踐，非博綜古籍、深通時務，不足以收實效歟？余不敢知此舉果有裨於實效，使學者無荒於實踐焉，則幾矣。烏虖，諸生念之哉！抑余又有感焉。文達之言曰：舍詁求經，其經不實。詁經如是，況聖賢之道乎？竊謂道備於經，經即道也。夫子之教人以詩書執禮，而其要在於躬行。唐宋大儒，如韓昌黎、司馬溫公，皆博通經史。昌黎之言曰：養其根而竢其實。又曰：根之茂者其實遂。溫公自謂平生無一事不可對人言，時人服其精實。之二公者，經濟文章，輝映史冊，而其論如此，意殆崇實之所致歟？豈非然哉！豈非然哉！是役也，落成之日，余適有秉臬楚南之命。凡夫齋庖之室，課試之方，祀典之所舉，經費之所出，訂有章程在，不具述。述其所以名崇實之意，即文達之旨而引伸焉，以貽後之任官師者，且藉以勖諸生云。

崇實書院記

張美翊

士之所爲淑身淑世者奚在乎？本於學而已。學之所爲有體有用者奚在乎？務於實而已。古君子之教人，小而灑掃應對進退之節，大而治國平天下之道，無不備也。事親敬長，以敘其倫，致知格物，以窮其理，無不盡也。三代盛時，人無不出於學，學無不成其材，其以此也歟？世教既衰，道裂文敝，甚且門户角立，徒黨訟争。有一二人者立一説以教人，而衆人者羣而宗之；又有一二人者易一説以教人，而衆人者復改而宗之。寖久且遠，而成爲風俗。故其説或數十年而一變，或數百年而一變。往者程、朱、陸、王之辨，近者義理考據之分，判若秦、越，視同冰炭。吾聞聖人之道，大而能博，苟出主而入奴，是丹而非素，非特夫子不以爲然，即漢、宋諸大儒，當亦不意其至此也。昔姚惜抱氏言學問之途有三：曰理義，曰詞章，曰考據。曾文正公益以經濟，以配聖門四科，使學者會通而擇取焉。務求古人立教之意，不效末俗攻擊之習，則進足爲世用，退亦有以自澤於學。竊嘗聞其説而韙之，以爲知言者徒也。余以甲申之夏，分巡浙東，屬海上有兵事，未暇與都人士考道德、論文章也。越明年夏，事平。又明年秋八月，始進諸生之有學行者，課之於署之後樂園，月凡一集，以殿最其文藝。時或接見，以聽其議論而覘其器識。與課者數十人，蓋郡之秀而文者，多在於是矣。今年春，復爲崇實書院於園之南，以爲諸生肄業之所。秋九月，將落成，適奉按察湖南之命，行有日矣，乃爲粗定章程，俾資法守。書院之堂，中祀宋周、程、張、邵、朱五子，左祀漢太史公，許鄭二君，唐韓文公，右祀漢諸葛武侯，唐陸宣公，宋范文正公、司馬溫公，明王文成公,國朝曾文正公。此十五人者,師其一人,讀其一書,終身用之,有不能盡,蓋亦竊取曾文正之意云。於是復進諸生而告之曰:余文正門下士也。文正之爲人,好學不倦,愛才若命,雖勳烈位望震耀中外,猶亟亟以扶樹道教、培植人才爲事。余昔聞緒論,今思宦學,何能望其萬一?惟願諸生各勵學敦行,毋立異以矯俗,毋違道以干時,庶處爲純儒,出爲名臣,由此其選也。諸生勉乎哉!

　　議論正大,氣息淵厚,頗有歐、曾家法。

擬撰全謝山先生墓碑文

蔣子蕃

　　雙韭先生之卒,距今百有四十年,而埏道之文未具。先生之氣節文學,載在史館,詳於志乘,著作風行海內,固無待後人之表章。然先生生平,惓惓於前哲,集中碑版多補撰之作,而吾鄉人士,反漠然於先生,斯則後死之責無可辭者。同郡後學蔣子蕃以事過城南之王家橋,謁先生於墓,顧瞻松楸,慨焉有感,乃綜稽往籍,參證舊聞,爲碑文一通,俟以時勒諸墓石焉。

　　先生姓全氏,諱祖望,字紹衣,一字謝山,學者稱爲雙韭先生,浙江甯波府鄞縣白檀里人也。漢桂陽太守柔之後,宋侍御史權始由錢塘遷鄞之桓溪,十六傳而遷城內,又七傳而至先生,世德相承,代著聲績,學問淵源,有自來矣。曾祖大和無子,以弟子爲後。祖吾騏,並有高節。父書,博學工詩詞,母氏蔣,皆以先生貴,贈如其階。先生生岐嶷,負殊稟,四歲就塾,能解經義。十四歲補博士弟子,遊學宮,見鄉賢名宦祠,有降臣名,捽其主投之水,鄉老聞者,莫不嗟歎。然亦頗以激昂英發,不肯帖帖就俗師繩墨招物議。及冠,盡交浙東西知名士,以實學相砥礪。雍正己酉,學政王蘭生以先生

353

充選拔貢生，遂入京師，上書侍郎方苞，論《喪禮或問》，苞愀然異之，聲譽由是日盛。壬子舉北京鄉試，侍郎李紱招之同居，稱爲宋王應麟、黃震後一人。先生激感知己，益肆力於學，與李侍郎共借《永樂大典》讀之，日盡二十卷。會世宗皇帝方寤寐俊傑，開博學鴻詞科以招天下士，尚書趙殿最以先生應。當是時，方、李二侍郎領袖清流，海內英俊望之如登龍門，率藉先生爲先容。先生先舉四十餘人，列所長以告，大學士張廷玉方與二公交惡，聞之弗善也。乾隆元年丙辰，先生成進士，入翰林，廷玉以例格先生不與試。丁巳，散館列下等，以知縣用，先生遂以養親歸。方侍郎薦入三禮館，辭之歸，而吏部之檄、友朋之書交至，先生終無出山志。嘗主蕺山、端溪兩書院講席，皆不終而去，饔飧不給，淡如也。以劬學得疾，乙亥七月二日卒，年五十有一。貧無以殮，門下士董秉純等斂之，以十一月某日葬先生於祖塋之側，送葬者數百人。先生始娶於張，繼娶於曹，皆祔焉。子昭德，前先生數月卒，以族孫桐爲後，已而亦卒，先生遂乏祀。郡人祀先生於旌忠廟，而春秋以時祭其墓；族人祀先生於祖祠，而春秋祭墓亦如之，蓋皆所以報先生也，然亦勵矣。先生奧學雄文，貫穿百氏，兼收並采，屏去門戶陋習。生平以紹述學統、表章忠義爲亟，於明史館、行省志局、郡志局，皆爲移書告之，爲審定體例。而風節峻整，操履尤嚴，雖在困阨之中，不以易其素志。知交滿天下，而同志寥寥，於方、李二侍郎外，如謝觀察濟世、魏尚書廷珍輩，不過數人，皆風節錚錚者。少時，巡道孫詔雅重先生，欲致之門下，先生拒之。洎以選貢北游，中途資竭，有顯宦令其族人招致之，不能得。既成進士，與張若靄爲同歲生。若靄，廷玉子也，以父意招先生，先生謝不往，由是被放。其在蕺山，設奠劉子宗周，議定從祀弟子，並議祔祀明季忠臣高宏圖、陳子龍。越人服其教，書院至不能容生徒，以太守微失禮，遂歸。太守與諸生固請之，不能得。其在端溪，總督極相推重，具啓事將特薦，先生遂託疾歸。

是時友人杭世駿方爲粵秀山長，以土宜餽大吏，取酬金，先生正言規之，且告於友人。世駿由是怨先生，作先生文集序，有微辭。嗚呼！亦何傷於先生哉！生平著述宏富，不下數十種，今刊行者，惟《讀〈易〉別錄》《經史問答》《〈漢書·地理志〉稽疑》《〈困學紀聞〉三箋》《天一閣碑目》《丙辰公車徵士錄》《鮚埼亭內外文集詩集》《句餘土音》《甬上族望表》諸書。《宋元學案》，補黃宗羲所未備，其書多軼，王梓材補之，近始刊行。《水經註》七校本，則本家庭舊聞，爲之分別經註，用力最勤。《甬上續耆舊詩》，則吾鄉文獻所係，先生竭力摒擋而成之者，今尚存，餘則或存或沒，不能詳，故不復著其目。然先生幽光不泯，其書長在天地閒，後人當必有刊以行世者矣。

銘曰：朱陸爭勝，漢宋交訌。儒者之恥，伐異黨同。觥觥先生，騰踔浙東。節標其峻，學會其通。中壘九歎，昌黎五窮。才豐命儉，坎坷以終。城南片土，馬鬣遺封。我銘其墓，以諗宗工。

　　骨力堅凝，敍次詳略有法。

擬陳伯之答邱遲書

毛宗鋆

辱枉來告，教督勤至，循復眷旨，媿佩何似。僕遭時板蕩，出典江郡，屬大軍下臨，琛贄廧至，迺遂措身曲逆之軌，投跡蘇匿之後。蒙主上擢總戎務，錫號平南，循涯揣分，實爲幸甚！旋以魏師侵軼，銜命北指，自謂作我貙兒，勢侔乎建瓴；取彼鯨鯢，功輕於折箠。量進慮會，無俟再舉。奈何將校怯靡，失律取咎，困獸無救於既鬬，枯魚有待於仰沫。僕自念過已大矣，行已虧矣。重以殊方孤臣，待罪戎列，上未曾標節於殿陛，下末由著貞於僚屬。雖或疵辱偶蹈，例容輕貸，而左右樞府，浮議洶洶，睿聽一移，身首薺粉。用是情計馳惶，衷志哽懼，投戈請命，冀蘇餘息。耿公疏勒之守，雖所仰慕；都尉居延之敗，良非得已。足下其謂僕好爲鄰謀，自同吠主哉！夫臨敵死綏者，將軍之義也；望遠思歸者，羈臣之況也。自維庸薄，謬荷重寄，良圖一失，親戚乖離。每當風雨淒厲，萬念并集，睇關河之緜邈，指樓閣之迤邐，未嘗不履影弔心，涔涔泪下。徒以心與事違，情爲法阻，引領南望，遂爾潤絕。昔邛肜之戚，長致悲喟；徐庶之祈，終無開允。僕又何人，乃罹斯痛！比聞聖德曠蕩，家屬無恙，兼捧飛翰，慰諭返國。魚歸巨壑，鳥巢故枝，君之惠也，僕之願也。誠懼罪戾滋重，法紀莫逭，與其膏上國之斧鑕，毋若飽胡鹵之風沙。不然，木石感陰陽，犬馬識厚福，謂忽梧岡之高，而甘折苕之末，闇大雅之所保，恃危途以爲安，則飛雪增冰之地，毳幙韋韝之鄉，僕豈有所擇而處哉！曩者，楚殺得臣，再世不競；秦用孟明，卒復東征。伏計天慈，亮自懸照。行當移河朔之節，返壽陽之轅，後圖可期，良覿不遠。諸惟珍護，愧荷莫名。不任肝膽之切，謹奉書以聞。

四明山賦 有序

鄒宸笙

　　四明山東接句章，西連舜窟，南嗣天台，北包翠硌，蓋山嶽之靈異者也。通星宿日月之光，石窗誰闢；饒卉木禽魚之産，金簡曾書。昔孫興公凝思幽巖，朗詠長川，天台之作，得之夢遊。茲則陸氏九題，沈郎一記，供我鋪陳矣。不揣荒陋，爲之賦。

　　偉丹山之靈秀，肇胚渾於四明。蹠甌括之險峻，尻台嶽之霄崢。豁遙眺乎幽隩，杳極睇乎蒼瀛。羅列二百八十峰之卓，周袤一萬三千丈而贏。切漢岸崿，刷空岭嶒。帥爾陽嘘，雪然陰弸。洞方石以開朗，肖太極之渾成。爾其涵日月，通星宿，巖穴陂陀，厂岫倚伏。垂磬而折者腰,懸鼓而旛者腹。屼瓊臺其旁睨,閟金庭而對蠹。西枾嶺之藪崖,北蒜坑之林麓。縱岈衡巚,仰攣俛禿,縫裂窳窞,彩嗽精漉,逞蹐極顛,渺眄騁目,爭聳秀以貢奇,環靈變而鮮複。其溪水出罅,澗泉瀿案,橫梁玉碎而濺急,隱潭珠瀑而飛斜。斗絶黯黬,釜如窨窐。濛青瑣之積靄,流綺疏之晴霞。玲瓏韻於笙筑,澎渴澒於石砂。更有㵎㵎粉洞,湛然清華。復若鷹鷂鴣鳩,鶡鵬鸍鷔,猨狖踞奔,鹿麂角掎,結凌峁之藤蘿,嵌闟亶之薜荔。醉芙蓉之沃丹,瓣蘘荷之蔥翠。別有松梓柏檉,榆桐柞樢,叢薄陰森,寒林寥邃。老樹著花,仙果甘餌。大藥井香,靈芝崖媚。紛青橚與鞠侯,具稣育乎品類,若夫巖蹂錯愕,嶺越跰蹢。謝居士性耽石隱,龔侍郎老作山臞。割十畮而供棲息,倡九題而競喁于。分賦珍竹鐺之眡,仰書滴石乳之腴。或則鬼炊銅牆之窺秘,或則虎獄劍餌之取娛。煉師攜其鼎竈,曇彥安其鉢盂。亦無不穿翠山而蘿偓,躋白泥而藤扶。又況中峰摹篆,山心揚隸,勒遊記於沈公,銘御書於宋帝。雪停仗錫寺前,月墜含珠林際。存過雲洗藥之雕鐫,遺樊樹鹿亭之荒翳。參禪房丈室之佛聞,足藥石吉金之雅契。尤宜動羊叔子之歎嗟,陪隨清娛之佳麗。然則是山也,杳靄員嶠,華蓋眾星。迴天閶於咫尺,倚藩衛乎巨溟。鑿神斤與鬼斧,啟朱戶及碧櫺。絶攀躋之蘿磴,列跰豸之松屏。撲仙髻之冷翠,刷佛頭之濃青。猴陁靜而激嘯,鶴蕭疏而鍊形。神仙拓其洞府,箸譔新之圖經。將繼謝客兒成山居之賦,豈忘郭宏農識郡望之靈也哉。

　　鍊詞鍊意,佳句絡繹。詞足高瞰,徐庾俯視王駱,非時手所能夢見。

月湖賦 有序

鄭傳綏

賦月湖者，必以全謝山先生湖語爲稱首。洋洋五千言，沿流討源，徵文考獻，下及洲島臺榭，物産雅游，蔑不該備。蓋先生出其所學之緒，發爲有韻之文，洵大觀也。後生弇陋，何敢學步鉅篇，效顰曩哲，亦惟就月湖之地，摹繪煙景，規仿畫圖，以寄其流連之趣云爾。其詞曰：

四明郡治之西南有水焉，渺渺瀰瀰，潺潺淙淙，油油灩灩，漾漾溶溶，恢沃土以爲宅，滙靈源之所鍾。蔭斗牛而結脈，比雲夢而羅胸。地縮壺中之景，天開鏡裏之容。蓋有雙湖，是名爲月。日湖聯璧而岸迴，它堰濫觴而源發。星斗沈輝，魚龍蟄窟。虛涵景光，清鑑毛髮。兩行煙樹樓臺，幾處水晶宮闕。絕妙丹青，參差畫屏。有月島、松島，有雪汀、柳汀，連蓉洲、菊洲、芳洲之邐迤，間竹嶼、花嶼、煙嶼之瓏玲。紅蓮渚曲，碧沚波渟。澄輝閣敞，逸老堂經。屹然者涵虛之館，翼然者眾樂之亭。臥長隄兮偃月，簇比屋兮繁星。爾其繪水成圖，移船入鏡，綠樹高低，紅闌斜正，攬衣翠靄，擊楫珠迸，妝奩波明，唾憐色淨，則有士女遨嬉，主賓觴詠。雁艣秋來，龍舟夏競。寒漲冰流，片帆雪映。隨四序以來遊，惟一春爲最盛。罍底平沙，羣漁所家。春波荇藻，秋雨蒹葭。或罦水濱之網，或投冰下之罛。晚風捕蟹，斜日撈蝦。銀鍼醢薦，玉箸羹誇。取佐雙魚之酒，來看大阪之花。花下攜尊，柳邊喚渡。一灣兩灣，十步五步，風廊接連，水榭迴互。竹風蘿月之天，渚蓼汀蘋之路。鴨漲挓藍，鷗波瀲素。選勝清遊，尋芳小駐。歲歲年年，朝朝暮暮。可以狎漁釣，盟鳧鷗，探勝蹟，弄扁舟。招邀後侶，洄溯清流。中央宛在，一半句留。拓煙波之畫稿，洗城市之吟眸。濯塵纓而容與，浮酒舫而夷猶。吾將誦謝山之湖語，而復歌水調於湖頭。

招寶山望海賦

張美翊

夐矣哉！壯浙海之重鎮，踞明州之雄關。表襟喉於列郡，資屏蔽於羣山。若乃鴻濤吼地，駭浪吞天。沙礁隱見，島嶼回旋。蛟騰風而勢迅，蚌孕月而光圓。極目千里之外，舉足百尋之巔。遠而瞭之，則蕃國星列，如浮鷗拍波，忽滅而忽没也；近而即之，則估檣雲連，如畫鷁昂首，或後而或前也。凡籌防之策，資利之源，於是乎在焉。此形勝之極致，亦登臨之大觀也。夫以鎮海之有招寶山也，岑嶺飛騰，濤瀾溯湆。邑號衝繁，地當阻陜。資吐納於山川，障往來於潮汐。候濤考其舊名，静海尋其遺迹。爾乃屑雨崩雲，影沙礜石。萬象低昂，二儀闓闢。平倭第一之區，六國來王之績。伏黿趺之千年，擎鼇足之百尺。棋子泙之麓，葛稚川之所昇仙；巾子山之旁，張統制之所礫逆。爲即景而興懷，輒撫今而追昔。於是入威遠之城，登望海之樓。睇飛簷之插漢，俛危闕之臨流。斯時也，潮聲灌耳，嵐氣迎眸。幻屪市於絶島，騰龍風於靈湫。則見夫金雞對峙，虎蹲旁浮。笠山高挈乎要領，遊山外通乎咽喉。惟嘉門之寫遠，鎖大海之環周。至於重洋浪泊，列嶼星稠，或設瞭敵之臺，或停避風之舟。門户浙省，屏藩明州，計千程以何極，窮一覽而未休。若夫乖蠻隔夷，重山複水，高掌遠蹠，咫尺萬里。東演日本、高麗，南通琉球、交趾，西連吳、會之都，北抵登、萊之鄙，莫不一葦可杭，片帆直指，班寶縴之糾紛，侈魚鹽之輸委。至乃海外夷居，島中蕃服，或稱裸人之倫，或隸流鬼之屬。請入朝者四洲，求互市者百族。

器物貢其瓌奇，往還矜其迅速。莫不激轉乎天輪，爭迴乎地軸。縱之則鷗張，約之則蛾伏。是山也，可以奠東海之橫流，可以洞西洋之駭矚。當夫海防警備，法虜橫行，始侵滇、桂之界，旋突臺、廈之營，肆薦食之封豕，作吸川之長鯨。於是朝廷降詔，將帥推誠，謂鎮海之要道，實浙洋之先聲。爰調勁旅，練精兵，陸則憑山壘爲重地，水則倚海門爲長城。千艘夾岸而環列，萬馬分屯以嘶鳴。狼燧高連乎霄漢，鼉鼓遠震乎滄瀛。臘月方終，夷氛倏煽，礮石轟雷，輪舟激電。則有儒臣能謀，鎮將善戰，曲直之義既明，主客之勢益見。遂乃援兵符，傳契箭，萬竈安居，三軍歡忭，用使威振重洋，功成獻馘，一縱一橫，再接再厲。燈火爛其輝煌，煙塵銷其陰噎。詘背水布陣之謀，用張燕奪關之之計。斯固賴天子之威靈，抑亦由海疆之守衛也。由是敏關吐款，遣使和戎，四夷向日，九服趨風，譬眾星之拱北，知萬水之朝東，而且防城永固，築壘加崇，駐軍以馭外，選將以強中。則是海也，惟是鏡清瑞應，琛獻來同。駛通商之番舶，送轉運之飛艘。竊嘗臨絶巘，俛鴻濛，憶籌防之豫，欽謀國之忠，猶見夫揮旗指示，舉礮交攻，浪浪時雨，耿耿長虹。一綫則銀濤走白，千花則火樹交紅。彼擒海寇以入告，平倭夷而紀功。曷若此百世之烈，萬夫之雄也哉！若夫登山觀海，望遠憑高，日未出而浴水，月方升而應潮，或駕緱嶺之鶴，或策扶桑之鼇。指帆影於一抹，數歸檣於萬艘。助詩人之吟詠，動羈客之牢騷。祇足供夫遊覽之用，曾何與夫防守之勞，故略之焉。

　　吐屬不凡，能舉其大。

招寶山望海賦 并序　序集《漢書》賦集《文選》

戴鴻祺

　　蓋聞《高帝紀》通關去塞《鼂錯傳》，則幽冥而莫知其原《劉歆傳》；歷山濱海《萬石君傳》，則漫羨而無所歸心《藝文志》。何則《敘傳》？皇皇鴻明《禮樂志》，縣隔千里《高帝紀》，在俯仰之間耳《鼂錯傳》。僕生於沮澤之中《匈奴傳》，以與馬佚遊相高《王莽傳》。居無何《佞幸傳》，狂夫嗅諱於東崖《息夫躬傳》，行遂東巡海上《武帝紀》，推表山川《地理志》。夫吳王擅山海之利《吳王濞傳》，高壘深塹《高帝紀》，副以關城《枚乘傳》，郡國輻湊《地理志》，交利而俱贍《貨殖傳》，珠玉寶器，多於京師《梁孝王傳》，其所鬻來者上矣《刑法志》。千秋萬歲後《梁孝王傳》，終羈縻而未絕《西域傳》。地勢便利《高帝紀》，犬牙相制《文帝紀》，立神明通天之臺《西域傳》，大小高卑有志《五行志》，規圓矩方《律歷志》，激水推移《司馬相如傳》，布渠荅《鼂錯傳》，洪蕩蕩《禮樂志》，見之者景該，聞之者嚮震《敘傳》。東保會稽《伍被傳》，南距羌筰之塞《枚乘傳》，仰高臨下《鼂錯傳》，與天無極《路溫舒傳》。其以下兵於諸侯《高帝紀》，猶如阪上走丸也《蒯通傳》。曩者《敘傳》，攸攸外寓《敘傳》，飄至風起《蒯通傳》，共為寇入塞《匈奴傳》，臨大澤無崖《西域傳》。搤掔而游談者《游俠傳》，依阻其中《匈奴傳》，糾錯相紛《賈誼傳》，逗遛不進《匈奴傳》，可數千里《西南夷傳》，足以行舩《西南夷傳》。古人有言曰《董仲舒傳》：北至烏孫《西域傳》，不如江淮之險《枚乘傳》；西踰蔥嶺《西域傳》，不如朝夕之池《枚乘傳》。豈不信哉《高帝紀》！今三年之間《谷永傳》，伊優亞者《東方朔傳》，稽首來享《司馬相如傳》；猘吽牙者《東方朔傳》，望風而靡《杜欽傳》。於是臨觀大笑《江都王傳》，放意自恣《游俠傳》，東瞰目盡，西暢無崖《楊雄傳》，皆為金城湯池《蒯通傳》，胡可勝計也《賈山傳》！天大風《江都王傳》，洶湧彭湃《司馬相如

傳》，嚮智如神《楊雄傳》；天地稠蝥《楊雄傳》，指不分明《董仲舒傳》；上下
砰礚《楊雄傳》，块圠無垠《賈誼傳》；魚龍角觝之戲《西域傳》，旋還乎《司馬
相如傳》，聲若雷霆《楊雄傳》。於是耆老大夫、搢紳先生之徒《司馬相如
傳》，喟然稱曰《楊雄傳》：皇帝仁聖《王吉傳》，德澤洋溢《董仲舒傳》，湛恩
汪濊《司馬相如傳》，昭然可見矣《藝文志》。學官弟子《申公傳》，皆得其意
《枚乘傳》，願竭愚心《李尋傳》，靡有所隱《董仲舒傳》。書不能文也《張敞
傳》，以述《漢書》《敘傳》，著之於篇《武帝紀》。辭人之賦《藝文志》，集而
讀之《劉歆傳》，彼將有激云爾《鄭當時傳》。其辭曰《司馬相如傳》：

邈矣悠哉潘安仁《西征賦》！天闔決兮地垠開楊子雲《甘泉賦》，麾蛟
龍使梁津兮屈平《離騷賦》，東西南北，馳騖往來楊子雲《上林賦》。雲興
聲之霈霈宋玉《高唐賦》，駭奔浪而相礧郭景純《江賦》。怳兮忽兮，聊兮
慄兮，混汨汨兮枚乘《七發》，似地軸挺拔而爭迴木元虛《海賦》。爾乃西
薄青徐《海賦》，東震日域楊子雲《長楊賦》，充牣其中司馬長卿《子虛賦》，蠻
陬夷落左太沖《魏都賦》。片則王餘，雙則比目左太沖《吳都賦》。下蒙籠
而崎嶇張平子《南都賦》，上洪紛而相錯《甘泉賦》。廓靈關以爲門左太沖
《蜀都賦》，碕嶺爲之島嶼《江賦》。蕩遺塵於旋流孫興公《遊天台山賦》，奐
淫衍而優渥嵇康《琴賦》。浩瀁濭兮《七發》，推淮引湍《南都賦》，衝飇起
兮屈平《九歌》，俛仰極樂班孟堅《西都賦》。於時曜靈俄景張平子《歸田賦》，
遊心無垠傅武仲《舞賦》。雪然陽開《甘泉賦》，暉鑒挭振《魏都賦》。眾色
炫耀，照爛龍鱗《子虛賦》。則有結輕舟而競逐，迎潮水而振緡《吳都
賦》。煌煌乎，隱隱乎潘安仁《閒居賦》，翔雲逸駭於扶桑之津《海賦》。至
於氛昏夜歇鮑明遠《舞鶴賦》，白日西匿江文通《恨賦》。明月爛以施光《舞
賦》，青壇蔚其嶽立潘安仁《藉田賦》。舟凝滯於水濱《恨賦》，譬眾星之環
極張平子《西京賦》。赤燿燁以燭坤王文考《魯靈光殿賦》，樹中天之華闕
《西都賦》》。訪靈夔於鮫人《吳都賦》，聞雷霆之相激《西京賦》。若夫飄
忽溯滂宋玉《風賦》，箕風動天《舞鶴賦》。代雲寡色《恨賦》，罾罾比船《江
賦》。帀日域以迴鶩《舞鶴賦》，聲礚礚而澍淵王子淵《洞簫賦》。飛雲霧

之杳杳班叔皮《北京賦》，櫂容與而詎前江文通《別賦》。萬物紛以迴薄潘安仁《秋興賦》，或中瀨而横旋《江賦》。天吴乍見而髣髴《海賦》，半長途而下顛《甘泉賦》。倏來忽往潘安仁《射雉賦》，與月虧全《吴都賦》，鹹淚飀淚，沛以罔象兮張平子《思元賦》，詭類殊種《西京賦》，散漫乎數百里之間《蜀都賦》。爰有達人大觀賈誼《鵩鳥賦》，騭遊萬里《別賦》，矒焉瞜焉《魏都賦》，心驚不已《恨賦》。瞰四裔而抗稜《東都賦》，披元流而特起《西征賦》。是時也《東京賦》，吞若雲夢者八九於其胸中，曾不芥蒂《子虛賦》。迺喟然歎曰《西征賦》：芒芒甄甄《吴都賦》，旁震八鄙《東京賦》，盡人神之壯麗矣《遊天台山賦》。又若俟河清其未極王仲宣《登樓賦》，有羽儀於上京班孟堅《幽通賦》。巡海右以送日《恨賦》，神悅悅而外淫司馬長卿《長門賦》。覽八紘之洪緒《吴都賦》，竈雖扴而不傾《思元賦》。乃莞爾而笑曰《東京賦》：擘洪波，指太清。竭磐石，樓百靈《海賦》，是以玉衡正而泰階平也《長楊賦》。復有抱清迥之明心《舞鶴賦》，感平生之遊處禰正平《鸚鵡賦》。浮蠛蠓而撇天《思元賦》，望故鄉而延佇《鸚鵡賦》。豈同波而異瀾陸士衡《歎逝賦》，睋涔陽兮極浦《九歌》。觀古今於須臾陸士衡《文賦》，春與秋其代序《離騷賦》。黄神邈而靡質兮《幽通賦》，迺左睋暘谷而右睨元圃《東京賦》。況乃窮山海之瓌富《遊天台山賦》，頤情志於典墳《文賦》。淩驚雷之硫磕《思元賦》，襲青氣之煙熅《別賦》。超塵埃以遐逝《歸田賦》，志眇眇而臨雲《文賦》。播羣形於萬類張茂先《鷦鷯賦》，獨馳思乎杳冥《舞賦》。曠哉坤德《海賦》，峽圮無垠《鵩鳥賦》。觀其所駕軼者，所滌汔者《七發》，聊宣之乎斯文《文賦》。如徒以梮梮彊彊《七發》，水物惟錯《西征賦》；險險戲戲《七發》，陂池交屬《西都賦》。聊暇日以消憂《登樓賦》，過靈谿而一濯《遊天台山賦》。渾萬象以冥觀《遊天台山賦》，罕能精古今之清濁《東都賦》，目瞠瞠而喪精《魯靈光殿賦》，乃反旆而迴復《東京賦》。則不如耕父揚光於清冷之淵，游女弄珠於漢皋之曲《南都賦》。所謂末學膚受，貴耳而賤目者也《東京賦》。庸可以共世而論巨細，同年而議豐确乎《吴都賦》？方今聖上《西京賦》，澤洎幽荒

《東京賦》。據坤靈之正位《西都賦》,溺女魃於神潢《東京賦》。蕩蕩乎八川分流司馬長卿《上林賦》,而沾濡乎四會五達之莊鮑明遠《蕪城賦》。故雖兼天下之富有,未有若茲都之無量也《蜀都賦》。遂作頌曰《南都賦》:

庶事既康,天秩孔明何平叔《景福殿賦》。於廓靈海《海賦》,煒煒煌煌《魯靈光殿賦》。天蓋高而爲澤兮《思元賦》,淪餘波乎柴桑《江賦》。

海曙樓賦 有敘　賦集《古文苑》《續古文苑》

李翼鯤

樓在郡治西南,古子城址,宋奉國軍樓,元燬。明宣德中,黃侯永鼎守郡築之,曰四明偉觀。萬曆中,蔡侯貴易始易今名,沈文恭記,董大晟賦。

國朝樓凡七修,事載邑乘。步朱闕之崢嶸張敏,登嶕嶤之鰲臺黃香。聳雲館之迢迢謝朓,儼閶闔之洞開李播。惟基構之所處王錫,臨萬家之井邑張景毓。下憑地體傅元,上際辰極毋邱儉。得林巒之勝致柳宗元,高岫帶乎巖側杜篤《鎮明嶺府後山》。其地《田君墓志銘》東枕浙江之迢派吳越武肅王,並禹穴之琳球梁宣帝。去來三百餘里張洗,方鳳翔而龍游棗據。入其境則劉穆之地出靈阜武肅王,揓嵯嶵嵬楊雄,地勢是觀張衡。至自天台董挺《四明山》,開日據月鄭道昭《日月湖》。翳華蓋之葳甤黃香,浮清波以橫屬蔡邕。緣越地之昔路梁宣帝,指浮橋而一息梁武帝《靈橋》。觀城壘之故處蔡邕,聞有宋師呂祖,經始茲宇李邕。命尉臣以執鑰李尤,或重扃而禦侮李播。綿邈元世戴逵,寶庫延灾唐高宗。一同煨燼任昉,花散經臺皇甫昆。於維明后酈炎,官得其人楊雄。守臣司境同上,以牧羣生江逌。築室葺宇袁宏,不日而成張咏。樂櫨博敞董挺,崇構斯精于競。吾於是王延壽兆所由來釋法琳,書之故實李約。至今式展新規董挺,因繕舊室衛覬。輪焉煥焉許中孚,庭宇一新於往日李諲。大矣哉唐太子宏！其爲狀也盧元明，磅礴千仞宋玉，嵬魄崒巍董仲舒，歸嶻嶙囷蔡邕，嵯崒崛崎楊雄。仰巖岡之崇阻兮魏文帝，緣石關之天梯劉歆。載羨門與儦游兮楊雄，亦資伴以相提梁宣帝。爾其瑤臺瓊榭楊雄，丹階紫房張敏。金華飾柱元晏，沓璧連璋羊勝。芙蓉菡萏劉歆，早刻將皇楊雄。星壇月砌武肅王，連連雁行馬雄。惟夸潤之崇麗兮李尤，次玉石而爲堂班彪。妙彫文以刻鏤兮賈誼，光灼爍以發揚蔡邕。行遊目以廣望同上，覽滄海之茫茫班彪。余嘗觀於宋玉昒昕將曙蔡邕，咸垂景以煌煌黃香。美哉爛兮賈誼，辰開日明顧凱之。騰踊雲亂枚乘，蓋照景而生光梁宣帝。爰乃植茲華壺邯鄲淳，靈鼉制鼓唐高宗，晝夜漏刻樊宗師，昏明既序李尤，雷發電舒王延壽，家有柝柜楊雄，此所以辛曠官立金鼓之節卜夫人，民以不虞楊雄者也沙門致拜奏俗名鼓樓。嗟乎李陵！美則美矣司馬相如，然未盡司馬遷副其積望也謝安。若夫娛目騁懷王羲之，逍遥長望索靖，庶幾呂祉無遠不盡元結，無隱不彰傅元。若乃流光驛驛闕名，天氣肅清蔡邕，煥若星漢游芳，洞達幽明桓譚，酌金漿而挹甘露路敬淳，天風每觸於庭除武肅王，飄飄竦淩雲之氣陳子良，拜泰一而受符班彪。乃忽有王延壽鸞鷟鳴鶉楊雄應風悲吟孔臧，鳳去鸞歸鄒陽，眾鳥隨風卜蘭，棲神烏於竿首傅元，聽霜鶴之傳音班婕好。蒼鷹飄逸王粲，飛集於膠葛之宇桓譚。驛驛淫淫孔臧，至若九達之莊常景。關譏鄽市于競，層臺偃蹇以橫施毋邱儉，市樓臨箕而鬱起李播，沙淡起之杳冥劉歆，士女煒其鱗萃蔡邕。觀魚於江楊雄，佳鯿佳鯉《石鼓文》。耕夫千畝《秦君碑》，纖苗霍靡李諲。瓊蕊玉華曹植，寶珪出水張昶，蟠紅飛青樊宗師，發文揚采楊雄。反瞰城邑梁宣帝，則極巨偉矣宋玉。其東則同上俯視雲霧傅毅，曖曃晻靄蔡邕，考山川之形勢王象之，既縈視其江帶樊宗師，來百蠻之貢琛李尤，充王府以納最蔡邕，帆風檝流韋詞，承三江之會《但望三江口》。診其沿路之所躔酈道元，頗是一郡之要害于子淳。其南則同前立泉落落蔡邕，絕嶺懸坡姜質，没没汩汩王羲之，積醴成池万紐于謹，設隄防焉劉穆之，以捍鴻波邊韶《它山堰》。

加以唐高宗營造七層之寶塔嚴德盛，託峻岳之峩峩左九嬪《小溪咸通奉化江口諸塔》，左睨右瞵李渤，萬有森羅蕭吉。其西則同上慶雲垂彩釋法琳《慶雲樓》，瑚琢璘玢劉劭，花雨依微申屠澄，蘭生有芬《蕩陰令張君表頌》，風吟寶鐸皇甫毘，霜重音新《景龍觀鐘銘》，尋十洲於掌內鄭述祖《十洲》，亦蕭灑而忘塵梁宣帝。其北則同前有山曰獨秀鄭叔齊《獨秀山》，鑿巘作迻王邕，決石通泉姜賓，拳石吐雲鄭述祖，形狀萬端李涉《雲石山房》，紅梅蔞藦梁宣帝，修竹檀樂枚乘。延層軒之迢遞王錫，豈徒虛設於芳園毋邱儉《後樂園》？然則即其地也張景毓，無所不宜束皙。觀雲風霜露雨雪樊宗師，皆一時之妙徐浩，亦可謂奇之又奇者哉何晏！故其爲春則皮日休佳楊及柳《石鼓》，綠葉青蔥傳統妻，鶯驕淑氣唐高宗，百變其音孔臧，不憶春於沙漠姜賓，心放曠於簾櫳王錫。其爲夏則赫曦朝升同前，此焉清暑庾儵，清風盈室閔鴻，嵐窗颭戶李渤，隨陰而涼束皙，有槐員護樊宗師，蘿篠迷密令狐楚，垂蔭千廡王粲。苟是時也班婕妤，淩崖高嘯庾闡，足以瑩澈心府杜碻。其爲秋則同前紫塞雲高郭忠恕，一雁孤飛劉師知，道彼靈津杜光庭，拖如虹蜺游芳，澹爲黛色李諲，當我戶扉蔡邕。其爲冬同前則寒雪繽紛同上，若來若往宋玉，如花亂飛王羲之，美玉韜光《離合作郡姓名字詩》，柯列葩布邯鄲淳，休徵攸降毋邱儉，始菈菈以蕤轉謝莊，梅花皎而似霜梁宣帝。爾乃晚春早夏枚乘，交朋會友《尹宙碑》。林埜之客元結，英偉之士鄒陽，絡繹連翩邯鄲淳。嘉肴旨酒鈕韜母，靈和陶醞庾闡，仙經是造梁宣帝。羊膀豕脅束皙，脆不抗齒傅毅，瓊桃仙棗路敬淳，猗猗左右卜蘭。由是齊光乂弄琴對雲王邕，憑春灑翰《高公墓志銘》，金真摛耀李諲，流光照爛齊光乂，五色而成裔董仲舒，美天道之廣宣庾儵，扶桑若木之域魏徵，華炫耀於金盤皇甫毘，蓋可伸其遙矚梁宣帝，俯歎壯觀嵇含。乃爲歌曰庾信：

陰深香煙碧賈餗，玉礧閒下垂江革。邃室儼圖畫黃履，空度明月輝任昉。金樓琥珀階潘尼，遠山隱相見任昉。低翠耀天葩鄭道昭，餘春滿郊甸劉儈。青靄凝而眾山暮達奚珣，澗鳥鳴兮夜蟬清謝莊。東方出日還照耀陳東，朱光靄靄雲英英謝莊。燭龍導輕鑣《游仙詩》，金軒接日彩鄭道昭。虚檐對長嶼《游邸園詩》，制逐規虹起韋元旦。

頌其銘曰《西明寺鐘銘》：靈山作鎮唐高宗，雙闕夾門《三公山碑仗錫太白》。是遊是憩張昶，壽極乾坤桓譚。

集不難，難在有原委，有摹繪，有鋪敘，有結搆，七襄錦，百衲琴。

火輪船賦 有敘

鄭崇敬

造船，始於共鼓、貨狄，軒轅氏之臣也。《山海經》作番禺，《墨子》作工倕，《吕覽》作虞姁，楊泉作化狐，束晢作伯益，兹據《世本》。其後顓頊作篙槳，帝嚳作柁櫓，堯作維牽，禹加以蓬碇、帆檣，歷代因之。而其製惟兵船特詳。在周則吴有大小翼、突冒、樓船、戈船、艅艎、下瀨船，越有三翼、須慮，楚有鈎拒，秦有大白、夏艘。漢有樓船、戈船、直進、突冒、露橈、蒙衝。豫章三國吴有飛雲、馳馬、逐龍、青龍、舸艫、五樓。晉有連舫、指南、先登、飛鳥、飛雲、飛煙、蒼隼、青雀。宋有翔鳳，燕有牛皮，齊有三層艦，梁有没突艦、野猪艦、烏鵲舫、舣艕、鵃舟、海艟、青龍、白虎、千里船，陳有柏艦、金翅。隋有五牙、黄龍、舴艋、艒艑。唐有浮海大航、和州載艦、蒼鷹、赤雀。五代有木龍鎖舟、梅花、海鶻、近舸、齊雲。宋有飛虎、多槳、飛江、黄龍、黑龍、海鰍、刀魚、黄鵠、白鷁、舭艍、艫艍，又有水哨馬、水飛馬、雙車、得勝、十棹、大飛、旗捷防、沙平底。明有海風、槳船、福船、滄船、蒼船、艡艫。我朝有霆船、百槳、拖罟、長龍、快蟹、舢板、紅單諸名目，不勝枚舉。惟唐曹王臯常爲戰艦，挾兩輪蹈之。宋則咸平中，有獻轉海船式者。其後楊太、張貴，皆有兩輪船，此爲中國以輪行船所由始。梁有火艦、火舫,此爲以火行船所由始。近人紀載,更有八輪神舟,未知何所本。火輪船則創自西人塞明頓,在乾隆六十年,道光中始來中國。同治五年,朝廷從左文襄之請,始創船廠於閩之中岐,而購機器以造船。已而分之於上海,近復鐵甲根鉢,陸續購造。於是輪船之利,與外國共之,古今所未有也。乃爲之賦,以誌一代之制。其辭曰:

有星楂使者,問於草廬主人曰:僕聞火炬前飛,開四門之艛艥;木罌上縱,焚百道之艨艟。魏將橋浮,而輪橫水上;陳師路斷,而輪截江中。或運奇思於水戰,或出下策而火攻。遂乃名成孺子,魄奪奸雄。揚無前之偉烈,收既濟之神功。而我穆宗皇帝,揆文奮武,熙績亮工。智周萬物,明達四聰。集舟材於槷木,法車製於飛蓬。徵外蕃之技巧,開中國之鴻濛,斯誠洋洋大觀也。主人亦嘗鈎稽規製,而得其會通乎? 主人曰:唯唯。客曰:在同治之五年,有湘陰之左相,抒忠悃而上陳,排羣疑而首唱。謂外海之爭衡,在鍊兵而選仗。彼番舶之西來,標樓船之新樣。以軟輮爲舳艫,以觓觸爲乘廣。以萬水爲灌輸,以五金爲保障。逐風伯而馳驅,挾燧人而奔放。功迅捷而非常,勢縱橫而莫抗。欲借法以自强,宜改從乎時尚。念刱始之艱難,曾精思而博訪。涖浙水而治軍,得規模於蕃將。不用夏而用夷,願徵材於工匠。請獨斷於宸衷,起重臣以特創。於是有沈文肅公者,帝起山居,人爲國慶。更造船規,主持船政。閩水瀠洄,閩山險勁。相度地宜,講求物性。百緒紛繁,一身董正。涖事如家,愛才若命。奉以死生,洞其利病。括省戎機,節持兵柄。列船器而循規,度船材而布令。鳩船匠而庀工,約船監而修聘。遘齮齕於臣僚,賴保全於明聖。惟任事之精專,乃成功有究竟。爾乃造船塢,開船廠,物購求,功模倣,水櫃陳,火門敞,桶張機,撥振響,三層五層,十丈百丈,結圈如環,繫繩如網。銅絲銅管,左右盤旋;鐵柱鐵筒,後先推蕩。淡水鹹水,一氣化生;黑蒸白蒸,兩途下上。轉轆轤而驗輪轅，運斧斤而修輪輞。曉風起而帆助餘威，夜月生而匣分半象。碇入地而深沈，桅撐天而高朗。擴楊賴之針盤，變唐虞之木槳。大輪小輪合而參，明輪暗輪分而兩。本塞明頓之創垂，爲德克碑所推廣。已而五年屆限，廿號告成。閩洋演熟，津海勘明。規爲大備，製作益精。不煩監督，自妙經營。學堂挑匠，澤國募兵。異才輩出，新式紛呈。湄雲飛雲標其號，鎮海海鏡著其名。鯨浪擁船屑之礮，龍光耀船首之旄。火鼓輪而伏波動，輪激火而安瀾驚。洵足以振威而揚武，而永保我萬年聖清。然且益展遠謨，廣求異製。遣學幼童，借材外裔。鐵皮鐵脊，增金鐵之光；魚雷水雷，挾風雷之勢。礮臺浮水，近岸鞏防；根鉢飛煙，小舟奮銳。鋼板閃閃，雅號精良；鐵甲錚錚，最稱雄麗。信有美而必臻，夫何功之弗濟？至若通市貨而招商，運漕糧而徵稅，雖分道以揚鑣，實權時而定制。在下既利乎民生，在上亦裨乎國計。如日輪之東升而西沈，如月輪之朝吞而夕吐，如水輪之左轉而右旋，如冰輪之前飛而後舞。其奔騰而挾電也，電母爲之著其鞭；其砰磤而撞雷也，雷公爲之振其鼓；其追雲而掇月也，鯨鯤爲之斂其威；其絕海而齊山也，蛟龍爲之息其怒。螺舟蜂舟不能儔，金船石船何足數。感厚惠於西人，使我陋百王而雄千古。客言未既，主人忻然而笑曰：客所謂蟻言樹大，蠡測水深，未能免俗，不知用心者也。夫輪船之肇造，本酌量乎古今。奉船圖而上貢，特海國之獻琛。稽宋人之舊事，緬唐胄之徽音。轉海船而剏式，鼓水輪而勝任。復有襄陽之守將，踏兩輪而達江潯；洞庭之盜魁，挾兩輪而雄綠林。若夫火艦之迅駛，火舫之飛臨，固史官所必紀，亦兵事所不禁。是皆秘開玉籥，巧度金鍼。既疑神而疑鬼，亦毗陽而毗陰。雖或事煩搜討，蹟憾銷沈，而山不讓而水不擇，實彙眾妙於蹄岑。客乃聞言避席，改容整襟。服措詞之得體，堪砭俗以垂箴。重曰：

駕輪船兮海之東，榑桑朝旭光熊熊。金山新舊皆慕義，倭奴流求來會同。駕輪船兮海之南,瓜亞烈吉皇恩罩。漢家官儀見者泣,強鄰虎視空眈眈。駕輪船兮海之西,一統羅馬車書齊。大邦小邦皆朝貢,躬桓蒲璧執信圭。駕輪船兮海之北,驅遣八荒拱宸極。大開明堂朝四夷,方知聖人蒞中國。

火輪船賦 有敍

陳星庚

案:火輪之製,肇自中土,而精於泰西。行陸曰火輪車,行水曰火輪船。火輪車創較在後,必藉鐵路可行。船則利涉江海,尤爲海國所必需。有兵火輪,有商火輪。而兵火輪有木身,外包鐵甲者,有全用數尺厚鋼鐵者。道光朝魏默深撰《海國圖志》,不過臚載圖説,就中機括,變化不同,實未可以執一論。迨上海製造局翻譯西書,以餉天下士究心西學者,如《汽機發軔》《汽機新製》《汽機必以》,皆發明廠作製造之法。輪船布陣,詳載臨陣駕駛之法。艾約瑟所箸《輪船源流考》,又追溯昔人仿造之法。諸書記載,羅如指掌,兹不贅述。海上用兵以來,中國覩西人戰艦之利,智能藝略之士,紛紛獻策,競言簡器。而海戰利器,莫若火輪。厥有設福省船廠及上海製造局之議,然而藝非專門,事倍功半,即使極意經營,而爲費不貲,較購買反多數倍。厥有向西國大廠定造之議,夫不圖自精,但求借材異地,無論一旦事變,動輒掣肘,而藝不數習,則終身無寸進,非長策也。況乎中國煤鐵諸産,雄甲大地,人心靈敏,又遠勝西人,但能實事求是,持以堅忍,不計效之遲速,日積月累,自有可觀。彼西人締造經營,擲數十萬金於無用之地,卒收效於數十百年之後,則安知數十百年之後,中國火輪船之製,不遠出歐羅巴之上乎?庚竊見洋文西報,每於中國講求船械,常有微辭,爰借歐西

賓與亞東主人問答之辭,以極西人之所炫耀,折以中國之法度。其
辭曰:

有歐西賓問於亞東主人曰:比聞中國之經營海防也,常加意於
製造之方矣。庀材鳩工,海濱相望,意欲爭雄全球,與泰西各國相
頡頏也。主人亦知歐洲汽艦之復絕東西洋乎? 主人曰:我大皇帝
德侔天地,治邁漢唐,故子得荷洪庇而重溟遠航也。涯涘之士,聞
見不詳,譬猶釋船踸水,中流而旁徨。子居舟楫之國,貿易爲生,盍
博我以皇道,宏我以聖清? 賓曰:唯唯。火輪船制,有商有兵,駛於
奔駒,游若長鯨,不把艣而水激,匪席颿而風橫。其始創也,美利堅
爲最先國朝嘉慶十二年,美之邊西洼尼人羅伯福爾頓造蒸氣艦於巴德遜河,快捷
如箭,各國爭效之,其製遂盛行。其仿造也,又惟英吉利爲獨精英人輪舶最
多,計同治癸酉、甲戌兩年,大小鐵甲,并暗輪、礮兵船,有二百六十二號,商輪夾板
有二萬二千五百餘號,製造習慣,愈出愈精。其船廠之設也,德有丹雪、惠
埒、海芬之號丹雪在德意志之巴的海邊,惠埒、海芬在北海直得灣,係新開海口。
美有霸子瑪、北羅筆林等名美船廠有十處,此兩處水埠門面,闊有一千尺、千
二百尺者。班有浮水之廠,爲加德其那西班牙有新式浮水廠,廠之兩邊夾層
盛水,則廠自沈,將船駛上,抽盡邊層之水,廠即上浮,無異在岸。工竣下水,又將廠
沈而船浮,可省牽挽上岸之力。俄有海口之廠,近彼得羅城城爲俄之國都,
在海口。按各國船廠不一,此第舉其最著名者,要皆未如吐郎陸亮之稱自法
法蘭西兩處船廠,皆極經營之作,八伯拉脫姆司之著自英英之輪船,有官廠,
有公司廠,皆以所造之優劣,相與爭衡云。爾其廠中分區,轉鋸木模,鑄鐵
錘鐵,繪事廣儲廠中分區數十,散列其閒,其地有廣至三五百畝者。按外國一
畝,當中國五畝有奇。廠房既建,爰召匠徒,採輪攢樹之鄉,伐柯槃木之
都,聚煤則堆若山阜,載鐵則運捷轆轤。覽車牀、鉗牀之營作轉鋸廠
內,安水缸於中,有大直鋸、小直鋸,外爲礮輪、鑽機、車牀、鉗牀,缸中有湯氣升激,
大小輪輪,互相牽引,各機一時並發。集鋸木、斲木而號趨,觀鑄銅冷鐵之
鎚鍊,聽築土錘石之邪許叶平聲,鑄銅冷鐵打造鐵軸鐵脅,大而銙柱,小而齒

輪，皆船中鉅工。其築土以雲梯，懸極重鐵錘挽繩擊下，木樁長丈餘者，立可釘入。以石長二丈三尺餘，密壓其巔，藉固船廠之基，火鑪扇韝，人力無須，熾煤然炭，取風地窬。鼗甎爲隧，斜引旁敷，氣輪一動，千鑪灌輸銅鐵諸廠，火爐甚多，取風地中，不勞人力。翕張之機，繫於鋸廠之方窖，氣輪一動，廠作各鑪數十百步外，鑪火同時並熾。水缸水筩，鉅器並臚，廣數十圍，長尋有餘。陽氣既升，車輪激舒，礧齒攢擊，不疾不徐。風雨寒暑，鍼表所需，鉤心鬬角，豪髮莫逾。遐思無垠，窮照離朱。陰陽嚮背，蔽膈塞隅造風雨鍼寒暑表，其器具或如牛毛繭絲，炫於日光，則目力散；有所隔蔽，則目力窮。故造作位置，甚難調度。錘鐵機器，借自氣鑪，隆然而高，窈然而虛。力舉百鈞，不藉人扶，森挺槎枒，神駻目瞿。鳩度五材，麕集千夫，漂柿江蔽，運斤風驅。絶繩工垂，督墨番禺，船臺迤邐，錯愕躊躇。高屋建瓴，峻阪馳駒船臺以次遞銳，正視如堵牆，旁視如累塔。每一疊，自外而內，以次漸高。船之馬匹，號力逾多者，臺亦逾長。船成入水，順推而下，不煩人力，一旦下水，拍手叫呼。蓋自始事以及蕆功，不知春秋之幾易，日月之居諸。其爲狀也，長如鴉尾，銳如鵜首，髹塗生光，堊白無垢。敞臨水之危樓，排列星之明牖。腹䐈牢其若谷，背穿窿而如阜。瞻飛盧之綺錯，摘半天之星斗。視艨艟兮艤傍，若泰山於培塿。摩天之牆攢簇，凌波之柁橫紐。重輪鼓駛，風鳴雷吼。若乃窺其奧鑰，螺絲互纏，牙錯角犄，支注鉤連。方壺激而外注，員鑪熾而內燃。蜚廉揮扇以爇炭，豐隆啟橐以生煙。蒸氣盤鬱而磅礴，沸湯潰射以熬煎。運乾樞而旋坤軸，跋重溟而擊三千。洵轉丸之得利市，等炙輠而可談天。交易稱便於列國，灌輸爭效自百川。實巧奪於魯匠，而竿精自計然。顧此第言夫商輪之制度也，猶未及夫汔機大鐵甲之兵船。爾其製之獨精也，襯梯鉤黃松之堅韌鐵甲船木質者，其木用樣木、黃松木及東印度所出之梯鉤木，以熟鐵板厚自六寸至九寸，夾木夾鐵，層層釘嵌，船身緊要處，則尤加厚。且嵌鐵彈於堅木之內，復墊厚板，自八寸以上，方可稍減礮彈橫擊震動之力，選礦作百鍊之鋼鐵歐洲產鐵，英爲最多，次則布魯斯鐵礦，千一百餘處,次美利堅,次法,次俄。他若那威、瑞典、葡萄牙、喀納塔、智利,皆多礦鐵,合剛柔以並施,實製艦之稱傑。或建礮臺以上瞭英鐵甲艦上有鐵礮臺者,船料皆全鐵礦,臺或二座,或四座,用旋轉靈速之礮,四面開放,船主瞭望其中,以爲進退迎距,或出撞頭以暗齧鐵□頭出船脣六七尺,隱於水下,橫面尺餘,直面亦六七尺有奇,其根直貫龍骨,臨陣橫衝騰撞,敵船無不受劈立沈,或鐵蓋用人字之形船頂用人字式鐵蓋,外極光滑,臨陣再抹以油,令敵人不得上,或雙柁有前後之設柁有二,一在輪後,一在輪前,稍高,所以備急需也,或機輪分替換英鐵甲艦有裝兩架機器、兩副暗輪,可替換行走,或篷桅分並撤兵輪有礮臺,多無篷桅,蓋臺有高至八十尺者,故篷桅可無,或浮面僅三尺之高高約三尺,上裝極矮,吃水亦淺,機器皆在水沿下,所以避敵彈也,或水底有夾層之楔俄有夾層船,底楔以鐵板,以防穿漏,殊形詭製,不可殫述。號力有四十匹、七千匹之不齊英船號力最大,馬力至七千匹。法小鐵甲有四十匹數十號,其尤減者,馬力僅二十四匹,礮位有一尊、五十二尊之橫列法船第一,類有配極重礮位一尊,有配大礮五十二尊。英船鋼礮之大,天下莫及,最多者亦裝至二十八尊。其職有守口、巡洋之遞分守口浮礮臺船最大,不能遠行巡察海口,船質較輕,亦有鐵甲裝卸可走淺水者,其類有頭等、二等之各別法鐵甲分六類,俄鐵甲分三等,德鐵甲一類,合大礮船三類,美鐵甲一類,合明暗輪礮船三等。英鐵甲分七等,第一等專爲打仗設,第二等撞頭鐵甲船,第三等守本國,其再次有篷桅俱全,可涉大洋,船身較小,可梭巡各隘。於是短髮卷鬚,高鼻深目,兵部選員,水師常祿歐洲諸國皆有兵部、海部及大將軍、水師提督等官,趨材絕技,駕輕就熟,緣桅如猱,狎浪如鷲。喇叭按曲而傳宣,礮兵分位而起伏喇叭有五音,分長短高下,計曲有二十。放礮時,欲出某令,先吹靜聽之曲,令言已畢,吹續做之曲,起放停放之令,亦吹喇叭傳之,既輕迅與儇狡,亦森嚴而肅穆西人兵法,雖王子貴人入伍,與齊民等,勞苦之事,皆習爲之。桅高數丈,緣索以登,行走如飛。船數百人,終日寂然無聲,持鎗巡梭,足無停趾,器械淬礪,如臨大敵,其嚴整如此。時則海氛晏息,天容豁豞,水皆向若,風不鳴條。海軍於是遠洋巡歷,澤國逍遙,帆檣橫展,旗幟飄颻。對羅經以捩舵,切角線以轉梢,越地中海而迅馳，過小西洋而翔翶。辨南經與北緯，準極星及斗杓，探冰疆於沍海，尋尾閭之沃焦。覓連島及荒嶼，測夕汐於朝潮，輾洪波而電逐，破層浪以馳颷。往來巨浸，出入驚濤，舉凡彭沙遷徙，颶風怒號，避之者有塔燈浮竿之標識燈塔之設有二，一爲海口引船，一爲避險，御之者有中心彎頂之斜交颶風隨地改易，每洋不同，其旋轉方向，皆與太陽相反。避其中心彎頂，可借勢而遠行，否則隨之旋轉，必遭危險，莫不度分象限，理析牛毛。凡以利便商船，資護衛而習勤勞也。至若邦交失和，下旗傳電，萬艘立集，海濱宣戰，濃煙噴薄，飛惢狂煽。將士鬱怒，威尊命賤，一鼓作氣，千礮環轉。呵噭掩鬱，魂搖色變，鐵艦縱橫，各趨利便。搥頭衡衝，龍骨直穿，翕忽揮霍，潛行不見。電劈雷轟，蛟龍震眩，吞日濤紅，排空浪靛。陽侯助鞭，颶母撼扇，瀛潢沸潰而渝溢，潦涌搏擊而回漩。猶復追奔逐北，督切卒弇，轀輠殷殷，鋼彈火箭。洞敵舟而中開，轟堅艘無寸片，餘勢所及，暴裂石堰。海童爲之形潛，象罔於焉肉顫。建得勝之旗鼓，集水軍而凱宴。洵足以彈壓强鄰，以縱橫乎五大洲之海面，故能括東印度之全土英之轄境，較其本國加增三十倍，此僅就接壤亞細亞東部言之。以下諸國同，屬小呂宋爲角犄。呂宋一名佛合利邊，西班牙人建城於馬尼利，在福建海南千餘里，得西伯利而狼貪西伯利大於歐羅巴全洲。始俄人駛船至海岸，以洋貨易皮貨，日漸狎熟。俄建礮臺於烏彌河口，築城戍之。尋復東略，遂有全土。其東南偪近黑龍江，以外興安嶺爲界，據安南省而虎視法據越南新、老二省，距今僅二十餘年，皆武備之聿修，能威遠而服邇。藉火輪之轉輸，羌闢土兮萬里。將四海兮曩括，亦六合兮鞭捶。彼亞細亞之諸部，曾何足與媲美。若臣者，雖幼習夫格致，猶茫乎其源委，十分而未得夫一端，終難鋪敘其洋洋之盛軌也。亞東主人釋然而笑曰：有是哉！客之言夸也。吾以客來自西徼，景慕中華，貢方物以爲贄，沐聖德於靡涯。而乃等上國而平視，恃小技爲蔑加。意徒含夫譏諷，語妄逞其浮誇。亦知我大清土膏沃衍，廣輪延斜，擁百千萬億之户口，固遠勝於歐羅巴乎_{中國户口},合地球計之,居十之五,疆宇恢廓,足敵歐羅巴全洲。英雖轄地甚多,而四分五裂,聯絡頗難。俄四履之遠,雖無其並,而北土窮陰沍寒,終歲冰雪;南土地盡沙漠,無樹林水澤,閒有白楊、荒草地,爲游牧蹂躪。餘則自鄶以下矣?夫絨機布廠,仿我邦紡車之利也_英、美皆有棉花、羊毛、紗布、絨毯機廠,多至四五千所,其肇端皆原自紡車也,炸彈、鋼礮,肇中土爆竹之戲也_{中國}始創火礮,元大德中,日耳曼人蘇爾的斯始模造之,未得運用之法。後有歐人來投爲兵,攜火藥礮位以往。於是諸國講究練習,盡得其妙。若夫汽艦之旋激,本桔槹之田器,法遞詳而遞密,即此物而此志。無論艦挾二輪,唐李皋運其匠心;以輪激水,宋楊太擅其私智。要之螺舟水底之沈,鑄銅爲船之記,樓船火舫之猛烈,海子龍舟之巧思,自漢迄元,角奇之士,早已更用而迭試。且夫六十四卦,終既濟與未濟,火在水上,則噴煙之勢雄,水在火上,則蒸氣之力銳。況乎車輪之曳,一在卦之初爻,一在卦之六二,是則船之有火輪也,已暗兆於庖犧氏之先天,而三年之伐鬼方,又可參觀夫外内卦爻辭之繫。且子獨不知輪船之製造,首在煤與鐵乎?以爾國化學自精,爬羅剔抉,穿巖絶嶠,崩屶岏嶬,藥炸礮轟,壙起爆裂,千機翕張,百道穿穴,百十年來,固已鑿險縋幽,而五金精華之告竭_{諸國爭開礦作},逐年有加無減,所出之數,每年加至四倍六倍。英内地煤礦十四路,若瑶格室、護斯脱室等地,僅如中國一縣,計有四百二十三礦之多,可謂富矣,其如後之不繼何。不觀楚南之金,滇池之銅,醴陵、郴州、姚安、禄豐、桂陽、黔陽,迤西迤東,鼓鑄不罄,宇内稱雄。至若擅鐵苗之佳産,覘厥土之隆隆化學以石面有青黑花形,及平地隱隱一條,凸起如山,或凹下如澗,或草木獨異,則三四丈深,必有五金之礦,磁州之在北直,古田之在閩中_{直隷南境磁州山中出煤,福省古田等處産鐵獨旺}。西人以爲鐵質勝於西洋,惜古田無煤,不足供一時鎔鍊耳,五羊則芝麻名擅,菖蕉之果唔色融_{羊城芝麻鐵有筋力而炭質殊少,臺灣北路崇爻山後菖蕉廳五金礦不少}。化學以小石與大石自相附麗成一色,別無異質,謂之果唔,別其脈絡,灌以水銀,其中皆有金,緊礦務之初啟,洵開採之有功。煤則東省之濰縣、萊蕪,河朔之太原、大同,京口則東南山是採,巴蜀則黑白井可通鎮江東南山煤鐵五金皆可採。四川鹽井有煤油者,用機器挖通,亦可不竭。藏富於民,精氣內充,土厚物博,是蘊是崇。而礦苗之獨旺,在淡水之雞籠按英國算學之士曾測己國煤鐵二礦僅支百數十年,其餘泰西諸國,皆斲削精華,匱竭膏髓,惟中國所蘊獨全。曾有西人徧歷各省,測知產煤之所,約得一百二十五萬七千方里,所產多歐洲二十倍有餘。馬尾山麓,船廠雄恢,萬閒滇溢,層構崔巍。右運中州之鐵,左輸臺灣之煤,購曲木楢板於扶南以外,載銅鑪釘鐶於澤國之隈。縱橫鱗疊,排積山堆,徵工師及匠石,選鉅料及翹材。既底骨尾脇之封固,亦銅梁鐵葉之安排,羌眾力之具舉,聽萬杵之喧豗。遂告成於不日,試遠洋而溯洄,鞏金湯兮萬里,民讙呼其若雷。蓋經始於同治六年之冬季,而其後輪船之遞造者,遂爲我中國數千年風氣之初開中國第一號輪船,安放船身龍骨,在丁卯年十二月二十四日。於是蹇蹇元臣,番番良士,爰再接而再厲,求盡善又盡美。懼其操練未精,而器械不足恃也。迺推諳練之通才,任遠邦之出使,廣方言及同文,選出洋之童子。究格致之原因,審汽機之必以,通文字及語言,精算法與地理,熟礁石之測量,習攻戰之駕駛算法、地理之學,船在大海,茫無畔岸,隨處可知若干度、若干分。各洋潮路,各國海口,水之淺深如何,礁石有無,均宜精熟。攻戰時,護汽機、火藥倉、衝撞捵舵,退輪、收水雷、築浮壩等,皆宜熟嫻,以及量星探沙,辨泥試水星分經緯,沙有漲落,泥異頓硬之質,水有尺拓之殊,拋錨善地,御風微指中國錨地,香港爲最,其次則有遼東老黃山前後,及搭途島,長子島,大沽南高墩,煙臺外崆峒列島,閩海澎湖、漁翁二島,浙洋之舟山列島,沈家門、岑港、長白、金塘之大墺。行軍圖繪,礮彈遐邇行軍多用草圖,將地面緊要處一一開列,必有比例,或以幾寸代一里,寫明於上。礮彈所擊之物,相距之碼,其斜高或正起逆起,彈裝滿之重,火藥若干磅,并彈遠若干碼,莫不發憤精研,有加無已。固堪膺總統、提督之重任,而兼正舵船主之長技矣西之船政院學術諸法考選後,由副柁工閱歷有年,再考爲正柁工,再考入選,可作船主。其武備院初充弁員,職任旗長,先授末職,精通諸法,可漸陞至將軍、總統。且夫敵國之生畏,在朝政之得人,苟橫行而無忌,終貽害於斯民。日狡焉以思啟、昧恤，鄰與親仁，肆蠶食其無厭，終象齒之焚身。況水雷之奇製，鼓船底之壓力，或强水夽中含用薄玻璃小瓶二，盛潢强水於雷中，船壓其端，鉛管彎而鉼碎，則鉀遇强水生火，而引藥能燃，全殼之火藥亦燃，或電氣夽忽激電氣水雷，工料浩大，益在非敵船行過，可不誤發。但入水不深，電纜或被船碰斷，且有經水不久及雷氣不通、安放甚難諸弊，或被觸而掀翻用觸發之水雷，比用强水機關更緊，工價更大。又因發機之竿近於水面，則急流中，水面必有獨異之浪紋，敵人窺見即知。或用木架伸出，以觸發之，則不近於船底，轟發無力，或因磨以騰焱此法簡便，而隱形之圓錐者，能自對水流方向，則水流阻力極小，浪紋愈微，定水雷之錨可愈小。或用空氣腔，則浮力愈大，船磨擦之力更大，即船邊磨過，亦能轟發。若帖船而發，火藥不必甚多，無不轟沈者。駢聲忽其中應，流光駛其外擊，訝撈取其未盡，倏倉猝而驍毒。故無論法誇五十二尊之大艦，英逞萬八百噸之重積，俄恃二十九艘之橫行，美詡四十五號之無敵，而轟沈劈破，總難逃於潛伏水底之霹靂。今論者但知鐵甲艦之四出，為澤國之雄師，肆傲睨於海上，謂全勝將在茲，亦思華興頓之勦英吉利在乾隆四十一年，北美利之滅南花旗同治三年，拿破崙之入墨斯科嘉慶十八年，日耳曼之破巴黎斯同治九年，維兩鬪必傷一，同蚌鷸之相持，卒舟沈而釜破，亦血漬而肉糜。若夫佛郎為汪鉉之所擒，荷蘭為鄭氏之所敗，安南則師燼無功前安南曾兩次痛創，皆片帆不返，非在近年也，天津則礮轟莫奈英鐵艦曾被大沽口礮臺轟沈，被三元里之痛剿廣東三元里義民八十三村，與洋人交鋒，大創之。皆不恃創礮之猛，前者已死，後者繼進，洋人礮彈無所致力，至大寶山而擊潰大寶山以銃三十殲兵四百人。又陳連升以地雷扛銃於沙頭大角之地，殲其民四五百人，為定海鎮所盡殲以扛礮連戰數日，殲兵千計，過五虎門而鷸退林文忠公事。前事不忘，後事之戒，果能安謐如常，通商共賴，軸艫來往，無遠弗屆，則已貽前民載寶之譏，違先王總貨之誠。如其恃鐵輪之駕馭，狃礮火之利害，生無形之覬覦，用陰謀之狡獪，獨不念受紅河之大創，攻臺灣而力憊，窺粤東夽氣奪，趨鎮海夽舟壞，而所稱名冠歐洲之鐵甲大火輪者，卒讋慄於我朝之天威，而窮蹙乞款於大東洋之外。主人之辭未終，客蹵然而興，免冠而謝曰：鄙夫固陋，識窮見窘，始知自大視細者不明，亦自細視大者不盡。得先生言，昭若發矇，知所引矣。

　　筆勢灝瀚，曩括萬有，洋洋乎歎觀止矣。

試御氣球賦

張美翊

　　有憑虛公子者，居甬水之里，衍清河之宗，推汽機之術，講器數之功，乃言於安處先生曰：夫法必極其變，用必規其通。我國家整軍經武，馭外居中，礮臺競峻，鐵艦爭雄。嚴海疆之防禦，備蕃國之戰攻。有火車以開餽道，有電管以報郵筒。可謂取材宏富，效法精工矣。若夫兩軍遇，五閒行，莫不遣密諜，進輕兵，伺姦候變，開闔縱橫。爾乃重洋迅渡，大漠遐征，何以詗刺兵事，何以洞知敵情？蓋必有妙於製器，便於行營，使上騰乎霄漢，飛越乎環瀛者也，不欲聞之乎？先生曰：僕願聞之。公子曰：泰西之有氣球也，由來尚矣。爾其巧踰鬼工，妙極天匠。取清氣之能升，悟圓球之可放。線絡紛纏，筐牀隱障。廣如廈屋之居，圜等渾儀之狀。施文髹以壯觀，飾幨錦而遠颺。其中則有窺遠之鏡，揆時之表，風雨時至，有鍼以測陰晴；寒暑頓殊，有表以知分秒。量天之尺，躔度所以推也；定向之盤，方位所以曉也。其外則有球頂之窗，球足之戶，放氣則霧開，蓄氣則風怒。沙囊則下垂，綵幟則上舞。若飄然而登仙，孰茫然而踵武也。爰有夷人創制，外國漫游，乘球以上，得氣而浮，忽橫行乎萬里，將徧覽乎五洲。於斯時也，陸不必鐵路，水不必輪舟，盪胸則層雲晻靄，刮耳則長風颮瀏。由是觀日夜半，渡海中流，捫星辰兮歷歷,聽河漢兮悠悠。浩乎如鯤鵬之徙水,欻乎如鷹隼之脫韝。固班爾之工所難傚,亦章亥之步所未周。先生曰:異哉言乎! 僕未之前聞也。雖然,遇險者覆船,登高者絕䰅,説何侈乎談天,術何夸乎縮地! 乃者器似橢圜,事同球戲,升降因時,往來任意。信高遠之靡窮,何危顛之罔忌! 而且坐者怔忪,觀者愕眙,或近日而被燒,或因風而吹墜。每貽身命之憂,無與軍國之利。乃公子託想飛升,矜言新異,殆知其一而不知其二乎? 公子曰:嘻! 子言過矣。夫覩落葉而造舟,觀飛蓬而製車,神智開闢,端倪發舒,亦在用之者而已。是球也,以水氣之化,爲輕氣之噓。豈張騫之鑿空,非莊周之逃虛? 蓋迥殊乎玩物,而有益乎軍儲焉。若乃屯營靜閟,對陣讙呼,爲鵝爲鸛,如火如荼。然而漏師鮮策,覘敵乏途,重城嚴警,戰壘盤紆。無先登淮陰之幟,無告急信陵之符。是球也,萬丈牽索,一丸懸珠,騰身直上,縱目斯須。望之而星朗,揮之而電驅。由基射之而不及,公輸攻之而不踰,則戰陣之要需也。至於測量天文,圖繪地理。求日月星辰之光,紀山川城郭之里。是球也,象緯仰陣,方輿俯視。細較角弧,精攜儀匭。辨分度之差,詳廣輪之起。左行右行,則三百六度,判高卑焉;東極西極,則五億餘步,窮源委焉。可以洩元苞,可以成絕技,又測繪之至美也。且子嘗聞氣球之購求於西國,傚製於北洋乎? 爾其運氣有具,承球有裝,藏之軍署,演之學堂。若大若小,是翕是張,將諏吉以試放,宛凌空而回翔。子能從我而觀之乎? 先生曰:僕願觀之。於是睇澄宇,赴廣場。旌旗燦列,戈甲分行,殷殷軫軫,黮黮芒芒。則見映日倏閃,隨風軒昂。始注氣兮霧涌,俄解繘兮雷硠。極一時之鼓動,升百丈之混茫。時則波譎雲詭,魚頡鳥肵,驚眩乎萬目,臨睨乎四方。而御是球者,乃渺然獨立,豁然遠望。放氣捲幔,散沙挈囊。逮歷久而始下,猶端坐而若忘也。觀既畢,安處先生捧手欲辭,改容而謝曰:僕幼乏通才,長鮮時務。幸獲覯乎隆規,敢僅循乎故步。聞子之讜言,觀今之制度。

夫乃知氣之用至神，而球之備宜裕也。退而述之，謹爲斯賦焉。

筆陣縱橫，詞意敷暢，可謂大觀。

試御氣球賦有序

鄒宸笙

氣球者，純乎以氣用事者也。氣騰空，故可御；御防失，故當試。西人作之，西人言之，其法寢備，亦既夫人而知之矣。我中國新製成，李爵相嘗於天津武備學堂，親臨試驗，賞賚有加，但見翱翔雲路，如列子御風，泠然善也，洋洋乎大觀哉！雖然，竊有慮，我用氣球以窺敵，敵或設機以破我球；敵用氣球以窺我，我將何計以破敵球？此則西人所未嘗言，而實當於試御之先，精求防禦之法，固即在製氣球時，由算學、氣學揣摩推闡而得，以出於西人意料之所不及者也。茲以爲題，敢假俶詭之詞，謹效敷陳之義云爾。

中州豪士，博聞贍智，生有霄漢之思，長通光化之秘。海軍大臣，方駐吳淞，以禮羅致，拜於軍門，即陳變法自强之誼，大臣樂甚。公退之暇，備探幾何比例之法，輪捩機軸之緻，尋繹討論，得輒相示。適西人有以氣球至者，大臣曰：異哉斯器！我未之前聞，先生頗嘗習肄之乎？豪士曰：未也，顧竊聞其詳。法人有孟格羅菲者，俶肇此製，軼埃壒而上翔，翩爲霄鶴之舉，猝受池魚之殃，始易置以輕氣，乃淩厲夫班行，然猶盛汽而車已裂，割繩而傘未張，覆車之鑒，先後相望，譬諸捫燭而得形，不知其異，操刀而代割，實多所傷，則皆御之無其術也，而試之又未得其方。於是大臣曰：如先生者，精究算法，密驗氣候，倘可從乘而觀，我其爲列禦寇乎？豪士曰：可。鍼表之宜儲也，錨碇之宜就也，聚影之匣具安，驗光之鏡齊湊，住球之纜緊操，運氣之箇密授。曾幾何時，磅礴鬱積，駿風雲而捫

斗宿矣。大江以南，接粵連閩，婆羅、答臘諸島，充斥乎厥瀕。凌七
鯤之浩淼，用未鍼而指由旬。御斯球也，則繚回電索，吼轉風輪，神
眙胎於下視，駭重渤之無垠。迺有鼠尾之龍，蛇蜒屈伸，怪颶斗作，
方向失真。折而北行，奄有微息，再接再厲，顧盼生色。西踰烏拉，
則歐羅巴之分國也。黃黑之流，區域界分，乾戌之方，羅經度測。
島嶼爲煙，疆圻類織，指海水以何卑，歷雲路以轉仄。御斯球也，凌
膽獨前，更若天馬之無勒。豪士曰：痛乎！爭戰蟻穴，興亡貉邱，連
山斷續，猶知普法搆釁之秋乎？普非法敵，固由陰謀，彼熟嫺於升
降，得制勝於一球。大臣稱善。豪士曰：西南廣漠，瘴癘窮陬，處乎
坤申之位，是謂阿非利加之州。氣昏而濁，質闇以柔，其地塊然平
直，土與海齊。舟行者並寄椗之無由，但見驕陽亭午，石鑠金流。
大臣曰：歸來，歸來兮！茲方不可以久留。乃準鍼盤，撒沙帉，風舉
雲搖，望塵歷塊，由大西洋而直趨，經乎地球之面背。日不曜光，星
無隱態，銀山圻浮，鯨鱷避退，是謂北亞美利加之冰疆。其東中西
南，則已雲雷經綸，開闢草昧，蓋閟其靈者幾千百年，一旦獻精華而
廓蕪穢。於是大臣望鏡而詫曰：迤西湯湯，大東洋之津逮，其在是
矣。維時暘谷澂霽，佛桑曉紅，朝鮮翠刷，流虬碧叢。吉林盛京，地
勢陵雄，南雲控轂，歸於吳中。大臣撫心定氣，昭若發蒙，抽毫進
牘，請先生復範試御之狀，而一鬯乎鄙衷。豪士曰：唯唯。其始升
也，翩兮若驚鴻；其少住也，儴兮若青童。裹衷而臨上清之宮，忽焉
迅征，偈兮若駕駟馬，梯蒼窿。瞥兮如電，愀兮如風，城廓微濛。遠
而望之，散若涼秋之墜蓬，洲島開通；近而察之，鬱若眾卉之勇蕞。
精移神駭，極冥舉沖。忽不晤其所舍，竦輕軀以下空。至於量天之
精，測地之密，用窺諜夫敵情，尤稱美乎軍實。今海部十軍已定，明
公又機務綜壹，必且器資其利，事究其悉，知氣球之用甚神。求精
乎試御之術，則或橫海伏波，討征四出。臨攻戰則舞旗摩雲，騁遊
覽則摘毫晝日。安汽機以虞陸沈，隨運輪以防風颺，謝禍於該路薩

之墜顛，免憂乎格來舍之突軼。僕不敏，猶能陪敖曹之鼓蓋，代士行之翰筆，以恢詭其文辭，發皇其箸述也。

前半敘次簡潔詳明，後半如躬歷雲表，俯視大千世界，歷歷可數，詞藻亦斐然可觀。

詠浙東卻敵詩十章 有敘

張美翊

古鐃歌鼓吹，大抵行軍凱歌也。治兵振旅，歌詠其事，俾不忘戰，有詩人之意焉。法人不靖，窺我浙東，鎮海一隅，夷輪萃止，闖入臨口，遙攻敵臺。惟將帥能謀，士卒用命，經營守禦，既周既備。至於上元告捷，醜虜摧鋒，乃始請和，言歸於好。蓋自閩江失信，臺北絕援，非獲是勝，不能無事也。事平，謹繪戰守諸圖，且系以說，進呈上覽。草莽冒昧，敢效鐃吹之曲，爲《卻敵詩》十章，以極歌頌云爾。

寄軍令：志添設電綫也

電氣飛，軍情駛。瞥一瞬，走千里。蛟門有潮汐，往復無尺咫。其聲殷轔字奇詭，頃刻繙譯人瞠視。一月三捷自茲始，寄軍令，下如水。

修防禦：志海口築牆也

瀕海南北岸，漫衍陂且平，營壘既環列，隄堡當踵成。命營卒，率部兵，負土壘石，一縱一橫，夷虜次且，畏如長城。敬告諸將士，舍舟登陸俾勿驚。

堵水道：志釘椿沈船也

石礁嶢，吞海潮。木森梢，限江濤。招寶山，臺高高。蛟門山，水滔滔。天險如此敢飛渡，強虜氣慴當潛逃。我舟可以出，敵舟不能入。要隘隔內外，利源通呼吸。虜繹騷，民安輯。

震霆聲：志水陸藏雷也

聲霹靂，來虩虩，笑啞啞。是亦洊雷，決水轉石。埋長牆，宜深藏。沈海口，利謹守。觸機發欻兮，殷殷隆隆。山匿虎豹兮，水潛蛟龍。威一震兮無英雄。

弭姦變：志遷置教士也

法奉天主教，教士爲之魁。教民依附之，國人相疑猜。教堂當固閉，槍礮聲何來。以矛撞其門，團練誠壯哉。教士貌如虎，教民心如鼠。威不可假，逝將去汝。遷之江北岸，防守及門户。但使法人歸，毋令法人聚。不敢言，何敢怒。

禁鄉導：志杜絕引水也

峨峨礁石，浩浩沙綫。朝潮夕汐，若隱若見。敵舟來，不敢戰。求鄉導，謝勿遣。夷人嗜利而忘義，峻其約法資其身，雖識水道，毋爲奸民，懸賞號六萬，應者無一人。宵沈烽兮晝撤幟，吁嗟虜兮飛無翅。

戰新年：志上元奏捷也

輪颷舉，礮雷硠，追援師，來莫當。正元夜兮燈火張，胡夷虜兮煙塵颺。山虎蹲兮金雞翔，呼長鬣兮無餘皇。敵敗遁兮披猖，我凱歌兮鏘洋。火樹蠱兮星橋長，福我民兮無疆，奪崑崙兮狄武襄。

慶常勝：志再燬法船也

第一戰，試燈節，第二戰，罷燈日，再接再厲，十盪十決。輪摧濤勢奔，礮震電光掣，前戰奪先聲，後戰尤奇絕。巨魁殲，羣虜折，慶常勝,功第一。

邀半渡:志放哨擊敵也

小浹江,夜風雨。敵乘晦,圖襲取。下令諸將士,巡哨頗勞苦。半渡邀之,誰敢予侮。擊沈其船,毋謂我不武。吁嗟虜兮天所廢,礙登桅兮忽顛墜。

出潛軍:志夜襲法船也

寇蛟門,險不關。泊遊山,敗不還。潛師襲其軍,夜色何漫漫。伏而擊之,驚而匿之。魚龍睡不醒,鵝鸛整逾寂。若有神助,所向無敵。懿鑠乎,四海來王兮,百靈效順。從此不反兮,修睦講信。

縱橫決盪,有古樂府遺意。

詠浙東卻敵詩十章 并引

鄒宸笙

於樂府似宜用鐃歌。顧今之敵,較漢以來,相去萬萬,卻之尤非易易。文武大僚,智深勇沈,我力如虎,彼眾其魚,遂使鯨波頓息,風鶴晏然,浙以東幸何如之!歌功頌德,奚待管絃,案定本事,標舉題目,各繫以小序,昭其實也。竊比於詩人之史云爾。詠如左。

洞一方,通電線也。觀察薛公,以中丞須在省運籌,而羽書或滯,乃由鄞鎮通電於杭,不數刻而情形歷歷,往復頻頻,實卻敵之先務云。

桀鹵侵我疆,羽書日以亟。徵調慮稽延,軍機苦叵測。須知一線添,何止千鈞力。中丞居會垣,不復動聲色。

新百堵，築防壘也。南北營壘，縣亘四五十里，南岸北岸，沿堤築牆，聯絡一氣，往來四達，令敵無所乘。

宗爺據形勢，密築連珠砦。海濱盡廣斥，扼守失險隘。始謀固藩籬，均役通疆界。警鋪七百楹，備預不少懈。

爾毋來，釘船椿也，鎮海口門寬宕，乃購木數千株，船數十艘，載石以沈，釘椿以固，仍開縫容商船出入，不匱餉源，敵惟遙望而已。

紅夷恃鐵艦，橫海來浙東。開門而揖寇，策豈馬江同。督沈卅六艘，排釘廿二叢。截流剪鯨鱷，鼓鬣難爲雄。

我有備，徧藏雷也。放水雷，埋地雷，內外徧，敵不敢近，已有不戰而退之勢。

水陸當要衝，敵思乘我隙。君子震致福，洊雷取諸易。春霆未發響，罔象常悸魄。歷劫不汝貸，粉身胡足惜！

防暗箭，遷教士也。郡城法教堂，人人懷疑而彼亦自疑，觀察使遷於江北岸，故設防衛以保護。未幾舟山法教士，亦遵約束，且令教士但准出口，不准進口，故敵雖耽耽，而閭閻安堵。

蜂蠆善藏毒，癬疥疾腹心。叢莽能塞路，移植不成陰。美名託保護，羈繫類犬禽。誰嚴北門鎖，眷言思所欽。

斷句綫，絕引水也。觀察知新關向有引水西人，駕船領港，即以重價招致，斂船入營，又偵知法於滬地，以重金陷英人某使引水，又即致書各領事，使不爲所買，亦以重金酬之，敵遂無引水者。

法船入內港，急募引水人。明沙及暗礁，瞭如指掌陳。不惜重貲豢，懸價絕問津。各國愛聲名，義憤輒共伸。

慶元宵，獲大勝也。正月十五，敵船突進，我軍四路夾擊。自未至申，礮聲轟天，傷其巨艦，衘尾而逃，民間尚張鐙宴。

將軍橫海來，嫁禍我甯鎮。酉旗一面紅，鼓輪中流進。煙塵沸水起，昆陽屋瓦震。斷尾憚爲雄，收合僅餘燼。

奏三捷，收全功也，十七敵又强戰，我軍復擊之，斃其大酋，十八又潛以小舟圖襲港口礮臺，我亦每夜放哨，即與對擊，彼師驚遁。二十八日，敵姑遙擊小港礮臺，不知此固疑兵也，奪氣而回。

更入虎蹲北，死灰且復然。被創再出險，是役爲遷延。潛師偪南岸，截擊沈兩船。我軍氣益張，呼噪聲動天。

驚鵝鴨，效吹散也。觀察勞軍，知敵既屢挫，復泊金塘，乃用夜襲，敵果大驚，有去志，不啻曾文正公之吹散歌云。

惡鳥戀危枝，中夜輒驚起。迅雷下金塘，猝不及掩耳。清晨海潮來，焦骨髓流紫。哀哉羌與氐，毋任守株死。

增貔貅，將盡殲也。二月初旬，左侯相楊總制授師又至，軍聲益振。漁團亦將以義兵，聚法人而殲旃，法乃於天津壹意聽和矣。不然，直入吾郡，效纍者英吉利之有挾而求耳。浙東卻敵，所關不綦重哉。

海水流湯湯，武夫來洸洸。雲騰而霧集，礮聲震雷硠。頓網思掩羣，漁團身手强。西人膽驚破，望洋走且僵。

　　節短韻長。

賦得九月肅霜 得霜字五言八韻

鄒宸笙

幽雅陳王業，民時九月詳。陰凝天始肅，秋老地初霜。樹麥看榮鞠，登禾擬築場。稜稜寒秀骨，皚皚白流肪。辨義參諧縮，求音並叩商。豐鐘清入聽，魏屨滑應防。零落慚蕭艾，沖飛羨鶤鵣。上方裘卻御，恩沐授衣長。

　　細切。

賦得一川紅樹迎霜老 得霜字五言八韻

鄭崇敬

樹色深紅際，晴川一曲長。橫秋餘老氣，迎曉著新霜。水鏡清涵彩，山鐘斷咽涼。時光來雁候，風景憶鱸鄉。題葉毫舒紫，凝華鬢染蒼。綺紋攢蜀錦，寒訊逗吳航。菊傲枝猶健，蘆輕絮欲揚。北樓吟詠罷，乘興放船忙。

　　工秀。

賦得清機發妙理 得機字五言八韻

鄭傳綏

至理誰能剖，心靈待發微。清談多動聽，妙語善藏機。但得知音雅，何嫌索解稀。塵疑犀早辟，座有麈頻揮。境共冰壺澈，言如玉屑霏。新絲抽乙乙，異想入非非。講易平時契，論文夙願違。偶吟懷友句，猶自念芳徽。

馴雅。

賦得清機發妙理 得機字五言八韻

李翼鯤

道妙誰懸解，清才未許幾。發揮皆至理，蘊蓄悉真機。省括金鍼懍，抽絲玉屑霏。詞葩舒馥郁，意蕊吐芳菲。秋水思觀濮，春風想浴沂。轆轤歸橐鑰，組織到璇璣。麟角膠來美，牛毛析處微。歐陽天下士，投贈仰遺徽。

清切。

賦得安危須仗出羣材 得羣字五言八韻

鄒宸笙

天險危西蜀，偷安節制軍。懷材須間出，憑仗足空羣。竟觸陳陶感，難忘僕射勳。挺兒能静鎮，旰帥總游氛。勢審摧枯易，心希扢萃殷。馬嵬迎輦晚，鴻漸舉杯勤。夜話瀼東雨，孤飛冀北云。盛朝磐固業，師武慰宸厪。

工穩。

賦得佳士如香固可薰 得薰字五言八韻

蔣子蕃

梁月相思切，心香一縷分。佳賓邀許可，名士樂陶薰。鬬豔心
花綻，摛華意蕊紛。風懷儕菊隱，臭味託蘭芬。雅範憑親炙，清詞
帶宿醺。德馨徵契合，瓣祝想殷勤。盛宴春開杏，殘編夜擁芸。後
村傳舊句，健筆擬凌雲。

秀飭。

賦得鶴鳴九皋 得皋字五言八韻

毛宗鋆

九天晴色迥，放鶴向平皋。善舞姿何逸，長鳴響亦豪。影盤青
野闊，聲振碧霄高。風急煙銷點，秋深露滴膏。數行偕隼下，萬里
逐鵬翱。清唳華亭月，孤飛赤壁濤。在陰應有和，傾市幾相遭。協
律齊梧鳳，元音合奏璈。

圓湛。

賦得鶴鳴九皋 得皋字五言八韻

范 麟

縹緲沖霄鶴，翩然下九皋。幽鳴甘寂寞，遠奮待翔翶。一一聲
誰和，三三徑恍遭。地應隨阪折，響欲過雲高。畹外鏗金玉，林叢

養羽毛。引吭飛逸韻,舒嘯侶吾曹。在野身雖隱,干天意自豪。蓬瀛欣得路,雅奏叶琅璈。

珠圓玉潤。

賦得時禽悅朝暉 得暉字五言八韻

張子蕃

景色朝來麗,祥禽上下飛。時哉鳴好鳥,悅也弄清暉。眼眴紅千點,身棲綠四圍。鶯花餘樂意,鳧藻溢新機。向曙消煙縷,酣春舞雪衣。殘霞烘水榭,宿霧豁林扉。送暖情初浹,遷喬願不違。爲儀逢盛世,梧鳳共揚輝。

工麗。

賦得秋鷹整翮當雲霄 得鷹字五言八韻

張汝蘅

整理翰翔翮,秋晴試放鷹。風雲剛順遇,霄漢倏高凌。塵出金飈勁,霜凝玉宇澂。伐毛工洗刷,振翼效飛騰。得路遙追雁,搏程健逐鵬。碧摩頭露角,青盼眼生稜。煙紫干而上,梯丹近可登。天衢欣奮翅,鵷鷺序同升。

清嬌。

賦得秋鷹整翮當雲霄 得鷹字五言八韻

鄒宸笙

夙負雲霄志，當年會遇乘。羣方空冀馬，翩好整秋鷹。霜氣平
皋迥，煙痕帀宇澂。清標翎刷鶴，勝概翼搏鵬。體勢騫騰遠，精神
顧盼增。攫身拳透握，側視眼藏棱。姿致雄盤鶻，聲名恥附蠅。相
期顏少府，禁籞共飛昇。

　挺拔。

賦得雁聲低度吳天遠 得天字五言八韻

毛宗鋆

送到吳天雁，迢迢度碧天。數聲低欲墮，萬里遠無邊。永夜人
疑櫓，誰家客撫絃。來攜湘浦月，衝破洞庭煙。霜重飛難起，風尖
陣未圓。嫩寒傳絶塞，餘響羅前川。瓜步長洲外，楓橋古樹巔。聽
闌燈穗斷，殘焰照孤眠。

　雅潔。